東アジア市民社会を志向する韓国

申明直 編

風響社

目次

序論　東アジア市民社会への道
　　　　——「東洋平和論」の実践として ……………… 野村伸一　9

　はじめに　9

　　1　本書の背景、あるべき理念　11

　　2　東アジア文化共同体について——矮小化した人文学の先へ　13

　　3　東アジア文化共同体と多文化共生　15

　　4　東アジア市民社会への道　21

　　5　まとめ——東アジア市民社会からアジアの平和へ　27

第1章　安山テッコル村と高麗人移住労働 …………… 金勝力　37

　　1　アリナのアリラン——H2 という烙印　37

　　2　ターニャの涙——F4 という烙印　39

　　3　国内滞留高麗人の現況　41

　　4　安山高麗人村の形成　43

　　5　移住労働の形態および国内滞留状況と問題点　46

　　6　それぞれに合わせた同胞政策の必要性　49

　　7　国内に滞留する高麗人問題解決のための市民社会の努力　51

　　8　結論——国内に滞留する高麗人問題解決のための方向と課題　53

第2章　華僑華人の変貌と「東アジア市民」の形成…申明直　59

　　1　はじめに　59

　　2　植民型「中間市民」と動員された東アジア市民　61

　　3　同化型「類似市民」と開発／独裁型国民
　　　　——華僑の東アジア居住国での華人化　73

4　中華型「ネットワーク市民」と三語疎通型東南アジア市民　*88*

　　5　終わりに　*111*

第3章　韓国の移住労働者政策とシティズンシップの再構成

　　……………………………………………………… 盧恩明　*123*

　　1　はじめに　*123*

　　2　韓国の移住労働者政策の変遷過程　*126*

　　3　韓国におけるシティズンシップの分解　*136*

　　4　移住労働者政策の方向性とシティズンシップの再構成　*150*

第4章　韓国のネパールコミュニティと帰還後の活動

　　……………………………………………… 李蘭珠　*161*

　　1　ネパール人共同体が始まる　*162*

　　2　ネパール人共同体の主要活動　*167*

　　3　移住労働運動の中心に　*169*

　　4　葛藤と分化　*171*

　　5　指導部の大挙帰還とNCCの弱体化　*174*

　　6　帰還移住労働者たちの新たな挑戦　*176*

　　7　結び　*181*

第5章　ベトナム人母娘3代の結婚と韓国

　　　　──ベトナム戦争から多文化まで、市民権獲得を中心に

　　……………………………………………… 許呉英淑　*185*

　　1　はじめに　*185*

　　2　2005年に建立されたベトナム参戦記念塔の意味　*187*

　　3　ベトナム人女性の移住結婚と韓国　*189*

4 韓国とベトナム双方で隠された血統、ライタイハン　*192*

5 「ライタイハン」スミンの母娘3代と韓国市民権　*195*

6 国民だが、国民ではない　*198*

7 結論　*200*

第6章 「地球人の停留場」と農業移住労働者
　　　　——農業、とくに女性労働者を中心に………　金二瓚　*207*

1 地球人の停留場——農業労働者たちの話が集まる場所　*207*

2 「多文化」という風船に隠されてきた外国人たち　*209*

3 農業女性移住労働者　*210*

4 雇用許可制の限界　*212*

5 「セルフ セミ バイオグラフィー」の企画　*215*

6 終わりに　*221*

第7章 公正貿易（フェアトレード）と
　　　　公正貿易タウン（Fairtrade Town）運動
　　　　——なぜアジアでなぜネットワークなのか？…李康伯　*223*

1 気候変動の主犯は誰でしょうか？　*223*

2 全世界の難民の数は6千5百万名を越えている　*224*

3 誰が絶対貧困に苦しめられているのでしょうか？　*225*

4 誰が気候変動の被害を
　　いちばん深刻に受けているのでしょうか？　*226*

5 公正貿易の本質は社会連帯経済（Social Solidarity Economy）
　　を創造すること　*226*

6 公正貿易タウン運動はグローバルかつローカルな運動　*227*

7 なぜアジアなのか？　*228*

8 なぜネットワークなのか？　*230*

9 むすび　*230*

第8章　ロシア沿海州の高麗人と社会的企業 バリの夢
　　　　——東北アジアコリアンとともに東アジア協同経済
　　　　　ネットワークを構築する社会的企業バリの夢
　　　　………………………………………………………… 金鉉東　*235*

1 はじめに　*235*

2 高麗人の移住史と農業　*237*

3 2000 年代（2004 ～ 2010）高麗人農業定着支援事業
　　　——「東北アジア平和連帯」と
　　　　「NPO 沿海州東北アジア平和基金」を中心に　*239*

4 2000 年代（2004 ～ 2009）高麗人農業定
　　着支援事業の評価と今後の方向　*246*

5 2010 年代前半期（2010 ～ 2014）：高麗人事業方式の転換
　　　——「農業定着事業」から「協同経済」方式へ　*248*

6 2010 年前半期（2010 ～ 2014）高麗人事業の評価と課題　*252*

7 おわりに　*253*

第9章　韓国の社会的経済運動とアジア市民社会… 李栄煥　*263*

1 序論　*263*

2 社会的経済と市民社会、そして福祉国家　*264*

3 韓国の市民社会と社会的経済運動、そして福祉国家
　　　——社会的経済は韓国の市民社会の変化に

4 韓国社会的経済運動の歴史と性格　*271*

5 アジア連帯社会経済運動の類型ならびに進化
　　　——韓国の経験と課題　*274*

6 結論　*278*

あとがき …………………………………………… 申明直　*283*

索引 ……………………………………………………… *289*

写真図表一覧………………………………………………… *299*

装丁＝オーバードライブ・前田幸江

東アジア市民社会を志向する韓国

序論 東アジア市民社会への道
——「東洋平和論」の実践として

野村伸一

はじめに

1 本書『東アジア市民社会を志向する韓国』の含意に向けて

　東アジアに関する論著は数多い。国立情報学研究所のデータベース CiNii で「東アジア」を入力すると 3 万件余りになる。しかし、これに「市民社会」を加えると 67 件、さらに「韓国」を加えると 7 件しかない。これは日本の東アジア研究者は「東アジア市民社会」あるいは「市民社会」そのものに余り関心がないことを意味する[1]。しかし、本書『東アジア市民社会を志向する韓国』をみるとわかるように、韓国では今、アジアの「市民社会」を目指して諸種の社会組織が作られ、しかも果敢に実践をはじめている。

　「市民社会」はメディアではありふれた用語だが、その概念は欧米に由来する。その内実、歴史的な意味については日本でも韓国でもまだ馴染みが薄い。欧米の市民社会とはかつて利益追求に走る「ブルジョア社会」の意味で否定的に語られもした。しかし、また国家と区別された自律、公共性を尊ぶつながりを意味するものとしても語られてきた。そして今、この語が「肯定的意味でよみがえっている」[宮島　2014：4]。この背景には資本主義の強欲、格差、環境破壊、強いられた男女差などへの異議申し立てがある。宮島喬はそれらの異議申し立ての追究のために「多文化」の必要性を説いた。もっともである。加えて今日では、夥しい数の人が移動する。多くは労働移住である。韓国では移住労働者を巡って劣悪な労働環境、また彼らの言語、生活、価値観への無理解などの問題が起きている。日本も同じ問題を抱えるが、なぜかまだ身近に感じられていない。ところが、韓国の市民社会では一足先にこの問題が浮上し、各方面で対策が講

---

[1]　いうまでもなく、「市民社会」そのものの研究は三千数百件と数多い。これは欧米と日本の市民社会を主として論じていることになるだろう。

じられ、実践がみられる。その意味でまずは本書は読まれるべきである。そして、読後、その含意を国境を越えて考えることも必要であろう。これは韓国だけのことではなく日本にも中国、台湾にも、そして東アジアにも必要な実践だとおもう。そうしたつもりで序論を書いた。

2　不安のなかの活気に目を向ける

　わたしは東京の環状線（山手線）の内側で生まれ、30 まで生地上野桜木町で育ったので都会っ子といえばいえる。しかし都市民という意識は余りない。1980 年代以降、山手線沿線の数多い木造住宅が鉄筋の高価なマンションに変わりいくのをみると、不安になったものだ。さいわい生家の辺り、また隣町の谷中はその変容の速度が遅く、谷中などは 2000 年代になって「元の姿」を寧ろ売り物にしている。こんな社会環境を背景にしていたせいか、わたしは市民運動家とは余り馴染みがない。そしていくつになっても都市の目抜き通り、繁華街よりは田畑のある所、海山の村、都市では裏通りに足が向く。再開発で益々奇っ怪となる都市、着飾った男女さながらの瀟洒な街路は好まない。歩いてきた道はいつも一歩時代遅れ、しかも、いつまで保てるかわからない。今後もそんな道を訪ね歩いていくだろう。

　日本だけではない。台湾では金門島の小路（写真 1）。そこの小吃の店はもの食う人で賑わっている。この島は中国との対峙の最前線にあり、戦災の不安とともにある。だが、ここでは多数の廟を中心とした共同体が生きていて人の濃密なつながりが感じられる。不安のなかの活気は韓国ソウル市九老区の大林洞（写真2）、京畿道安山市の元谷洞（写真3）でも感じる。こうした光景は得難い。一方、2015 年 10 月、東日本大震災から 4 年数ヶ月の陸中沿岸でみた風景には人気が感じられなかった。防潮堤が海を遮る。巨額の復興費を投入して道路、復興住宅が造られている。だが、地元では「一体、どれだけの人が住むのか」といぶかしがる。こちらは「復興」のなかの不安だ。

　金門の小路と防潮堤のある海辺と、このあわいに東アジアはある。どちらの光景も近代史の産物であり、また現代の政治、経済と大いにかかわる。東アジア市民社会はこうした光景をどう調和させつなげていくべきなのか。金門島、大林洞、元谷洞、陸前高田（写真4）やその周辺には当然、自前の地域文化がある。だが、現代資本主義は、それらを一様に造り変えるかも知れない。わたしは社会的経済運動や外国人移住者の市民権の実態、問題点については門外漢である。しかし、「東アジアの社会と文化のつながり」を志向するという一点ではそれな

序論　東アジア市民社会への道

写真1　金門島の小路。正面右側に古廟がある。

写真2　大林洞　朝鮮族のための日用品、食堂が並ぶ。

写真3　安山市元谷洞にある多文化村のシンボル

写真4　陸前高田沿岸、震災後に残った一本松

りの夢がある。この夢とのとのつながりで、進んでこの序論を書くことにした[2]。

1　本書の背景、あるべき理念

　本書所収の諸論考は 2015 年 6 月 27 日、ソウルの聖公会大学で開催された「東アジア共生シンポジウム　東アジア市民社会を志向する韓国」での発表原稿と討論を基にしている。
　このシンポジウムは聖公会大学社会的企業研究センターと NPO 法人東アジア共生文化センターの共催による。ただし、これは研究者の集まりではなかった。上記、二組織の代表者李栄煥(イヨンファン)と申明直(シンミョンジク)の熱意が先ずあった。二人は、韓国内外で日々奔走する市民運動家たちによびかけた。その人徳もあったのか、実践で

---

[2]　なお本稿とは別に、「東アジア共生シンポジウム　東アジア市民社会を志向する韓国」(2015) に寄せた基調報告 (野村伸一「多文化社会の東アジアに向けて」『韓国朝鮮の文化と社会』第 14 号、風響社、2015) がある。参照されたい。

11

忙しいなか何とか糾合して開催にこぎつけた。この集まりの背景を振り返ると次のようになる。

　韓国社会は軍事政権に対する 1987 年の民主化運動の高潮を経て、1990 年代に民主化と経済成長を同時に成し遂げた。その間、中国朝鮮族や旧ソ連にいたコリアン（高麗人）、東南アジアからの労働移民、結婚移民が絶え間なくあり、30 年ほどの間にその数は 200 万人を越えた（全人口の 4%。2016 年現在）。これだけの数の移民は朝鮮半島では未曾有のことで、当然、さまざまな社会問題が起こった。一方、1980 年代の韓国の民主化運動の担い手たち[3]は 1990 年代以降、韓国社会の変容に直面した。賃金の上昇と物質的な豊かさにより一応の福祉国家は達成した。けれども移住労働者の現況を直視すると、1980 年代までの社会と余り変わらない。国民国家、韓国の社会と文化はどこに向かうべきなのか。こうした問いに対する回答として選ばれたのが市民組織による活動であった。それは社会的経済の追究でもあり、また映像による自己表現の模索でもあった。本書はそうした活動の一端を伝える。

　シンポジウムは「第一部　韓国―東北アジア―東アジア市民」、「第二部　韓国―東南アジア―東アジア市民」、「第三部　韓国の代案経済と東アジア市民」からなる。第一部では中央アジア、ロシア沿海州からきた高麗人（金勝力「京畿道安山テックルと高麗人移住労働」）、韓国を含む華僑の歴史と現在（申明直「中国改革開放前後の華僑華人と移住民政策」）が取り上げられた。第二部では東南アジア各国からの移民の現況が語られた。まず韓国の移民政策の実体が報告された（盧恩明「雇用許可制と市民権の変更」〈発表時の表題〉）。次にベトナム女性の結婚移民と市民権問題（許呉英淑「ベトナムの母娘三代の結婚と韓国」）、またネパール人、カンボジア人の労働移民について、ネパールへの帰国後の問題（李蘭珠「コミュニティと移住労働者の帰還以後」）と韓国でのカンボジア人の暮らしの実態（金二瓚『『地球人の停留場』と農業移住労働者」）が支援の実践に基づいて報告された。移民当事者の訴えは生々しい。彼らには教科書的な「市民権」は縁遠い。だが、これに対する行政の反応は鈍く、国レベルでは無策に近い。それが韓国を含めて「東アジア市民社会」の現実なのかもしれない。第三部ではアジアの貧困への代案としての公正貿易とその韓国での実践が語られた（李康伯「アジアフェアトレードネットワークとパートナー」）。またロシア沿海州の高麗人地域で生産される自然栽培大豆の加工と韓国

3　彼らは 1990 年代に三八六世代とよばれた。すなわち 1960 年代に生まれ（六）、1980 年代の民主化運動とくに 1987 年の民主化大闘争を担い（八）、1990 年代に 30 台を迎えた（三）。今回の参加者は三八六世代とその次世代からなる。

12

序論　東アジア市民社会への道

での流通の現況も報告された（金鉉東「ロシア沿海州の高麗人と社会的企業」）。最後には韓国での「社会的経済運動」の来歴と進展が語られた（李栄煥「韓国の社会的経済運動とアジア市民社会」）。李栄煥によると、韓国の社会的経済運動に対する認知度はまだ初歩段階で現今の資本主義の代案とはなり得ない。とはいえ、その運動の意義を「過小評価する必要はない」、これらは行き過ぎた資本主義の制動となりうるのであり、その間に人びとは変化に対応していけるだろうと展望した。社会的経済と福祉国家の並行発展こそが韓国社会を変化させる最も重要な要素だという李栄煥の総括が印象に残った。

　シンポジウムに終日参席し、真摯な熱い議論を聞きながら日韓の比較をした。行き過ぎた資本主義による競争と拡大する格差、若年層と女性に急増する非正規就労、高齢化社会、移住労働者の生活不適応、受容国側の無理解、これらは日本の現在の問題でもある。ただし、それに取り組む市民社会に温度差がある。日本では、今、東アジア市民社会志向どころか、日本礼賛的な言説が政権の中枢から説かれ、これへの心情的な支持は選挙民の半数に近い。そこには社会的経済や福祉国家への展望はない（安倍政権は2019年に入管難民法を改正（?）して安価な労働力を大量に確保しようとしている。だが、そこには長期的な観点の移民政策は全くない。2018年12月現在）。

　総じて日本国民は明治の国権伸張の歴史や江戸情緒の話題は好むが、日中戦争や植民地朝鮮の記憶は遠ざける。専ら関心があるのはいかに「経済成長」の果実を手にするかである。外国人との棲み分けを好み、箱庭的な日本の美しさを誇る。マスメディアの一角では中国の経済的台頭に伴い、中国脅威論が誇張して語られて久しい。そうして、偏狭な国家主義が社会の各所から起こり、ヘイトスピーチをもたらした。それはアジアにおける日本の孤立を促すだけである。これは多文化社会、さらには多文化尊重の次にあるべき調和・統合社会につながる道では決してない。その現今の隘路を克服するひとつとして「東アジア市民社会を志向する韓国」の試みは注目される。ただし同時に、こうした試みには韓国という国民国家の枠を越えた理念が必要である。それは「東アジア共同体」に他ならないが、その前に相互信頼に基づいた「東アジア文化共同体」の醸成が必要だとおもう。

2　東アジア文化共同体について——矮小化した人文学の先へ

　東アジア文化共同体とは「東北アジア、東南アジア、インドまで含めた地域

の人びとが相互に自由に往来し、それぞれの地域文化、ことに基層文化において理解し合える関係を持つ平和な社会」と定義する[4]。それは政治、経済体制の違いとはかかわりなく追究しうる。ただし、近代国民国家作りが成就したか否かにかかわらず、この百年余りの間に自主独立を巡って形成された各国文化の個性（民族性）は強い。そこには当然、国民感情がつきまとう。問題は、それらの個性をいかに統合するかである。とくに日本、中国、韓国の国民感情の葛藤をどう解いていくか。これは差し迫った課題なのだが、それに向けての体系的な教育と実践はいずれの国においても乏しいといわざるを得ない。今日の人文学は総じて実効だの現実性だのに拘泥し、目先の意義（成果）を追究する。それを競う余り、結果的には矮小化しつつある。

　しかし、各国の文化の歴史を近代以前に広げて辿るならば、葛藤克服の道は開けるだろう。日本同様、韓国にも中国脅威論がある。だが、一方で明代の朝貢体制、そこでの華夷秩序を「東アジア共同体の起源」と認める視点もある。たとえば金貴玉は盧武鉉時代の「大統領所属東北アジア時代委員会」(2003 〜 2008) で常任委員を務めた。その経験に基づき東アジア文化共同体の展望と課題を次のように述べた。第一、日本の過去清算を通した和解と平和の努力、第二、東アジア市民の福祉問題や人権に目を向け平和と民主化を追究すること、第三、東アジアの文化の共存と継承、第四、東アジア共通の文化遺産に対する共同研究と管理、第五、東アジアの多文化的価値の共有と保存のために多文化学校を設け教育すること。そして最後に東アジアの人びとは国家まかせではない「東アジア市民の歴史」を培うべきだといった [金貴玉　2012: 52 以下]。

　中国復旦大学の蔡建は北東アジアの地域統合の遅延は文化同一性の欠如によるとした。蔡建によると、文化アイデンティティとは人と人の間、個人と集団の間に共通の文化があるとする心理、情感である。その核心は価値観だが、これは不変のものではない。この地域には歴史的には「漢文化圏」が存在した。儒教と道教の融合した文明が朝鮮、日本に伝わり文化の基礎をなした。しかし、それは 17 世紀半ば、明清の転換期に破壊され、近代西側の資本主義の侵略後ほぼ全滅した。文化アイデンティティの構築は「相互信頼を増強」させ、「アジアの平和」維持に貢献する。北東アジアの価値観は儒学と漢字、その上に形成された文化と習俗で、これは現在もなお残存する。加えて地域アイデンティティ

　4　なお、金貴玉は「東アジアの多様な人々が多様な言語と文化のなかでも一緒に暮らすことができる共同体」と定義している [金貴玉　2012：39]。

14

序論　東アジア市民社会への道

もある程度は形成されている。以上は文化アイデンティティの構築に有利な点である。

　しかし、不利な点もある。「歴史的原因がもたらした北東アジア各国間の政治信頼の脆弱性」、「新民族主義」、「政治・安全協力」の遅延、後退などである。民族主義については次のようにいう。近代に発生した中国民族主義は、今「再び中国の政治舞台」に現れた。韓国は「強烈な反大国主義的傾向」を持ち、近年は中国に対して「比較的過激な姿勢」をみせている。また日本は1980年代半ば以降、経済の衰退とともに再び民族主義を復活させている［蔡建　2013］。見立てはそのとおりだとおもう。ただし、これら不利な点の克服についての展望はない。金貴玉、蔡建の所論を通していえることは「東北/北東アジア」の地域統合は議題として掲げられているが、一時的に滞っていること、そしてその克服のためには近代の国家間の歴史と「文化」に対するより多角的、柔軟な省察が必要だということである。これについて日本の東アジア地域研究者、日本の市民はどう考えるのか、それが問われている。

3　東アジア文化共同体と多文化共生

1　日本における多文化共生

　「東アジア市民の主体的な歴史」の必要性（金貴玉）、東アジア文化共同体の必要性およびその構築可能性とその障壁（蔡建）などはもっともな指摘である。ところで、その追究の上で必要な多文化の承認について上記の論文では、当然のこととされたのか、明確には提示されない。

　金貴玉は東アジア文化共同体の「展望と課題」の第5に多文化的価値の共有と保存のためには多文化教育が必要だといった。韓国の立場からいうと、それは国内だけでなく南北の価値共存のためにも、また中国、日本、東南アジアの人びととの相互理解にも必要だという［金貴玉　2012：53］。そこでは二重言語教育制度の活性化があげられただけだが、これは紙面の制約上のことだろう。実際にはその教育のために、韓国ではさまざまな方策が模索されている。一方、多文化については日本にも多くの言及がある。たとえばCiNiiでは多文化関連の論文は6,800件余りにのぼる。それゆえ、日本では今や「多文化」は人文学、市民生活の常識となっているのかとおもいたくなる。だが、これに「東アジア」を加えると50件しかない。やはり東アジアの多文化は焦眉の課題としては看過されているのが現実である。

15

そこでこの問題を振り返っておきたい。日本では「1993 年頃」から、多文化共生の語が使われはじめ、1995 年の阪神・淡路大震災を機に全国に広まったという。この語により新移住者をみる目が開かれ、外国人支援活動が促進されてきた。しかし、日本の現実は「共生」とはほど遠い。竹沢泰子は移民研究の立場からいう。第一、支配集団の中心性、優位性の温存、第二、衣、食、祭に偏った「多文化」であること、第三、日本ではエスニシティ概念が未発達で帰化者は日本人の一員とされがちなこと、第四、少数集団の代表性が特定の組織、個人に固定化されがちなこと、第五、人種差別抑制法の不在 [竹沢 2011：6]。「移民と共生」に関連してもこれだけの問題がある。加えて日本には在日韓国・朝鮮人との共生問題がある。多文化論は日本から東アジア市民社会を志向するためにも避けて通ることはできない。

2　日本における多文化主義の受容──西川長夫の所説

　日本の多文化論を振り返ってそこに提示された東アジア像をみておきたい。先ず国民国家論の西川長夫があげられる。西川によると多文化主義は 1960 年代半ばアメリカに現れ、カナダやオーストラリアでは国家政策となった。それは国民統合の新たな形態、国民国家の危機の示現でもある。それが何をもたらすのかはまだ十分考察されていないが、移民の社会、またアジア地域では新しい文化が創造される可能性がある [西川 2001：397 以下]。ただし欧米由来の多文化主義はアジアの過去の多文化について殆ど語っていない。それは植民地に定住した欧米人の過去への言及を避けてきたことによる。従って旧植民地、先住民の側から多文化主義を問う必要がある。これは多文化主義の意味と可能性を広げることに通じる。

　西川はアジアにおける「住民の活力に満ちた文化的多様性」に注目し、その多文化状況を分類する。中国、韓国、日本など東アジア型は古い伝統と国家権力により民族的・文化的多様性を封印しているとみる。ところが、インドをはじめとする南アジア型は統合はなされず、多文化的豊饒性を露呈させている。一方、東南アジアでは「多様で流動的な住民たちと近代的な国民国家のせめぎあい」が際立つ。それにかかわる事例を述べた上で西川は多言語・多文化主義の問題はアジアにおいてこそ論じられるべきだという。さらにフィリピンのクレオール性にも注目し、それは「民族を越えた概念であり文化モデル」であり、台湾や沖縄などとつながる可能性があるという [西川 2013：287 以下]。

3　在日韓国・朝鮮人のみる日本の多文化

朴 鐘 碩は1970年、日立の就職差別に対して訴訟を起こし、勝訴後、日立に入社した。以後、定年まで企業の組合と居住地川崎での地域運動を担った。組合は労使協調、社員は上司に意見をいわず、多くは組合に関心がない。この経験から朴鐘碩は1990年以降、政府、自治体、企業が唱えはじめた共生は「美しい言葉」だが、現実の差別を曖昧化、隠蔽するといった［朴・上野ほか　2008：4］。崔勝久も日本では各界、市民運動体まで多文化共生をいうが、それは外国人の基本的人権の保障のためのものではないという。その目的は増大する外国人の管理にあり、総務省の「共生」の名のもとの統合政策と同じだという。日本では政策決定過程に当事者の外国人が加わることはなく、恩恵を施す意識、「二級市民」扱いがみられる。この共生は外国人の廉価な労働力確保のための植民地主義イデオロギーだという。崔勝久はかつて在日朝鮮人として日本社会に入ることを主張した。ところが、このために「同化論者」として同胞から批判されもした。また福島の原発事故後、民族、国籍を超えて地域社会変革のために訴訟を起こした。すると「日本から出て行け」と罵倒された。一方、崔博憲は内なる他者としての「在日」、「雇用の調整弁」としての外国人労働者の実態を述べつつ、日本の市民社会の閉塞状況を越えるためには「移民」の視座のもとで新世界を創造する必要があるといっている［西川・大野・番匠　2014］。

4　新しい市民社会のための多文化——宮島喬の所説

宮島喬『多文化であることとは』によると、新しい市民社会の特徴は、国家からの自律、物と資本の支配への抵抗、不平等の是正などにある。その実現のためには市民の多文化化すなわち「差異や多様性への関心、配慮」、その承認が必要である。だが、日本では社会、国家、国民は三位一体で往々、内なるマイノリティ、境界領域（沖縄、アイヌ、台湾、朝鮮など）への配慮を欠く。また1970年代末以降、経済力に基づくナショナリズムが日本人論として現れた。一方、就労外国人の状況は日本の「国際化」の実態をよく示す。日本の政府、大企業は彼らの低賃金、子女教育など市民権の問題には冷淡である。それを担うのは専ら下請けと自治体、地域住民である。神奈川県は1970年代後半から民際外交を掲げ「内なる国際化」を進めた。また、川崎市は「外国人市民代表者会議」を創設した（1996年）。一方、大阪を中心にした地域では1990年代、在日コリアンの中高年女性による夜間中学の独立、開設運動が展開された。

こうしたことがなされたにもかかわらず日本人の自己定義、境界は余り変わっていない。たとえば日本では「韓国系日本人」「中国系日本人」の呼称は拒まれる。これは「日本人は一つ」の観念によるものだろう。アジアに対する日本人像を論じるとき、政府次元の「歴史清算」が今もなお問われるのが現状だ。これに関して在日コリアン尹健次は帝国臣民意識の残存を指摘している。それはもっともだと認めつつ、宮島は、ただし、現在の在日コリアンは日本人との共生の可能性を感じているのかもしれないといった［宮島　2014：246］。これには当事者側から異論もありうるだろう。そこで以下、多文化を生きる在日の事例をあげておく。

5　多文化を生きる①──大阪発

　趙博（1956〜）は「日本生まれの大阪育ち」、「日本語のネイティヴ・スピーカー」だが、国籍は韓国、「在日韓国人二世」である。かつて教育学の専門家として[5]大学の講壇に立ったこともあるが、現在は「歌劇派芸人」と称して公演をして回る。一方で大阪の「風景と文物と人」に愛着を持ち、文でも歌でも、軽妙に、また鋭い諷刺を込めて語る。それはまさに多文化であることの、よきお手本である。趙博一家は「曾祖父の代から……かれこれ90年ぐらい」日本に住むのだという（本人は「二世」というので、曾祖父らは故郷と日本を往来していたのだろう）。それで趙博は日本人ではないが、大阪人の自覚と誇りを持つ。故郷大阪には「ごった煮」のおもしろさがある。それが今、消えかかっている。そこで大阪環状線に乗り、すべての駅ごとに降りては歩き、歴史と今を語った（趙博『パギやんの大阪案内　ぐるっと一周［環状線］の旅』）。

　もちろんそこには植民地朝鮮人の記憶があり、今がある。桜ノ宮駅近くにはかつて龍王宮があった。水辺にあり「故郷」につながる聖地であった。拝み屋が巫祭をした。同時にそこでは廃品回収業もやっていた。まさに聖・俗、聖・濁併せ持つ地であったが、市はこれを撤去した。大阪から路地裏が消えていく。趙博はその「近代化」「文化」に異議を唱え、隠されたもの、失せたものを表に

　5　たとえば趙博は、1989年、日本の「左翼」が戦前、戦後を通じて「在日朝鮮人」を対象化してこなかったこと、戦後もなお日本のなかに在日に対する階級的差別が現存するにもかかわらず、それを「民族問題」として曖昧にしてきたことを理論的に批判した（趙博「『左翼』ナショナリズムと在日朝鮮人」『思想』第12号、岩波書店、1989年）。その後、趙博は「芸人」となった。ただ、こころざしは変わっていない。つまり理論ではなく多文化社会の実現のための実践活動に軸足を移したといえるだろう。

序論　東アジア市民社会への道

出そうとする［趙　2012］。趙博の人となり、その一家の歴史、生地大阪への限りない郷土愛、また朝鮮の歌謡と世界中の大衆歌謡を呑み込む心意気、その歌語りに示される混合文化はまさに東アジア文化共同体の一画を占めるにふさわしいものといえる。

6　多文化を生きる②──最初の「在日音楽」の担い手、裵亀子

　近代の日本と朝鮮の関係史は政治、経済から社会、歴史、文学まで一通りは研究されてきた。けれども芸能、音楽、舞踊を含む比較文化史は看過されてきた。その考察、研究ははまだほんの一握りである。こんななか宋安鍾は「在日音楽」という枠組で、この百年の韓国・朝鮮人音楽家の歴史を述べた。はじめに裵亀子（1905/1901 ～ 2003）がいた。1918 年に日本の天勝座（女流奇術師松旭斎天勝が率いた一座）の一員として登場し、日本、朝鮮、満洲で人気を得て一座の花形となった。初代天勝の養女となった裵亀子は日本への同化をしつけられた。しかし、1926 年一座を脱退し、1928 年、「裵亀子告別音楽舞踏会」を開催した。ここでは創作新舞踊「アリラン」を発表した。1930 年には裵亀子歌舞劇団を作り外地、内地を巡演する。

　裵亀子は天勝座時代にモダンダンスを習い、それをもとに朝鮮雑歌山念仏を舞踊にすることなどを考えた。それは東洋の舞姫として知られた崔承喜に先立つ構想であった。1935 年には京城に朝鮮最初の舞台専門劇場「東洋劇場」を創立した。創立公演では太極旗を振り、そのため一週間の留置場生活を送った。一方、1937 年 12 月の京都公演ではアリランの歌と舞で観客を魅了した。しかし、大衆芸能のスターとしての活躍はここまでであった。東洋劇場は、1939 年、金銭がらみで人手に渡り、裵亀子一座も解散、本人は芸能界から引退した。1945 年以後は米国で余生を送った。日本はこの多文化を生きた女性を忘却した［宋安鍾　2009 : 33 以下］。

7　多文化を生きる③──新しい「在日音楽」の担い手たち

　日本が裵亀子を忘却した背後には植民地にまつわる過去を忘れようとする日本社会の意図もあるだろう。かつて裵亀子を起用したこともある NHK は 2000 年代にはいると韓流を後押しした。それは過去の歴史と引き替えに文化交流を推進しようとする日本政府の政策の一環であろう［宋安鍾　2009 : 101］。そうした政治性を伴う多文化演出は「在日」と称される音楽家たちの系譜のうちにみてとることができる。彼らの戦後は一国神話を形成する戦後日本社会との葛藤の

19

歴史であった。そうしたなか、趙博の場合は日本の境界領域とつながろうとする意識が明瞭である。1980年代の韓国のマダン劇を取り込んだ「生野民族文化祭」(1983～2002)で、また沖縄・部落・朝鮮の共闘のための「被差別少数者協議会」で、趙博は担い手として活動した。

　ただし、「在日」たちが芸能界で生きていくための「戦術」は一様ではない。通名（日本名）が今も普通である。総じて彼らは民族的なものとは「切れて、繋がる」形を取る。ところが、1990年代になると、活動の当初から「朝鮮人」当事者を表明する一群の新しい音楽家が輩出する。彼らの場合は「もはや韓国人でもなければ、いまだ日本人でもない」ことをひとつの「戦術」としているようだ。実際、彼らは国境を容易に越える。例えば、PUSHIMは大阪、ジャマイカ、ニューヨークを往還しつつ活動する。彼女のhometownで歌われる大阪はアメリカのマイノリティをも視野に入れている［宋安鍾　2009：299以下］。新しい多文化への志向がそこにはあるといえる。

8　多文化を生きる④——新大久保からの挑戦
　東京都新宿区大久保地域は2002年の日韓ワールドカップ共催から数年間、韓流の高潮もあり、コーリアンタウンとして知られた。しかし、そののち韓流の退潮に加え、中国、ベトナムからの新移住者が増え、各少数民族集団の料理店もある。今はまさに多文化様相の町となった。新大久保駅の北西側イスラム横町には規模は小さいが、ハラルフードの店、モスクもある。これらは京畿道安山市元谷洞の状況を髣髴させる。しかし、一頃に較べると大久保地域を訪れる人は確実に減った。このため韓国人店舗が相次いで撤退している。これに対して韓国人新移住者たちは地元の「新大久保商店街振興組合」と協力して2014年、2015年、さらに2016年と映画祭を開催した。ここでは韓国に限らず広くアジアの映画を上映した。

　この企画の中心となった李承珉は2002年以来、「新大久保語学院」を経営するかたわら、「新宿区多文化共生まちづくり会議」にも参与している。在日20年になる。李承珉はこの地域に愛着を持ち次のようにいった。第一、新大久保は日本語学校が多く、学生のためのアパートもある。繁華街に近くアルバイトもしやすい。第二、少子高齢化社会を迎える日本は、消費減退、人口減に対処するためにも移民を受け容れざるをえず、その際、新大久保はひとつのモデルとなる。ここは「プラットフォーム」であると同時に、移民の日本適応を育む場所でもある。第三、2050年の日本は全体が「今の新大久保のように」なっていく

序論　東アジア市民社会への道

ことだろう（2015.7.10　慶應義塾大学日吉キャンパスでの講演。なお、韓国発の ytn の報道によると、2018 年 12 月現在、人波は戻りつつある。だが、元徴用工の訴訟で韓国最高裁が賠償を命じたことに対して、日本政府とメディアの過激な反応がつづき、その影響が憂慮されるという）。

4　東アジア市民社会への道

1　19 世紀半ばを基準にしたポスト「東アジア」という視点

　以上、移民の視点や地域市民、在日外国人を主体とした実践を垣間見た。これらは多文化社会実現のためには欠かせない。同時に、これを東アジア市民社会の形成につないでいくためには国を超えた展望が必要である。だが東アジアの知識社会は国民国家の状況に左右され、結果的にはなかなかおもうような連携が取れないでいる。

　こんななか台湾の陳光興はいう。第一、18、19 世紀に東アジアの語はなかった。第二、東アジアは 19 世紀半ばを基準に前東亜、後東亜に分け、両者の歴史的展開をみるべきだ。第三、2001 年の米国の 9・11 以後は世界の安定のためにもアジアの統合が必要だ。第四、知識人は国家、資本家の望む方向での統合に同調すべきではない。こう述べた。

　また米谷匡史は次のようにいう。第一、2005 年、東アジアは日本の歴史修正主義の増長、韓国・中国の反日デモ、米国による北朝鮮包囲網の形成などにより行方が見通せない危機にある。第二、戦前の日本による統合構想など、「東アジアという亡霊」が今も力を持つが、韓国・日本の批判的知性はこれに無防備だ。第三、アセアン＋ 3 による東アジア共同体構想は国家・資本主導でなされていて、国家による覇権争いが絡む。第四、日本では政府の多文化主義戦略に知識人が協力している。それはグローバリズムに適応するための国家再編戦略の一環なのであり、安易な協力は避けるべきだ［孫歌・白永瑞・陳光興　2006：6 以下］。

　以上は 2006 年の段階での指摘である。その後、11 年、今、「世界の安定のため」のアジアの統合はいよいよ遠ざかっている。東アジア共同体構想などは国民国家次元でも不人気な話題となっている（2017 年、朝鮮半島は米国による北朝鮮軍事攻撃説が真摯に語られた。2018 年、一転して「朝鮮半島の春」が演出されたが、やはり依然として東アジアの秩序は米国主導のもとにある）。こうしたときだからこそ、前東アジアから後東アジアへの文化の推移を省察し、新たな手がかりを模索しなければならない。以下、概観ではあるが、東アジア市民社会への道として考えたことの

一端である。

2 東アジア市民社会への道——文化伝統の視点からみた「東アジア」

(1) 東アジアの文化伝統

　2006 年、孫歌（中国）、白永瑞（韓国）、陳光興（台湾）の若い三人の知識人が同意したことは「東アジア」は 19 世紀半ば以降の西欧によるアジア再編のなかで作られたことばであり、この地域で人びとが国境を越えて連携するためには新しい視点が必要だということであった［孫歌・白永瑞・陳光興　2006］。それは意義ある合意だが、それではいかなる実践がありうるか、また現在、進行しているのかについては展望がなかった。実践への展望の欠如という状況は、遺憾なことに 2018 年の今も同様である。戦後、東アジアでは冷戦とともに「アメリカの内在化」が複雑に進展した。加えて「大国」としての中国の台頭があり、「小国」側が受ける圧迫感は増加している。国境、領土に由来する沖縄の苦悩（米国軍事基地の居座り）もいや増し、東アジア連携の気運は明らかに後退している。

　その意味でも「東アジア市民社会を志向する韓国」の実践と証言は貴重である。その試み、志向は「東アジア」を統合的なものとするためのひとつの道である。ただ、この統合への道はひとつではない。とくに、この地域における文化伝統の根強さは、前述蔡建の指摘にもあったが、看過すべきではない。東アジアの文化伝統は幾重にも分かれ、それが互いに絡み合っている。多層化しつつも一体化し、小集団ごとに個性化している[6]。そうした生きた文化を現代社会の基準に合わせ誂え向きのものに改編することは、今日、文化産業の要求することでもあり、各地でみられる。しかし、その多くは単なるイベントに過ぎず、地域の遺産とするには足らない。東アジアの文化伝統への接近はやはり「儒教」への注目からはじめるべきであろう。

(2) 原儒（巫覡）文化の遍在

　中国古代の儒、原儒は宗教儀礼の司宰者であった。これが春秋、戦国時代には小人儒と君子儒に分かれた。小人儒は葬祭卜筮をする儀礼儒、一方、君子儒は合理主義に立つ思想儒で、同時に政治に関与した。孔子はその君子儒のなかから現れた。孔子は克己を仁とした。そして仁を道徳の根本とし社会的規範（礼）

6　東アジア海域の文化伝統を小地域単位に分け、それぞれの個性と同時に全地域を貫通する基軸を取り出す試みは、野村伸一編著『東アジア海域文化の生成と展開〈東方地中海〉としての理解』、風響社、2015 年の総説で試みた。

の遵守を人間の主要課題とした。君子儒は王の側にあって政治を説いた。孔子とその学派は戦国時代の混乱のなか民生安定のために政治批判を展開した［加藤1954：23以下］。原儒の意味、そののちの分化を説く加藤の所説は興味深い。卓見であろう。儒教の宗教性は一般には知られていない。しかし、加藤にならってみていくと、孔子は絶えず小人儒の遍在を意識し、弟子たちがそれに偏することを戒めていたとみられる。孔子は子夏に向けて「女は君子儒となれ、小人儒となるなかれ」といった（『論語』雍也第六）。一方で、孔子の「慎むところは斎、戦、疾」であり、また「怪、力、乱、神」を弟子に語らなかった（同、述而第七）。しかし、これらは庶民大衆の永遠の悩みなのであり、おそらく小人儒は常にその相談に乗って慰撫し、神語をしていたのだろう。

　一方、孔子もまたその日々の悩み解法を深く考察したが、小人儒のやり方、おそらく巫俗祭儀では祖先祭祀の永続性が保てないことを認識し、慎重になり、また代えるに礼をもってしたのだとおもわれる。いずれにしても、加藤の所説はのちに加地伸行により再度、取り上げられた。いわく、儒教は沈黙の宗教というべきものだと［加地　1990、1994］。加地によれば儒教は宗教性（シャマニズム）を踏まえて理解すべきである。小人儒は祈祷をくり返すだけ、今日の拝み屋の類いだが、君子儒は孔子以後、家族、政治論から哲学までの大理論体系を作った。これは加藤も指摘した。さらに、加地は儒教の祖先祭祀の背後にあるもの——生命の連続、祖霊の家への帰還、さらに孝を通した家や社会の道徳形成を強調した。この点は一歩踏み込んだ所説である。だが、実はこれらは東アジア各地の小集団の民間祭祀儀礼の現場では珍しくもない。そして、それは儒教ではなく、むしろ原儒（巫覡）の世界というべきものであろう。

(3)　「原儒文化圏」と君子儒の儒教文化とのかかわり

　巫覡はアセアン諸国、東北アジア地域（中国、チベット、台湾、日本、韓国、モンゴル）に今もなお広く存在する。これを原儒文化圏としよう。それらの地では巫者または原儒による降神、招魂儀礼があり、また、横死者の無祀孤魂への畏怖に由る地域、家の追悼儀礼が数多くなされる。それは性別、階層を越えるもので、社会、文化的な意味を十分に持っている。それを承認するならば、儒教文化的な価値観は東アジアの基層文化に遍在するといえる。ところが通常、「儒教が東アジア文化の根柢にある」というとき、その儒教は君子儒のものを指す。すなわち孔子以後の冠婚葬祭の儀礼、またそれに基づく道徳（忠、孝、義、仁など）、性、理の哲学を意味する。これらは中国とその周辺に広く及んだ。とくに14世

紀の明による冊封体制の樹立は朝鮮、日本への儒学の伝播を促した。その時点では「儒教文化共同体」が成立していたという見方もある［邢麗菊　2010：116］。
　邢麗菊（シンリジュ）によると、儒教は①中国、韓国、日本の日常生活の倫理として存在する。②儒教は父母への孝、家庭の和睦、子女教育などを骨子として家庭を重視する。③個人よりも団体精神、家、社会、国家などの利を先立てる。④法よりも礼を重視する（現今は個人の権利を定めた法をも尊重する）。この上で現代儒教は社会の和諧（ハシエ）を目ざすという。以上は現代中国の儒教観の代弁だともいえよう。儒教思想でいう和諧（調和）は東アジア市民社会でももちろん有意義である。だが、この和諧は後（ポスト）東アジアにおける「大国」中国の思想でもある。ここに問題がある。

（4）　現代の君子儒の儒教の限界
　現代中国は儒教を推進する。だが、これは「中国共産党により演出された」孔子熱であり、「文化覇権の別の姿」に過ぎないとする見方も根強い［イム・バンソク　2012：161］。振り返ると儒教は国民国家の形成に利用され、政府の宗教として機能した。たとえば1890年に発布された教育勅語は明治日本の「儒教の聖典」、国民教育の手本となった。儒教は上下関係を尊ぶ。それでは上位者が尊敬に値しないときはどうするのか。森嶋通夫は「大概の儒教徒はこの問題に立ち向かわない」、「これがアジアでの不合理のもととなっている」といった。また日本の教育勅語では五常のうちの仁、義、礼についての規定がなく知と信だけが言及された。ここに中国と日本の儒教理解の差異がある。日本は武士政権以来の忠、信、知で文明化をいち早く達成したが、「横の関係にある者の倫理を規定する義」がなかった［森嶋　2001：139以下］。なおついでにいえば、孔子の最も尊重した仁の実践を教育の現場で基準とすることもなかった。一方、君子儒の儒教は官僚の政治支配を伴う。そして日本の官僚は今なお、自分たちが真に国政を支えるという強烈な意識を持つ［加地　1994］。
　加地がいうほど日本の「官僚政治家」に国家百年の計があったのかどうか疑問だが、仮にそうした識見の持ち主があったとしても、そこにはやはり国境があった。彼ら官僚は国に「一旦緩急あれば義勇公に奉じ」（教育勅語）、天皇を助けることを国民の窮極のヴィジョンとみなした。そこでは跨境する離散者（ディアスポラ）を人として包摂する視点は用意されていない。そうして今日、日本では、外来者を便宜的に「多文化」の名のもとに統御するだけである。中国では習近平（シジンピン）が共産党の党員に向けて頻繁に儒教古典を引用して語る。いわく「修己以敬」「修己以安

人」「修己以安百姓」は古人のみならず、今の党員たちの身の処し方の根本だと[7]。ところで、国に文徳がなければ「遠人服せずして来たる能わず」(『論語』季氏）ともいう。宗旨が異なるチベット人、ウィグル人の離反を将来する国家ははたして自省する必要はないのか。いずれにしても君子儒の統治では国民国家の枠を越えることはありえない。ところが、この離散者の文化の承認こそは東アジア市民社会に至る道のひとつである。こうしてみると君子儒の儒教は今日のヴィジョンとしてはやはり限界がある。

(5) 原儒(巫)のいる社会と文化から──東アジア市民社会への展望

　君子儒の儒教とその上に成立した文化だけでは東アジア市民社会を展望することはできない。しかし原儒(巫)のいる社会と文化を再認識し、その上に立つとき、展望は開けてくる。現代韓国では今もなお盛んに巫祭（クッ）がなされる。それだけではなく、中国、台湾、ミャンマー、インドネシア、インドなど、私的に歩いてみただけでも[8]、それぞれの地域の方式で巫祭がおこなわれていることが確認できた。これが東アジアの民衆の現実である。畏友の写真家故金秀男（キムスナム）(1947〈公的には 1949〉~ 2006) はこれらを鋭く見抜き写真に収めて回った。そしてわれわれはその現場をみるたびに、「全く同じだ」と語り合った[9]。それは、いわば東アジアの郷土文化全体に対する短い写真説明（キャプション）でもあったが、今もなお説得力を持つと確信する。

　東アジアの巫祭の内容は巫堂クッ（ムーダン）と同じく死霊供養、治病、祈子の祈願、また地域、家庭の平安祈願など多様である。また担い手も降神巫、世襲巫あるいは法師、道士などさまざまである。いずれにしても共同体の中心には原儒(巫)がいて、彼らは家族と地域のために人倫、祖先、郷土を巡る神がみ、さらには天地の神の来歴（いわれ）を語った。それは必ずしも体系立ったものではなかったが、こころの原風景となり、記憶された。そして、天変地異あるいは政治的な暴力により離散を余儀なくされたとき、人びとはその記憶を呼び戻した。かつて政治

7　呉光「修己以安百姓」『新華網』(2016 年 02 月 15 日 05:40:45 来源：光明日報)。また「習近平：士不可以不弘毅、任重而道遠」(人民網、2015 年 07 月 25 日 来源：光明網)。いずれも『論語』からの引用である。

8　ささやかな序論ではあるが、野村伸一『巫と芸能者のアジア』中公新書、中央公論社、1995 年参照。

9　金秀男については、野村伸一「韓国国立民俗博物館企画展示『金秀男を語る』」『韓国朝鮮の文化と社会』15 号、風響社、2016 年参照。

的また経済的な理由で済州島を離れ大阪に居着いた済州人一世は、今もなお故郷のシムバン（巫者）を招いて大小の儀礼（クッ）をする。ところで、この異郷での祭儀は決して他人事ではない。東南アジアの華人たちは今も故郷の方式で醮（道士、僧による祭儀）をする[10]。日本では東日本大震災後、故郷をやむなく後にした人たちが同様に原風景の祭儀を取り戻している。こうした祭儀の現場は原儒のいる社会から派生したものである。そして、それをつなぐことは東アジア市民社会にとってみずからのこころの拠り所の確保に通じる。東アジアの文化はその上に成ってこそ堅固なものとなるだろう。

(6) 共同体の危機の記憶と芸能

　2016年3月現在、福島第一原発事故、津波で故郷を離れた人は17万4千余人、死者・不明・関連死の人は2万1千8百余人（『東京新聞』2016.3.11）。問題はその数だけではない。この震災の記憶の風化がより問題なのである。「なんで逃げているか分からないまま、避難を繰り返し……いまだに毎日悲しいんですよね」と語る人が現にいる（『東京新聞』2016.2.27）。こうした切実な声を記憶する上で、起きたこと、事後の統計などの「知識」はもちろん大切である。しかし、それだけではやはり風化を免れない。かつてそうした記憶を担ったものは祭祀であり芸能であった。現に今、東日本大震災被害地の各所で民俗芸能が避難者の生きる張り合いとなって復活している。第一原発に隣接する福島県双葉郡浪江町請戸の田植踊り、南相馬市小高区村上の田植踊りなどでは、いずれも身内を亡くした人が演じ手となっている。この芸能復活を支えるものについて、現地の研究者懸田弘訓はいう。第一に信仰、とくに漁師は海への畏敬、海難死（水死者）への懼れと慰霊の気持ちが強い。第二に芸能はすなわちふるさとだという思い。第三は祭祀芸能は生き甲斐だという自覚［懸田・齋藤　2015：48以下］。

　ところで、民俗芸能がこうした位相の上で演じられることについてはわたしには既視感がある。それは実見したものもあり、また過去の記録でみたものでもある。2009年台湾南部小林村では大洪水で四百名近くが死んだ。その直後の道士らによる自発的な慰霊祭は前者である。また過去の記憶としては、1920年代後半から1930年代にかけて、日本と朝鮮では、農村の生活が窮まり、その救済のための方策として郷土舞踊が注目された。朝鮮では『鳳山タルチュム』の

　10　たとえばシンガポールの華人のうち、福建省莆田出身の興化人たちは10年に一度九鯉洞（廟名）で目連戯を含む大規模な醮をおこなう（野村伸一編著『東アジアの祭祀伝承と女性救済——目連救母と芸能の諸相』風響社、2007年、237頁以下）。

序論　東アジア市民社会への道

発見、郷土芸術化があり、また京城での『春香伝』『沈清伝』の唱劇が空前の観客動員をみせた[11]。

　問題はこれら共同体の危機の記憶と芸能をつなげる努力がなされずにきたことにある。連携の手がかりはアジアの巫祭の原理を知ることからはじめるべきであろう。各地域の新しい巫祭——それは地域の海、山、森への畏怖、地域の音（民俗音楽）、色、香などへの愛着からなる。そして現代の巫として相応の専門家たちが立つのもよい。ただし、その祭場の公開性は保たれなければならない。以上のことは東アジア市民社会への道にとってひとつの課題として残されている。

5　まとめ——東アジア市民社会からアジアの平和へ

1　東アジア市民社会を志向する人たちへ——「東洋平和論の安重根」

　「外国人の移住が急増している。しかし、彼らはしかるべき待遇を受けていない。これでよいのか。お互いに自主、独立したアジア人ではないか。なぜこうなのだ。」申明直をはじめとして、本書『東アジア市民社会を志向する韓国』に集まった人たちの出発点はこうした思いだったようだ（後述）。わたしはそれに大いに感じるところがあって、この序論を書くことにした。ただ、その際に、こうした実践には韓国という国民国家の枠を越えた理念が必要だとおもい、「東アジア文化共同体」を掲げ、次いで「東アジア市民社会への道」を述べた。けれども、本書の各論をみればわかるように、この道の課題は、ことばの疎通、旧来（オールドカマー）および新来の華僑・華人（とくに本書第2章参照）、結婚移民、送出国の貧困など、実に多様なのであり、わたしの所論などは後日の課題とすべきだったかもしれない。序論なるものは本来、大きな枠組の提示で済ますべきだともおもう。その意味で最後にひとつ、本書への声援のつもりで安重根（アンジュングン）（1879～1910）の「東洋平和論」（エール）を取り上げておきたい。これは、目下、わたしが餞として送る最上のヴィジョンだと確信している。

　韓国では、「ハルビン義挙100周年」(2009) 前後から、安重根は伊藤博文を射殺した「義挙」の英雄には違いないが、そこに留まってはならない、義挙の内面にあった東洋平和論をみる必要があると唱えられはじめた。そして2010年には

11　この詳細は野村伸一『朝鮮伝承芸能の近代』風響社、近刊の第五章で述べた。そこではまた1970～1980年代、韓国社会のひずみに危機感を抱いた学生や若い文化人がタルチュムやパンソリを核にしてマダン劇、マダンクッを展開したことも述べた。

その主張を込めた論集が出され、2016 年にはこれに基づく邦訳『安重根と東洋平和論』[12] が刊行された。残念ながら今の日本社会、学会は、こうした平和論を歓迎する雰囲気にはない。しかし、原著の編者李泰鎮は「21 世紀の東アジアの真の平和のためには」安重根の東洋平和論は真剣に顧みなければならないという[13]。全く同感である。良識あるメディアが憂えているように、朝鮮半島は今極めて危険な状態にある[14]。そして日本と限らず東アジアの人文学の今日的な要請は窮極、「平和論」にいきつくべきだとおもう。そこでわたしは「東洋平和論の安重根」という題を立て次のように考えた。

安重根は 1909 年 10 月 26 日に伊藤博文射殺後、その日に拘禁され、11 月 3 日には旅順監獄の獄囚となった。以後、1910 年 3 月 26 日に同所で処刑されるまで約 5 ヶ月。この間、ハルビンで「伊藤博文の罪悪」を書き（11 月 6 日提出）、旅順では 2 ヶ月余りかけて自伝「安応七歴史」[15] を書いた。次いで、自伝擱筆（1910 年 3 月 15 日）前後に「東洋平和論」に取りかかり「序」は成ったが、本論の「前鑑」「現状」「伏線」「問答」は、刑死したため前鑑だけで未完に終わった[16]。ただし、自伝や「聴取書」（高等法院長平石氏人に語った内容）などをもとにその所論の輪郭は描ける。それらによると、次のようになる。三点あげる。

第一、安重根は、死刑宣告を受ける 2 月 14 日までは「東洋大勢」を案じつつも法廷闘争をつづけるつもりだったようである。ところが、この宣告により「（東洋平和構想は）終に烏有に帰し痛歎は奈何ともしがたい」といった（自伝）。第二、「東

12 李泰鎮・安重根ハルピン学会編著、勝村誠・安重根東洋平和論研究会『安重根と東洋平和論』、日本評論社、2016 年。

13 同上、日本語版序文（李泰鎮）。

14 2017 年 3 月 19 日付けの『ハンギョレ』社説「朝鮮半島の運命を米中に全面的に任せるな」では「政府と与野党は朝鮮半島の運命が他の国の手によって不幸な方向へ行くことを防ぐために最大限の知恵と力を寄せなければならない時だ。現在、朝鮮戦争以後で危機度が最も高い時と言っても過言ではない」といった。韓国人だけでなく、日本のわれわれも「東洋平和論の安重根」を基に今の朝鮮半島を巡る状況を省察することが何よりも大切だろう。国家間ゲームにのめり込むのではなく東アジア市民として見守る必要がある。

15 漢文の原文は국가보훈처 の안중근전기전집「1.1 안중근 안응칠역사」による。
http://contents.archives.go.kr/next/search/showDetailPopup.do?rc_code=1310377&rc_rfile_no=200041056003&rc_ritem_no=000000000001#viewer
なお、この自叙伝は市川正明『安重根と朝鮮独立運動の源流』、原書房、2005 年に「七条清美関係文書」として「東洋平和論」とともに掲載されている。

16 尹炳奭によると「前鑑」も「最後をしめくくれなかったようだ」という（同上、24 頁）。

洋平和の局は是の如くして欠裂」し、百年の風雲は何時、息むのか（自伝）と憂い、それにつけても日本の現今の朝鮮政略、旅順などの占領は廉恥を知らぬ行動だという（自伝）。第三、2月17日、安重根は「聴取書」のなかで、自身は東洋平和に対する「悪人」伊藤を除去した、また日韓条約に対する義兵として行動したといい、さらに東洋平和策として次のことをあげた。すなわち旅順の返還こそが日清韓の長久の平和をもたらすこと、旅順に東洋平和会を置くこと、各国の会員から一円ずつ募金してこの会の財政的な用意をすること、三国の青年からなる軍団を編成し、彼らには意思疎通のために互いの言語を学ばせ「兄弟の国」という意識を持たせること、インド、シャムなどまでもここに加盟させることなどである。こうした具体的な構想は現今の東アジア共同体構想の先取りでもある。これは当時の「既存の類似した東アジア秩序論とはまったく異なる非常に独創的な思想体系」（李泰鎮）で、多くの研究者から注目された。李泰鎮はカントの「永久平和論」、梁啓超の『飲氷室合集』を踏まえている可能性が高いという[17]。

「安重根の東洋平和論」の来歴、思想の連鎖などの探究は今後も当然の課題として残る。それと同時にこうした論にたどり着いた安重根その人への探究もまた継続しなければならない。そして、わたしにはこの面の追究は微弱だとおもわれる。そんななかで上記『安重根と東洋平和論』（論集　第2部第2章）では山室信一が安重根の東洋平和論における思想を分析しつつ「市民と仁弱」の項を立てて論じているのが注目される。山室は仁弱とは「他者を慈しみ、柔和であることにおいて、それ自体が決して罪であるはずはない処世の道」だという。そして「その『仁弱』によって他者を同じく『仁弱』に化す事が本来的な平和というべきもの」だという。こう説いたあとで、山室はいう、安重根は仁弱の「意義を自覚しえないまま」それを押し隠すために「テロ行為に走ってしまったことが罪」という地点に「最終的に立ち至った」のだろうと。山室はその項の最後に、わたしたちは仁弱という自覚をもとに平和を追究すべきである、それが安重根のメッセージなのだと述べた。山室は安重根に寄り添いつつ、「『仁弱』なる個人とは安重根であり、私自身であり、……『市民』という存在そのものもまた『仁弱』であることによって平和を追求する主体となりうる」という[18]。ここには非暴力、博愛精神、慈悲などと重なる仁弱理解がみられる。そしてまた

17　同上、第二部第4章李泰鎮「安重根の東洋平和論再照明」。

18　同上、221〜223頁。

「人を殺すのは罪悪」という聖書でいう罪が反映されているようにみえる。これは山室が「一人の人間として受け取った」メーセージなのだから、別段異を唱える必要はないかもしれない。

　そうではあるが、わたしのみる安重根とはかなり違う。本当に安重根は仁弱の意義を知らなかったのだろうか。はたして仁弱に立ち返れといいたかったのだろうか。わたしは、真逆の結論を掲げざるを得ない。つまり、安重根は仁弱の韓国人はまず率先して「仁に徹せよ」、仁者は一時欺かれたとしても決して騙されつづけるようなことはない（可欺也、不可罔、『論語』）といいたかったのだとおもう。

　1908 年、安重根は義兵を率いて沿海州から朝鮮半島にはいり日本軍と戦い、日本の軍人、商人を捕虜にした。そのとき安重根は彼らに向かって、日本は日露開戦の際に「東洋平和の維持と大韓国の独立堅持」といいながら侵掠する。これは平和独立ではなく逆賊強盗ではないかと説いた。すると、日本人が落涙しつつ、この従軍は本心ではないと告げる。これをみて安重根は日本人を釈放した。これを不満におもった部下たちがなぜ許すのか詰問する。安重根は、日本人を悉く滅ぼした上で国権を回復しようとするのか。そうではなくわれわれは「忠孝義挙」をすると同時に相手の暴略を世界に訴えて国権を回復する、それこそが「仁を以て悪に適する法」なのだという（自伝）。安重根の仁は武力行使ではなく、忠や義、あるいは勇を越えたより大きな倫理なのである。それは孔子の儒教の核心でもある。安重根はその意味で韓国人はまだ足りない、つまり仁弱といったはずである。同様に、十代のころから仁道に富む祖父（その名も仁寿）、志士である父に逆らい項羽を慕っていた安重根は死刑宣告の前後（おそらくは後）から、伊藤暗殺は義、勇であっても、なお、それは仁の道にあらずということを悟り「我果たして大罪人」といったのであろう。

　安重根は天主教徒として「親の道に事えることを知らなければ不孝この上もなくその罪は重い」と人びとに説教をした。同様に、自惚れて忠孝を尽くさず、抜本の義を忘れれば、その罪はこの上もなく大きい、それは死の時に至ってわかるのだともいった（自伝）。安重根は篤実な天主教徒を自認していたから、神父譲りの説教をしたまでともいえるかもしれない。だが、実は根柢には祖父母の慈愛（仁）への感謝、父母の教え（仁道）があって、その内面で天と天主はほとんど重なっていたとみられる。天主は万民の罪悪を救うためにイエスを降臨させた。イエスは磔後に復活し、弟子に赦罪の権能を与えて昇天した。これを記した安重根にはイエスと同様の身代わりの死も念頭にあっただろう。一方で

志士、仁人は「身を殺して仁を成すことあり」という孔子の教えも十分に理解していた（力強い筆致の揮毫「殺身成仁」が残っている）。イエスやその使徒、志士、仁人、これらはいずれも天の道に殉じた。そして、この天の道が内面に回帰せず東洋平和という次元に向かった。そこに安重根の獄中記（自伝）の独自性がある。

わたしが「東洋平和論の安重根」から受け取った伝言をまとめておこう。

第一、安重根の思想の源泉は性質「仁厚」なる祖父仁寿、開化派朴泳孝に連なる父泰勲の廉潔な出処進退、その義挙にある。祖父の死には「不忘愛育之情」といい、父親の死（1905年）の報知には痛哭気絶し一冬喪に服した。安重根にとって「仁」の教えと実践（躬行）はまさに祖父以来の家の教えでもあり血肉と化していた。

第二、安重根は17、18のころ親友結交、飲酒歌舞、狩猟、乗馬の四つをとくに好んだ。だが、父親の死を期に大韓独立の日までの断酒を心盟した。それは父の遺志でもあった。

第三、同じく17、18のころ父に従い天主教に入信し、天主の全知全能なることを知り、これを韓国人に説いて回った。曰く、大韓の同胞たちよ、「猛醒勇進し前日の罪過を痛悔し天主の義子となり、現世を道徳時代とし共に太平を享け」昇天することをと。安重根は韓国人は天主のもとではすべて罪人だとみていた。ここにはまた霊魂不滅の確信もあり、儒教あるいはそれ以前のアジア的な天道が深層に横たわっている。しかも願うところは必ずしも天国だけではなく現世を道徳時代と化すことでもあった。これは君子儒の思想である。安重根は天主教徒であり、かつまた紛れもなく君子儒の一人であった。

第四、罪と罰についての見方においても儒教と天主教、両者が錯綜している。「第10回訊問調書」によると、安重根は聖書には殺人は罪悪とあるが、「人の国を取り人の命を取らんとするものあるを袖手傍観すると言ふことは罪悪でありますから私は其罪を除ひたのです」[19]と述べた。ここには「義を見て為さざるは勇なきなり」（『論語』為政）、また「仁者は難きを先にし、獲る［収穫］を後にす」（『論語』為政）などの思想が見て取れる。安重根は国家規模の暴力を座視することは罪だと信じていた。これは今日のいわゆる「積極的平和主義」の核心でもあり大いに注目される。

第五、以上の特徴を持つ安重根は若干32歳で死んだ。その像は、わたしにとっては「英雄」ではなく、まさに朝鮮半島の到るところにみられたであろう「よ

19　同上、378頁。原文は漢字、カタカナ書き。

き青年」そのものである。友情に厚い。親思い。社会の不義に対してはなりふりかまわず実践に移る。そして大韓国（朝鮮）の内なる不正、汚職には容赦なく、大国による小国の蹂躙、国家間の不平等、力の押しつけには発憤し、義戦に起ち上がる。それでいて、対戦相手の一人一人には仁（人の道）をもって接する。こうした青年男女は実はそののちの韓国史には数多くみられた。そして今もいる。

　第六、安重根の東洋平和論の思想は三一独立運動宣言書、上海臨時政府の政綱、さらには大韓民国制憲憲法の前文にも継承されているという[20]。それを受けていうならば、安重根の東洋平和論はまさに今日求められている「積極的な平和論」の魁だったのであり、今日、東アジア市民社会の道、アジアの平和を求めて、日々、汗水垂らして奔走する本書の論者たちもまたその系譜に位置付けられるだろう。

2　編著者申明直について

　本書の執筆者たちの紹介は「あとがき」に委ねることにする。ここでは編著者申 明 直（1959～）について本書の成立との兼ね合いで知っていることを記しておきたい。

　まず出会いは1990年代後半のソウル新村かあるいは延世大学構内だったかとおもう。当時、故旧金秀男が母校延世大学で週に一回写真芸術の講義をしていた。そして、毎回、講義後には新村のホップ店で学生たちと夜遅くまでビールを飲むの常としていた。その席に金秀男の助手をしていた申明直がいた。紹介によると、1980年のころ延世大学の新聞社『延世春秋』の編集長をしていたが、「5・18光州」への連帯表明という一件で紆余曲折を味わうことになった。のち、卒業（1986年）はしたものの、社会運動に参与することになった。当然、1987年を頂点とする韓国市民、学生たちの民主化闘争には参加している。ところが、そののち韓国社会は大いに変わった。まず1990年代になると、労働者は自家用車に乗ることになるほど絶対貧困から抜け出した人が多くなった。同時に外国人労働者が目につくようになる。彼らはかつて申明直が初めて目の当たりにした労働現場九老区加里峰洞の「蜂の巣」（単間部屋）に住んでいる。そうした状況をみて申明直は1995年大学院に入り、文学と映像を学び直した。36歳からの出発だから異色ではあった。しかし、金秀男はこうした経歴の学生が好きだった

　20　同上、第2部第4章（李泰鎮）、270～271頁。

序論　東アジア市民社会への道

ようだ。大学新聞社の後輩でもある。そして、会ってみると、このこころざし良き学生はまるで二十代のように純朴であった。学生運動や労働運動を経験したという印象は殆どなかった。

ただし、その後、しばらくは出会いがなかった。ところが 2000 年代になって東京で再会した。聞くところによれば、1999 年 4 月、東京外国語大学に交換研究で来日し、そのまま滞在しているとのことであった。学位論文は『安夕影（アンソギョン）の漫文漫画研究』(2001 年、延世大学提出)。植民地下の漫文漫画をてこに朝鮮の近代の生活に目を向ける。この手法は従来のアカデミズムにはなかったものといえる。それはのち資料を補充して『モダンボーイ、京城を闊歩する』として刊行された（2003 年。邦訳は 2005 年、東洋経済新報社)。東京に滞在し、立派な業績もあるので、わたしの勤務校慶應義塾大学では講師を依頼し、四年ほど勤めてもらった (2000 〜 2003 年)。当時、申明直は東京外国語大学の客員教授も務めていた (2002 〜 2003 年)。これもあってか、この間は互いに校務にせわしなく、存外、授業以外のことを語る時間がなかった。申明直は東京だけでなく山形の大学にも毎週、出講しては夜行列車で戻る生活であった。とてもほかのことには手がまわらなかっただろう。

ところが、2004 年に転機がきた。熊本学園大学外国語学部に赴任が決まったのである。それ以降、申明直は校務だけでなく熊本を拠点にしてユニークな活動を展開した。そのひとつに「東アジア共生文化センター」の開設、運営がある。ここではネパールの農村で栽培されたコーヒーを輸入販売し、その収益で現地にソーラーパネルを作る試みをしている。それはまだ小さな一歩である。大学の教師が直接販売をするのだから、収益といってもたかが知れている。しかし、申明直は真摯にこれに取り組んでいて、現地のため、なお活性化させようと模索している。一方では「東アジア市民共生映画祭」をほぼ毎年、開催している。2017 年には第 8 回を数えた。学生と共に企画、運営する自前の企画でその苦心のほどは推察できる。しかし、申明直は到って楽天的である。映画は市民交流のすぐれた媒介物、外国語がわからなくても単刀直入にこころにはいってくる、というのが持論である。

ここには以前、新村で会ったときの申明直がいる。20 年近くたっても変わらない。まさに「恒（つね）有る者を見ることを得れば、斯（すなわ）ち可なり」である。2012 年、わたしは勤務校日吉キャンパスの公開講座「東アジアの伝統と挑戦」に申明直と金鉉東（キムヒョンドン）（本書第 8 章の筆者）を迎えた。申明直は熊本での実践をもとに「『87 体制』を越えて『東アジア協同組合共生ネットワーク』へ」を語り、金鉉東は自

33

身の吉林省、沿海州地域での市民運動をもとに「中国—コリア—ロシア—日本をつなぐ、東北アジアの新たな夢」を語った。それらは狭いアカデミズムとは関係のない話である。文学部などの教員のなかには、「こんなものは大学にふさわしくない」と呟く者もいた。しかし、わたしには、これはまさに、三八六世代（注3参照）の相変わらぬこころざしの現代版にみえた。今、日本の大学、大学生に欠けているものはこうした「よき青年」たちの躬行（実践）ではないか。実益とか現実性を扶植するわたしたちの大学教育からは口先の上手な若者が育っている。彼らは便宜的に立場を変える討論（ディベート）に巧みである。小利口で、ああいえばこういう。だが、それは本来のこころざしをみえなくする。

　実は、わたしは「東アジア市民社会」ということばを申明直から聞いて、とむねを突かれた。30年もの間、東アジアの民衆生活の現場にでかけては戻ってくる営みをつづけていながら、「それで、それが何なのだ？」に答えることばが取り立ててないような気がした。漠然と「東アジア」を志向するのではなく、地域文化のつながりをはかること、たとえ蟷螂の斧のごとくみえようとも、まずは実践だということを痛感したのである。今、大学の言語教育を媒介にした韓国との交際は市民間の交流にさほど寄与できないでいる。国家間の関係は時流に応じて豹変する。このもとではアジアの言語に関する現行の大学教育は全く話にならないほど主体性がない。それで、わたしは申明直の試みに感心した。金勝力、金二瓚、李康伯なども日吉の講座「東アジアの伝統と挑戦」にきて語ってくれた。もちろん彼らも申明直のよき友人たちである。こうした人のつながりをまとめたのが本書である。アジアを志向する日本の「よき青年」たちにはぜひ読んでもらいたいとおもう。

参考文献

イム・バンソク（임반석）

2012 「모리시마 미치오의 동아시아공동체 모형의 의미와 문제（森嶋通夫の東アジア共同体モデルの意味と問題）」『국제지역연구（国際地域研究）』제 16 권제 3 호、한국외국어대학교 국제지역연구센터。

懸田弘訓・齋藤裕嗣

2015 「民俗芸能学会福島調査団報告」『民俗芸能研究』第 59 号、民俗芸能学会。

加地伸行

1990 『儒教とは何か』（中公新書）中央公論社。

1994 『沈黙の宗教——儒教』筑摩書房。

加藤常賢

1954 『中国古代の宗教と思想』ハーバード・燕京・同志社東方文化講座委員会。

金貴玉
　　2012　「平和な東アジアに向けたひとつの出発──グローバル時代の東アジア文化共同
　　　　　体、起源と形成、展望と課題」『同志社社会学研究』16、同志社社会学研究学会。
邢麗菊
　　2010　「유교와 동아시아 문화공동체」『공자학』제 18 호、한국공자학회。
蔡　建
　　2013　「北東アジア文化アイデンティティーの構築──困難な状況とその出口 」（特集
　　　　　東アジア共同体の可能性）『北東アジア研究 』（別冊 2）、島根県立大学北東アジ
　　　　　ア地域研究センター 。
宋安鍾
　　2009　『在日音楽の 100 年』青土社。
孫歌・白永瑞・陳光興
　　2006　『ポスト〈東アジア〉』作品社。
竹沢泰子
　　2011　「序論　移民研究から多文化共生を考える」日本移民学会編『移民研究と多文
　　　　　化共生』御茶の水書房。
趙　博
　　2012　『パギやんの大阪案内　ぐるっと一周［環状線］の旅』高文研。
西川長夫
　　2001　『国境の越え方──国民国家論序説』増補版、平凡社。
　　2013　『植民地主義の時代を生きて』平凡社。
西川長夫・大野光明・番匠健一
　　2014　『戦後史再考 「歴史の裂け目」をとらえる』平凡社。
野村伸一編著
　　2015　『東アジア海域文化の生成と展開 〈東方地中海〉としての理解』風響社。
朴鐘碩・上野千鶴子・伊藤晃・曺慶姫
　　2008　『日本における多文化共生とは何か──在日の経験から』新曜社。
宮島　喬
　　2014　『多文化であることとは』岩波書店。
森嶋通夫
　　2001　『日本にできることは何か』岩波書店。

第1章　安山テッコル村と高麗人移住労働[編者注1]

金勝力

1　アリナのアリラン──H2 という烙印

　ポケットがあちこちについた赤い作業服のベストを着て、頭には中央アジア式の頭巾を被った矮小な体格の 50 代のおばさん一人が、ノモ相談所のドアを開けて入ってきた。すぐにでも泣きだしそうな表情で、誰かロシア語のできる人はいませんかと尋ねる。どうぞ気楽に話してくださいというと、一年以上働いたのに賃金をまだもらっていないと、前後の事情を長ながと語り、わっと泣き出した。ウズベキスタンから H2（訪問就業）ビザで入国し、1 年近く清掃用役会社でアパート竣工後の後処理の掃除の仕事をしてきたが、「今日やる、明日やる」といわれながら賃金を小出しにされ、それまでに滞った賃金は 550 万ウォンを超えた。

　すぐに会社に電話をした。事情を説明し、賃金を渡すようにいうと、会社が倒産して渡す金がないから好きにしろといい、電話を一方的に切ってしまった。労働部に申告し、未払い賃金確認願いを受け取り、民事訴訟を通して支給確定判決まで取っても、その後、業者の財産を探りあてて差し押さえを申請するまでには最低限 1 年以上かかる。こうした各種手続きをしているうちに、労働者の H2 ビザの期限が切れ、出国しなければならなくなる。こうしたことを、彼らは経験からよく知っているようであった。後でわかったことだが、その賃金未払い事業主は常習犯で、廃業と事業登録を繰り返していた。その事業主は労働者たちの賃金を払わずにすむように廃業申告すると同時に住民登録抹消までし、さらに法律上の本人名義の財産までひとつも残してはいなかった。

　同棲相手の女性名義で事業をつづけているという話を聞き、その事業主に会って問い詰めようと家と事務室を訪ねていったが、住所地には無関係な人が住んでいた。一縷の望みをかけて元請けの某企業にも訪問し訴えてみたが、これまでもよくあったことのようで、「自分たちの会社とは関係のない人だ、法律通り

写真1　ウズベキスタンからきた高麗人のキム・アリナ氏（右）が、2015年8月23日、京畿道安山仙府洞(アンサンソン ブドン)の自身の部屋で高麗人の職場同僚と会話している。

写真2　相談中のアリナアジュモニ――ともに働く清掃用役のアジュモニたちと。

にやれ」とかえって怒鳴られてしまう。弁護士、労働監督官、労務士など専門家たちに諮問を求めても、このような場合はなすすべがなく、これが法の盲点だと誰もが困惑するばかりであった。

　アジュモニはウズベキスタンで料理人と販売員の仕事をしていたという。旧ソ連の崩壊によりウズベキスタンの経済事情が悪化し、隣国のカザフスタンへいって1年間レストランの料理人として300ドルほどもらって仕事をし、経済状況が良いと聞く母国へいけば、もう少し稼げるという希望を胸に韓国にやってきたという。保証金がなく、月17万ウォンのコシウォン（考試院）に住みながら用役会社を通じて済扶島(ジェブ オイ)、烏耳島等にあるレストランの厨房に派遣されて仕事していたものの、あまりにもつらかったため清掃の仕事をはじめた。だが、その結果は賃金不払いと韓国社会の傍観であった。

　夫の健康が芳しくないためにお金を稼ぐ必要があると、アジュモニは今日も不安定な働き場を探しにいく。人の手を借りて法廷に出した訴状には、その名をアリランと書き記した。アリナが本名である彼女を、呼びやすいので皆がそう呼んできた。彼女もそれが嫌ではなかった。しかし同胞たちにとっては、まさにこの点において、労働問題が個人のアイデンティティ問題へと複雑に絡まっていくことになる。アリナはウズベキスタン国籍の外国人労働者だが、いかに否定しても紛れもないコリアンでもある。そして、呼んでほしいと望むアリランという名前のように、韓国が母国だという点において一般の外国人労働者とはまた異なる形で傷ついてしまうのだ。いま彼女は韓国にいない。H2ビザの期限が切れたからである。コリアンだが、コリアにこれ以上居住できなかった。

38

ユーラシアのどこかをコリアンという名前で再び放浪しているだろう彼女にとって、母国とは、コリアンとは何だったのだろうか？

2　ターニャの涙──F4という烙印

　ロシアから韓国に入国し、娘を一人で育てているハン・ターニャも、少し前に思い出したくもない恐ろしい経験をした。金曜日の夜、夜間の仕事をしていたところ、工場を急襲した労働部と法務部の合同取り締まり班にみつかり、月曜日まで鉄格子のなかに閉じ込められていたのである。囚人服に着替え、携帯を没収された上に、数百万ウォンにものぼる罰金を現金（法務部は罰金を現金でのみ受け取っている）で支払って拘置所を出てこられればいいが、そうした持ち合わせはなかった。彼女は、帰ってこない母を待ちながら部屋に一人残されているだろう10歳のむすめのことを思うと、胸が潰れるようだったという。

　その夜、急に連れていかれた人々は、ターニャの他にも複数いた。結婚式を挙げられずにいたものの、少し前にノモの助けを得て伝統婚礼を挙げ、嬉しい、ありがとうといっていた若い新婚夫婦の家でも、新妻が捕まっていき、新郎が仰天してノモの相談室へと駆け込んできた。また、村のつらい仕事をあれこれ引き受ける村長のようであったイゴリおじさんの家でも妻が捕まっていったとノモを訪ねてきた。その金曜日の夜、一晩中、ノモの事務室に慌ただしさ、不安、怒りが息苦しく満ちていた。

　駐ロシア韓国公館は、高麗人同胞に韓国で就業が可能なH2ビザを与えない。長期滞留ビザとしてF4（在外同胞）ビザを与えるが、このビザは韓国での工場や工事現場の仕事といった単純労務を禁止している。

　ロシアの高麗人たちも中央アジアの高麗人たちと同じ高麗人であるのになぜH2ビザを与えないのか。これについて駐ロシアモスクワ韓国大使館に電話で問い合わせたところ、法務部の指針であり、自分たちは指針の通りに発給するだけだという公務員らしい答弁が返ってきた。なぜ同じ高麗人なのにビザの発給に違いを設けるのかを問い合わせたのに、それは私の知るところではなく指針がそうであるからやるべきことをやるだけだという、まるでロボットのような……。

　このため、ロシアからきたことや、高学歴者であることを理由にF4ビザを発給されてきた高麗人たちは、韓国で合法的に働くことができない。正確にいうと、単純労務ができない。彼らの多くは韓国語が堪能ではなく、できる仕事と

写真3・4　ハン・ターニャ（左写真）とむすめのミレナ（右写真の前列の真中で服を腰に巻いている子ども）

いえば、ことばがあまり必要ない単純作業や工事現場の力仕事だけなのに、単純労務ができないように規定しているということは、働くなということである。F4ビザを持つ高麗人たちは、夜間やたまにしか取り締まりのない地域を回りながら不安のなかで隠れて不法にでも仕事をするほかない。母国が彼らを不法就業の現場へと追い込むのである。

　ほぼ2ヶ月分の賃金200余万ウォンを罰金として出し、3日で解放されたターニャは、むすめを抱きしめておんおんと泣いたという。もう一度捕まれば強制追放である。F4の高麗人たちは、いつ韓国から追い出されるかわからない不安感のなかで、不安におののき、周囲を窺いながら、3D（汚い dirty、きつい difficult、危険 dangerous、日本の〈3K〉）労働現場で不法労働者という緋文字を胸に刻みつつ働いている。

　高麗人同胞たちの労働相談と通訳を引き受けていると、大韓民国の時計は次第に過去に巻き戻っていく。そして黒煙が立ち込めひどい臭いのする70〜80年代の工団の、奥まった路地のどこかで止まってしまう。苦労して成し遂げた民主化を通して、その荒々しい路地からある程度抜けだしたのは、正規雇用の韓国人労働者たちだけのようだ。無理解と差別、最低賃金の時給アルバイトのほかには仕事のない数多くのアリナとターニャが、H2、F4という烙印を押されたまま、今日も薄暗い工場の路地のどこかをさまよっているのだろう。

〔最近の改善事項〕
　2014年、高麗人移住150周年記念事業推進委員会に設けられた「高麗人制度

発展委員会」の持続的な問題提起と活動により、2015 年から H2 ビザと F4 ビザの問題がいくらか改善された。

2015 年 3 月には「法務部告示 2015-29 号」によって F4 ビザでもサービス業種を除く単純労務ができるようになり、4 月には「150327- 外国国籍同胞業務改善事項案内」によって高麗人同胞に対し満期出国後の訪問就業査証（H2）が即時発給されることとなった。しかし、法によって定められたものではなく、行政部の指針によって変更されたものという限界がある。国内の状況次第でいつでも手のひらを返すように、いとも簡単に変えられるのが政府告示であるからだ。高麗人同胞たちは、時に応じて変わってきた政府の指針がいつまた変わるかもしれないという不安の入り混じった視線で今回の諸措置をみつめている。このような限界を克服するため、母国内の自由な居住と労働権の保障を法律で制度化する必要がある。高麗人同胞には中国朝鮮族や在日同胞等にはない「高麗人特別法」という法律的基盤があるので、その改正により制度化は可能だろうと考えられる。

3　国内滞留高麗人の現況

国内滞留高麗人同胞の数がどの程度かを分析した正確な統計資料はない。政府が出入国外国人政策統計を出すとき、中国同胞とロシア同胞は中国人、ロシア人と区分して出入国現況を示すが、ウズベキスタン、カザフスタン等の中央アジア高麗人同胞については中央アジアの民族と区分していなかったためである。2009 年からはカザフスタンから入国する高麗人についても出入国外国人政策統計年報において別途統計を取るようになったが、絶対多数を占めるウズベキスタン及びその他の中央アジア地域の高麗人同胞の統計は依然として取られていない。

高麗人同胞が韓国に滞留するために取得できるビザは、短期訪問（C3）、留学（D2）、雇用許可制（E9）、在外同胞（F4）、訪問就業（H2）、結婚移民（F5）ビザの 6 種類ほどである。このうち高麗人同胞にのみ発給されるビザが在外同胞（F4）、訪問就業（H2）であり、中央アジア高麗人の殆どがこのビザで韓国に入国しているため、これら二つのビザによる入国数を計上して滞留高麗人の規模をおおよそ推測することは可能である。こうした方法で推算してみると、国内に入ってきている高麗人同胞は約 3 万余名ほどと推測できる。

国家権益委員キム・ジュンテ調査官が調査した上の資料によると、ウズベキ

表1　国内居住高麗人数（2013. 8月現在）

	総計	ウズベキスタン （高麗人含む）	カザフスタン （高麗人含む）	ロシア （高麗人除く）	ロシア 高麗人	朝鮮族
全体	1,546,325	37,986	3,099	7,319	4,754	475,659
短期訪問 C3	135,271	2,904	476	2,581	41	3,375
留学 D2	67,615	472	415	467	5	1,061
雇用許可制 E9	242,416	15,569	111	60	―	3,714
在外同胞 F4	217,714	3,600	760	―	3,507	142,013
永住権 F5	95,148	521	80	573	239	52,860
結婚移民 F6	108,292	1,391	117	579	88	21,444
訪問就業 H2	237,753	10,453	733	―	780	136,182
居住地域 （多い順）		京畿安山市 慶南金海市 京畿ファソン市	京畿安山市 忠南アサン市 ソウル東大門区	水原ヨントン区 ソウル龍山区 慶南コゼ市	京畿安山市 釜山東区 ソウル中区	ソウル永登浦区 京畿安山市 ソウル九路区

スタン高麗人は約 15,000 名（訪問就業 10,453 ／在外同胞 3,600 等）、ロシア高麗人は4,754 名、カザフスタン高麗人は約 2,000 名等であり、国内に居住する高麗人は2013 年現在、少なくとも 22,000 名以上と推算される。ここでもキルギスタン、タジキスタン等その他の中央アジア小国は抜け落ちている。加えて、H2 と F4ビザ以外のビザで入国した高麗人同胞と不法滞留人員まで勘案すると、概ね 3万余名程度と推算できる。このように、現在の国内滞留高麗人同胞の数がどの程度かさえ正確に把握できないということは、国内滞留高麗人同胞について政府がいかに無関心で、きちんと管理できていないかを示すものでもある。

　滞留資格では、訪問就業（H2）が 12,000 名程度と最も多く、その次が在外同胞（F4）の 8,000 名と続く。高麗人全体が 50 万名程度とすると、国内に居住する高麗人 3 万名は、約 6％に過ぎない。これは 20％以上（全 250 万中 50 万以上）が国内に入ってきている朝鮮族同胞に比べ、明らかに小規模である。その理由としては、距離の問題、言語の問題など様々な要因が考えられるが、根本的には高麗人同胞が置かれた状況と歴史が朝鮮族同胞社会と大きく異なるためでもある。にもかかわらず、両者を区分することなく同胞政策が始められた。そのため、高麗人同胞は政府の同胞ビザ制度改善の方向性においてさえ少数者（マイノリティ）として疎外されている。

4 安山高麗人村の形成

1 国内移住の背景

　旧ソ連の崩壊に伴い、高麗人は強制移住以降、再び危機に直面することとなった。社会主義から資本主義へと移り変わる激変の混乱のなかで、ウズベキスタン高麗人、カザフスタン高麗人、キルギスタン高麗人、タジキスタン高麗人、ウクライナ高麗人、ロシア高麗人等へと、再び自らの意志とは関係なく生活の枠組が再編されることになった。

　15カ国に分かれた国々が、それぞれの国家的、民族的アイデンティティを確立していく過程で、多くの変化が起こった。このような変化のなかで、ソ連市民から地域国家の少数民族へと転落した高麗人たちが経験せざるをえなかった受難の形態は多様であった。集団農場に各国のマジョリティとなる民族の責任者たちが新たに配置されることで一日にして職位が下落した。また、働き口を奪われるのに加え、経営の順調な食堂、商店街、売店などが腐敗した官僚たちによる一次収奪対象となり、安値で仕方なく売り払ったり廃業に追い込まれるといったケースが頻繁に発生した。キルギスタンでは排他的な民族紛争とともに過渡政府支持派と反対派の間で内戦が続き、近隣国家へ避難するほかなかった。この過程で難民となった高麗人たちは、現在に至るまで無国籍状態で不安定な生活をつづけている。

　独立した諸国家の言語問題もまた、高麗人社会には耐え難い問題として押し寄せてきた。ソ連の共用語であったロシア語が廃棄され、国家の公式語として各々の民族語が採択された。これによりロシア語しかわからない中央アジア高麗人たちは多くの社会的問題に逢着することとなる。大学に進学しようにも、職場に履歴書を一枚出そうにも、馴染みのないウズベキスタン語を使わなければならないという新しい壁に直面したのである。

　高麗人たちにインタビューしていると、「強制移住になって、高麗語（咸鏡道風の方言）も忘れ、オルマゴザ（半ロシア人）になったのに、今後、子どもたちにベッケ語（ウズベキスタン語）まで習わせるとしたら、一体、何人になるんだろう」という自嘲混じりの嘆きをしばしば耳にする。短期間には変えられない言語と文化に適応しなければならないという問題もあるが、アイデンティティを左右する子女の教育と未来がより不安なのだ。

　中央アジアで生きづらくなったもう一つの最も大きな困難は経済問題である。

カザフスタンを除く中央アジアの殆どの国々は農業国家型後進国であり、働き口が足りない。加えて、いまだに月平均収入が150ドル程度にすぎない。

　ソ連崩壊後、中央アジア地域の諸国家が経済的に厳しい状況に置かれたのはソビエト政府の産業育成政策によるものである。ソビエト経済政策の大きな骨幹は、連邦を構成する各地域共和国の特性を活かして、それに特化させる政策であった。ロシアは重化学工業、石油ガス、遠洋漁業などを、ベラルーシは家電製品を、ウズベキスタンは農業（とくに綿花、果物）、軽工業を中心に特化させ、中央政府は各地域の育成商品をソ連邦の必要なところに移動させるというやり方で、生活水準と給与を一定程度平均化した。ソ連の崩壊はこのような経済中央統制システムの崩壊を伴うこととなったが、石油ガス、重化学工業、機械及び文化を担当していたロシアは相対的に国家資本主義市場への進入が容易であり、国家の経済的水準も回復の兆しをみせている。しかし、ウズベキスタン、キルギスタン、タジキスタン、トルクメニスタン等の中央アジアの諸国家は後進農業国家にとどまり、今なお、その状況から抜け出せずにいるのが実情である。

　こうした急変期を迎えただけでなく、その只中において高麗人は少数民族に分類され、経済、政治、社会、文化的な困難と不安に耐えていかなければならない。このような困難と不安から、彼らは再びユーラシアのあちこちをさまよう21世紀型脱社会主義、脱国家主義の流浪民となった。そして、その一部（全体高麗人の約6%程度の3万余名）が母国の韓国にたどり着き、厳しい労働環境に放り出されている。

　強制移住前の故郷である沿海州にも、約4万余名の高麗人たちが移住し暮らしているが、彼らは韓国へ帰った高麗人たちとは状況がやや異なる。沿海州への移住が馴れ親しんだことばと文化の在処を求めて定着しようとする移民形態の移住だとすると、韓国への移住は一時的な移住労働の形態を取る。彼らは韓国政府が与える滞留ビザの条件上、居住しながら安定的に働くことができないのだ。

　韓国に一時滞留する多くの高麗人同胞は、韓国生活は困難でつらいけれど、母国が受け入れてくれさえすれば定着して暮らしたいと語る。彼らはビザの期限が切れ、仕方なく中央アジアへと戻るが、その際、「いま帰るけれど、次はどこへいって暮らせばいいかわからない。そこには未来がない」という言葉を影のように落として去っていく。

表2　安山市滞留の高麗人

国家	性別	檀園区	常緑区	計	総計
ウズベキスタン	男	1,939	593	2,532	4,902
	女	1,838	532	2,370	
カザフスタン	男	92	70	162	303
	女	82	59	141	
キルギスタン	男	33	12	45	123
	女	65	13	78	
タジキスタン	男	13	1	14	28
	女	12	2	14	
計		4,074	1,282	5,356	5,356

2014年8月現在（単位：名）＊出典：安山市外国人住民センター

2　安山への移住の背景

　国内最大の高麗人密集居住都市である安山市も、滞留する高麗人同胞についての正確な統計資料を目下のところ持っていないが、安山市外国人住民センターのキム・ミョンウォン議員室における推計によると、高麗人の数は上の表のようになる。

　上記資料の数と未登録高麗人を含めると、概ね6,000余名の高麗人同胞が安山に滞留していると推計される。そのうちテッコル（仙府2洞）に約2,000余名、常緑区四洞漢陽大エリカキャンパス周辺に約1,000余名が集団で村を形成して居住している。

　テッコルは、西安山仙府2洞地域であり、仙府高等学校とウォンイル初等学校の間に位置している。朝鮮時代からあった安山の古い村であり、現代に入っては、安山が工団化しつつあった時期に外部からの労働力を受け入れるために部屋数の多い住宅が多く建てられ、開発されるに至った。現在は殆どの建物が築30年以上と老朽化し、再開発の最中である。ここには現在約200戸ほどの多世帯住宅がある。その殆どが一戸につき11～15と小さく部屋を区切り、月払いの賃貸をしている。

　近隣の元谷洞が多文化街として再開発され、不動産価格が上昇し飽和状態に至ると、高麗人同胞たちは自然と保証金と月々の家賃が安いテッコル地域へと集まるようになった（平均保証金50～100万ウォン、月々20～30万ウォン）。これに加えて高麗人同胞は定着した場所に親類や友人を呼び寄せる移住特性を持つ。そうして時間が経つにつれ、おのずと高麗人村が形成されるようになった。部屋は、小さい台所とトイレが付いた古いワンルーム形態で、3坪から5坪前後である。一部屋に昼夜交代勤務で2、3名が居住するケースが多い。家主を除く殆

どの居住者が高麗人であり、最近では高麗人の入国数増加により飽和状態となり、次第に近隣地域へと広がりつつある。

テッコルから約9kmほど離れた常緑区四洞漢陽大エリカキャンパス周辺にも、高麗人が集団村を形成して居住している。大学の周辺であるためか、他の地域に比べて比較的家賃が安く、ワンルームの状態も比較的良好なため、おのずと高麗人村が形成された。今も空室が多く、今後高麗人の居住がさらに増えると予想される。この地域では大学生に混じって暮らしているという点がテッコルとは異なる。

このように安山には高麗人たちが多く集まってきた。これは安山駅の裏に形成された工団をはじめとし、周辺に始華、半月工団といった低賃金労働力を必要とする中小型工場が密集しているからである。地域の特性上、派遣労働市場が大規模に形成されており、全国2,500余りの派遣企業のうち14％に当たる340余りが安山地域に集中している。さらに無許可企業に至っては申告企業の二倍を超える700余りが盛業中である。

5　移住労働の形態および国内滞留状況と問題点

ノモの教育対象者にアンケート調査をしたところ、多くの人が韓国入国時に1,000ドルから1,500ドル前後のお金を貯めていた。しかし往復航空運賃を支払った後、月払いの家を借りると、一か月の生活費もままならず、入国後すぐに仕事をはじめなければ暮らしていけないというケースが殆どであった。彼らは周辺に乱立した派遣企業や職業紹介所を通して近隣の始華工団や華城、平沢など労働力の不足した工団地域で、賃金未払いや産業災害、医療保険、セクハラ問題など様々な問題にさらされたまま、日雇いの時給アルバイト形態で派遣労働をしていた。平均勤労時間は10 〜 12時間、平均賃金は女性は100 〜 150万ウォン、男性は120 〜 180万ウォン前後で、染色、組み立て、化学工場などの3K企業で主に働いている。相対的な高所得者は建設の日雇い職などで、これは危険なため手当が高い職種についた者である。

月々の家賃とひと月の生活費50 〜 60万ウォン余りを除き、残りの殆どは中央アジアに送金している。彼らは、手数料は高い代わりに比較的出し入れの容易なウェスタンユニオンという外国系送金企業や東大門を中心とする未登録私設送金企業を通して送金している。

賃金未払いを経験したと回答した比率は70％以上、単純な支払い遅延による

未払いではなく賃金を全く受け取れなかった経験があると回答した比率も40%近い。賃金未払いに遭ったときは、労働部に陳情または告訴をする必要がある。しかし、頻繁に職場が変わる派遣労働のため、自身の働き先の事業主の名前、住所、社長の名前さえ知らないケースが殆どであった。

　賃金未払いの場合、労働部に陳情すれば事業主と労働者を呼び、事実確認をしたあと、仲裁をする。ここで解決すればよいが、そうでない場合が問題である。未払い賃金確認願というものを発給してもらい民事訴訟をする必要があるが、勝訴してもなお事業主が賃金を支払わない場合、大半が諦めることになる。これらの活動を進めるためにかかる時間と交通費、書類費などの様々な費用が、日雇い時給労働の高麗人には大きな負担となるからである。事業主たちは、未払い賃金の 10 〜 20% 前後の罰金を払ってそのまま黙っていればすむ。民事訴訟の結果によっては差し押さえ執行費を支払い、差し押さえ申請ができるが、告発人は悪質未払い事業主の隠し財産の内訳を直接探してこなければならないため、諦めざるを得ない。

　殆どの人が派遣企業を介して働く。「ノモ」が派遣企業社長に会い、問い詰め、民事訴訟を代行する場合は、90%近くが解決に至る。しかし、廃業後に住民登録まで抹消するといった悪質な事業主も約 10% ほどいて、これはどうすることもできなかった。現在、ひと月の賃金が未払いになるだけでも生活に立ち往生する高麗人たちのために、ノモではアリナ・ファンドという未払い賃金支援機構を設け、受け取れなかった賃金の 1/3 程度を生活支援金・慰労金として渡すことにしている。

　この他、労災や医療問題も深刻である。無許可派遣企業を含む零細派遣企業の場合、諸般の事情で産業保険に加入していない場合が多く、職場で怪我をしても労災として扱われずうやむやにされることが多い。派遣労働形態のため職場医療保険にも加入できず、医療の死角地帯に置かれてしまう。かろうじて病院へいってもことばが通じない。大病院の場合は通訳がいるものの高い通訳費を要求されるため、殆どは病気になってもそのまま我慢する。職場医療保険に加入できない場合、一般医療保険の加入は可能だが、加入の手続きがわからないだけでなく、何とか加入しえたとしても外国人保険料のため割高で、月 9 万ウォン近く支払わなければならない。それも入国後 3 ヶ月が過ぎないと加入できず、未加入期間の未納保険料も一括で完納する必要がある。さらに内国人とは異なり先払い制であるため、ひと月の保険料を未納しただけですぐに取消となってしまう。

ノモでは病院同行通訳と電話通訳、一般医療保険加入の行政支援等をおこない、また命に関わる深刻な病気の場合には緊急救護事業や市民募金を通して治療費の一部を支援している。しかし、これは臨時的な対応にすぎない。根本的には、内国人と同様の医療保険の適用があってしかるべきである。医療問題に加え、高麗人父母たちと共に来た子どもたちの保育福祉問題もたいへん重要である。高麗人の子女は多文化家庭、国内低所得層の分類に含まれず、福祉の死角地帯に置かれている。高麗人は低所得層と片親家庭が大半である。にもかかわらず、その子供たちは保育費支援領域から除外されていて、政府、自治体から何ら支援が得られないでいるのが現実である。

現行の児童福祉法には、政策対象が韓国籍児童に限定されることを明確に示す文言はない。むしろ、国際協約である児童の権利に関する条約を援用している。にもかかわらず、現在、外国籍児童は児童福祉法による福祉体系に編入されていない。

子どもたちの福祉政策は保育理念の原則に基づき、国籍不問で脆弱階層の需要に応じて施行されるべきである。低所得層内国人や多文化結婚移住民に比べて差別のない保育福祉および教育制度に改善すべきである。帰還同胞福祉政策を樹立し、これに伴う制度的な基盤作りが必要である。

地域児童センターは父母が低所得層移住労働者であることが殆どの高麗人児童たちにとって絶対的に必要なケア施設である。しかしこれも、資格条件において外国人という理由で制限が設けられていたり、定員外として低い優先順位に置かれている。高麗人の入国が増えるなかで呼び寄せによる子女の入国もまた増えている。しかし、子女の就学情報入手も容易でないだけでなく、長時間労働と言語の問題等から呼び寄せた子女の学習の支援とケアにおいても困難を抱えている。

とりわけ脆弱階層である片親家庭の子女の場合、移住女性が家計を担わなければならず、育児と就学、子女のケアなどにおいて問題が起こっている。親の帰宅が遅いために、言語疎通のままならない子どもたちは保護者が帰宅するまで外に放置されるケースが殆どである。夕食も保護者が戻る9～10時以降に取ることが多い。週末も土曜出勤をしなければ生活を営むことができず、夜間業務にいくことも多い。こうした高麗人同胞たちの特性を踏まえ、彼らの生活に合致したケア施設という観点から、夜間、放課後、週末のケアなどを考える必要がある。また、入国初期、あるいは低学年の子どもたちの登下校問題は、仕事のために登下校指導ができない高麗人父母には大きな負担となる。言語疎通

の問題で、道に迷うと迷子になる可能性があり、多くはタクシーを利用するか、登下校専門の手伝いに費用を払って登下校させている。

6 それぞれに合わせた同胞政策の必要性

1 多文化政策との区別の必要

京畿道安山は多文化施設や機関が比較的整備されているほうではあるが、多文化政策が主に結婚移民者を対象とする社会統合プログラムを中心に運営されているため、一時的な移住労働者の形で居住する高麗人同胞のためのプログラムはみつけにくい。また、外国人労働者政策では高麗人同胞の民族アイデンティティの問題は度外視される。そこでは産業労働力の確保にのみ焦点が合わされていて、高麗人同胞が持つ特殊な歴史・文化的アイデンティティは全く反映されていない。

高麗人は自らをカレイツ（韓人）と呼び、そのように行動してきた。中央アジアで生まれたものの、出生証明書にもパスポートにも韓人と記載されている。あちらこちらへと追われ、ユーラシアをさまよいながらも150年余り、コリアンとして生きてきた人びとに対し、単に外国人労働者に対するような尺度を用いたり、多文化領域と一括りにして扱ったりしていては、高麗人問題を解く正解を導き出すことはできないだろう。母国のこうした安易な政策と態度が高麗人同胞をどれだけ傷つけてきたのか、それによって今後の社会統合過程においてどのような葛藤が表出されうるかについて考えてみる必要がある。

2 中国同胞政策との区別の必要

国内滞留と労働権において、朝鮮族同胞と高麗人同胞は同じH2、F4ビザを発給される。彼らは、韓国社会においては在外同胞法によって韓民族としての権利を保障されている。しかし、労働部と法務部がこれを制限している。つまり彼らはこの不思議なビザの差別を等しく受けている。しかも、より詳細にみると、母国語を失った高麗人同胞社会は、国内滞留と労働問題の改善という面では朝鮮族同胞よりも疎外されている。この点が看過されてきた。

2012年、市民団体と同胞社会からの問題提起により、H2ビザから、相対的に安定的な国内滞留が可能なF4ビザへの切り替えが可能となった。しかし、このためには国家技術資格証試験に合格しなければならないという条項が加えられた。朝鮮族同胞社会は労働権を制限するF4ビザの問題点を知っていたが、国内

滞留が可能な「飴玉政策」でもあったために大きな抵抗はなく、むしろ良いこととして受け入れた。しかし、状況の変化について知る由もない高麗人同胞社会は、そうした道が開けたということも知らず、また少数の者がそれを知ったとしても、絵に描いた餅でしかなかった。

　朝鮮族と高麗人同胞社会の問題は同じ軌跡の上にある。しかし、解決方法と順序は異なる軌跡の上にあるといえる。そのこころの痛みの歴史と現実、また置かれた状況が異なるからである。

　次表は朝鮮族同胞社会と高麗人同胞社会の差異をまとめたものである。

表 3　朝鮮族同胞社会と高麗人同胞社会の差異

		高麗人	朝鮮族	高麗人の特徴
1	全体人口	約 50 万	約 260 万	入国比率では高麗人の割合が圧倒的に低い（言語、距離の問題等）
	国内人口	約 3 万（約 6%）	約 50 万（約 20%）	
2	歴史	強制移住 旧ソ連瓦解 ユーラシア流浪	自治州形成 生活状況は比較的良好	帰ろうにも、帰る場所に対する希望が持てない
3	地理	遠距離	近距離	出入国困難
4	言語	韓国語は使用不可能 ロシア語のみ使用	韓国語能力は比較的良好	国籍国と母国の両方において言語問題が発生
5	ビザ 変更と法律規制	言語問題により全く恩恵が受けられない。居住状況さえ把握できない。ロシアは F4 のみ発給。	H2 から F4 への変更が容易。中国同胞の問題解決中心。労働部、法務部等の救済および教育政策の恩恵が受けられる。	ビザ変更、就業教育、就業斡旋など各種情報から疎外される。ロシアからの同胞はすべて不法労働現場へと追い込まれる。
6	労働現場	ことばが通じなくても可能な単純労務。 3D 派遣勤労形態の日雇い時給アルバイト	単純労務が多いが、比較的多様化しつつある趨勢	賃金未払いなどの不当な対応への抵抗が難しい。ことばが通じる朝鮮族同胞が中間管理職のケースが多い。
7	自生力 問題解決能力	殆どない。	自らのコミュニティー	入国の歴史と規模の面で朝鮮族同胞社会とは比較にならない。
8	居住国状況	政治経済の混乱、働き口がない。	安定的、発展的	賃金が低く、そもそも働き口がない。
9	居住国未来	暗鬱	比較的希望がある。	未来に対する展望の不在、子どもたちの教育問題が台頭
10	居住国文化	イスラム式、ロシア式（異質）	東アジア式（類似）	現地適応がより困難
11	永住権取得	ほとんど不可能	増えつつある趨勢	永住権の取得用件の緩和が必要

50

7 国内に滞留する高麗人問題解決のための市民社会の努力

1 ノモ

安山檀園区テッコルに本院、常緑区四洞に分院を置く市民団体「ノモ」は、国内に滞留する高麗人同胞を対象に支援事業を展開してきた国内唯一の非宗教民間団体である。10年余りにわたって、高麗人同胞支援活動を担ってきた活動家たちの長年の経験と豊富な現場経験をもとに、現場に立脚した現実的な対応をおこなっている。韓国生活と労働現場への安定的な適応のために韓国語教育は欠かせない。そこでノモでは高麗人の生活パターンに合わせた「ハングル夜学」を運営している。また、ことばと韓国文化、法律等に弱い高麗人同胞の特性を勘案して生活相談所を開き、ロシア語のできるボランティア活動家たちが〈労働、医療、生活〉の問題全般についての通訳・翻訳相談と対応をおこなっている。そのほか、高麗人同胞が自尊感情と民族アイデンティティを回復することができるように母国文化探訪を定期的に実施している。またこれに加えて、各種アンケート調査事業をもとに同胞たちの離散問題、セクハラ問題、民族内差別問題、社会的差別問題、アイデンティティ問題など様々な問題に関心を寄せ、諸地域団体との協力を通じて対応方案を探っている。

しかし、民間市民団体の特性上、劣悪な環境と不安定な空間および財政問題、また高麗人同胞社会に対する韓国社会の無理解のなかでは、支援活動を国内の高麗人同胞社会全般へと拡大することができないでいるというのが現実である。授業空間だけでなく、相談や通訳・翻訳の人材も不足した状況のなかで、活動家たちの献身にのみ頼って高麗人問題に向き合うことには限界がある。政府は現場経験と事例が豊富な関連市民社会団体の積極的な活用を通して安定的な高麗人同胞政策を樹立・施行していくべきである。

〔主要事業の内容〕
① 韓国語夜学運営
　　月、土：初級クラス
　　火、木：中級クラス、初級クラス
　　水、金：中級クラス
　　金、日：基礎クラス

写真5　夜学で教える金勝力

② 個別相談事業

各種労働、生活法律、紛争調停、事件事故相談など年間約150件以上。民事訴訟提起年間約10件（労務法人想像(サンサン)および非正規職センターとの連携、協力）。保育施設、妊婦および幼児予防接種など。

③ アンケート調査事業

教育アイデンティティ関連（外大ロシア研究所）、移住実態関連（IOM移民政策研究院）、女性労働者の人権、福祉実態調査（安山女性労働者会）。

④ 支援事業

医療支援：地域の医療機関との連携、ナヌム財団との連携（希望財団MOU）。キムジャン（越冬用キムチ類）の分配、生活必需品の支援、防寒作業服の配布。

⑤ 未来世代支援事業

青少年勉強部屋：週3回実施（韓国語教育）
週末子どもクラス：おやつの他、韓国語の絵本を読む授業、体験授業、登下校指導
虹の本棚：出身国の図書の購入（配架）

⑥ サークル活動

ノモバンド（20～30代青年）、子どもサッカーチーム（小中学生）。韓国古典舞踊クラス、チームの構成（30～40代女性）。

1　安山テッコル村と高麗人移住労働

2　高麗人支援のための安山市民円卓会議

　2013 年 8 月、身寄りがなく死体が放置されていた高麗人、故キム・バロジャ氏を市民葬で弔い、これにより高麗人同胞問題に対する認識が地域に拡散した。この後続措置として 10 月に高麗人安山市民懇談会が開催され、11 月に安山市の高麗人問題解決のために円卓会議を設けることが提案されるに至った。

　2014 年、高麗人移住 150 周年（1864 年、朝鮮北部の茂山・慶興地域の 65 名による沿海州の地新墟への移住がロシア側の最初の記録）を迎え、記念祭および文化福祉支援のための安山市民円卓会議の準備委員会が構成された。翌 2015 年 2 月には「高麗人問題解決のための汎市民円卓会議（3 つの委員会、共同代表 51 名、執行委員 7 名、非常勤事務局 2 名）」が発足した。同会議では、高麗人問題を安山市が取り組むべき主要な課題のひとつとして位置付けるべく活動を進めている。

　2015 年 8 月には、ユーラシア大長征自動車ラリー安山歓迎式を開催し、10 月には高麗人移住 150 周年を記念した大規模な高麗人フェスティバル「ウィーアーザワン We are the one」を実質的に準備し、共同主幹となった。

8　結論——国内に滞留する高麗人問題解決のための方向と課題

　高麗人同胞の特殊な歴史とアイデンティティを考慮し、それぞれに合わせた支援政策を展開するための「高麗人総合支援センター」を高麗人密集居住地域に設立する。同時に、より根本的には彼らの安定的な滞留と定着労働活動が保障されるよう制度の改善がなされなければならない。安定的な滞留と定着、労働活動の保障なくしてはすべてがその場しのぎにすぎない。

　ドイツではドイツ連邦共和国基本法（憲法：GG）116 条の同胞規定において、血統のみならず、言語、教育、文化的特性上の同質性を持つということだけで同じ民族と規定し、歴史的責任意識という人本主義的社会政策に基づいた同胞受け入れ政策を展開している。旧ソ連の崩壊後、200 万のロシア系ドイツ同胞のうち、帰還を望む者たちにはみな市民権を与え、帰還したドイツ系同胞の社会統合と適応のために国家レベルでの各種支援方案を設け、統一ドイツ民族の主要な一員として積極的に活用している。

　ロシアに長年暮らし生活の基盤を持つために帰還できないドイツ人に対しては、ロシア政府と共同でマッチング・ファンドを設け、「ロシア・ドイツ人たちの更生・復興のための社会・経済および文化的土台の発展に関する連邦特別プログラム」(1997 ～ 2006 年)というプログラムを実施してドイツ民族がロシアにお

いて安定的に定着できるよう支援した。

　在外同胞史上、最大の受難を経験し、今なお流浪する高麗人同胞に対しては、母国側からより積極的な関心と支援を向けるべきである。ドイツのような同胞受け入れ政策を通して、今後発生すると予想される産業労働力不足問題を補完し、またユーラシア進出の際の仲介者としても活用する。そして、高麗人同胞社会に対する歴史的責任問題からも解放されるべきである。

　こうした精神と目的で、大韓民国においても、遅ればせながら「高麗人特別法」が制定され、2013年から施行されている。しかし、外国にいる高麗人のみを同胞として規定していて、韓国に入国した高麗人同胞は除外されるという限界を持つ。高麗人特別法を改正し、これをもって国内に住む高麗人の安定的な定着を保障し、各種支援制度を作る基盤とすべきである。

　「全体同胞社会の自由な往来は法律的な問題や外交、労働問題など様々な社会的抵抗が大きいと懸念」する法務部、労働部、外交通商部の「不通」意見［往来不可とする］を、やむなくある程度は甘受していのが現実である。つまり、全体同胞社会の全面的な自由往来は一旦留保せざるをえない。しかし、そうではあっても、高麗人同胞だけでもまず受け入れるといった段階的な自由往来方案が模索されて然るべきである。

　高麗人同胞には「高麗人特別法」という立派な制度的根拠がある。同法における高麗人の定義に、国外高麗人のみならず国内高麗人も含まれるようにし、安定的な母国での生活のための居住、教育、医療支援条項を追加する必要がある。また、高麗人同胞にはF4同胞ビザを年齢制限なく全面施行すると同時に単純労務ができるよう明記すべきであり、永住権の発給も簡素化し母国と本国を本人の選択によって自由に往来できるようにしなければならない。国内定着を望む者のためには母国定着プログラムを設け安定的に定着できるようにし、参政権を保障する方案も考える必要があるだろう。

　また、高麗人同胞の特殊な歴史とアイデンティティを考慮し、それぞれに合わせた支援政策を展開するための「高麗人総合支援センター」を設立し、彼らが国内に安定的に滞留し韓民族として健康な社会の一員になることができるように支援すべきである。これは150年にわたる高麗人の流浪の歴史に対して母国が終止符を打つということであり、それはまた現政府（執筆時大統領は朴槿恵）のいうそれぞれに合わせた福祉政策やユーラシアのイニシアティブ政策にも符合するものとなるだろう。

1 安山テッコル村と高麗人移住労働

【付記：2017 年現在の状況】

2017 年現在、法務部出入国統計資料および安山市多文化センター資料に基づ
いて分析してみると、国内滞留高麗人は 4 万余名と推算される。論文を書き始
めた頃（2014）より 1 万名以上増加しており、高麗人集団居住地域である安山市
においても 2014 年の 6,000 余名から 12,000 余名へと二倍近く増えている。ロシ
アや中央アジア諸国家の経済不況が続いていることから、高麗人同胞の国内流
入も変わらず増加傾向を示している。

2017 年は高麗人強制移住 80 周年となる年であり、国内高麗人に対する言論と
世論の関心が相対的に高まっている。これを反映するかのように、与野党の多
数の議員（金ドンチョル、金ギョンヒョプ、金ミョンヨン、郭デフン議員など）が国内滞
留高麗人の滞留の安定と労働権の保障を骨子とする「高麗人特別法改定案」を
発議した。「高麗人帰還法」も推進中にあり、文在寅政府は高麗人問題を細部国
定課題として採択もした。

このように突然、高麗人問題が一部とはいえ政界においてイシューとなった
のは、80 周年という時宜に関連した市民団体のたゆみのない問題提起が功を奏
したともいえるが、何よりも、4 世代目の高麗人同胞青年たちの出国問題がある。
これにより在外同胞法に潜んでいた同胞規定の限界がメディアで取り上げられ
たことでよく知られたことが大きい。

韓国では在外同胞法により同胞の定義を、大韓民国国籍を持つ在外国民と、
そうでない外国籍同胞とに区分して規定している。そして、外国籍同胞の場合
に限り、その範囲を 1945 年の大韓民国政府樹立以降 3 代までに限定している。
同胞を世代によって限定することは可能なのだろうか。同胞の範囲規定が在外
同胞法ではなく、やや柔軟な大統領令（施行令）によって別途規定されていると
ころから、法案立案者らの苦心が窺えるようである。

ともかく法律上では、高麗人を含むすべての外国籍同胞は 3 代目までが韓国
人であり、4 代目からは韓国人というアイデンティティを制度によって一方的に
消してしまうのである。このことは、定着の地を求めて旧ソ連地域と母国をさ
まよいながら移住労働者として生きなければならない高麗人同胞にとって、特
に大きな打撃となる。

最大の問題は父母とともに韓国へ入ってきた子どもたちである。かれらのビ
ザは父母に従属しており、満 18 歳以下の未成年までは滞留に大きな問題を伴わ
ない。しかし、19 歳で成人となった瞬間、突然、本人の意思とは無関係に母国

55

の法律によって非韓国人として区分され、父母と離れ離れになってしまう事態が発生する。

　ただでさえアイデンティティの問題を抱え敏感な時期の青年たちが直面せざるを得ない衝撃、定着の地を見つけられず殊更に未来が不安定な高麗人の成人としての一歩をこのような形で踏み出すほかなくなった事例がメディアで多数紹介された。これが一部の世論を喚起し、また一部の議員がこれを課題として受け入れたのである。

　現在、高麗人同胞法改正に向けた環境が他のどの時期よりも望ましい状態にあるのは事実である。しかし、情勢と時流により急変する韓国の政界の状況を鑑みると、越えるべき山がなお高くそびえ立つのもまた事実である。数多くの法案が発議はされたものの、与野党の政争に足止めされ、国会に行き着くこともできないまま会期を過ぎて廃棄されてきた。19代国会（2012年4月～2016年4月）においても、高麗人特別法改定案が発議はされたものの、そうした形で自動的に廃棄されてしまった苦い経験がある。

　幸いなのは法務部の示す立場である。2016年7月、国会において高麗人問題をめぐり、外交通商部、法務部、労働部等の関連部署担当者らと市民団体関係者らが集まり懇談会を開いた。外交通商部は、同胞社会の平等性の問題、労働部は低所得層国民の雇用安定問題を提示し、以前の立場からあまり変化は見られなかった。ところが外国人の滞在を担当する法務部だけが唯一、高麗人特別法改正にかかわらず、取り急ぎ同胞4世代の問題だけでも先に解決するという意志を明らかにした。

　2017年9月、高麗人強制移住80周年行事の準備が、ソウルと安山、光州で進められている。記念行事というのは一度開いてしまえばそれだけのこと、終われば忘れられるものだ。せめては、その日の秋空に、高麗人同胞たちの心配事を浮かび上がらせることができればと願うばかりである。

　　［注記］なお2018年1月には、光州高麗人同行委員会と安山の高麗人団体「ノモ」などが
　　　　　「高麗人特別法改正」請願運動を展開したが、政府の各部署は他の在外同胞たちとの公
　　　　　平性などをあげ拒否してきた。そのため、高麗人は、安山、光州、仁川、天安など、
　　　　　全国10ヵ所8万名の意思を確認し、12月、「大韓高麗人協会」を発足させた。同協会
　　　　　では高麗人だけの特別法ではなく在外同胞法自体を改正する意向である。（編者）

　　　　　　　　　　　　　　　　　　　　　　　　　　　　　（翻訳：浦川登久恵）

56

1　安山テッコル村と高麗人移住労働

編者注

1　本書における「高麗人」（コリョイン）その他の用語を整理しておく。高麗人とは、旧
　ソビエト連邦の崩壊後、ロシアやウズベキスタン、カザフスタン等の独立国家共同体
　（CIS）に居住しているコリアンのことである。彼らの先祖は、朝鮮王朝末期や植民地
　期に朝鮮から現在のロシアに移住した。その後一部は現在の中央アジアに強制的に移
　住させられ、今日まで定着している。「朝鮮族」とは、1945年以前から現在の中国東
　北3省に移住して暮らしているコリアンを指す。一方、「コリアン」とは、朝鮮（韓）
　半島の南北に暮らしている人々と、植民地前後を通して海外に移住して暮らしている
　人々を指す。また、「韓民族」とは、朝鮮（韓）半島で暮らす者、海外に移住して定着
　している者の別を問わず、類似した文化を共有している民族を指す。韓国語（朝鮮語）
　を使う人々はいうまでもなく、ロシア語、日本語、中国語などの現地語で暮らす人々
　も含める。

第2章　華僑華人の変貌と「東アジア市民」の形成

申明直
シンミョンジク

1　はじめに

　東アジアの構成員は総じて「ナショナル」指向が強いといえよう。韓国、中国、日本はもちろん、東南アジアの国家の各構成員もやはり強いナショナル指向を持っている。長い植民地経験と開発、もしくは階級独裁のような経験の産物であるともいえるだろう。だが、こうした厳しい東アジアの現代史経験は多様な離散と越境を生み、それは逆説的に「ナショナル」を越える志向を生み出してきたこともまた事実である。

　このような現象は、特に華僑の発生と変遷過程、すなわち華僑華人たちの長きにわたる離散と越境過程の中に、そっくり盛り込まれている。しかし、彼ら華僑華人の離散と越境過程は一国や二国ではない、より多くの国家間の関係性を通してこそはっきりと現れる。韓国の華僑華人においてもそうだ。韓国と中国だけではなく、台湾まで含めてはじめて華僑華人の実態を掴むことができる。韓国政府の公式統計によれば、現在韓国に滞在している中国国籍者は 946,515名、台湾国籍者は 29,335 名[1]だ。だが、この統計の中の「中国国籍者」には韓国系「朝鮮族」が含まれている。また、中国山東省出身の華僑華人の子孫たちは「台湾国籍者」に含まれている。韓国から中国へ、中国から再び韓国へ移動した朝鮮族の場合、一つの「ナショナル」な側面から説明するのが難しいだけでなく、中国から韓国へ、また中国から台湾へと国籍が分かれた場合、やはり一、二の「ナショナル」な側面から裁断することは、それほど容易ではない。韓国の華僑華人だけではなく、東南アジアの華僑華人までその領域を広げると、こうした側面は、より拡張され複雑化する。

　華僑華人に対するイメージも複雑であることに変わりない。改革開放以後の

1　『統計月報』2015.4.；法務部出入国・外国人政策本部（www.immigration.go.kr）

中国人を見つめる韓国人の視線——イメージだけみてもそうだ。例えば、単純労働者として韓国に来て仕事をしている短期居住型移住労働者を思い浮かべる時のイメージと、デパートの免税店を闊歩する気前のいい中国人たちを思い浮かべるイメージは一致しない。改革開放以前の中国人のイメージまで含めると、華僑華人に対するイメージは見当がつかなくなる。短期居住型、留学永住型を経て資本投資型へと続く改革開放以後の華僑華人移住の歴史性[2]をきちんと把握しなければ、華僑華人に対する正確な分析は難しいだろう。

　華僑華人についての用語もまた然りである。華僑華人たちは、時には中国人、あるいは台湾人と呼ばれ、またある時には華僑、もしくは華人と呼ばれる。前者が彼らの現在の国籍による区分であるとすれば、後者華僑華人は国籍の変化に伴う区分[3]であると言える。「彼ら華僑」と「華人」に対する区分はまた、中国の改革開放「以前」と「以後」に分けて考察しなければならない。中国の改革開放「以前」に中国以外の地域に移住した人々を「旧」華僑華人、改革開放以後に移住した人々を「新」華僑華人と呼ぶためだ。これは、日本に居住しているコリアンたちも同様であって、植民地期に韓国から日本へ移住してきた人々を「オールドカマー」、日本の高度経済成長期である 60 年代以後に日本に移住してきた人々を「ニューカマー」と呼ぶことと似ている[4]。

　このように、華僑華人を一、二の国籍で、また一、二のイメージで、あるいは一、二の用語で説明することは不可能だということは、華僑華人の歴史性と共時性が複雑に絡み合っていることを意味してもいる。従って、この論文では華僑華人たちの変貌過程を 3 段階、すなわち植民時期、開発／階級独裁時期、中国改革開放以後の時期にわけて考察し、国境を越えて行った彼らの超国家性がどのように形成されたか、特に彼らと既存居住民との関係に注目しながら、

2　斉立新（北京因私出入境中介機構協会会長・東方杰聖咨詢有限公司総裁）のインタビュー、2011「冷静面対"新移民潮"（経済熱点）」（『人民網』2011.5.23.）http://finance. people.com.cn

3　「華僑」の「華」は中国を意味し、「僑」は他国での居住ないし臨時居住を意味する。従って「華僑」とは中国本土以外の国家や地域で居住している中国籍の人々を指す。居住地の国籍に変えたか、居住地の国籍をもつ 2、3 世の場合、「華僑 Chinese sojourners」ではない「華人 ethnic Chinese」という表現を用いもする。もちろん、この二つを併せた包括的な意味で「華僑」という表現を使うこともある［チョン・ソンホ　2005: 3-5、ヤン・ピルスン , イ・ジョンヒ　2004: 10］。

4　クム・キチョル［2009］（琴基鉄「日本の中の外国人街——華僑が集まる街池袋」『イオ』2009.1)

彼らの関係が居住国の植民政策と居住国の開発／階級独裁政策、及び中国の改革開放政策とそれぞれどのような連関性があるのか、韓国と日本、東南アジアを含めて探ってみようと思う。併せて、改革開放以後に高まった中国経済の位相がこうした関係の変化にどのように作動しているのか、最近の「投資移住」までの流れを含め、新しい移住形態はどのように変貌しているのかについて、特に東アジアという地域性に焦点を当てながら考えてみたい。

2 植民型「中間市民」と動員された東アジア市民

　東アジア華僑華人の登場は、近代植民地の登場と無関係ではない。特に、東南アジアでの華僑華人の登場は、直接的にオランダあるいはイギリスなどの西欧植民地の登場に伴う結果だといえる。続いて登場した植民国家日本は、東南アジアと朝鮮での華僑華人の地位と立場を再び大きく変化させたが、このように植民国家の変化と華僑華人の地位の変化は直接的な連関関係をもっている。

　その根底に位置したのが「中間市民」である。西欧の植民国家は東南アジア原住民に対する管理と統制のために東アジアの華僑華人に「中間市民」としての権利を付与したが、日本植民期の東南アジアと朝鮮では、西欧や中国との戦争を遂行するという目標下、逆に東南アジア原住民と朝鮮人に「中間市民」としての権利が付与された。

　ここでいう「中間市民」とは、植民国家が分割統治を遂行する目的で植民者と下層階級の間に位置付けた人びと、下層階級より多くの権利を与えられた種族、もしくは勢力を指す。これは、あらゆる権利をもつ「ローマ市民」と何の権利ももたなかった「外国人（peregrinus）」の間に位置し、ローマ同盟に参加していた古代ローマの都市市民と類似している。ローマは彼らに、分割統治を目的として「ローマ市民権」にはるかに及ばない「ラテン市民権（ius Latii）」[5]という「中間市民」としての権限を付与した。

　このようなローマの分割統治方式は、以後、ヨーロッパの植民期統治方式に継承された。1994 年に 93 万名の犠牲者を出したルワンダ大虐殺が、実はドイツ

---

5 「ラテン市民権」は華僑華人に付与された市民的権利及び責務ともちろん同一ではない。ローマ以外のラテン同盟参加都市に居住していたラテン市民（Latinitas）に付与されていた「ラテン市民権」は、参政権などを除外した（Civitas Sine Suffragio）、土地買入権（commercium）、婚姻権（conubium）、同盟都市内移住権（ius migrations）などの権利と責務を意味する。ラテン市民権はローマの勢力拡大に寄与した［塩野　2002］。

とベルギーの植民地分割統治方式に起因したものであったように[6]、ヨーロッパの分割統治方式はアフリカだけでなく、インド、東南アジアなど大部分の植民地で遂行された。ドイツとベルギーがルワンダのツチ族にフチ族よりはるかに多くの権限（ローマ市民権ではなくラテン市民権のような）を付与し統治したように、東南アジアを植民統治したオランダとイギリスなどが分割統治により彼らの統治過程に新たに編入させた勢力がまさに華僑華人であった。

　もちろん、東南アジアの植民統治は西欧の植民統治で終わったのではない。西欧植民統治に続いて登場した日本の植民統治[7]は、「大東亜共栄圏」という反西欧植民統治スローガンに符合する逆分割統治をおこなった。西欧植民統治期に華僑華人に付与されていた中間市民としての地位を剥奪するかわりに、原住民たちに西欧や中国との戦争を遂行するための中間市民としての地位を付与した。

　植民統治勢力による分割統治、特に中間市民の地位交替は、植民統治が終わった後も引き続き葛藤と対立の要素となった。植民統治が終了した今日までも継続しているルワンダのツチ／フツ間の葛藤と戦争もそうだが、東南アジアでの華僑華人と原住民間の葛藤もやはり、植民統治が終わった今も持続している。

1　西欧植民期の東南アジア華僑華人と「中間市民」

　現在、全世界に広く離散し生活している華僑華人（旧華僑華人と新華僑華人を併せて）は、およそ5,000万名を少し超えるとされているが、そのうち約70％は東南アジアに住んでいる。現在東南アジアに住んでいる華僑華人は総計3,508万名で、このうち約3,000万名がシンガポール、マレーシア、タイ、フィリピン、イ

6　ドイツはルワンダを植民統治しつつ、西洋人と似ているバントゥー族をツチに、そうでないバントゥー族をフツに分類し、また第1次世界大戦以後の植民統治を継承したベルギーはより残酷にフツ族とツチ族の分割統治を実行した。その結果、植民統治から解放されてからも、彼らの反目はより激化し、1994年4月、フツ族出身のルワンダ大統領ハビャリマナが乗った飛行機の撃墜を契機に、フツ族とツチ族の相互大虐殺が起こり、ついに93万7千名の犠牲者を出した。第2次世界大戦以後、最大規模の虐殺だった。

7　第2次世界大戦の期間中、日本が東南アジアを占領した時期を一般的に「占領期」というが、この論文では短い期間であったが西欧の植民時期と類似した統治システムを構築したと考えるので、「植民期」と表記する。

2 華僑華人の変貌と「東アジア市民」の形成

ンドネシアに住んでいる[8]。最近、ヨーロッパの新旧華僑華人が250万名[9]に達し、韓国と日本の華僑華人がそれぞれ97万名と69万名[10]に達するなど、2000年代に入りこれらの国の華僑華人が急激に増えてはいるが、東南アジアに遠く及ばない。

中国人の海外移住は西欧植民地と密接な関係性を持っている。17世紀の初め、華人たちがもっとも多く居住したのはフィリピンであった。これは1571年のスペインのマニラ占領と無関係ではない[11]。1619年、オランダがバタビア（今のジャカルタ）を占領した後、300～400名水準であった華人の数は1627年に3,500名に、1658年には5,000名を越えた。

18世紀中葉以後、東南アジアの植民経済が発展すると鉱業、農業、加工業、建築業全般にわたって植民型移住が増えていったが、マレー半島とミャンマー、ベトナム一帯には海岸地域だけでなく内陸の干拓地と大農場にも華人たちの共同体が形成された[12]。

しかし、華工たちの移住がもっとも活発に行われた時期は1856年の第2次アヘン戦争以後だということができる。宋、明、清の時代にも貿易や征伐あるいは逃避などを理由に東南アジアに華僑華人が生じてはいたが、東アジアに華僑華人が爆発的に増え始めたのはオランダとイギリスなどが植民地開発過程で労働力を確保するため、中国から大量に「クーリー（苦力）」を連れてくるようになっ

8 中国国務院僑務弁公室「華僑華人研究報告」2013。（『人民網』日本版、2014.1.29.：全世界における新・旧華僑華人の数は2013年の統計。東南アジアの場合は、2011年の統計。台湾・香港・マカオの人口は除外）

9 ヨーロッパは1950年代の初め37,000名（旧華僑華人）であったのが、1990年代から2000年には145万名に増え、2008年には251万名（新華僑華人を含む）となった。1950年代から2000年までの50年間に約100万名が増えたのに比べ、2000年代に入ってからは8年で100万名が増えた［中國新聞社世界華商発展報告課題組 2009：4、遊川 2009から再引用］。

10 日本の新旧華僑華人は694,974名（在日中国人654,777名、在日台湾人40,197名）［日本法務省 2014.12.「在留外国人統計」http://www.moj.go.jp/housei/toukei/toukei_ichiran_touroku.html］、韓国の新旧華僑華人は975,870名（在韓中国人は朝鮮族を含めた946,515名、在韓台湾人は29,335名）である。［韓国出入国外国人政策本部 2015.4. http://www.immigration.go.kr/］

11 1571年以前のフィリピンの華僑は150名余りであったが、1588年に10,000名を越え、1603年25,000名まで増えた。（Emma Helen Blair and James Alexander Robertson eds., 2007, http://philhist.pbworks.com/w/page/16367055/ThePhilippineIslands）

12 チャン・グォトゥ［2005］、ソン・スンソク編訳［2014: 24-25］

63

てからだ。欧米の各国は奴隷制度が廃止されると、いわゆる豬子貿易を通して
クーリーという新しい労働力を確保するために多様な努力を傾けた。1880 年代
以後、いわゆる排華事件が欧米の国々で相次ぐと、客頭（苦力の移民仲介集団）た
ちは東南アジアの大農場や鉱山に目を向け、彼らはシンガポールを通して華工
たちを大挙移住させた[13]。中国の下層労働者（華工）たちがクーリーとなって東南
アジアに最初に出現したのも、イギリスがマレーシアのペナンを占領した後、
そこを開発するために大量の中国華工たちを投入してからであった[14]。

　華工たちの東アジア各国への移住の勢いが収まり始めたのは、東南アジアの
西欧植民経済が第 1 次世界大戦により鈍化し始めてからである。第 1 次世界大
戦により西欧植民資本の東アジア投資が激減したためだ。だが、これは第 1 次
世界大戦の初期と 30 年代の経済恐慌以後第 2 次世界大戦が終わるころまで、西
欧植民経済ではない東アジアの華僑華人の資本を中心にした貿易の増加と、華
僑華人による華工たちの移住を促進させる結果[15]を招くことにもなった。

　ここで注目しなければならないのは、西欧植民者たちが東南アジアでの植民
統治を円満に遂行するために、華僑華人を植民統治手段の一つとすることがで
きる「中間市民」として活用したという点である。東南アジアにおいてもっと
も華僑が多く住んでいるインドネシア[16]に限っても、オランダ領東インド植民地
政権を立てたオランダは、彼ら華僑をインドネシア原住民統治の中間者として
活用したが、これは以後華僑華人と既存のインドネシア居住民との葛藤と対立
の要因となった。華僑華人たちは、オランダ人に代わって村全体を管理したり、
オランダの代わりに各種の利権事業に介入して既存の土着企業の経営権を奪っ
たりもした[17]。西欧の植民者が植民経営（公共サービス）を担当し、華僑が中間貿易

13　19 世紀中盤から 20 世紀初めに移住した華工は 265 万名で、そのうち東南アジア地域
　　に移住したのは 155 万名程度［陳澤憲　1963］。1876 年から 23 年にわたり中国華南
　　地域から東南アジアに出国した華工は 285 万名に達したという統計もある［陳翰生
　　1980: 184-185］。1851 年から 1875 年の間におおよそ 130 万名の移民者たちが中国を離
　　れたという統計もある［Lynn Pan eds., 1999: 200-217］。

14　イギリスは 1785 年にマレーシアのペナンを占領した後、現在の州都であるジョージタ
　　ウンを建設した［ホン・ジェヒョン　2011: 406］。

15　1922 年から 39 年まで汕頭と香港などから 550 万名が、1918 年から 31 年まで 380 万名
　　が海外（主に東南アジア）へ出たという記録もある［游仲勛　1987: 10-11］。

16　2011 年の華僑華人の上位国は、インドネシア 767 万名をはじめ、タイ 706 万名、マレー
　　シア 639 万名などの順である。(*The Sun*, 2012.9.28; www.recordchina.co.jp, 2012.10.1.)

17　シン・ユンファン［2000: 426-438］

2　華僑華人の変貌と「東アジア市民」の形成

業を、原住民は彼らを下支えする基層の生産活動に従事する、典型的な植民経営体制[18]が構築されたのである。

マレーシアの場合も、これと大きく変わらない。1786年、ペナンを最初に植民化したイギリスは、マレー半島全般にわたる錫とゴムなどのプランテーションを推進し、マレー労働者ではない中国とインドの労働者を連れてきた[19]。彼らは、マレーシア定着以後、イギリス人との協力を通して農村と都市の商業を掌握し始めたが、代わりにマレー人統治過程でのあらゆる雑事をイギリス人に代わってしなければならなくなった。結局、イギリス人は大規模プランテーションと銀行、貿易などを独占し、華僑は中小規模の製造、金融、商業を受け持つようになった反面、マレー人たちは伝統農業もしくは小規模プランテーションに従事する方式の植民地分割統治構造が構築されたのである。

西欧植民期のマレーシアの華僑華人たちには、植民地分割統治による「中間市民」としての権利と責務が与えられたが、西欧植民勢力が彼ら華僑に付与した権限目録は、19世紀末のマレー半島の華人たちが経営していた鉱山と農地、港湾開発過程によく現れている。イギリス植民地政府から徴税業務の委託を受けるために華僑華人たちは受注競争を繰り広げ、選定された業者は3年間、イギリスから税金徴収の権限を委任された[20]。例えば、華僑華人は植民地政府から鉱山開発租借権を委任され公納制と株式会社形式で鉱山を運営したが、植民地政府には一定の税金だけを納付し、残りはすべて華僑華人の取り分となった。港湾開発においてもまた、華僑華人は土地使用許可権（港契）を付与され、港主としての行政権、貨幣発行権、鉱山開発権、酒タバコ専売権、税金徴収権の他に司法統治まで行使できた[21]。

華僑華人は、西欧植民勢力により強制的、または半植民地的に動員された東南アジアの市民であったが、「エスニック分業」を通して彼らに付与された「中間市民」としての特権は、既存の地域原住民には極端な敵対感を誘発させるの

18　ユン・インジン, イ・ユソン［2002: 260-261］

19　現在マレーシアの種族構成は、マレーシア人52％、華僑36％、インド人10％などになっている。このような構成は、イギリスの植民政策の結果といえる。［ホン・ジェヒョン　2008: 620、ヤン・スンユン　2003: 67］。

20　ペナン地域は1808年頃からイギリスの植民地政府より徴税業務を委託され遂行していた［チョ・ウォニル 2015: 671-679］。

21　港契は土地開墾と関連した一種の証明書（Shah Bandar）で、特に大港主（Port Master）は徴税権以外にも多様な権利をイギリス植民政府（アブドゥル・ラーマン代理統治）から委任された［許雲樵　1961: 21-27、チョ・ウォニル　2015からの再引用］。

に十分であった。西欧植民勢力に続いて登場した日本の植民勢力は、こうした東南アジア原住民の不満を活用して原住民のエリートを植民統治の新しい代理人、すなわち「中間市民」として引き入れ、華僑華人たちの特権を剥奪し始めた。それだけでなく、日本の植民勢力は反中国・反西欧を掲げた中日・太平洋戦争をより効率的に遂行するために朝鮮内の華僑華人の経済力を剥奪すると同時に、満州統治をより円滑に遂行するため満州地域の朝鮮人を中間市民に包摂することも行った。

2　日本植民期　反西欧・反中国の戦争型「中間市民」

（1）　日本植民期の東南アジアにおける華僑華人

　東南アジアでの日本の植民地構築は、1940年7月から8月にわたるベトナム北部攻撃から始まった。1941年12月の真珠湾攻撃に続いて、フィリピン、タイ、マレーシア、シンガポール、インドネシア、ミャンマーを順に占領した日本は、1945年の敗戦に至るまで3年余りの間、東南アジアを植民統治した。

　日本は自らを「アジアの指導者でありアジアの保護者でありアジアの光」と自任し、「アジア人のためのアジア」というスローガンのもとに東南アジアを植民統治していたのだが、こうした日本の植民統治が可能であったのは、東南アジアの多くの国が数十年もしくは数百年の間継続した東南アジアでの西欧植民統治を日本が終わらせるかもしれないという幻想をもったためだ。

　インドネシアの反西欧／親日本的傾向は、オランダ植民統治を終わらせるため1920年代後半から独立運動を継続し流配されていたスカルノ[22]、モハマッド・ハッタなどが流刑地から戻り反オランダ闘争をする過程で日本と協力することから現れ始めた。その後、彼らは日本の大東亜共栄圏論理を象徴する3A運動とポエテラ（poetera）[23]の首長にもなった。彼らが力を注いだ「ポエテラ」の主たる

22　スカルノは、1927年インドネシア国民党を作り、オランダからの政治的独立を試みたが、弾圧を受け孤島に追放されていた。日本は反西欧と独立を主張し追放されていたスカルノを呼び戻し、日本の統制下の自治機構を構成させた。

23　インドネシアの反西欧独立運動家であったスカルノは、いわゆる大東亜共栄圏論理に基づいた「3A運動」すなわちJepang Cahaya Asia（光）、Jepang Pelindung Asia（保護者）、Jepang Pemimpin Asia（指導者）の代表になった後、日本の委任統治組織といえるポエテラ（Poetera /Putera = Poesat Tenaga Rakjat：民衆総力結集）の指導部を構成した。강혁・Nay Tun Naing『アジアは日本の蛮行を決して忘れない』황금나무、2009、223〜225頁。「兵補」と「労務者」は、日本軍の太平洋戦争を補助するため、インドネシア人で構成されていた補助軍と強制徴用労働者。「兵補」と「労務者」に関しては、インドネシ

2　華僑華人の変貌と「東アジア市民」の形成

目的は、親日と反西欧情緒を造成し、反中国・反西欧戦争を遂行する人力（労務者・兵補）の徴用[24]と物資を徴発することであった。

　もちろん、インドネシアの原住民出身のエリートの中には、スタン・シャフリル（Sutan Sjahrir）、アミル・シャリフディン（Amir Sjarifuddin）のように、日本の反中国・反西欧戦争への動員に反対したインドネシア人もいた。だが、多くのインドネシア原住民のエリートたちは反オランダという名目のもと、日本植民地勢力の代理統治を喜んで受け入れた。オランダ東インド軍（KNIL）に代わって日本式軍事訓練を受けた「郷土防衛義勇軍」(PETA)[25]を組織し、多くの人々を日本の太平洋戦争へ押し出すことに決して躊躇しなかった。これらの組織は日本敗戦後、再植民地化を狙うイギリスとオランダの再侵略をふせぐのに重要な役割をはたしたのは確かだが、太平洋戦争の間、日本の戦争と侵略の道具として活用されたこともまた事実である。

　問題は日本の植民地統治期に華僑華人に対して実施された政策である。日本は、日本人とインドネシア原住民を「兄」と「弟」の関係に定立する一方で、華僑華人に対する弾圧を本格化した。オランダが華僑華人を植民地代理統治による「中間市民」として活用したように、日本は植民統治の間、華僑華人たちを植民者と被植民者の「中間市民」の位置から引きずり下ろす代わりに、インドネシアの原住民をまた異なる中間市民、すなわち「弟」として編入させたのである。

　それだけでなく、日本は太平洋戦争とともに中国との戦争を遂行していたため、華僑華人は日本の暫定的な敵軍に該当した。日本軍による「西部ボルネオ（ポンティアナック）虐殺」事件、華僑密集地域の西部ボルネオで発生した華僑華人、アンボン人、マナド人、ダヤク族など[26]の大量虐殺事件などがその事例である。

　　ア社会科教科書「第2次世界大戦」を日本語に翻訳したサイト［インドネシア教科書2004］（http://www.geocities.jp/indo-ka/buku-pelajaran/ips/smp/01/bahasa-jepang4.html）など参考。

24　ジャワ島だけでも400万名から1,000万名が徴用に駆り出され、27万名が東南アジアの他の地域に送り出されたとの報告もある。（http://blog.daum.net/dons-indonesia/485）

25　「郷土防衛義勇軍」はPETA（=Tentara Pembela Tanah Air）の日本語表記。

26　日本軍は、1943年から1944年にかけて、インドネシアの異民族を大量虐殺した。いわゆる「マンドール（Mandor/東萬津＝華僑の客家たちが密集して住んでいたポティアナ／西婆羅一帯）事件」と呼ばれる虐殺過程で、インドネシアの12の地域のマレー族スルタンをはじめ、華僑、ジャワ人、マナド人、ダヤク族などが毎日毎晩40～50名ずつ日本刀によって斬首され、総計で21,037名（日本の資料では1,000～3,000名）

マレーシアの場合はより深刻である。1941 年の真珠湾奇襲とともに始められたマレー半島への攻勢は、翌年 2 月のシンガポール陥落（昭和島に改名）で一段落がついた。だが、日本は東南アジアでの基地構築には成功したものの、中日戦争をはじめとしてあまりにも広い地域で戦争を遂行せねばならなかったため、戦争の後方基地といえる占領地シンガポールをはじめとするマレーシアをつねに不安視した。

　こうした日本の不安は 1942 年 2 月に発生したいわゆる「シンガポール華僑粛清事件」[27] をはじめ、同じ年 3 月に発生した「イロンロン（余朗朗）華僑村虐殺事件」[28] でのように、大々的な「敵性華僑狩り」として現れた。中国との戦争を同時進行していた日本としては、特に占領地の華僑華人に対する不安感が「華僑狩り」として現れたのである。マレーシアの全地域にわたり進行した華僑華人に対する討伐を避けて華僑華人はマレーシアのジャングルに逃亡するほかなかったが、彼らが逃亡したジャングルは、以後「マラヤ共産党（MCP）」と「マラヤ人民抗日軍（MPAJA）」の拠点となった。

　マレー半島での日本軍の華僑の虐殺は、今日までに確認された（追悼碑がある）ものだけでも 70 余箇所にもなる[29]。日本軍は華僑虐殺過程でマレー人と華僑華人を分離させる政策を展開するかたわら、華僑華人たちだけの虐殺をマレー人たちが見守るようなことも[30] させた。それだけでなく、日本は大規模献金を強制したが、こうした献金過程でも日本はマレー人でない華僑華人たちにのみ、献金を強要した。マレー半島の華僑華人たちには一人当たり 20 ドル（250 万の華僑華

　　　が殺害された。（「C-5 章、日本の占領統治」『インドネシア専科』298 〜 317 頁、http://www.jttk.zaq.ve.jp/bachw308/page002.html）

27　1942 年 2 月、シンガポールの 8 歳から 50 歳までの華僑華人の男子を集め検問した後、「反日と見られる華僑華人を無差別に虐殺した事件。シンガポールでは約 4 万から 5 万名（戦犯裁判での日本軍の証言は 5 千名）が虐殺されたという［林　2007］。

28　1942 年 3 月、イロンロン（余朗朗）華僑村に「食料配給のための戸籍調査」をするという名目で、村人たちを学校へ呼び集め、200 世帯の村人ほとんど全員（1,474 名）を集団虐殺した事件［高嶋　2015: 50-59］。

29　安居証を配布するといって集めたクアラ・ピラー（Kuala Pilah）の小都市パリッティンギ（巴力丁宜）村の人々 600 名が殺害されたという。

30　1942 年 8 月 29 日、マレーシアのスンガイルイ（雙渓鑑）368 名の集団墓地関連記事（『星洲日報』1984.7.6.）によると、日本軍関連マレー系警察官が行方不明になると、村人をすべて集合させた後、マレー系住民と華僑華人たちを分けて立たせ、華僑華人たちが殺害される場面をマレー系住民たちに見させたという［高嶋　2015］。

2 華僑華人の変貌と「東アジア市民」の形成

人＝5,000万ドル）、北部ボルネオの華僑華人には数百万ドル[31]の強制献金が割り当てられた。これに耐えられず郭益南（Albert Kwok）らは華僑武装組織を組織し「アピ（Api）武装闘争」[32]のような抗日ゲリラ闘争を展開した。

　ここで注目すべき部分は、日本人が「敵性華僑狩り」過程でマレー人を華僑華人の捜索と略奪に大挙動員したという点だ。華僑華人を反日分子とみて虐殺し強制収奪を行った過程で、日本はマレー人たちを中間代理人として活用した。マレー人たちの精神的支柱であったスルタンを彼らの宗教的指導者として認定するなど、マレー人たちに対する優待政策——華僑華人との分離政策を取ったのである。

　これは、日本の敗戦後、華僑華人たちのマレー人に対する報復を生む契機となった。華僑華人が中心となったマラヤ人民抗日軍（MPAJA）が、日本敗戦後人民裁判を開き、日本軍に協力したマレー人の多数に報復を加えたことなどがこれに該当する。しかし、こうした報復はマレー人たちによるまた新たな復讐を呼び起こし、「ブコールの虐殺」[33]のようなマレーシア人と華僑華人たちの大小の武力衝突は以後も続いた[34]。西欧植民統治と日本の植民統治期間中に施行された分割統治、中間市民としての華僑華人の動員は、東南アジア全域で原住民と華僑華人間の終わりのない対立を招く根源であった。

(2)　日本植民期の朝鮮における華僑華人

　西欧に続く日本の植民統治は、基本的に西欧植民過程の影を消すことであり、これは西欧植民時期の華僑華人に付与された中間市民の権限を剥奪することであった。のみならず、日本は中日戦争の相手である敵性華僑華人に対する虐殺と弾圧に現地原住民たちを動員したが、これはまた別の形の分割統治であるといえる。そうとすると、植民地朝鮮と半植民地満州で日本の植民者たちは朝鮮人と中国人、そして植民地朝鮮内の華僑華人たちにどのような植民統治方式を具現したのだろうか。朝鮮内の華僑華人にのみ焦点をあてた場合、その方式は

31　北部ボルネオの華僑華人一人当たり15ドル、総300万ドル［原　1987: 83-95］という
　　記録と、一人当たり60ドルずつ500万ドルという記録がある［上東　2002: 207-213］。

32　「アピ（Api）」武装闘争については、［上東輝夫2002］を参照。

33　バトゥパハ（Batu Pahat）、ムアル（Mual）で、マレー人と華僑華人の武力衝突により
　　死亡者が発生し、ペラ（Perak；霹靂）洲では華僑華人数百名、マレー人56名が殺害
　　された［李炳才　1987: 140-141］。

34　イ・キョンチャン［1998: 56-57］、ホン・ジェヒョン［2008: 623-624］

69

東南アジアの華僑華人に対する日本の植民統治と大きく違わない。

これに関連して特に注目すべき点は、1931 年 7 月に発生した万宝山事件[35]である。中国満州で発生したこの事件は、植民地朝鮮内の華僑華人の虐殺と華僑華人たちの商店への放火へと広がり、華僑華人 127 名の死亡者と 392 名の負傷者[36]を出した大きな事件となった。事件がこのように大きくなった原因としては、大きく二つが挙げられるが、その一つは間島・満州での朝鮮人の地位である。

日本は 1920 年以後間島・満州地域での勢力を維持するために、在満朝鮮人たちの中国国籍取得（帰化）を認定しないことを基本方針とした[37]。その反面、中国は 1910 年代までは間島・満州地域で日本の勢力が拡大するのを望まず朝鮮人の中国国籍取得を勧奨したが、1920 年代以後はむしろ朝鮮人の中国国籍取得に制限を加えたりして朝鮮人を追い出す政策に転換した。それは 1919 年 5・4 運動以後、中国人が在満朝鮮人を日本の満州及び蒙古侵略政策の手先と認識し始めたためである。

特に日本は満蒙条約（1915 年）で「土地商租権」が無意味になると、中国国籍を取得した朝鮮人を土地買収と土地所有手段として利用したが、これにより中国人たちは朝鮮人を「日本人の手先」という認識をもつようになった[38]。このような状況は、万宝山事件の進行過程をみれば、より明確になる。万宝山の三姓堡で水路を開設しようとした在満朝鮮人と中国人の間で問題が発生した。しかし、日本の領事警察は中国の警察に対峙しつつ在満朝鮮人たちを保護しようと

---

35 中国吉林省の万宝山三姓堡で、農地に水を引く水路開拓問題で衝突。朝鮮日報の号外をはじめ東亜日報、時代日報、中外日報などの誇張歪曲報道により、多数の華僑華人たちが犠牲となった事件［パク・ヨンソク　1985、キム・ジェヨン他　2010、岡田 2011: 932-939］。

36 総督府警務局の発表は死亡 100 余名・負傷者 190 名、リットン報告書によると死亡者 127 名・負傷者 393 名、中国側の資料によると死亡者 142 名・失踪 91 名・重傷 546 名である。

37 朝鮮総督府は、1928 年に二重国籍による日中間の紛糾発生をなくすため、一時的に在満朝鮮人の中国籍を許可しようとしたが、日本の外務省拓殖局などはこれに反対した［許春花　2007］。（論文要旨は、http://www.soc.hit-u.ac.jp/research/archives/doctor/?choic=summaery&thesisID=166）

38 許春花の前掲論文参考。また、万宝山事件の問題の発端となった朝鮮人たちは、1930 年に発生した「間島 5・30 蜂起（朝鮮人たちの抗日武装闘争）」過程で追い出された朝鮮人たちで、日本が現地朝鮮人会の斡旋で万宝山に定着させた人々である。（『日本外交文書デジタルアーカイブ――昭和期Ⅰ』第 1 部第 5 巻、日本外務省、177 頁。(https://ja.wikipedia.org/wiki/%E8%87%87%E5%AE%9D%E5%B1%E4%BA%8B%E4%BB%B6)

2　華僑華人の変貌と「東アジア市民」の形成

した。これは、彼らを日本の臣民と考えていたためだ。満州・間島地域を植民
地化しようとした日本は、在満朝鮮人が植民地戦争の代理人の役割と、日本人
と中国人の間の分割統治の役割を忠実に担当してくれることを望んでいたため、
彼らを保護すべき理由が十分にあった[39]。

　こうした点は、万宝山事件以後、植民地朝鮮内で大規模に発生した虐殺と放
火の過程にもよく現れている。これは万宝山事件の犠牲者が多くなった第二の
理由でもある。まず注目すべきことは 1920 年代の華僑華人の急速な経済力伸長
と華工の大規模流入、そしてこれに対する朝鮮人と朝鮮総督府の反発である。

　1920 年代の朝鮮の華僑華人は、在日神戸地域の華僑華人と同様に、反物、料
理、理髪という三刀業[40]を中心に発展した。中国産の絹織物と麻布を販売する反
物業等と、華農たちの食材供給とともに成長した中華料理店、そして朝鮮に集
まり始めた華工たちを対象にした理髪業の成長などがそれである。特に華工た
ちの大規模流入により華工人口は 3,661 名（1906 年）から 67,794 名（1930 年）に増
加した[41]。もちろん朝鮮に流入した華工は大部分が冬は中国へ帰り春に再び朝鮮
に流入する季節労働者であったが、朝鮮の労働団体が朝鮮総督府に華工の流入
を制限してくれるように陳情書を提出するほどで、植民地朝鮮内の華僑華人—
—華工たちと朝鮮人の労働者の関係は日ごとに悪化していった[42]。

39　李泰俊の小説「農軍」［イ・テジュン　1931(2015)］の舞台となった「万宝山事件」
　　における植民地朝鮮人の地位に関する論争の中で注目すべきは、「日本国籍朝鮮人の
　　植民主義的意識」と「植民地民族主義の二重性」に関することである［キム・チョル
　　2002、パン・リョンナム　2009 など］。「万宝山事件」と「満州／満州国」そして小説
　　「農軍」の中の植民地朝鮮人と関連し、「日本国籍朝鮮人」に傍点を打ち「植民主義的
　　意識」を強調するのか、「被害者でありながら加害者でもあり、また他者でありながら
　　また別の〈野蛮〉の他者」すなわち「植民地民族主義」の二重性を強調するのかとい
　　う論争がそれである。ここで満州／満州国の空間での植民地朝鮮人の地位とは、植民
　　者日本と満州地域に居住する原住民の「間」に位置する朝鮮人を意味する。結局、「万
　　宝山事件」と事件以後の植民地朝鮮で発生した華僑華人虐殺事件とは、植民者日本が
　　植民地朝鮮人と満州地域の原住民である中国人を「分割統治」しようとした過程、つ
　　まり満州地域の植民者日本人がその地域の朝鮮人をその地域の原住民である中国人の
　　中の「中間市民」に位置付けようとする過程で発生した事件だといえる。小説「農軍」
　　に見られる「植民地民族主義の二重性」はやはりこうしたことと無関係ではない。

40　ソン・アンソク［2012: 8］

41　陳来幸［2006: 76］

42　朝鮮総督府は 1920 年代に多くの土木建設事業を進行させた。この土木建築事業に雇用
　　された華僑華人は朝鮮全体の労働者の約 30 パーセントに達した]ヤン・ピルスン , イ・

71

華僑華人に対する朝鮮人の不満と葛藤が次第に高潮していく一方、朝鮮総督府もやはり植民地朝鮮を大陸侵略の安定した前進基地とするためには、華僑華人の経済的成長にブレーキをかけなければならなかった。中国産の絹織物と麻布に対する高い関税付与（1924 年）、朝鮮内の麻布代替生産の拡大、金本位制廃止（1931 年）措置などは、中国産の絹や麻の価格の暴騰を引き起こした。これは華僑華人の経済的萎縮だけでなく、華僑華人と朝鮮人の葛藤と分裂を、より強める結果をもたらした。

　中国の万宝山事件発生直後、平壌の反物商を中心とした華僑華人の商家 300 余りが襲われ、500 名を越える死傷者が発生した。これは朝鮮の新聞の誇張虚偽報道のためだけではなく、華僑華人の経済力と華工に対する朝鮮人の不満、これに対する日本植民勢力の傍観及び助長のためである。

　結局、万宝山事件に伴う華僑華人に対する大規模襲撃及び虐殺事件は、植民地朝鮮人（夷）をもって華僑華人（また別の夷）を制圧しようという植民者日本の「以夷制夷」分割統治戦略の一環であったといえる。中国侵略を目論んでいた日本は、直接中国人との衝突を図るより、在満朝鮮人と中国人の衝突、朝鮮人による華僑華人虐殺のような中国人と朝鮮人の葛藤を前面に浮上させ、中国への日本の侵奪という本音を曖昧にすると同時に、中国侵略の名分を掲げることに力を注いでいた [43]。そうした意味で、万宝山事件は満州事変（1931 年 9 月）という中国侵略の前奏曲だったということになる。万宝山事件により朝鮮内の華僑華人のおよそ半分が中国に帰った。それほどに華僑華人たちの傷は大きかった。これを契機に 1930 年末には 67,794 名いた華僑華人は、1931 年末までのわずか 1

　　ジョンヒ 2004: 37-47]。

43　事件は仁川、ソウルをはじめ全国に及び、400 余回以上の華僑華人に対する襲撃事件が発生したが、平壌の華僑華人（平壌 779 名、ソウル 4,107 名、仁川 1,774 名／ 1923 年）の死亡者（全国 100 名中平壌 94 名）が多かった。平壌から帰還した華僑たちは、日本人が朝鮮服を着て暴動を扇動したり日本人が金を与えて朝鮮人のならず者たちを雇い破壊や殺戮の先頭に立てたりしたなどの証言をしたが、これについて中国側は、日本が暴動を放任したのではなく事実上暴動の指揮をとっていたと主張した。日本の関東軍司令官は、「朝鮮人と中国人の間は疎遠にしなければならない、親密にさせてはならない。二つの民族が衝突したとき、是非が同等の場合には朝鮮民族の味方になり、漢民族を押さえつける」という指示を下しもしたという研究報告もある［ハン・ホング 2001］。満州地域の日本植民統治戦略が、基本的に朝鮮人を中国人より優位におく分割統治戦略であったことがわかる。

年間に約半数の 36,778 名となってしまった[44]。

3 　同化型　「類似市民」と開発／独裁型国民
──華僑の東アジア居住国での華人化

1 　開発独裁時期の東アジア及び韓国華僑の「類似市民」化

　植民者による華僑華人と既存の居住民の分割統治は第 2 次世界大戦終結後にも葛藤と衝突を引き起こすものとして絶えず作用した。第 2 次世界大戦後、絶えず発生したインドネシア、マレーシア、ベトナムなどでの華僑華人と東南アジアの既存居住民との流血衝突がその典型的な例といえる。

　1969 年、マレー人と華僑華人・インド人との衝突で 1,500 ～ 2,000 名の死傷者を出したマレーシアの 5・13 事件[45]、またインドネシアでは、1946 年 5 月と 6 月にわたり 650 名の華僑華人が犠牲となり、2 万 5000 名の華僑華人がジャカルタに逃亡した。さらにインドネシアでは、華僑華人 30 万名以上が犠牲となったことで知られる 1965 年の 9・30 事件、1998 年 5 月から 2000 年 5 月にわたり 1,200 余名の華僑華人が犠牲となり 170 余名の華僑華人女性たちが性暴行されたことで知られる反華僑暴動があった[46]。

　ところで、明らかなことは第 2 次世界大戦後、華僑華人と東南アジアの既存居住民の間の暴力的な衝突がそのように絶えず起こっていたのは、それらの国家で進行していた開発独裁、階級独裁、冷戦体制構築などと無関係ではないということである。まず第 2 次世界大戦後、東南アジアと韓国で進行した開発独裁と反華僑華人暴動との連関、特に「類似資本」と「類似市民」の形成過程をみてみよう。

（1）　開発独裁期の東南アジア華僑華人
　第 2 次世界大戦後、東南アジアの華僑華人たちが虐殺や迫害を受けたいわゆ

44　朝鮮総督府財務局、『朝鮮税務統計書』1939［ヤン・ピルスン , イ・ジョンヒ　2004: 48-51 から再引用］。

45　公式的に 196 名死亡、439 名負傷と集計されているが、多くの死体がハンセン病患者の村で埋葬されたり、熱帯雨林で燃やされたりしたという証言もある［チェ・スンヒョン　2008 274、ホン・ジェヒョン　2008: 628-629］。

46　1998 年の反華僑暴動は、1997 年のアジア金融危機による葛藤を華僑華人たちに転嫁する過程で発生したという見解もある。犠牲者数は資料により多少差がある。

73

る「排華事件」は数えきれないほど多い。華僑華人に対する虐殺と排斥が相対的に大きかった事件だけを取り上げてみても、インドネシアの場合、① 1946 年のバンドン暴動とタンゲラン暴動、② 1947 年のパレンバン暴動、③ 1965 年 9・30 華僑華人大虐殺、④ 1994 年メダン（Medan）排華暴動、⑤ 1998 年 5 月華僑華人大虐殺、またマレーシアの場合は 1969 年 5・13 人種暴動などを挙げることができる。

これら華僑華人に対する虐殺と弾圧の背景としては、一般的に人種間の経済格差と宗教問題[47] などが論じられている。より直接的な原因は人種間の経済格差だといえるが、仔細にみると、この経済格差を東アジアに呼び起こしたのは、他でもない韓国と東南アジアの開発独裁システムだという事実を知ることができる。

「開発独裁」とは、基本的に経済と政治が結合した、戦後の冷戦体制期間に形成された資本主義形成の一つの類型である。ところで、東南アジアでは経済問題に政治権力だけでなく、華僑華人という人種問題まで介入した独特な形態で資本主義が形成されていった。戦後の東南アジア資本主義形成過程で権力と結託した華僑華人が国家単位の資本形成の主たる流れを作ったのだが、これは東南アジア地域での華僑の国家内経済支配の比重を通して確認することができる。東南アジア 8 か国の華僑華人の人口比重は約 12％である反面、華僑華人経済がこれらの国家全体に及ぼす比重は約 70％[48] に達するからである。

インドネシアだけをみても、1991 年のインドネシアの 200 の大企業の中で華僑の企業は 167 にのぼる。この中の 10 大企業はすべて華僑の所有[49] である。インドネシアの初期の華僑企業は日本製品を輸入販売したが、インドネシアの軍部並びに政府の官僚と合作企業を設立し、80 年代以後には貿易業から製造業へ

47　［チャン・グォトゥ　2003、ソン・スンソク編訳　2014: 98-101］

48　華僑華人の各国家別の人口比重と経済力の比重を調べてみると、シンガポールの場合は華僑華人の人口 75％に経済力の比重は 76％（上場株式は 81％）、マレーシアの場合は人口 29％に経済力 40％（上場株式 61％）、タイは人口 9％に経済力 55％（商業部門は約 80％）、インドネシアは人口 4％に経済力 60％（上場株式 73％）、フィリピンは人口 1.5％に経済力 60％（政治圏 30％：初代大統領のエミリオ・アギナルドは華僑 2 世、11 代大統領のコラソン・アキノは客家出身の華僑 3 世）、ベトナムは人口 1％に経済力 30％の比重をそれぞれ占めていると把握されている［リッキ・チャン, ソ・ジョンヒョン『ハッピーウーマン』2016.4.22 ；ホン・ソクビン『top class』2005.10 など参考］。

49　2012 年当時、インドネシア華僑の中で大企業所有主は 170 余名、中小企業 5,000 余名、個人事業者は 25 万名に達する［王望波　2012: 58-59］。

2　華僑華人の変貌と「東アジア市民」の形成

その役割を広げていった。1998 年の民主化以後に華僑華人出身で最初の財務部長官を務めたインドネシアの経済学者郭建義は、華僑華人の経済人が権力者と結託し私利私欲を満たしてはいけないと強く批判した。それほどにスハルト時代の「主公」と「密友」の関係（権力者と隠密な友人である経済力を持つ華僑華人との関係）は政治・経済的に根強かった[50]。

　マレーシアの代表的な華僑グループであるクオックグループ（Kerry Group：嘉里集団）は、砂糖や小麦粉分野から出発し、今はアジア屈指のホテル・不動産業に成長しているが、これは三粉——砂糖・小麦粉・セメント産業で政権と癒着して初期資本を蓄積した韓国のサムスングループと似ている。程度の差はあるが、インドネシアのスハルト（Soeharto）政権、タイのサリット（Sarit）政権、フィリピンのマルコス（Marcos）政権下の開発独裁過程は、政経癒着を通した経済成長、門閥経営、あるいは腐敗及び横領など、その隠密な関係（密友）に華僑華人が入っているという点では同じである。

　吉原久二夫は、これを類似資本（ersatz capital）[51]と命名した。吉原が東南アジア経済を「類似資本」と名付けた理由は、東南アジア資本が自由競争の原則を守っていないばかりか、政治権力と企業家の間に特定の経済的利害関係が成立し、民族資本育成という名目で実施された保護政策が、実は特定資本のみを太らせる結果を招来したという点などである[52]。もちろん正統（echt）資本主義あるいは正統的な近代化の道が他に存在しなかったことは従来の資本主義移行論争と近代化論争を経てすでに確認されているところである。だが、吉原のこの概念は東南アジア資本主義の形成過程を説明するための概念としてではなく、華僑華人の経済的特性と政治的、社会文化的位相を説明するための概念としては至極有用な概念である。

　戦後華僑華人は東南アジアの他の居住民の主たる攻撃対象だった。西欧植民地の期間、既存の居住民に対する代理統治を遂行したことに対する不満もあっ

50　「郭建義鼓励華人参政」『星洲日報（新加波）』1999.10.28.［チャオ・ズーヨン　2004、ソン・スンソク編訳　2014: 209］

51　吉原久二夫『東南アジアで良くなる国、悪くなる国』東洋経済新報社、1999。（Kunio Yoshihara, The Rise of Ersatz Capitalism in Southeast Asia, 1988.）スハルト体制下のインドネシアで、この本は出版禁止となった。

52　また、別の理由として、技術が弱く産業資本が育成されなかったことも類似資本の特徴の一つと説明しているが、1990 年代以後、東南アジアの華僑華人の一部資本は、製造業においても一定の成果を出している点からみると妥当な指摘とはおもわれない。

75

ただろうが、それよりも戦後の独裁官僚と結託した華僑華人の資本形成過程、そしてまた既存居住民との経済的格差の拡大が主な原因だといえる。

インドネシアでは、1946年に600余名の華僑華人が虐殺される他、1959年に農漁村地域での華僑華人の商業活動が禁止され、華僑華人はすべて農村から都市へ強制追放された。1965年の9・30事件は、華僑華人の立場を支持していたインドネシア共産党（PKI）によって進められたクーデタをスハルトが鎮圧した後に逆クーデタをおこして、反米に走っていたスカルノを軟禁し権力を掌握してから始まった。インドネシア共産党のクーデタの背景に中国がいると指摘し、ただちに反共、反華僑華人を煽動し華僑華人に対する大虐殺が本格化した。その結果、中国大使館の襲撃、華僑華人に対する略奪と放火、殺戮などで30万名以上が犠牲となり、以後、1967年までに50万名に近い華僑華人が犠牲になった[53]。

ほぼ同じ時期、マレーシアでも華僑華人に対する大規模虐殺が進行していた。理由は複雑だが、1967年にマレー人を中心にマレー語だけを唯一の公式語と規定しようという動きに対する華僑華人とインド人の反発、1969年5月13日マレー系与党の総選挙敗北などを挙げることができる。些少な衝突を契機にマレー人は大量虐殺を開始し、4日間で約2,000名に近い華僑華人が死亡した[54]。華僑華人とマレー人の経済格差が、マレー人の憤怒を爆発させた側面もなくはない。

1960年代末、東南アジアの開発独裁政権は、一方で少数の華僑華人経済勢力とは隠密な密友関係を続けたが、また一方では多数の華僑華人を抑圧する二重政策をとっていた。

例えば、1966年に非常事態を宣布した後、1968年に大統領になったインドネシアのスハルト将軍（在位1968～1998）は、「反華僑華人法」（1996年）を制定し、華僑華人の言語と文化を捨てることを強要する一方、中国式の名前ではないインドネシア式の名前を強要し、「中国」表記もまた「Tiongkok：中国」か「Tionghoa：中華」ではなく、必ず「Cina」と表記しなければならないとした。身分証には特殊記号を入れ、華僑華人が「現地人」ではない「非現地人」であることを日常的に公開するように要求するのみならず、インドネシア全国にある667の中国語初等学校を廃校にさせたりもした。すべての教育は、必ずインドネシア語でのみ教えるようにさせ、華僑華人が国立学校に入学する機会は大部分遮断され

53　シン・ソンチョル『デイリーインドネシア』2014.4.8.（http://dailyindonesia.co.kr/n-news/news/view.html?no=8892）

54　イ・ジェヒョン［1996: 42-43］、ホン・ジェヒョン［2008: 625-629］

2 華僑華人の変貌と「東アジア市民」の形成

た。すべての中国語新聞の発行は当然禁止され、新しい中国移民の入国はもちろん、中国への家族訪問旅行もやはり禁止された[55]。

スハルトは、家族計画と出産率低下政策[56]、全国各地に道路を敷き離島にも電気が通るようにするなど強力な「開発独裁政策」を展開していったが、この過程で発生した数多くの不満[57]を、彼は華僑華人政策を通して鎮めようとしたのである。特に、1998 年の「アジア金融危機（韓国の IMF 事態〈韓国の場合 1997 年 12 月から 2001 年 8 月まで IMF の管理下にはいった〉）」直後、外国為替危機で失業率が急上昇するなどの致命的な経済危機にもかかわらずスハルトの 7 回目の再任決定が発表されると、インドネシアではスハルト下野を要求するデモが続いたが、スハルト周辺の軍部勢力は、これを華僑華人への暴力へと誘導した。その結果、1998 年、ジャカルタだけでも 5,000 軒余りの華僑華人の工場と家が燃やされ、1,200 名余りの華僑華人が犠牲となった[58]。インドネシア開発独裁勢力は、一方では華僑華人とともに「類似資本」を形成していき、また一方では反華僑華人政策や数十万名のティモール人を殺害した反ティモール政策、すなわち東ティモール武力併合などを同時に進行させた。

戦後のインドネシアが反華僑華人の情緒を政治的に利用する方式で開発独裁を続けて行ったとすれば、マレーシアはマレー人を相対的に優遇するいわゆる「ブミプトラ」政策を通して開発独裁体制を維持発展させた[59]。特に 1969 年 5・13

---

55 ユン・インジン，イ・ユソン［2002: 265-267］

56 「二人だけ生んでしっかり育てよう」といった 1960 年代の韓国の開発独裁時代のスローガンを連想させる。

57 スハルトの三男トミーと長女シティ、二男バンバンが主導する閥族経済体制は、彼らの名前のイニシャルをとって「トシバ王国」と呼ばれもした。

58 ジャカルタ以外の地域での華僑華人犠牲者数は、統計すら出ていない。ジャカルタでの犠牲者数は、1998 年 5 月 13 日から 16 日までの統計［チェ・スンヒョン　2008: 275、ホン・ジェヒョン　2011: 413］。

59 1948 年にマレー人を中心にした自治政府が誕生したが、これにより華僑華人とインド人は 15 年以上居住していた証明書とマレー語試験の合格証がある場合のみ、市民権が与えられた。第 2 次世界大戦直後、日本を追い出したイギリスがすべての華僑華人（マレーシアで生まれたか、10 年以上居住した）にも市民権を付与する「マラヤ連盟案」を打ち出したが、華僑華人が関心をみせなかったため、マレー人はマレーシア居住華僑華人とインド人の市民権を制限する「マラヤ連合案」を出して通過させた。だが、マレーシア居住の華僑華人とインド人はそれぞれの支持政党（MCA、MIC）を通して積極的な活動を繰り広げた結果、マレー人と同等の市民権と自由な経済活動を認められた。しかし、これはイスラムを「国教」、マレー語を「国語」、イスラムのスルタン

事件以後、マレーシア政権は6.5%にすぎないマレー人の資本所有比率[60]を高め、所得不均衡の問題を解決するため、いわゆる「ブミプトラ」政策[61]を強力に展開した。

ブミプトラ政策では、企業公開及び政府調達契約の入札にマレー系が最小30％の持ち分をもつようにした。また、華僑華人の企業にもブミプトラ（マレー人）の雇用を義務付け、総合大学定員の60％はブミプトラに割り当てるなど、一種の富の再編成、すなわちマレー人の「平等」のために華僑華人への「不平等」を推進する政策であるといえる[62]。

ブミプトラ政策は、特に「ルクネガラ（Rukunegara）」という新しい国家理念と「新経済政策」に具体化された。「ルクネガラ」は、最高神、国王と国家、憲法などに対する絶対的な信頼を強調することで、マレー人の特別な地位を認めたマレーシア憲法への忠誠心を強調したものである。こうした「ルクネガラ」理念は、具体的には経済政策、すなわちマレー人の優待と非マレー人に対する差別を根幹にした「新経済政策」によって具体化された。マレー人中心の企業雇用構造の確立、マレー人と非マレー人間の所得不均衡、所有不平等問題の解決を通して、貧困退治、経済的不均衡不平等の解消のような長年の問題を解決しようというものであった[63]。

しかし、このような逆差別政策は一方で華僑華人の反発を呼び起こしもした。特に、華僑華人が中心となったマレー共産党（MCP）は、1970年代中盤以後、武装闘争に入り、1989年末に武装闘争の収束を公式宣言するまで武装闘争方式

を「国家の政治宗教指導者」として認める妥協案（憲法153条）を通過させることを条件として成立としたものである。

60　1970年の華僑華人の資本所有率はマレーシア全体資本の90％に達した。6.5％だったマレー人の所有資本比率は、2000年代に入って30％に増加した。

61　「ブミプトラ」は、「大地」という意味の「ブミ（Bumi）」と「子孫」という意味の「プトラ（Putra）」が結合した語で、「大地の子」あるいは「大地の主人」と訳すことができる。これは華僑華人（36％）とインド人（10％）を除外したマレー人（52％）とその他の少数民族を指し、大部分がイスラム教徒である。

62　ブミプトラ政策は、経済活動、教育、就業など、ほとんどすべての分野でマレーシア人を優待し華僑華人とインド人を差別する政策である（キム・ヨンウン『明日のスダ』2014.5.23. http://molab-suda）。

63　所得、雇用、資産の不均衡を解消するため、「新経済政策」では特にマレー人を農村から都市へ、農業部門から商工業部門へ、前近代的部門から近代的部門へと送り雇用政策の転換を図った［イ・キョンチャン　1998: 67-68］。

2　華僑華人の変貌と「東アジア市民」の形成

に固執するほど、華僑華人の反発は根強かった。マレーシアはこのような反発を国家保安法（Internal Security Act）を通して統制した。国家保安法はラザクとマハティールにつながる「マレー主義者」たちの開発独裁を支える重要な統治手段でもあった。

40〜50年間持続したマレー人優待、華僑華人及びインド人差別政策は、マレー人出身の新興資本家を相当数輩出することになった。これはマレーシア内部の貧富の格差が、単に華僑華人・インド人とマレー人の間の格差のみに起因しないことを意味することでもあった。華僑華人とインド人の間、あるいは華僑華人内部の階層、ローカルとローカルの間にも貧富の格差が発生しているためだ。

だが、華僑華人の犠牲を根幹にしたブミプトラ政策は継続し、華僑華人の不満は強まっていった。結局、大学教育などで多くの機会を奪われた華僑華人は子女を海外へ留学させ、そのまま海外に居住させるなど、華僑華人の海外脱出が続出した[64]。華僑華人の経済力がマレーシア経済の不均衡の唯一の原因ではなかったにもかかわらず、マハティールなどマレーシア開発独裁勢力は不満を華僑華人に集中するように仕向け、不満勢力を統制していたのである。

結局、開発独裁政権との政経癒着を通して「類似資本」を形成したのは少数の財閥華僑華人だったが、その代わりに膨大な犠牲と弾圧を受けたのは多数の華僑華人であった。中国国籍の「華僑」は先を争って居住国家の国籍を取得し「華人」となり始めた。そして、彼らは言語はもちろん文化さえ忘れてしまい兼ねないまま居住国家の市民ならぬ市民＝「類似市民」になっていった。

インドネシアは香港（1997年中国返還以前の場合）と台湾を除外すればもっとも多くの華僑華人が住んでいる国だが、華僑華人の数は人口全体の3〜4％で、おおよそ600万名から1000万名といわれる。華僑華人数がこのように不明確なのは、インドネシアでは自身が華僑華人だという事実をあまり安易に表に出さないためである。インドネシアが「見えない華僑国家」と呼ばれる理由でもある。30万名に達する多くの犠牲者が発生した1965年以後、多くの華僑華人はインドネシア国籍を取得したり、自身が中国系であることを明らかにしないようにし始めた[65]。これは華僑華人が国籍の取得とはかかわりなく居住国の市民としてき

64　機会が遮断されたため海外留学にいった華僑華人の子女が、海外でよりよい条件で学んで帰国し、マレーシアでより高い競争力をもつようになるというアイロニーも生じた。

65　イ・ドクン［2005: 125］。以後の、インドネシアとマレーシアの華僑華人と現地民との衝突に関しては、ホン・ジェヒョンの論文（2008年、2011年）参考。

ちんと認定されないという事実を立証してもいる。

　華僑が居住国の国籍を取得し華人となろうとする例も続出した。居住国の文化が体にしみ込んだ状態で1960年代の初めに中国に帰って行った華僑の失敗談は、ただちに居住国の国籍取得へと向かわせた。その結果、インドネシア（630万）とマレーシア（565万）華僑は、1980〜1990年代に至り、およそ5%だけを残したまま、すべて居住国の国籍を取得[66]した。だが、彼らが得たのは居住国の国籍だけで、自身の根と連結した中国式の名前、中国語の看板はいうまでもなく、中国語教育、中国語新聞、そして春節に至るまで、すべてが禁止[67]されたまま、名目だけの市民、すなわち「類似市民」を、彼らは生きて行かなければならなかった。

　（2）　開発独裁期の韓国の華僑華人

　植民地期の万宝山事件で多くの犠牲者を出した朝鮮の華僑華人たちは、以後、中日戦争と太平洋戦争を経る中でしだいにより萎縮していった。中国が日本と戦争をしていたこともあるが、総動員体制下で華僑華人たちが経済活動を続けていくことはそうたやすいことではなかったからだ[68]。だが、解放になると、解放空間の下で韓国の華僑華人の数は急激に増えて行った。1945年以後、中国内戦を避け中国と北朝鮮から多くの華僑華人たちが南へ渡ってきたためである[69]。

　華僑華人を通した商圏も活発化した。日本が撤収するとただちに物資の供給を受けられなくなった韓国が、中国、香港、マカオを通して生活必需品を持ち込まなくてはならなかったため、仁川を中心に華僑華人の中国との公式、非公

66　フィリピンの場合、1974年まで華僑の国籍取得を厳格に制限していたが、マルコスは華僑が左派組織に利用されないように国籍取得を積極的に奨励し、1976年から3年間に3万名が国籍を取得するに到った［ワン・フビン　2001、ソン・スンソク編訳　2014: 280-285］。

67　インドネシアの場合、①1952年〜59年、各種の排華関連法規制定（1959年「10号法令」：小規模地域での華僑華人の小売業経営禁止により、30万名余りの農村華僑華人の小売商が倒産した。）、②1960年、中国語看板禁止、③1965年、中国語出版物発行禁止、④1967年、全面的な強制同化政策「華人問題解決のための基本政策」を発表した［チャン・グォトゥ　2003、ソン・スンソク編訳　2014: 92-94］。

68　営業税を払う華僑華人数は3,619名（1928年）から1,536名（1938年）に減った。朝鮮総督府財務局『朝鮮税務統計』1939［ヤン・ピルスン，イ・ジョンヒ　2004: 53から再引用］。

69　1945年に12,000名程度だった華僑華人は、1949年に2万名にまで増えた。

80

式（密輸）貿易は急成長した[70]。だが、解放空間で急成長した華僑華人の経済力は、そう長くは続かなかった。1949 年 10 月、中国人民共和国の登場で、中国本土を中心に進められた貿易システムが一挙に崩れたからだ。

韓国の華僑華人は、周知のとおり中国の山東省を中心に構成されていたため、中国本土との貿易が断絶した状態では、福建省中心の東南アジア華僑華人のように香港や台湾との貿易を持続させるのは簡単ではなかった。さらに、韓国政府は 1949 年以後、輸入割当制、外国為替取引規則、外国為替管理規定などを制定し、韓国の貿易商を保護し華僑華人を駆逐する「自民族中心主義（ethnocentrism）」政策を相次いで打ち出した。このため、中華人民共和国の登場による国交断絶、中国人民軍の朝鮮戦争参戦という「冷戦」的状況とともに華僑華人たちはしだいに没落の道をたどる他なかった。しかし、より本格的に華僑華人が韓国社会から排除され始めたのは、「開発独裁」が具体化した 1960 ～ 70 年代からである。

開発独裁の時期、華僑華人に対する排除政策は大きく 3 段階に分けて捉えることができる。① 1962 年に断行された「貨幣改革」、② 1961 年に施行された「外国人土地所有禁止法」と 70 年代に実施された「ソウル都心再開発事業」、③ 1973 年に施行された「家庭儀礼準則」と「米飯販売禁止令」などがそれだ。華僑華人が持っていた貨幣、土地、経営での地位を剥奪し、自民族経済を発展させようとした政策であった。

このうち朴正熙軍事政権になってすぐ断行された「貨幣改革」は、既存の地下資本と華僑華人の資本を制度圏に引き入れ、経済開発のための初期資本とすることを計画したものだが、政権を立ち上げてまもない時期に断行されたため、所期の成果を収められなかった。だが、1961 年実施の「外国人土地所有禁止法」[71]と 1970 年に始まった「ソウル都心再開発事業」は華僑華人の経済基盤を根こそぎ揺るがすのに十分であった。

1960 年代の「外国人土地所有禁止法」が、農村の華僑華人（華農）の没落を加速させたとすれば、1970 年代の「ソウル都心再開発事業」は、都市の華僑華人の集居地（華僑村：Chinese enclave）解体を引き起こしたといえる。「外国人土地所有禁止法」は、華僑華人が韓国で長い間作り上げてきた家、農場、商店のよう

70　1948 年、仁川の華僑華人の貿易商 13 か所が、韓国全体の輸出額の 21％、輸入額の 16％を占めるほどであった［パク・ウンギョン　1981: 59-60]。

71　1961 年の「外国人土地所有禁止法」は、1968 年には住居目的の 1 世帯 1 住宅に限って 200 坪まで、1970 年には外国人一家族あたり 200 坪以下の住宅 1 棟、50 坪以下の店舗 1 棟まで所有することができるよう改訂された。

81

な全財産を強制的に奪うという結果をもたらした。1968年と1970年、土地所有の完全禁止から多少後退した法案が公布されはしたが、それにもかかわらず200坪以上の規模の農場と商業施設（飲食店など）を経営してきた華僑華人は、総ての事業を中止しなければならないほど、受けた打撃は深刻であった[72]。東南アジアの華僑華人が被った不利益と比較しても決して小さいものではない。

首都圏の多くの中国飲食店に野菜を供給していた永登浦、九老、富川一帯の華農たちは野菜畑経営を辞めるほかなかった。彼らは、中国との外交断絶、外国為替規制などで貿易業も不可能であり、可能なのは中国飲食店がほとんど唯一であった。しかし、1973年に実施された「家庭儀礼準則」と「米飯販売禁止令」[73]は、華僑華人の中国飲食店経営まで圧迫を加えはじめ、その結果、韓国の華僑華人に与えられた唯一の選択肢は韓国を離れることであった[74]。

華僑華人が韓国を離れるほかないように圧迫を加えたもうひとつの政策事業は、「ソウル都心再開発事業」だ。水標橋（ソウル市中区水標洞）と西小門（ソウル市中区西小門洞）一帯は華僑華人集中居住地としての魅力を失ったが、1970年代初期までは明洞と北倉洞（ソウル市中区）、西小門をつなぐ小公洞一帯には、華僑小学校、中学校をはじめ、華僑華人が運営する飲食店、洋服店、理髪店などが並んでいた。当時は、「小さい中国」と呼ばれてもいた[75]。1970年、ソウル市は、華僑華人の集中居住地だった小公洞一帯を再開発し現代式の華僑会館を建てるという約束をするかたわら、ソウル市庁前の華僑商店街を撤去したが、1976年、その場所に実際に入ったのは、今のプラザホテル（韓国火薬グループ。現ハンファグループ）であった。

72　韓国人の友人名義に所有主を変えたがその友人の背信で頭を抱えてしまったとか、華農たちが農地を放棄し都市に出て中華料理店を始めたという逸話は、当時数多くあった［イ・チャンホ　2012a; 12-15］。

73　結婚式の披露宴や還暦の宴などを禁止する家庭儀礼準則と、わずか3か月で取り消されはしたが米飯販売禁止の法令は、中国飲食店の萎縮と倒産を招いた［パク・ギョンテ　2008: 157-162］。

74　仁川チャイナタウンなどを描いた映画『子猫をお願い』（チョン・ジェウン監督、2001年）の中で華僑華人の3世である「沸流（ピリュ）」と「温祚（オンジョ）」の外祖父と外祖母は、彼ら双子の孫を受け入れない。理由は明かさないが、彼らの母が仁川チャイナタウンに住んでいないためであった。韓国に長く住み定着している華僑華人1世と中国改革開放以後の相対的に自由な3世（沸流・温祚の世代）と異なり、開発独裁時代に直面した華僑華人第2世代は韓国を去ることが多かった。

75　チョン・ウンジュ［2013: 146-151］

2　華僑華人の変貌と「東アジア市民」の形成

写真1　LAコリアタウンの中にある華僑華人の店

　中国との国交断絶と冷戦状況下、中国人を対象にした観光事業が不可能であった時期に、開発独裁政権が追求したのは観光を通した外貨獲得事業、つまり華僑華人の集中居住地だったソウルの都心から華僑華人を追い出し、その場所に大企業中心のホテルを建てることであった。ロッテグループが小公洞と明洞一帯の最高級中華料理店、雅叙園[76]と半島ホテルなどを引き受け、その場所に今のロッテホテルとロッテ百貨店を建てた過程も、韓国火薬グループが市庁前にプラザホテルを建てるようになった経緯とよく似ている。ソウル中心部の再開発という名目で既存の華僑華人所有の土地と商権を奪い、その場所に財閥大企業を通したホテル開発を企図したのだが、これは華僑華人を贖罪の羊にして開発独裁の基盤を作ろうとした1960～70年代の韓国型開発独裁の一つの典型であるといえよう。

　これらは1970年代の初期から始まる韓国の華僑華人の再移住（第3国への追い出しもしくは帰還：second emigration）を促す契機ともなった。1972年32,989名だった華僑華人は1990年22,842名に減少したが、韓国を離れた華僑華人の大部分が定着したのは、台湾とアメリカであった。韓国からアメリカに移住した華僑華

---

[76] 半島ホテルと朝鮮ホテルの間の400坪規模（最大900名同時収容）の敷地に位置する雅叙園は、1907年に創業し1970年に閉店するまで韓国最大最高級中華料理店だった。雅叙園はロッテグループに捨て値で売却され、5年間の所有権訴訟の末、ついにロッテが最終所有者となった。雅叙園と半島ホテル、国立図書館の場所に今のロッテホテルとロッテ百貨店を建設することができたのは、ロッテグループと朴正熙大統領の面談以後であるという記録もある。［イ・ヨンジェ　2012: 92-97］と、［ソン・ジョンモク　2009］の中の第2章「ジョンソン大統領の訪韓から88オリンピックまで——都心部再開発事業」と第3章「乙支路1街ロッテタウン形成過程——外貨誘致という美名の下で提供された特恵」を参照。

人は、すでによく知られているように広東省出身者が主流をなすチャイナタウンではなく韓国人を対象にしたコリアタウンに根を下ろして住んでいるが、彼らが運営する中国飲食店は、韓国内の華僑華人の中国飲食店の数よりも多くなったとみられる[77]。

　一方、台湾への再移住は 1967 年に公布された「帰国僑胞学生戸籍登記弁法（回國僑生戸籍登記辦法)」の影響が大きかった。帰国同胞学生たちに台湾の戸籍登録を申請する権利が与えられ、彼らに国民身分証を付与する制度が新設されたため、台湾を祖国と思っていた韓国の 2 世、3 世の華僑華人たちは、中国の山東省出身の 1 世韓国華僑華人と違い、台湾への帰還移住を躊躇しなかった[78]。

　しかし、台湾は 1994 年、帰国僑胞学生に付与していた戸籍登録特権をなくした。これにより台湾の僑胞学生も一般の「出入国及び移民法」に沿って他の外国人移住民と同等に管理され始めた。このために韓国出身の華僑華人は韓国と台湾のどちらでも歓迎されない存在となってしまった。1990 年以後、海外移住労働者が台湾へ押し寄せると、台湾は移住関連の法と政策を再整備する過程で、海外華僑華人の子女に対する戸籍登録制度を廃止させた。戸籍がない韓国の華僑華人は旅券用の身分証番号も発給されないので、海外旅行に出るたびにビザを新たに受けなければならず、自身の祖国台湾に行くときでさえも毎回ビザを受けなければならなくなった[79]。

　もちろん、韓国の華僑華人がすべてアメリカや台湾へ移住したのではない。相変わらず多数の華僑華人は韓国に居住し暮らしている。1998 年、華僑華人に対する宥和措置が下されるまで、開発独裁期の華僑華人は自身の土地をはじめ財産権はもちろん、学歴も認定されない教育と、自分たちの村さえ奪われたま

77　パク・ウンギョン [1986: 118, 277-286]、ヤン・ピルスン，イ・ジョンヒ [2004: 90-93]。ダウンタウンに位置する旧チャイナタウンにはベトナム出身が運営する中国飲食店が、ダウンタウンのコリアタウンには韓国の華僑出身の中国飲食店が多かった（2016年 3 月筆者のアメリカ LA 現地調査）。

78　また、台湾に居住している韓国出身の華僑華人は、移住 2 世、3 世まで合わせると約25,000 ～ 30,000 名程度と推定されている。台湾内政府入出国及移民署（2012）、www. immigration.gov.tw：イ・チャンホ [2012: 165-167]。

79　韓国出身の華僑華人は、自分の祖国だと信じていた台湾に行くときでさえビザの発給を受けなくてはならないとき、自身がまさに難民だと感じたという [イ・チャンホ2012b: 168-169]。これは、在日外国人 3 世、4 世が韓国に来るときに受ける印象と似ている側面もある。日本の在日韓国人 3 世である姜信子は、自著で韓国でも日本でも落ち着くところがないということについて言及している [姜　1990]。

まの境遇で生きて行くほかなかった。世代交代がなされる中で、韓国籍を取得する者も次第に増えているが、自身の国籍を維持している華僑華人も依然として多い。ところで、問題は華僑華人が韓国籍を取得した場合、彼らの住民登録番号の後ろに男性ならば5、女性ならば6がつけられることにある[80]。就業と昇進はもちろん、各種の書類申請をはじめとするあらゆる生活の入り口から、彼らは差別と排除とともに生きて行くほかない。国籍を取得するか否かにかかわらず、韓国の華僑華人は市民ではない市民——「類似市民」として生きるほかはないのである。

2 階級独裁期におけるインドシナ華僑の「類似市民」化

西欧の植民期とアジア太平洋戦争期の日本の植民期を経て、戦後の「開発独裁」が進行する間、華僑華人は反共・冷戦イデオロギー下で居住国の市民になることを強要され、それにより大多数が居住国の市民となった。それにもかかわらず、彼らは市民ではない市民 - 類似市民として生きて行かねばならなかった。それならば、「開発独裁」とは別の道、すなわち戦後「階級独裁」の道を歩んだインドシナ半島の3国——ベトナム、ラオス、カンボジアの場合はどうだっただろうか。結論からいうと「開発独裁」の国と異なるところはない。

フランスの植民地領の中心であったコーチン・チャイナ（Cochin China：現ベトナム南部）の華僑華人は、征服者と被征服者の仲介者として占領軍に物資を供給し、住民との多様な交渉媒介役を担当した[81]。フランス植民地の時期、彼らは中国の方言別（福建、広東、潮州、客家、海南）に分けられた5つの 行政区（幇：Congregation）に所属し、フランス諸植民政府が任命した各行政区代表（幇長）下で、出入国手続き、徴税などを管理した[82]。他の東南アジアの国家の華僑華人と同じく「中間市民」としての地位を確保したが[83]、ベトナム全域がそうだったのでは

80　パク・チョンボムの映画「125 チョン・スンチョル」（2008年）で、「125」は脱北者に付与された住民登録番号の後ろ3桁である。脱北者を最後には自殺に追い込む、差別と排除の呪文のように、華僑華人に付与された住民登録番号の後ろの番号は、永遠の「差別」と「排除」のイニシャルに違いない。

81　華僑華人はその代価としてフランス人からアヘン、酒、塩に対する間接税の請負の権利などを付与された。ベトナム南部のコーチン・チャイナ地域ではない北部ベトナムの場合、華僑華人はベトナム人から隔離され、さほどの力を持たないまま、敵対的な関係に置かれる場合が多かった［高田　1991: 71-85］。

82　高田洋子［2004: 440］

83　ベトナムだけでなく、カンボジアでも中国の方言別に5つの「幇」に華僑華人が配置

ない。ラオスの場合はフランスにより華僑の入国が制限され、1930 年代、華僑
華人数はわずか 3 千名にすぎなかった[84]。

　ベトナムなどインドシナ 3 国のこのような植民地経験は、戦後他の東南アジ
ア国家で発生した植民地遺産としての華僑華人虐殺のような惨劇を発生させな
かった一つの要因にもなった。むしろ華僑とベトナム人あるいはクメール人の
間の結婚も珍しくなく、「明郷：Minh huong」、もしくは「シノクメール」などの
混血が定着するほど、原住民と華僑華人間の関係は相応に円満であった。

　だが、第 2 次世界大戦が終わり、1954 年にフランスから独立した後、華僑華
人に対する排斥と迫害が始まった。ベトナムの場合、南と北すべての華僑華人
を排斥したが、南ベトナムでは 1956 年と 1957 年に「国際法第 16 条改正令」等
を通して、外国人が 11 の業種で営業できないようにした。これは華僑の経済力
を排除し、ベトナム人（民族）経済を優先するための措置で、ベトナム国籍を取
得しなければ就業に制限を加えるということで、多くの華僑華人がベトナム国
籍を取得するほかなかった。

　北ベトナムの場合、社会主義政権が成立すると華僑華人 4 万余名が南ベトナ
ムへ下ったので華僑華人はそれほど多くはなかったが、国営企業が新たに設立
され、ベトナム国籍取得が強要される過程で多くの被害が出ることもあった。
ベトナム南部と北部では、すべての中国語の授業時間が制限されたり禁止され
たりするなど、華僑華人を排斥しベトナム民族を重視する排華政策を実施した。
ところで、ベトナムにおいて「排華」を越えた「華僑迫害」が本格的に起こり
始めたのは、1975 年に南北ベトナムが統一されてから、特にベトナムと中国の
間の戦争以後であるといえよう。

　統一ベトナムは 1975 年と 1978 年、2 度にわたり貨幣改革を断行したが、これ
により華僑華人を中心にした、いわゆる「ボートピープル」が大量に発生し、
多くの華僑華人が海外へ脱出した。1980 年代の初期までに発生したベトナム難
民 100 万名のうち半分は華僑華人であったが、この過程で数十万名の華人が海
に沈んで死亡し、華僑華人の財産 30 億ドルほどが没収されもした[85]。このような
華僑華人に対する圧迫は、1978 年にベトナムと中国の関係が悪化し、1979 年初
めに全面的に戦争が開始されてから特に激しくなった。政治的経済的圧迫以外

　　　　された［野澤　2004: 65-66］。

84　19 世紀末は約 5,000 名、1921 年に 6,710 名、1930 年に 3,000 名と、20 世紀に入ってフ
　　ランスは華僑の入国を制限した［五島　2011: 5］。

85　崔晨［2006: 106-116］

2 華僑華人の変貌と「東アジア市民」の形成

にも、南ベトナムのサイゴン地域にあった華僑華人学校 50 余校が閉鎖されるなど、文化及び教育面においても華僑華人は深刻な圧迫を受けざるをえなかった。

　ラオスとカンボジアの華僑華人も、やはり 1975 年の共産化とともに激しい迫害を受け始めた。1975 年以後、ラオスの華僑華人の財産は没収され、小規模な工場及び商店以外の華僑華人の工場や商店も、やはりすべて閉鎖された。華僑華人の学校閉鎖、中国語新聞『老華新聞』の廃刊などに加えて土地購買、軍入隊、公職参与、大学入学などで華僑華人に対する各種の規制が続くと、華僑華人の大部分が居住国の国籍を取得するほかなくなった[86]。

　カンボジアでも、1970 年にロン・ノル（Lon Nol）が登場する前までは、南ベトナムと同様「新移民法」制定などを通して外国人の経済的参与を統制したり海外送金を制限したりもした。しかし、華僑のカンボジア国籍取得を誘導するためのものだったので、華僑への衝撃はそれほど大きくはなかった[87]。だがロン・ノルは、華僑華人がシアヌークとベトナム共産党を支持しているという理由で、カンボジアのすべての華人学校を閉鎖するなど、大々的な迫害を加えた。1976年政権を掌握したクメール・ルージュの社会主義政権は、ロン・ノルとは違い、華僑華人を資産家という側面から弾圧を始めた。都市に居住していた人を農村に強制移住させたり、貨幣の流通及び使用を禁止する過程で華僑華人は都市の外に追い出され、彼らが持っていたすべての経済基盤が奪われた。このような現象は、クメール・ルージュ以後、ヘン・サムリン（Heng Samrin）政権下でも同様に持続した。

　開発独裁と階級独裁は少なくとも華僑華人という他民族、もしくは他人種に関する政策に関しては同じであった。両者は同様に「国民」となる道を強要し、また、国籍を取得し「国民」となっても、差別と迫害を継続した。市民となっても同一の市民となることはできず、華僑華人にはただ「類似市民」としての道しか許されなかった。

86　ワン・フビン［2001: 285］
87　華僑華人の学校では毎週 10 時間のカンボジア語教育が強要されたが、華僑華人学校や
　　中国語教育に支障をきたす程度ではなかった。60 年代末、華僑華人の学校は 212 校で、
　　学生数は 5 万余名にもなった［五島　2011: 8-10］。

4 中華型「ネットワーク市民」と三語疎通型東南アジア市民

1 旧華僑華人と新華僑華人の疎通：中華型ネットワーク市民
——旧華僑華人資本の帰郷と新華僑華人の海外移住

　中国の改革開放は華僑華人の位相を大きく変えた。居住国で類似市民として生きるほかなかった華僑華人の政治的社会的地位を変えただけでなく、中国との関係改善はもちろん、高まった中国の経済的、政治的位相により、居住国の華僑華人の地位もまた、しだいに安定的に変化していった。

　しかし、1978 年の中国の改革開放がもたらした変化のうちもっとも大きかったのは、華僑華人を取り巻く「国境」の変化だった。華僑華人がもっとも多く居住している東南アジアの国境もまた変わり始めた。開発独裁と階級独裁を支えていたイデオロギーと冷戦システムが解体される中、開かれた国境の隙間をぬってアセアン（ASEAN）–10 のような「地域（region）」が新たに誕生したためだ。社会主義国家であるベトナムが「アセアン」に合流するなど、この間、冷戦体制を維持するための単純な政治同盟だったものが真正な意味での「地域」共同体に変貌していった。

　一国の完全な「国民（nation）」にさえなれなかった華僑華人は、中国の改革開放により、中国の国境はもちろん、東南アジアの国境を越え、新しい類型の市民——「東南アジア市民」の誕生を予告することとなった。国境を越える行為は大きく二つの類型に分かれる。一つは「旧」華僑華人が中国の国境を越えて大陸へ入って行くこと、もう一つはその逆で多くの「新」華僑華人が中国の国境を越えて東南アジアをはじめとする全世界へ動き始めることであった。

(1) 旧華僑華人資本の帰郷——東南アジア華商のネットワーク

　中国外の華僑華人が中国の国境を越えることができたのは、中国が華僑華人の資本を誘致する経済特区を設置してからであった。1979 年に深圳、珠海、厦門などに経済特区を造成し[88]、続いて 1984 年には 14 の沿岸都市開放、1990 年に上海の浦東地区の開発など、東南アジア華僑華人の資本を誘致するため、中国東南部の沿岸地域の開放が続いた。初期には、労働集約型の製造業に集中[89]して

88　1979 年に指定された 4 つの経済特区は、すべて華僑華人の故郷といえる広東省と福建省に設置された。

89　1980 年代（1979 年〜 1991 年）、中国の外国人による直接投資額は 233 億 48 万ドルだっ

2　華僑華人の変貌と「東アジア市民」の形成

いたが、2000 年以後、IT もしくはバイオ産業などの高付加価値産業へ転換していき、華僑華人中の科学や工学分野における、いわゆる高級人材を誘致するための各種プロジェクト[90] も稼働した。

　関連の法条項も整備された。1982 年に制定された憲法 18 条には外国企業の投資誘致を奨励する条項を入れ、さらに憲法 50 条には華僑だけでなく華人（帰化華僑）とその家族の権利と利益もまた保護するという条項まで新設した。最近に至るまでに、全部で 26 の法条項が新たにつくられるか修正された。

　東南アジア華僑華人の中国への投資は限りなく増えた。代表的ないくつかの例を挙げると、インドネシアの場合、林紹良の三林集団などが 1978 年以後、福建地域だけでも 10 億ドル以上の投資を行い、1987 年以後、福清市の融僑開発区、元洪投資区、広東、天津などに持続的に大規模投資をしてきた。金光集団、力宝集団なども東南部の沿岸都市を中心に集中的に投資[91] を進めてきた。

　マレーシアの郭鶴年集団は持ち株会社をマレーシアから香港に移し、数十億ドルに達する投資を継続してきた。またマレーシアの金獅集団も中国の大都市に産業団地を構築してタイヤやオートバイ分野などで事業を拡大している。2009 年には中国に本社をおく華僑華人の企業数が、中国以外の地域に本社をおく華僑華人企業数より多くなるほど[92]、華僑華人資本の中国進出は急増した。

　これとは逆に、中国資本の東南アジア市場進出においては、香港に拠点をおく東南アジア華僑華人資本が、その案内役[93] を受け持ってもいる。これを媒介し

───────────

　　たが、90 年代（1992 年〜 2000 年）の外国人投資額は 3,467 億 72 万ドルで、15 倍にも増加した。

90　すぐれた博士学位者を誘致するための「春暉計画」、または優れた海外研究者の支援及び招聘のための「長江学者奨励計画」などがこれに該当する［ジョウ・ミン , リュウ・ホン　2013、ソン・スンソク編訳　2014: 168-170]。

91　1987 年の融寶開発区の投資は華僑資本を利用した最初の土地開発プロジェクトで、1992 年の元洪投資区は外国人が開発した最大の工業団地だった。金光集団は中策の工事を通して中国 188 の国有企業を引き受けたが、華僑華人の中国投資は近年東南部の沿岸都市から中国の開発政策に従って中西部地域に移動している［ワン・ワンボ 2012: 59-60]。

92　中国に本社をおく華僑華人の企業数は 29.7%（2007 年）から 66.5%（2009 年）に増えた［チャン・ユンジョン　2011: 3-11]。

93　香港を本拠地にする中国の華潤集団はマレーシアの郭鶴年の集団に出資してホテル事業に進出し、インドネシアの力宝集団系列の香港華人銀行（HKCB）にも出資をしている［ヒョン・ムナク『毎日経済』2005.9.25.]。

ているのが「世界華商大会」だ。1991年に、シンガポールのリー・クアンユー（李光耀）の提案で発足した世界華商大会は、初期には華僑華人企業間の親睦のためのネットワーク形成が主目的であったが、しだいに華僑華人居住国の投資環境の広報、華僑華人の資本誘致のための大会へと変貌していった[94]。

　世界華商大会以後、シンガポールは新しい華僑華人資本の中心地へと変貌していった。インドネシアをはじめとすると東南アジアの華僑華人がシンガポール銀行にかなりの規模の資本を預け始めると、シンガポールは情報通信と金融産業を中心に、華僑華人企業間の「関係」を再創出するネットワークの中心ノード（node）[95]の役割を担い始めた。特に、1995年12月、シンガポールが世界の華僑資本と関連したあらゆる情報を収集し、華僑総商会が運営するインターネットサービス網（WCBN：世界華商ネットワーク）を始めてからは、毎月数十万名の華僑華人企業家が53か国10万名を越える華僑華人企業家に随時接続（リンク）して新しい「関係」を創出している。

　いうまでもなく華僑華人企業家のネットワークは「世界華商大会」だけではない。7万名の華人をもつ華僑華人企業の最大組織「世界傑出華商協会」（2005年創立）をはじめ、2006年に作られた「世界華僑商人フォーラム」など、影響力をもつ華僑華人企業人のネットワークだけでも、大略17にもなる。「世界華商大会」中心ノードだけではない多様な中心ノードで構成された「脱集中型」ネットワーク[96]を形成していることになる。これらの大会は、今日、最近の東南アジア経済圏とヨーロッパ経済圏を連結する、いわゆる「一帯一路」、すなわち中国と中央アジア、ヨーロッパを連結する「シルクロード（一帯）」とアセアン（ASEAN）国家との海上協力を基礎として、東南アジアから西南アジアを経てヨーロッパ、アフリカまで続く「21世紀海洋シルクロード（一路）」を中心とした華僑華人ネットワーク[97]に向けて邁進している。これは華僑華人を中心に21世紀パックス・

94　リッキ・チャン，ソ・ジョンヒョン『ハッピーウーマン』2016.4.16.

95　アルベルト・ラースロー・バラバーシは、ネットワークの類型をノード（node：リンクをなす地点、もしくは単位）観点から、中心ノードと周辺ノードに分けて説明している［アルベルト・ラースロー・バラバーシ 2007: 239、Albert-László Barabási 2014 (1st eds. 2002)]。

96　ポール・バラン（Paul Baran）は、ネットワーク類型を中央集中型、脱集中型、分散型の3つに分けて説明した［アルベルト・ラースロー・バラバーシ　2007: 129]。(11番目のリンク「図8」参照)。

97　2015年7月、イタリアで開かれた第9回「世界華僑商人フォーラム」で、イタリアの華僑企業協会会長は「一帯一路」を通した華僑華人ネットワークの相互発展を特に強

2　華僑華人の変貌と「東アジア市民」の形成

シニカ（Pax Sinica）の時代を作っていくという野心にあふれた企画であり、これら華僑華人ネットワークが中国の一帯一路プロジェクトと連結して「中華型ネットワーク」を構成していることが知られる。

2010 年、中国とアセアンを結ぶ華僑華人（CAFTA）は、北米自由貿易協定（NAFTA）と欧州連合（EU）に続いて、国境を越えて形成される経済圏としては世界で 3 番目に大きな経済圏[98]を形成した。開発独裁と階級独裁の期間中、一国の国境内部で息をひそめて生きなければならなかった華僑華人は、中国の改革開放とともに居住国と中国の国境を越えて往来する新しい類型の市民、すなわち「中華型ネットワーク市民」へと変貌していった。

（2）　新華僑華人の海外移住
　　　　――短期居住型／留学永住型／資本投資型新華僑人
①　韓国と東南アジアの新華僑華人
　　　　――短期居住型（単純労働移住）と留学永住型（技術移住）
　中華人民共和国は、1978 年、大躍進運動と文化大革命などで疲弊した経済を立て直すため「4 つの現代化」を打ち出して市場経済体制への移行を図った。これはまた、一方で多くの移住民を海外へ送る契機ともなった。特に 1985 年、「中華人民共和国出入国管理法」が実施され、海外移住の熱気はより高まった。改革開放以前の華僑華人の移住が東南アジアに集中していたのとは違い、1978 年の改革開放以後の華僑華人の移住対象地域はアメリカ、カナダ、ヨーロッパのような経済的に優位を占める国家が多くなった。

　872 万（1948 年：96％）であったアジア地域の華僑華人は、1,834 万（1970 年：95％）、2,239 万（1980 年：91％）、3,291 万（1995 年：85％）、2,980 万（2006 年：77％）と変化し、アメリカ地域の華僑華人は 5 万（1948 年：0.62％）、11 万（1970 年：0.58％）、52 万（1980 年：2.13％）、103 万（2006 年：2.68％）へと変化していった。アジアの華僑華人数が依然として多いのは確かだが[99]、全世界の華僑華人の中で占める比重

　　調している。

98　2014 年の統計によれば、国境を越えた GDP（国内総生産額）総合規模は、NAFTA が 20 兆 4,884 億 US ドル（4 億 7,978 万名）、EU が 18 兆 4,606 億 US ドル（5 億 831 万名）、中国・アセアンが 12 兆 8,334 億 US ドル（20 億 2,014 万名）（日本外務省アジア大洋州局地域政策課「目で見る ASEANA-SEAN 経済統計基礎資料」2016.1. http://www.mofa.go.jp/mofaj/files/000127169.pdf）

99　2007 年の東南アジアの華僑華人の数は 3,348 万名で、この中で東南アジア新華僑華

91

は徐々に減ってきている。反面、アメリカ地域とヨーロッパ地域の新華僑の数は、特に1970年から80年のあいだの10年間で2倍に増え、改革開放以後26年の間（1980年～2006年）、おおよそ4～5倍もの新たな移住民（新華僑華人）が生じた[100]。

　全世界の華僑華人数は、現在5,000万名を越えた状態だが[101]、1978年以後の30年間に中国から海外へ移住していった新華僑華人数は934万名（2013年）を越え、世界は現在およそ1,000万の新華僑華人とともに生きているということになる[102]。これら新華僑華人の類型は大きく3つ、①短期居住型—単純労働移住（低賃金及び生産職）②留学移住型—技術移住（留学後に事務専門職）③資本投資型—投資移住（不動産及び企業投資）に区分して捉えることができる[103]。

　特に米州地域とヨーロッパの場合には「技術移住」型の新華僑華人が多いが、彼らが「技術移住型」として居住地への定着に至る過程は基本的に「留学」である。改革開放以後今日まで、海外留学に行った中国の留学生数は、総351万8千名、海外滞在中の中国人留学生数は170万8千名である。中国の海外留学生数の増加率は、最近でも二桁を記録するほど依然として極めて高い[104]。

　　　人の数は250万名を上回る統計もある［リュウ・ホン　2012、ソン・スンソク編訳2014］。

100　括弧の中のパーセントは、全世界の華僑華人の中で占める比率（中華民国行政院僑務委員会［2007: 82-83］、玉置充子［2008: 2]）。台湾の統計（2014）によると、全世界の華僑華人は4,250万名、アジア3,100万名、米州811万名、ヨーロッパ176万名で、このうちアメリカとカナダがそれぞれ455万名と158万名で4位と6位（華僑華人順位）、日本と韓国が69万名と53万名で、それぞれ12位と13位を占めている（中華民国僑務委員会HP、http://www.ocac.gov.tw/）。

101　集計方式により差があるが、3,900万名（06年）、4,800万名（08年）、5,000万名以上（13年）として集計されている。2013年の統計は、中国国務院僑務弁公室2014「華僑・華人研究報告（2013）」『中国青年報』2014.1.（『人民網』日本語版、2014.1.29.）。

102　1991年までの移住民の数は409万名、2000年には140万名（34%増加）が増え549万名、2010年には326万名（60%）が増え876万名、2013年には934万名へと増えて行った［王耀輝　2014: 19、チャン・ブヨン　2015: 5]。

103　もちろん「結婚移住」、「家族招請移住」、もしくは「政治移住」のように、より細かい分類も可能だが、結婚及び家族招請の場合、労働者たちの家族と関連するため分けて分類されない。

104　2014年出国した海外留学生は46万名で、2013年に比べて45,900名（11%）が増えた。自費留学生の数はこのうち92%（42万3千名）に達する。（『連合ニュース』2015.3.6）留学生の数がもっとも多い国は中国（69万）、インド（19万）、韓国（12万）

2　華僑華人の変貌と「東アジア市民」の形成

写真2　中国の新華僑華人の一部ともいえる中国朝鮮族は、東北三省から韓国へ、韓国から再び青島（仁川から近い）へ再移住するケースが多かった（写真は、青島で成功した朝鮮族の三口食品の工場）。

　韓国内の新華僑華人の類型は「技術移住」型より「単純労働移住」型がより多い[105]。登録外国人中、中国国籍（朝鮮族を含む）の場合、「技術移住」型に属するのは留学（D-2）40,244名、技術研修（D-3）1,813名、一般研修（D-4）13,598名、教授（E-1）273名、会話（E-2）968名、研究（E-3）391名で、これは合計で57,287名にすぎない。だが、「単純労働移住」型に属する者は、非専門就業（E-9）7,932名、訪問同居（F-1）34,601名、訪問就業（H-2）223,318名をすべて合わせた場合、265,850名にもなる。しかし、ここで中国朝鮮族が大多数を占める訪問就業者（H-2）を差し引くと、「労働移住」型より「技術移住」型華僑華人の数がより多くなる。これは最近、中国経済の発展とともに中国留学生の数が急激に増えているためである[106]。

　中国朝鮮族を中心にした「単純労働移住」も、やはり2000年以後、韓国よ

　　の順である［キム・スジン『朝鮮日報』2014.6.15.］。
105　韓国の小説や映画で中国朝鮮族をはじめとする韓国内の新華僑華人のイメージは相変わらず否定的である。これは、特に映画の方でより酷いが、ナ・ホンジン監督の映画『黄海』（2010年、156分）、パク・フンジョン監督の映画『新世界』（2012年、134分）、キム・ソンス監督の映画『阿修羅』（2016年、132分）はもちろん、イ・オンヒ監督の映画『ミッシング──消えた女』（2016年、100分）に至るまで、映画の中の韓国の新華僑華人たちは残酷な強力犯罪をためらわずに犯す悪質な犯罪者としてしばしば登場する。中国の朝鮮族をはじめとする韓国の新華僑華人が「技術移住型」より「単純労働移住型」がより多いという事実と無関係ではない。
106　中国留学生の数は8,960名（05年）から59,490名（10年）に増えたが、2011年以後減少し、現在56,758名（2015年2月）である［『聯合ニュース』2015.3.30.］

りは中国東部沿岸地域の都市、特に韓国の仁川港と相接するチンタオ（青島）などに移住し定着し始めた。ところが、中国沿岸地域の人件費急騰のあおりで彼らは最近、中国内陸から一帯一路の始点西安や東南アジア地域に再移住している[107]。

留学生出身の新華僑華人は中国へ戻る場合も多いが、そのまま居住国の新華僑華人になる場合も多い。2014年の一年間、中国から海外へ出た留学生数は前年比で11％増の45万9,800名であった。一方、中国に帰国した留学生数は、前年比3.2％だけ増加の36万4,800名に過ぎない。

東南アジア国家のうち、中国の改革開放以後「単純労働移住」型より「技術移住」型新華僑華人がより多い国はシンガポールだ。シンガポールは、1990年代の初めから学費免除、奨学金支給などを通して中国の留学生を積極的に誘致した。中国の留学生たちの中で、70～80％は卒業後もシンガポールに残って永住権者になった[108]。その結果、シンガポールの人口中、外国人数は人口全体の30％に達した[109]。2015年の総選挙で高い生活費、住宅不足、交通問題などが重要争点として浮上したが、これらはすべて新移民（外国人）の急速な増加と無関係ではない。

マレーシアの場合、短期居住型「単純労働移住」と留学永住型「技術移住」、「投資移住」すべて改革開放以後急激に増えていった。1990年9月に中国人の入国制限措置を緩和して以来、関連法などを変えて中国本土に帰国していた華僑の

---

107 中国の青島朝鮮族企業家協会関係者のインタビュー（2015.12.27）によると、1990年代から朝鮮族の青島への移住は本格化し、2000年には約20万名（無戸籍8万名）まで増え、韓国から渡って来た企業数だけでも1万余に達したが、最近では3千にもならないという。中国東北三省の朝鮮族の中で青島から再移住して行った数はおおよそ韓国に60万名、中国沿海都市に70万名（2013年）程度と推定される（青島正陽学校の李順奎理事長とのインタビュー、2015.12.28.）という。中国内の韓国企業が一帯一路の始まりにあたる西安のような中国内陸へ移ったため、中国内陸とベトナムなど東南アジア地域へ再移住する朝鮮族が増えており、青島地域の韓国関連卒業生たちも就職のためムンスン電子などが入っている西安に行く場合もある（三口食品の朴光洙会長、青島海洋大学の呉聖愛教授などとのインタビュー、2015.12.28）という。

108 『聯合早報』2002.11.7.

109 2015年シンガポールの人口は約550万名、このうち約320万名（永住権者を含めると380万）がシンガポール国民で、170万名（人口全体の約30％）が外国人である［ユン・ハンビツ『朝鮮ビズ』2015.9.14.］。この中で新華僑華人の数は70～80万名（2012年）と推定される［ジョウ・ミン，リュウ・ホン　2013］。

2 華僑華人の変貌と「東アジア市民」の形成

帰還をはじめ新華僑華人の入国枠をしだいに広めていったためだ。だが、「単純労働移住」において未登録非正規移住者が増えると[110]、2006年以後、各業種別に「単純労働移住」は制限し、「技術労働移住」は奨励する政策への転換を図り始めた。

マレーシアへの留学永住型「技術移住」が増えたもう一つの理由は、マレーシア企業が中国進出のためにマレーシア留学経験のある新華僑たちを募集したためである。もちろんこの中には、マレーシアへの留学をイギリス連邦留学への踏み石程度に考える留学生も少なくない。中国人たちのマレーシア「投資移住」は、初期にはほとんど皆無といってよかった。しかし、50歳以下の中国人も「マレーシア第2の故郷計画（my 2nd home visa）」の「投資移住」対象に編入されたため、ヨーロッパと米州だけを考えていた投資型移住新華僑華人をマレーシアへ向かわせることができた。

最近の新華僑華人の移住類型は、中国経済の発展により全般的に「単純労働移住」型から「留学永住」型移住へと変わっていく趨勢である。マレーシア国内の「単純労働」移住者もやはり、中国の新華僑華人数よりインドネシア、バングラデシュ、フィリピンから来た移住労働者の数がより増えていき[111]、留学永住型移住も最近になって韓国よりはアメリカ行き留学が増えた。韓国行き中国人留学生数は63,478名（2011年）から53,219名（2015年）に減った反面、アメリカ行き中国人留学生数は62,523名（11%：2005年）から30万4,040名（31%：2014年）へと急増した。新華僑華人の移動が改革開放初期の単純労働短期居住型からアメリカ中心の留学永住型技術専門職に変化してきているのがわかる。

彼らは旧華僑華人と違って居住地で新しいネットワークを形成しているが、これは1990年代以後に韓国と日本で定着するようになった中国朝鮮族のネットワークだけをみてもよくわかる。1990年代には在韓朝鮮族留学生ネットワーク（韓国）、東方学友会（日本）などの留学生ネットワーク、もしくは在韓朝鮮族連合会（韓国）、天池クラブ（日本）など、ネットワーク形成が制限的であった。し

---

110 2003年の福建省出身の新華僑華人の中で、登録（正規）移住は4.7万名、未登録（非正規）移住は数十万名に達した。2003年に入国した中国の観光客50万名のうち、帰った人は約3分の1程度だった。このような単純労働者の移住を規制するため、マレーシア政府は、建築業の場合は「補修士・設計士」はかまわないが単純労働者の採用はせず、サービス業の場合でも料理士や室内設計士はかまわないが、単純接客の場合はやはり制限を加え始めた［廖大珂　2014: 7］。

111 2014年、マレーシアは未登録労働者の約6万名を追放していたが、他の東南アジア国家の場合、インドネシア（2万4,614名）、バングラデシュ（6,834名）、フィリピン（6,483名）の順であった［キム・クォンヨン『アジアトゥディ』2014.11.22.］。

95

かし、2000年以後は、韓中経営協会、在韓同胞有権者連盟、韓中芸術協会（韓国）、在日朝鮮族経営者会、在日朝鮮族サッカー協会（日本）など多様化していった。特に延辺大学校友会は韓国と日本だけでなくアメリカ、台湾をはじめ中国内の北京、上海、青島などに支会を設立し，ウィーチャットなどのSNSを通したネットワーク形成に力を入れている。

この一方、韓国、日本、東南アジアをはじめ全世界に広がり始めた朝鮮族以外の新華僑華人たちは、旧華僑華人が中国の故郷単位でネットワーク（福建、広東、潮洲、客家、海南などの方言別）を形成していたのとは異なり、速やかに中華ネットワークを形成したり職能別ネットワークを形成したりしていった。「分散」と「集中」が多様な形態で交差する新華僑華人中心の中華ネットワークが作られたのである。

② 資本投資型　新華僑華人——韓国済州島の場合

中国の改革開放以後、特に1992年に韓中の修交がなされた後、韓国に移住した新華僑華人の類型は労働移住から留学及び技術移住へ、最近では投資移住へと変化してきた。中国経済の発展が移住類型を変貌させた側面もあるが、1997年のアジア金融危機（IMF危機）以後に拡大された韓国の能動的な市場開放政策が移住類型を変化させた側面も大きい。

新華僑華人が「労働移住」や「技術移住」ではない「投資移住」形態で韓国に定着したのは2010年以後だったが、事前整備過程は1996年にさかのぼる。韓国の不動産市場は1996年に開放され始めたが、外国人の土地所有上限制を改正したのち、不動産市場を外国人に全面開放したのは1998年6月である[112]。旧華僑華人がはじめて自身の不動産を持てるようになった時点とも一致する。

しかし、アジア金融危機（韓国のIMF事態）以後、不動産市場をいくら開放しても海外資本は集まらず、済州島の柑橘産業と観光産業さえも急激に衰退した。そこで、韓国政府と済州島は2002年、「済州島開発特別法」(1991年施行) を「済州国際自由都市特別法」に変更し、投資誘致を積極的に展開し始めた。「済州国際自由都市総合計画」を発表し、ビザ無し入国拡大、投資租税減免、自由貿易支援、先端科学技術団地造成、英語教育の強化、国際金融物流インフラ構築などを推進したのである[113]。

112　コ・ハクブ［2012: 10-14］、チョン・テシク［2003: 44-53］

113　2015年6月現在、済州国際自由都市の6大核心プロジェクトは、先端科学技術団地造
　　　成、猊来休養型住居団地造成、神話歴史公園造成、ヘルスケアタウン造成、英語教育

2　華僑華人の変貌と「東アジア市民」の形成

写真3　韓国の済州道は、ビザが要らないため、中国の投資移住民と共に観光客が特に多くなった（写真は、済州道宝建路）。

　以後、2006年済州島を済州特別自治道に変更し、「済州国際自由都市特別法」（2002）を「済州特別自治道の設置及び国際自由都市造成のための特別法」（2006）に変えると、投資誘致も少しずつ拡大し始めた。だが、2009年のリーマンショックにより再び行き詰まりを見せ始めると、単純投資誘致ではなく資本と人を同時に誘致することができる「投資移民制」を積極的に検討した。この結果、2010年済州特別自治道全域をはじめ、平昌、麗水、仁川、海雲台などで「不動産投資移民制」を実施し始めた。

　もっとも、現在まで済州島を除外した他の地域での実績は微々たるものか、ほとんど皆無といっていい状態である。済州島で不動産投資移民制の適用を受けたリゾートの外国人所有は、現在まで1,522世帯で、済州島居住ビザ（F-2）を受けた人は1,007名になる[114]。この中、新華僑華人（中国人）の数は外国人全体の約90％に達する。

　もちろん、新華僑華人の「投資移住」対象国家は韓国だけではない。だが、済州島が新華僑華人の投資移民地域として魅力的になった理由として、相対的に低廉な投資条件を挙げることができる。済州島の投資移民条件が最小50万ドル（約5億ウォン）である反面、オーストラリアやニュージーランドの最小投資条

　　都市造成、西帰浦観光美港開発などである（http://freecity.jeju.go.kr）。
114　居住ビザ（F-2）外国人数1,007名は2014年12月基準。このうち4大リゾートに該当するラオンプライベートの外国人世帯数は475世帯（934世帯中）、アーデンヒルは369世帯（414世帯中）、ヘルスケアタウンは369世帯（400世帯中）、オーシャンスターは212世帯（332世帯中）だ（チャン・ブヨン［2015: 24-26］、オ・ジェヨン他『朝鮮日報』2015.2.7.］）。

件はそれぞれ 150 万ドル（AUD/NZD）で、ウォン貨で 13 ～ 14 億ウォンにもなる
ため、新華僑華人は韓国、特に済州島への投資移住を選好している[115]。アメリカ
とカナダの場合、相対的に最小投資金額は低いが、済州島は中国の大都市から
の飛行所要時間が 1 ～ 2 時間しかかからない[116]。

　また、別の「投資移住」誘発要因としては、整備された英語教育環境と澄ん
だ空気などが挙げられる。済州島には、2011 年以後に開校した外国の名門学校（イ
ギリス NLCS、カナダ Branksome Hall など）があるだけでなく、中国の大都市では経験
できない、環境にやさしい要素もまた魅力的で、済州島への投資移住を決心す
る中国人が増え続けているのが実情である[117]。

　済州島投資移住を決心し居住ビザ（F-2）[118]を受けた新華僑華人は 40 代と 50 代
が主流である。彼らは大部分、上海、北京、深圳、広州のような一線級の都市
（一線城市）の出身で、名門大を出て IT や金融、不動産分野において一代で富を
築いた人々（富一代）で、休養と永住権取得を主目的とする 1 千万元以上の資産
家だ[119]。済州島は 50 万ドル（もしくは 5 億ウォン）以上を投資した外国人に居住ビ
ザ（F-2）を与えており、5 年間の最小居住要件を満たした場合、永住ビザ（F-5）
を付与している。

　これに対する済州島民の反発も根強い。不動産景気の過熱、新華僑華人への

115　香港の場合は 1 千万香港ドル（約 13 億ウォン）、イギリスは 100 万ポンド（約 16 億ウォ
　　ン）になる。中国で海外投資移民ブームが起こり始めたのは 2009 年から、本格化した
　　のは 2012 年からだ（王耀輝［2014: 1］、チャン・ブヨン［2015: 22］）。

116　上海から済州島まで 1 時間 10 分（539km）しかかからないが、中国の海南島までは 3
　　時間 40 分（3,807km）、香港までは 2 時間 30 分（1,230km）、シンガポールまでは 5 時
　　間 40 分（3,807km）もかかる（www.ctrip.com）。

117　カナダのブランサムホール国際学校の全体 595 名のうち中国人学生は 62 名（10.4%）、
　　外国人学生（72 名）の中で 86.1% を占める。「済州国際自由都市の投資環境」済州特
　　別自治道 HP（http://freecity.jeju.go.kr/）、オ・ジェヨン，キム・カンハン，チョン・キョ
　　ンファ，オ・ロラ『朝鮮日報』2015.2.7. ～ 13.

118　国会立法調査処の報告書によると、2014 年 9 月基準で、不動産投資を通して居住ビザ
　　を受けた外国人の数は 899 名で、扶養家族を含めば 2,470 名と推測される。1 年前に比
　　べ 97%、2 年前に比べると 6 倍以上増加した数字である。済州島の場合、居住ビザを
　　受けた外国人中、90% 以上が中国人である。

119　中国の 1 億元（174 億ウォン）以上の資産家は、105 万名（2012 年に比べ 2% 増加）、
　　10 億元以上の資産家は 8,100 名（2012 年に比べ 8% 増加）で、毎年急速に増加している。
　　張夫娟［2015］、「中国の緑地集団韓国投資開発の担当者インタビュー」（30 ～ 31 頁）。

2　華僑華人の変貌と「東アジア市民」の形成

違和感の増大、自然景観の毀損[120]、分譲型宿泊施設の過剰供給などが主たる理由
だ。　特に新華僑華人の投資移住は2013年以後に集中したが、これは済州島の不
動産価格が上昇した後の不動産投機を目的になされた投資移住であるという点
が指摘されてもいる[121]。もちろん、その反論も少なくない。済州島の土地におけ
る新華僑華人の占有率は0.1%から0.3%に増えただけだというのだ。これは、
アメリカ人の土地占有率0.5%にかなり及ばない比率であるばかりか、この大規
模リゾート開発を除外すれば保有率は0.02%から0.03%にすぎないというので
ある。

　中国人の観光のパイを増やすためには、観光客を受容する十分な宿泊とレ
ジャー施設の開発は是非必要とされる。にもかかわらず、これを新華僑華人に
よる済州島の土地侵奪だとして追いやることはあってはならないという見解で
ある。だが、済州特別自治道は批判と憂慮が殺到すると、①永住権総量制導
入[122]、②国家別割り当て制、③投資可能地域の制限、④売買中断装置導入などの
改善方案を法務部に要請して今日に到っている[123]。

　ただし、中国を離れた新華僑華人の居住希望地は済州島だけではない。新華
僑華人は2012年の一年間に61,241名がアメリカに、4,614名がオーストラリア
に定着した。これはアメリカとオーストラリア全体の投資移民の80.1%と64.1%
に該当する数値だ。2012年の投資移民と技術移民を合わせた新華僑華人はアメ

120　世界で唯一の熱帯植物と寒帯植物が共存することで有名な済州島「コッチャワル」は、
　　海抜200〜600メートルほどの山間に位置している原始林で保存価値が高いが、最近
　　中国系資本の乱開発で外国人専用の超大型カジノが建設され、開発が制限されていた
　　漢拏山中腹の天然保護区域にも追加開発許可が下された［イ・スルギ『ヘラルド経済』
　　2016.10.12.］。

121　2012年に734億ウォンであった不動産移民投資が、2013年に4,377億ウォンと、1年
　　の間に6倍にも増えた点、特に中国人の済州島の土地保有は2011年142万㎡から
　　2016年8月に975万㎡と5年で約6倍に増加し、外国人全体の取得土地中、中国人の
　　取得比率が約43.1%にもなるという点を特に注視している［カン・ヨンサム『済州の
　　声』2015.2.9、パク・ミラ『京郷新聞』2016.10.23.］。

122　「永住権総量制」は、済州人口60万名の1%である6千件に永住権投資移民を制限し、
　　最小投資金額基準を5億ウォンから10億ウォンに調節し、永住権者が不動産を売り渡
　　す場合には永住権を与えないという方針である。

123　法務部は、2018年（不動産投資移民制の終了年度）に終了（5年間日没制方式）され
　　再論議するため、規制を再び強化することについては反対の立場だった［カン・ドウォ
　　ン『朝鮮日報』2014.11.3.］。しかし、「不動産投資移民制」期間は、最近2018年4月
　　30日から2023年4月30日に5年延長された。

99

写真4　サンフランシスコのチャイナタウンの入口

リカだけで81,784名（14.2％）、永住権を取得したアメリカの新華僑華人は81,784名（7.9％）に達した[124]。全世界に定着した新華僑華人数は1990年代140万名、2000年代は549万名、2010年から2013年まで57万名で、1990年以来2013年まで934万名にもなる[125]。技術移住と投資移住を通して、より暮らしやすいところに定着しようとする新華僑華人の数は増える趨勢にある。

　このように、中国の改革開放が中国の国境を柔軟化（flexible）すると、内から外へ、外から内へ、中国の国境を越えていく（trans）新しい類型の市民が生じ始めた。居住国で息をひそめながら市民にあらぬ類似市民として生きてきた「旧」華僑華人が、資本とともに中国国境の「内」側に入って行き、いわゆる中国崛起の原動力になったとすれば、一方では、生産職から事務・専門職、投資・技術職に至る多様な「新」華僑華人は中国の国境の「外」側へ出て新しいネットワー

---

[124] サンフランシスコ周辺の不動産の価格（中間値）は、2012年初め67万ドルであったものが2016年2月には112万ドルで、67％も跳ね上がった。最近1年間の上昇率だけをみても14％に達する。部屋1つの単独住宅・アパートの月賃貸料は3,500ドルで、2013年のマンハッタンを追い越し、アメリカ大都市の中で賃貸料がもっとも高い方だ。2016年3月のアメリカ西部の現地調査によると、このように不動産価格が急騰するようになった背景として、IT企業がシリコンバレーからサンフランシスコへ移転したことも、そのひとつの要因として挙げることができる。だが、それより大規模チャイナタウンがあるアメリカの西部都市サンフランシスコに新華僑華人たちが集中的に不動産投資をしたためであるという意見が支配的である。現地のインタビュー（2016.3.17.～19.）は、Hyok-In Kwon（Berkeley Korean United Methodist Church 牧師）、Ike Shin（Polo-Alto市）など。

[125] 新華僑華人の中で、2012年一年間、アメリカとカナダ、オーストラリア、ニュージーランドの永住権を取得した人数は、総140,311名である［王耀輝　2014: 8-19］。

クを作り始めた。その結果、中国の内と外を連結する新しいネットワークである中華型ネットワークが作られ、そうした新しい空間で生きて行く新しい類型のネットワーク市民もまた生まれ始めた。

　問題は、中華型ネットワークと居住国原住民との疎通だといえるだろう。済州島は 2008 年に中国人の無ビザ入国を全面許容し、2010 年に中国人をはじめとする外国人投資者の永住権制度導入を通して投資・技術職、留学永住型事務・専門職の新華僑華人を積極的に誘致することにしたが、済州島の韓国人住民は不動産価格の急騰により原住民が追い出されると不満を表明している。カナダのバンクーバー、ニュージーランドのオークランドなどは程度の差はあるが、住宅の価格急騰による新華僑華人の投資移民反対の声が高く、カナダは 28 年間、許可してきた 13 万の中国の投資移民を、さる 2014 年 2 月に中断させた[126]。香港も 2015 年から中国人移民者たちが 90％を越えると、1 千万香港ドルだけ出せば可能であった中国人投資移民を中断させた[127]。新華僑華人たちが選好するオーストラリア、ニュージーランド、アメリカなどもやはり中国の投資移民の投資額を高めるなど、進入障壁を高めている。中国の国境を越えていく新しいネットワーク市民が登場したものの、居住国の原住民とのしこりなき結合に成功してはいない。

2　居住国原住民と華僑華人との疎通——「三語疎通型」東アジア市民

(1)　中国化現象と類似市民の解禁

　中国の改革開放は、ソ連の崩壊と合わせて韓国をはじめ東南アジアの多くの国において開発独裁と階級独裁の基盤であったといえる冷戦と反共イデオロギーを除去、あるいは弱化させた。それだけでなく、1980 年代中盤以後 1990 年代にわたる東アジアの多くの国で進行していた民主化運動を通して、開発・階級独裁体制は崩壊するか弱化し始めた。これは華僑華人の地位を変化させた。それは開発独裁と階級独裁下で国籍を取得しても差別が存在する市民—類似市民状態から抜け出すことができたためである。

　以上のことは中国崛起（勃興）に伴う東アジアでの再中国化（resinicization）現象とも深く関連している。禁忌視されていた中国語や中国文化の復活、新華僑華

126　ヒョン・ムナク『毎日経済』2016.2.15.

127　香港政府が 2015 年 1 月 15 日から中国人の投資移民を受け入れなくなった要因としては、①家の価格及び物価急騰、② 2014 年の香港デモの触発要因、③中国の「腐敗との戦争」協調、などが挙げられる。

人を含む華僑華人の増加、華僑華人の経済的権利の認定などがそれに該当する。

① 韓国の場合

　韓国の華僑華人が類似市民状態から抜け出すことができたのは、1990年代後半から2000年代初めに至ってである。1992年に韓中修交を結んだ後、少しずつ好転し始めたが、華僑華人たちの法的地位が一挙に変化したのは新華僑華人の登場があったからといえる。旧華僑華人は2〜3万名にすぎなかったが、中国朝鮮族を含むおよそ150万名の新華僑華人が入ってきたことで、それに関する法整備をしなくてはならなくなったためだ。

　第一に急を要したのは、経済活動と財産所有に関することであった。旧華僑華人が特に切実に感じていたのは「外国人土地所有制限法」の廃止であった。旧華僑華人は50坪以上の店と200坪以上の土地所有ができなかったが、1998年に関連法が廃止されてから旧華僑華人も土地所有が可能となった。その契機は、もちろん1997年のアジア金融危機（IMF事態）である。金融危機により海外資本誘致を積極的にする必要に迫られた韓国政府としては「外国人土地所有制限法」は妨げだった。済州島「投資移民」（新華僑華人の不動産所有と投資）が可能になったのも、やはりアジア金融危機後、海外資本を誘致するため外国人の財産権に関する各種の規制措置を緩和したためである。

　財産所有関連法整備とともに経済活動の中でもっとも重要な、安定した就業に関連する法の整備もなされた。特に単純労働短期居住型の新華僑華人のための法整備は、居住国（韓国）住民の協力下、長い制度改善闘争を経て成し遂げられた。1991年に作られた産業研修生制度を廃止し、2004年〜2007年にわたり整えられた雇用許可制（朝鮮族以外）と訪問許可制（中国朝鮮族）の新設などがそれだ。新華僑華人だけでなく韓国に居住する単純労働の短期居住型外国人労働者は依然として不足はあるが、それでも安定的に就業する権利に関する法制化—経済活動と財産所有に関する法整備が、少しずつ行われてきたのである。

　就業権に次いで第二に華僑華人が安定的に滞在できる資格、すなわち「永住権」[128]が与えられた。これはもちろん華僑華人のためにつくられた制度ではない。韓国政府は2002年、長期滞在外国人のうち5年以上国内に居住し財政的に自身

128　「民主社会のための弁護士の集い」や「参与連帯」、「漢城華僑協会」などが、積極的な活動を展開したことで可能になったことだった。ヤン・ピルスン, イ・ジョンヒ［2004: 110-111］、イ・チャンホ［2012a: 19-21］、チョン・ヨンロク, イ・チャンギュ［2008: 131-132］。

と家族を扶養できる者、または 50 ドル以上を国内に投資して 5 名以上の国内人を雇用し 3 年が経過した者には「永住権」を与えることにしたのである。だが、これは 1997 年のアジア金融危機以後、①投資移住を誘導するため安定的な滞在資格の導入が必要であり、②未登録（不法）滞在外国人を整備しなければならないためであった。そして、新華僑華人は未だ滞在期間が長くなく財政的能力も持たなかったため、結果的には長い間韓国で暮らしてきた旧華僑華人がこの制度の最大の受益者となった。

　2002 年の永住権制度の新設に先立って、1997 年には「国籍法」改正（父系血統主義から両系血統主義へ）と「出入国管理法」改正（ビザ更新期間を 3 年から 5 年へなど）なども整備されたが、これもやはり最大の受益者は旧華僑華人であった。「国民」だけが強調された開発独裁が終わり、中国の改革開放と中国朝鮮族をはじめとする新華僑華人及びその他外国人労働者の韓国流入などで、多文化「市民」民主主義が実現され始めたことにより可能になったのである。

　第三に、2005 年、華僑華人をはじめとする外国人永住権者にも地方自治体選挙に参与することができる「参政権」が与えられた。永住権を取得して 3 年以上が経過した 19 歳以上の外国人に地方自治団体の長を選ぶ選挙権が与えられたのである。やはり新華僑より旧華僑が一次的な受益対象であった。

　華僑華人が居住国の韓国で安定的に生活する権利、すなわち安定的な就業と財産所有権、安定的に居住する永住権、政治的活動に参与する権利と合わせて子女教育並びに医療、老後年金など、社会生活と関連するものも与えられた。だが、華僑華人のための学校は相変わらず「各種学校」で、学生に対する韓国政府の教育支援もあまりなく、最近は台湾政府の支援も大部分打ち切られた状態で、旧華僑の子女のための教育は多くの困難を抱えている。韓国の大学への進学は、外国人特別選考制度を利用することができるが、1990 年代以後は台湾に戻っても市民権がないため、台湾の大学への進学者数はしだいに減ってきている[129]。

　そうではあるが、華僑学校を卒業した学生は台湾、中国、そして韓国の大学を自由に選択できる。中国語と韓国語、英語（三語）を同時に駆使しながら、中国をはじめ、東アジアの国境を越えて行く東アジア市民として生きて行けるようになった。中国の改革開放と 1992 年の韓中修交に伴う新華僑華人の流入、再

129　仁川華僑中山中小学校の孫承宗校長インタビュー（『I-View』1097 号、仁川市、2016.4.）。1882 年に創建された仁川華僑学校は、一時学生数が 1,500 名に達していたが、現在は 450 名程度である。「中山」の校名は孫文の号。

写真5 仁川チャイナタウンにある華僑中山中学校の裏門付近で出合った東南アジア系の労働者たち。

中国化による居住国国民の関心が、旧華僑華人の土地所有権回復と永住権及び地方自治体選挙権付与などを引き出した結果だといえる。さらに、華僑学校には最近朝鮮族をはじめ新華僑華人と韓国人たちも多数入学している。市民にあらぬ市民—類似市民から抜け出した旧華僑華人と、新たに流入した新華僑華人、そして居住国韓国の住民の子女たちがともに華僑学校で学びながら東アジアの国境を越えて行く新しい類型の市民として成長しつつある。

② 東南アジアの場合

中国の改革開放が東南アジアの華僑華人の地位を変化させた理由として、国内外的な政治経済的環境の変化が挙げられる。1990年代に入って、東南アジアの多くの国々が内部の民主化を通して既存の開発独裁と階級独裁のような政治環境を変え始めた。これを国家の内的政治環境の変化というなら、ソ連の崩壊と中国の改革開放とともに近づいてきた冷戦体制の終息は、これら国家の外的政治環境の変化であるといえよう。1990年代以後、このような東南アジアの内的・外的環境の変化は、互いに相乗効果を生み出し、市民らしい市民であることができなかった華僑華人の政治的、社会的、文化的地位を変えていった。

こうした現象は、東南アジア国家の「再中国化」現象と無関係ではない。中国の改革開放以後、「閉鎖的であると同時に抑圧を受けていた中国性(chineseness)」の復活、すなわち東南アジアに居住する華僑華人が「目に見え始めただけでなく、(他の居住民に)受け入れられ始め、みずからを表出して示そうという姿が増

2 華僑華人の変貌と「東アジア市民」の形成

加する現象」[130] が現れたのである。

1990年代末から2000年代にかけて、このような現象がもっとも大きく現れたのはインドネシアである。1998年5月、華僑華人に対する大虐殺で1200余名の華僑華人が殺害され、800億ドルに達する華僑資本がシンガポールと香港など海外に抜け出て行くと、先にハビビが身分証の差別を解消し、その後ワヒドは、流出した華僑の資本を再び引き入れるため、30年間禁止されてきたマンダリン（北京官話）を再び用い（1999年）、中国の春節であるイムレックなど中国の伝統文化を2000年から使用できるようにした[131]。

2001年、メガワティ大統領は春節を国民の祝日に（2003年から）指定し、2005年には宗教の自由に5大宗教ではない儒教（孔教）を入れた。最大の変化は、2006年12月、ユドヨノ政権によって発効された「新国籍法」だ。インドネシア人を「インドネシアでインドネシア市民として生まれた者」と定義したが、これは華僑華人にもインドネシア人と同等の市民権が付与されると同時に、スハルト時代以後、30年以上維持されてきた「プリブミ」（非華僑華人）に対するほとんどすべての特恵をなくすことを意味した[132]。中国の改革開放に伴う再中国化現象と、これにより、さらに強化された華僑華人資本の力が、ともに作り出した結果であるといえるだろう。

インドネシアで華僑華人が類似市民状態から抜け出せたのには、そこでの政治的変化もまた無視できない。長期にわたった軍事開発独裁を終え、ワヒド、メガワティ、ユドヨノと続く民主化政権が登場したが、これら民主化政権は自民族中心主義を骨幹にした差別と排除の政治ではない、多民族多文化間の共生の政治を具現しようとした[133]。

マレーシアも例外ではない。もちろん、マレーシアでの華僑華人の地位回復は、インドネシアなどと比較するとき、それほど早い方ではなかった。しかし、マレーシアのマハティール総理は、「以前には100％マレー化がなされなければ真正なマレーシア、マレーシア国民になることはできない」（1996年）と考えていたが、「もはや、マレーシアが『多民族国家』であることを受け入れた」と語る

---

130 Caroline S Hau［2012: 1-3］、Paul Tjon Sie Fat［2009: 360］

131 ハビビは華僑華人の身分証にだけあった特殊記号をなくし、原住民と非原住民という用語を使えなくした［ワン・フビン　2001、ソン・スンソク編訳　2014: 296-297］。

132 ホン・ジェヒョン［2001: 415-417］、『政策ブリーフィング』2007.5.14.

133 インドネシアは2000年に入って、1990年代末まで一貫して主張してきた「見えない華僑」政策から「見える華僑」政策への変化を試みている。

ほど、マレーシア人の類似市民解禁措置は、大勢として受け入れられるようになった。マレーシアの華僑華人はマレー人と同格の待遇を受け始めた。すなわち中国崛起に伴う再中国化現象が、マレーシアでも発生し始めたのである。

　マレーシアは 1990 年 9 月、中国人の入国制限を少しずつ解き始め、マレーシア公民のパスポートに書いてあった「中国行無効」表記もなくした。1993 年には中国帰国華僑のマレーシア家族訪問も許諾した。1997 年と 1999 年にかけて香港公民の無ビザ入国とその他の中国人の 14 日間の無ビザ滞在及び滞在期間延長なども許可した[134]。だが、マレーシアでの華僑華人の地位変化はさほど大きくなかった。それはマレー人を優待し華僑華人を差別する「ブミプトラ政策」が 2000 年代になっても依然として維持されているためだ。2003 年までの 22 年間、マハティールは「ブミプトラ」と新経済政策、東方政策（LEP）などを核心基調としたマレー系優待政策を継続して推進してきた。これは今のナジブ・ラザク総理（2009 年 4 月～ 2018 年 5 月。以降、2018 年末現在はマハティール）に至るまで持続している。

　40 年余りも維持されてきたマレーシアのブミプトラ政策は、華僑華人に比べて半分にもならなかったマレー人たちの所得格差を 1.43 対 1 の比率にまで減らした。全体の貧困率も、最近 20 年間、半分水準に減った。だが、問題はブミプトラ政策の受恵グループがマレー系内部の執権層に固着している点にある[135]。華僑華人からマレー人に受恵階層が変わっただけで、経済的な格差は依然として変わっていない。

　2009 年に就任したナジブ・ラザク総理は、こうした問題点を認識し、ブミプトラ政策を全面的に再検討し始めた。華僑華人の経済集中を防止するための「ブミプトラ 30％以上基準」条件は上場企業ではない一般企業では事実上廃止された[136]。華僑華人の上層部の代わりにマレー人の上層部だけを太らせる制度であったためだ。反政府の弾圧に主に利用されていた国家保安法と煽動法も改正され、貧困層支援のための財政支援なども推進した。しかし、マレー系政治圏の強い反発にぶつかると、2013 年に再度執権に成功したナジブ・ラザクは、結局「新ブミプトラ政策」を発表し、華僑華人に対する差別とマレー人に対する優待政策を、より強化させると宣布した。もちろん、華僑華人に対するマレーシアの

134　廖大珂［2014: 281-309］

135　ホン・ソクジュン『韓国日報』2014.10.13.

136　ポク・ドッキュ『kotra 海外市場ニュース』2014.12.19.（http://www.globalwindow.org/GW/global/trade）

2　華僑華人の変貌と「東アジア市民」の形成

差別政策が全く変わっていないわけでもない。ブミプトラ政策に対する反論が都市地域だけでなく東部の農村地域にも起こっていて、「多文化・多民族・多宗教」を打ち出した「ビジョン2020」もやはり少しずつ定着しているからである。

　東南アジアでのこうした旧華僑華人に対する認識の変化は、東南アジアの旧華僑華人の資本に対する認識の変化の一助となった。旧華僑華人の資本を排斥する場合、自国経済に多大なる損失を与えるという認識を持ち始めたからだ。華僑華人資本こそが、「経済の現代化を推進した先駆者であり、市場経済の核心参与者、経済構造改善の核心動力」だという主張[137]さえ提起される雰囲気である。

　インドシナ社会主義国家に居住する華僑華人の地位もやはり変化した。もちろん、ベトナムとラオス、カンボジア市場は同一ではない。ラオスとカンボジアに比べて、ベトナムの方は華僑数はもちろん、経済的、社会的地位の面でもあまり進んでいる様子を見せていない。1975年に南北ベトナムが統一されたとき、150万名に達していた華僑華人数は1990年に中国・ベトナムの関係正常化がなされたにもかかわらず、140万名程度[138]にとどまっている。これは中国・ベトナムの関係悪化で、多くの華僑華人がボートピープルとしてベトナムを離れたためだ。もちろん、1976年以後閉鎖されていた華僑華人学校も1982年以後再開された。また、経済あるいは法律関連の中国語雑誌なども依然として微弱ではあるが、発刊され始めた。

　反面、ラオスとカンボジアでは華僑華人の人口が急増しただけでなく、華僑学校、新聞なども活発に再開され始めた。再中国化とともに、萎縮する一方であった類似市民の地位から抜け出して堂々たる市民としての地位を確保し始めたのである。ラオスの場合、本格的な階級独裁と財産没収などで1973年に15万名にすぎなかった華僑華人は2007年には28万名に増えた。また1977年には36万名であったカンボジアの華僑華人は、ポル・ポト政権の登場やベトナムとの戦争などでかなり減りはしたが、1991年以後再び増えて2007年には70万名にまで[139]増えた。1975年以後、ラオスから消えていた華僑学校も再び門を開き、瑞華学区など、1970年完全に閉鎖されたカンボジアの華僑学校もやはり1991年

137　タイは、国会議員の過半数以上が華僑華人で、これを公開してもいる。20年前には想像もできなかったことだった［リュウ・ホン　2012、ソン・スンソク編訳　2014: 123-265］。

138　ベトナムの華僑華人は、2007年の集計で140万名［庄国土　2009、五島　2011: 3］、2011年集計で126万名（『The Sun』、2012.9.28）など、若干の差異がある。

139　庄国土［2009: 150-170］

以後再び門を開いた[140]。

　華僑学校と中国語新聞と雑誌の再登場は特にインドネシアとマレーシアで際立つ。マレーシアでは華僑華人ではないマレー人たちも中国語を学ぶために華僑学校に通う場合が多い。中国の改革開放以後、30年間に6万名以上が華僑学校（Chinese vernacular schools）に通ったという統計[141]もある。

　韓国の華僑学校に朝鮮族をはじめとする新華僑華人と韓国人たちが通い始め、日本の都心部に新華僑華人の子女と日本人のための週末中国語学校が運営されるなど、旧華僑華人だけではなく、新華僑華人の子女と現地の居住民たちがともに中国語を学ぶという変わった現象が起こっている。旧華僑華人と新華僑華人、そして現地の居住民が国境と民族を越え、相互疎通のための努力、特に中国語を通した相互疎通を図っていることが知られる。

　ところで、中国語だけでは相互疎通に限界があると感じた東南アジアでは、自国語と中国語、英語をともに学ぶ、いわゆる「三語学校」も登場している。特にインドネシアでは、中国の改革開放以後、10余種の中国語新聞と50余りの華僑華人学校が作られたが、これらの華僑華人学校の中の相当数がインドネシア語、中国語、英語を同時に駆使できる三語学校なのである。極めて困難な開発独裁の時期の類似市民を越えて存分に中国語を学び話せるだけでなく、東アジアの多様な人たちと疎通可能な、いわゆる「三語疎通型市民」が生まれたのである。

3　「居住国籍市民」と「中国系永住市民」の間

　中国の改革開放に伴う「再中国化」と「新華僑華人」の流入は、東アジアの華僑華人社会の地理地形をいくつかの側面で変えることとなった。しかし、東アジアの華僑華人の位相がすべて同一というわけではもちろんない。旧華僑華人の相当数を占めていた「居住国籍の市民」と、相変わらず中国籍をもったまま「居住国の永住権及びそれに準ずる資格をもつ市民」——大部分の新華僑華人の位相が同一であるはずはないからだ。

　旧華僑華人が居住国の国籍を持っている数は、約3千万名の華僑華人の中で2千7百万名[142]に達する。再中国化現象が韓国をはじめ東南アジアの多くの国でおこったが、旧華僑華人がすでに選択した居住国籍を変えるほどではなかった。

140　五島文雄［2011: 5-9］、チャン・グォトゥ［2003］

141　Jennifer Pak, *BBC NEWS*, 2011.12.30.（www.bbc.co.uk/news/world-asia-16284388）

142　ソン・スンソク『AOCSコラム』2016.3.

2 華僑華人の変貌と「東アジア市民」の形成

開発・階級独裁の間、「類似市民化」政策を駆使していた韓国と東南アジアの国々の中で、韓国とブルネイを除外[143]した東南アジアの大部分の国で、居住国の国籍を取得した華僑華人はおおよそ90%以上[144]である。

　旧華僑華人は、植民地期の「中間市民」段階と、開発・階級独裁期の「類似市民」段階を経て、政治的には「居住国の国籍」取得を、経済的には「居住国の資本」としての成長を選択した。いわゆる華僑華人の政治的・経済的な土着化がなされてきたといえるだろう。岩崎育夫が語っているように華僑華人資本が中国の国境をはじめ東南アジア経済市場を越えて行く超国家的性格を帯びているのは事実だが[145]、各種の経済統計で華僑華人の資本は基本的に居住国の資本として集計されている。

　このように旧華僑華人が政治的、経済的に土着化過程を経たため、依然として中国の政治経済的・文化的影響力が強く残っている新華僑華人に違和感を覚えるのは、ともすれば当然のことなのかもしれない。特に、類似市民の段階を経て1990年代以後、政治的、経済的に完全な居住国市民になった旧華僑華人は、未だ居住国の永住市民ではない或いは遠からず永住市民になる新華僑華人に対し、露骨に拒否感を表すこともある。シンガポールの旧華僑華人が新華僑華人に対してもっている強い拒否感が、これに該当するといえるが、これはシンガポールの「旧」華僑華人が自らを何の疑問の余地もなく「シンガポール人」と認識しているためである。彼らは「新」華僑華人より「マレー系シンガポール人」に、より親近感を覚えると語るのになんの躊躇もない[146]。

　新華僑華人が居住国の市民として「物理的」な混種、すなわち永住市民段階にとどまっている反面、旧華僑華人は長い歴史的な過程を経て、政治・経済・

143　韓国の旧華僑華人たちが居住国（韓国）の国籍を取得しないのは、中華人民共和国と中華民国の混在、そして分断国家としての韓国の特殊性、旧華僑華人の成員権排除、華僑華人の2世教育（韓国の教育熱と関連されている）などが複合的に作用したからといえる。ブルネイの場合、25年以上居住した永住権者にはじめて国籍取得資格が与えられる。旧華僑華人に対する徹底した排除が直接的な要因といえる。

144　インドネシアとマレーシア、タイの旧華僑華人の中で、居住国の国籍をもっていない旧華僑が約5％、ミャンマーが約10％、フィリピンの場合約1パーセントである［ワン・フビン　2001: 284-286］。

145　岩崎育夫［1997］

146　倪煕常『星報』2011.6.25［ジョウ・ミン, リュウ・ホン　2013、ソン・スンソク編訳　2014: 177-181 再引用］。シンガポールの旧華僑華人を新華僑華人の扱いにすると不快感を越えて反感を表すこともあるという報告もある［呉大地『聯合早報』2009.9.24.］。

文化的に「化学的」混種段階に位置しているからでもある。すでに「生物学的」混種段階に進入している旧華僑華人もいる。かなり長い歴史をもつベトナムのミンフーン（Minh Hương 明郷）から、ミャンマーのクェチア（Gwe Chia 桂家）、タイのルークチン（Luk Chin 洛真）、マレーシアのババ（Baba 峇峇）、インドネシアのペラナカン（Peranakan 峇峇娘惹）、フィリピンのメスティゾ（Chinese Mestizo 華菲混血）などがこれに該当する。特にタイとフィリピンでは生物学的混種が多く生まれ、タイの場合は 100 万名以上が、フィリピンの場合は華僑華人全体の 3 分の 1 以上が生物学的混種状態を見せている [147]。

　反面、新華僑華人の場合、居住国の国籍を取得した例はまだあまりなく、相変わらず「ルーツ」としての中国だけが強調され、彼らの居住国との結合は、単なる物理的混種状態にとどまる場合が大部分だ。従って、「華僑華人」のネットワークは、「中華」という「単一な」中心ノード（node）だけでは説明が難しい側面も多い。旧華僑華人は長い間華僑華人以外の居住国市民と物理的、化学的、生物学的な混種化過程を経てきたため、旧華僑華人において「居住国市民」としての地位と役割は単純な周辺ノード以上の「また別の」中心ノードとしての意味を持っている。

　従って、華僑華人のネットワークとは「中華」という単一の中心ノードとして構成された「中央集中型」ネットワークではなく、旧華僑華人を中心とした「居住国」単位の複数の「中心ノード」と結合した「脱集中型」もしくは「分散型」ネットワークだといえるだろう。「類似市民」から「居住国国籍市民」に変身した旧華僑華人と、依然として「類似市民」の地位にとどまっている「中国系永住市民」（新華僑華人）により形成されたネットワーク、すなわち居住国別「分散」ネットワークと中華型「集中」ネットワークが結合した新しい類型の「ネットワーク市民」が誕生したのだ。

　ここで注目しなければならないのは、新華僑華人の役割である。彼らは「再中国化」現象とともに、旧華僑華人に根としての中国をリマインド（想起）させ、自らを居住国市民として限定させてきた華僑華人に、自分たちが「居住国市民」であり「中国系市民」でもあるという意識を持たせることとなった。その結果、彼らに拒否感をもっていた旧華僑華人の中で、一部は彼らを迎え入れ、孔子学院などを通して新たに中国語を学ぶ一方、次世代に、居住国の言語だけでない相互疎通のための三語を学ばせている。居住国市民を越えて超国家ネットワーク

---

　147 ワン・フビン 2001、ソン・スンソク編訳［2014: 299-302］

市民、すなわち「中華型」東アジア市民になるための努力を傾け始めたのである。

5　終わりに

　東アジアで華僑が生まれたことは、国境を越えた市民、すなわち超国的市民の誕生を意味する。近代の別名でもある植民の形成過程で生じた東アジアの華僑は、従って東アジア最初の超国的市民であったが、それは「動員」され、「配置」された超国的市民であるほかはなかった。だが、彼らは植民地本国と居住国、そして中国との間を行き来しながら、自らの地位を確保するための多様な努力を惜しまなかった。そしてその結果、制限的であるほかなかった彼らの超国家性は変わり始めた。この論文は、こうした彼ら華僑華人の変貌過程、特に植民地が始まった近代以後の超国家性の変貌過程に焦点を当てて考察したものである。

　超国家性に焦点を当てて華僑華人の変貌過程をみていく場合、大きく3つの類型に分けて捉えることができる。植民型、同化型、中華型がそれだ。華僑華人の地位はこれら3つの類型が変化していく過程に伴って、中間者的、被支配的、支配的な形態へと変貌していった。

　その最初の類型に該当する植民期華僑華人の「植民型」超国家性が、華僑華人の中間者的地位につながる背景には、先にみたように西欧植民者の分割統治構造が存在する。ローマ同盟に参加していた古代ローマ時代のラテン市民に、分割統治を目的に与えられた「中間市民」としての地位と類似した地位と権限が、華僑華人に与えられたためだ。半植民地である中国から華僑華人を「動員」してきた西欧の植民者は、彼らを通して東アジアの原住民を分割統治する目的で、華僑華人に中間市民としての地位と権限を配分、配置したのである。従って、彼らの超国家性は半植民地から動員されたものであり、分割統治を目的として配分・配置されたものともいえる。

　西欧植民期以後、華僑華人の超国家性は失われ、彼らの地位は中間者的地位から被支配的地位に変えられた。彼らの地位の変化には、大きく二つの要因が作動していたといえる。一つは、日本が西欧の代わりに新たな植民者として登場し、原住民を、反西欧・反中国戦争遂行のための新中間者とし、華僑華人の収奪、虐殺に動員したためであり、もう一つはアメリカとソ連を中心とした冷戦型の開発独裁と階級独裁体制が超国家性の代わりに原住民を中心にした国家と国民作りに専念したためである。

　植民期が終わると、華僑華人は実際に、居住国の開発／階級独裁勢力から居

住国の「国民」になることを絶えず強要され、その結果多くの「同化型」国民が生まれた。だが、だからといって彼らが居住国の完全な「国民」になることはなかった。彼らは「国民にあらぬ国民」すなわち「類似市民」の地位に転落するほかなかった。

　華僑華人に対する東南アジア国家の原住民の不満は、まず西欧植民期の間、中間市民として代理統治を担ったことに対する不満を考えてみることができる。だが、これは日本の植民期を経てある程度解消されたため、それよりは開発独裁の期間に開発独裁者と密友関係を維持しながら「少数」の華僑華人の資本がいわゆる「類似資本」を形成するようになり、華僑華人と原住民の間の経済的格差が拡大した不満が、より大きかった。開発独裁期間、原住民は華僑華人に対する大規模虐殺を行い、開発独裁政権は「多数」の華僑華人を抑圧する政策で一貫した。

　韓国の華僑華人も同じで、冷戦を土台にした開発独裁が進行する間、貨幣改革と土地所有禁止法、ソウル都心再開発事業などを経て華僑華人は海外へ逃避しない場合は「市民にあらぬ市民」の生活を営むほかなかった。東南アジアもやはり反共民族主義政策に基盤をおいたブミプトラ優先政策（マレーシア）、農漁村の華僑華人の商業活動禁止政策（インドネシア）などで、密友関係を通して類似資本を形成した少数の華僑華人ではない大多数の華僑華人は、「市民にあらぬ市民」の地位にとどまらざるをえなかった。排華政策と貨幣改革、財産没収などにより、多くの華僑華人—ボートピープルを生み出したベトナムと同じく、ラオス、カンボジアなど階級独裁が進行したインドシナ国家の華僑華人の地位もやはり開発独裁下の華僑華人の地位と大きく変わらなかった。

　華僑華人の地位が変わり始めたのは中国が改革開放に踏み切ってからといえる。中国の改革開放は、まず旧華僑華人の資本を中国に呼び入れたが、福建をはじめとする東南部の沿岸都市の多くの投資区と開発区を通して入って来た華僑華人の資本は、中国崛起の原動力となった。世界華商大会はもちろん、華僑総商会が運営するWCBN（世界華商ネットワーク）には、50余か国10万以上の華僑華人の企業家が接続可能な経済ネットワークが作られ、陸路と海洋のシルクロードと呼ばれる「一帯一路」を通して、東アジアはもちろんユーラシアを一つに連結する新しい地域ネットワークが作られてきた。

　中国の改革開放は、もう一方で新華僑華人たちを中国の外に排出することにもなった。初期には、短期居住型単純労働移住が中心を占めていたが、中国の経済発展とともに、しだいに留学永住型技術移住、資本投資型投資移住へ移っ

ていった。中国の国境の外から内へ、内から外へ、自由に移動し始めたが、こうした現象はいわゆる東アジアでの「再中国化」現象を誕生させた。

30 年間東南アジアの一部国家で禁止されてきたマンダリンが再使用され、禁止されていた中国の春節が許容され、儒教を 5 大宗教に編入させる現象がおこった。新国籍法公布を通して、その国で生まれた人すべてを国民と認定し始め、華僑華人は「類似市民」状態ではない居住国の市民として認定され始めた。このように、再中国化現象は東アジアのすべての国、すべての分野、特に華僑華人の生活全般に大きな変化をもたらした。中国の国境はおろか、居住国の国境すら自由に行き来できなかった華僑華人たちは、中国を中心に東アジアの多くの国の国境を自由に行き来しながら多様なネットワークを組織し、中華型ネットワーク市民として生まれ変わり始めた。

インドシナ社会主義国家でも再中国化現象は大きな反響をもたらし、70 年代 15 万名にすぎなかったカンボジアの華僑華人は 2000 年代に入り 70 万名に増えただけでなく、中国語学校も新たに登場し始めた。華僑学校と中国語新聞はインドシナ地域だけでなく東アジア全域で急激に増えていったが、インドネシアの場合、皆無であった中国語新聞は 10 余紙、華僑学校は 50 校もできた。特に華僑学校では旧華僑華人だけでなく新華僑華人、居住国の住民もともに学んでおり、言語も居住国の言語と中国語のみならず英語を含む 3 つの言語を同時に教えるなど、超国家的東アジア市民を育成している。

もちろん、中華型市民だからといって旧華僑華人と新華僑華人が同一の地位と文化を共有しているわけではない。居住国文化との結合が、依然として物理的結合にとどまっている新華僑華人に比べ、旧華僑華人は化学的、生物学的結合をなしているためだ。シンガポールの旧華僑華人（シンガポール人）は新華僑華人よりマレー系シンガポール人に、より親近感を感じるという。従って、華僑華人のネットワーク結合の程度は、すべて均質なものではなく、分散と集中が混合しているネットワークであるといえよう。旧華僑華人を中心に結集した居住国別「分散」ネットワークと、新華僑華人を中心として形成された中華型「集中」ネットワークが結合し、新しい類型のネットワーク、すなわち新しい類型のネットワーク東アジア市民が形成されたのである。

しかし、分散と集中が共存するネットワーク型東アジア市民といっても、「中華型」という修飾語がついている限り、新たな覇権主義、すなわち「中華主義」の危険性が伴う可能性を完全には排除することができない。単純な覇権主義を越えた、中国版「大東亜共栄圏」市民に変質する可能性さえ含まれているのが

実情だ。問題は、分散型ネットワークを通した多様性が、どのように維持され機能するかという点である。

　実際、東アジアのディアスポラ・ネットワーク市民は規模と形態によって差が生じているが、華僑華人ネットワークだけでなく、中国朝鮮族と在日コリアンなどが結合したコリアンディアスポラ・ネットワークもまた存在する。最近、日本でも新華僑華人の代わりにベトナムとネパール移住民が急激に増えているように、短期居住型労働を終えて帰国する東アジアの多くの国の移住民ディアスポラ・ネットワークも多数存在する。問題は、これら多様なディアスポラ・ネットワークがいかにして縦糸と横糸のように共存しつつ「共生可能な生態系」として発展していくか、という点であろう。中華型華僑華人ネットワークが東アジア共生市民として発展するためには、このような過程を経なければならないのはもちろんである。これに関連する研究は、またの機会を期したいと思う（本研究は、JSPS 科研費 JP15K02464 の助成を受けたものである）。

（翻訳：浦川登久恵）

参考文献

［韓国語文献］

アルベルト・ラースロー・バラバーシ（앨버트 라즐로 바라바시）カン・ビョンナム，キム・キフン（강병남・김기훈）訳

　　2007 『링크（リンク）』동아시아 (eBook)；Albert-László Barabási, 2014 (1st eds. 2002) Linked, Basic Books.

イ・キョンチャン（이경찬）

　　1998 「말레이시아 정치・외교와 국제관계（マレーシアの政治・外交と国際関係）」『말레이시아（マレーシア）』、한국외국어대학교 출판부。

イ・ジェヒョン（이재현）

　　1996 「말레이시아의 국가와 종족갈등의 해결：신경제정책의 결과를 중심으로（マレーシアの国家と種族葛藤の解決――新経済政策の結果を中心に）」연세대학교 석사논문。

イ・スルギ（이슬기）

　　2016 「中 자본에 원주민 밀려나고，환경파괴 난개발은 '덤'（中国の資本に原住民が追い出され、環境破壊・乱開発はおまけ）」『헤럴드 경제（ヘラルド経済）』2016.10.12.

イ・チャンホ（이창호）

　　2012a「이주민들의 의사소통 방식에 대한 일고찰：인천 차이나타운 거주 華僑를 중심으로（移住民たちの意思疎通方式についての一考察――仁川チャイナタウン居住の華僑を中心に）」『다문화 사회연구（多文化社会研究）』15-1、숙명여자대

学校 多文化統合研究所。

2012b 「한국화교의 '귀환이주와 새로운 적응'（韓国華僑の帰還移住と新しい適応）」
『한국문화인류학（韓国文化人類学）』45-3、한국문화인류학회。

イ・ドクン（이덕훈）

2005 『화교경제의 생성과 발전（華僑経済の生成と発展）』한남대학교 출판부。

イ・ヨンジェ（이용재）

2012 「재벌과 국가권력에 의한 화교 희생의 한 사례 연구 - 아서원 소송사건（財閥と
国家権力による華僑犠牲の一事例の研究——雅叙園訴訟事件）」『中央史論』35
集、중앙대학교 중앙사학연구소。

オ・ジェヨン（오재용）他

2015 「新제주도민 '푸이다이'（新済州道民——富1代）」『조선일보（朝鮮日報）』
2015.2.7 ～ 2.13.

カン・ドゥォン（강도원）

2014 「법무부, 제주도 제안 영주권 총량제 실익 없어, 도입 어려울 듯（法務部、済
州島の提案は永住権総量制の実益なしで、導入は難しそう）」『조선일보（朝鮮
日報）』2014.11.3.

カン・ヒョク（강혁）、Nay Tun Naing

2009 『아시아는 일본의 만행을 결코 잊지 않는다（アジアは日本の蛮行を決して忘れ
ない）』황금나무。

カン・ヨンサム（강영삼）

2015 「통계로 본 부동산 투자이민제도의 불편한 진실（統計で見た不動産投資移民制
度の真実）」『제주의소리（済州の声）』2015.2.9.

キム・クォンヨン（김권용）

2014 「말레이시아, 외국인 불법체류자 6 만명 추방（マレーシア、外国人不法滞在者
6万名追放）」『아시아투데이（アジアトゥディ）』2014.11.22.

キム・ジェヨン（김재용）他

2010 『만보산사건과 한국 근대문학（万宝山事件と韓国近代文学）』역락。

キム・スジン（김수진）

2014 「유네스코 "韓 외국 유학생 수 中·인도 이어 세계 3 위"（ユネスコ〈韓国の外
国留学生数、中国・印度に続き世界3位〉）」『조선일보（朝鮮日報）』2014.6.15.

キム・チョル（김철）

2002 「몰락하는 신생 :' 만주'의 꿈과 <농군>의 오독（没落する新生——「満州」
の夢と〈農軍〉の誤読）」、『상허학보（常虚学報）』vol. 9。

キム・ヨンウン（김용은）

2014 「말레이시아의 부미푸트라 정책 - 평등을 위한 차등정책（マレーシアのブミプ
トラ政策——平等のための等差政策）」『내일을 위한 수다（明日のスダ）』고
용노동부 HP、2014.5.23.

クム・キチョル（금기철）

2009 「신화교가 모이는 이케부쿠로（新華僑が集まる池袋）」『플랫폼（プラットフォー

ム）』14号、2009.3.（琴基鉄、「日本の中の外国人街――華僑が集まる街池袋」『イ
　　　オ』2009.1)

コ・ハクブ（고학부）
　　2012　「외국인의 제주지역 부동산 투자 선택요인 분석（外国人の済州地域の不動産投
　　　資選択要因の分析）」단국대학교석사논문.

ジョウ・ミン（저우민：周敏）、リュウ・ホン（류홍：劉宏）
　　2013　「해외화인의 초국가주의 실천방식과 그 차이：미국과 싱가포르 비교분석（海
　　　外華人跨国主義実践的模式及其差異）」『華僑華人歴史研究』2013.3（ソン・ス
　　　ンソク編訳 2014)

シン・ソンチョル（신성철）
　　2014　「인도네시아 화교에게 ‘황금시대’ 오나（インドネシア華僑に〈黄金時代〉は来
　　　るか）」『데일리 인도네시아（デイリーインドネシア）』2014.4.8.

シン・ユンファン（신윤환）
　　2000　「인도네시아의 화인（インドネシアの華人）」『동남아의 화인사회（東南亜の華
　　　人社会）』전통과현대.

ソン・アンソク（손안석）
　　2012　「대두하는 중국과 재일 중국인 커뮤니티의 변화（台頭する中国と在日中国人コ
　　　ミュニティーの変化）」『일본비평（日本批評）』6、서울대학교 일본연구소.

ソン・ジョンモク（손정목）
　　2009　『서울 도시계획 이야기 -2（ソウル都市計画の話 2)』한울.

ソン・スンソク（宋承錫）編訳
　　2014　『東南亜華僑華人과 트랜스내셔널리즘（東南アジア華僑華人とトランスナショ
　　　ナリズム）』學古房.
　　2016　「한국 화교에게 중화민국이란（韓国華僑にとって中華民国とは）」『AOCS-
　　　webzine』、인천대학교 중국학술원 자료센터、2016.3.

チェ・スンヒョン（최승현）
　　2008　「화교화인의 이중국적 논쟁 연구（華僑華人の二重国籍論争研究）」『세계지역
　　　연구논총（世界地域研究論叢）』26-3、한국세계지역학회.

チャン・グォトゥ（좡궈투：莊國土）
　　2003　「문명충돌 혹은 사회모순：제 2 차 세계대전 이후, 동남아화인과 거주국종족의
　　　관계（文明冲突、抑或社会矛盾）」『廈門大学学報』157 期、廈門大学学報哲学
　　　社会科学版（ソン・スンソク編訳 2014)
　　2005　「화교화인의 국적문제 추의（華僑華人国籍問題芻議）」『国際政治研究』第 2 期
　　　（ソン・スンソク編訳 2014)

チャオ・ズーヨン（자오즈용：趙自勇）
　　2004　「동남아 화인경제의 사회・정치적 분석（東南亜華人経済的社会政治分析）」『当
　　　代亜太』第 7 期（ソン・スンソク編訳 2014)

チャン・ブヨン（張夫娟）
　　2015　「중국인의 입장에서 보는 한국 부동산 투자이민제에 관한 연구（中国人の立場

から見た韓国の不動産投資移民制に関する研究）」建国大学校 石士論文。

チャン・ユンジョン（장윤정）

2011 「세계 화교기업 현황과 지역별 특징（世界の華僑企業の現況と地域別特徴）」
『인차이나 브리프（インチャイナ・ブリーフ）』192 号、인천발전연구원。

チョ・ウォニル（조원일）

2015 「19 세기 말레이시아 지역의 화교조직 연구（19 世紀マレーシア地域の華僑組織
研究）」『인문학연구（人文学研究）』通巻 101 号。

チョン・ウンジュ（정은주）

2013 「차이나타운 아닌 중국인 집거지：근현대 동아시아 역학 속에 주조된 서울 화
교 집단 거주지의 지형（チャイナタウンではない中国人集団居住地──近現代
の東アジアの力学の中で造り出されたソウル華僑集団居住地の地形）」『서울학
연구（ソウル学研究）』서울시립대학교 서울학연구소。

チョン・ソンホ（정성호）

2005 『화교（華僑）』살림。

チョン・テシク（정태식）

2003 「외국인들의 국내부동산 투자활동에 관한 연구（外国人の国内不動産の投資活
動に関する研究）」건국대학교 석사논문。

チョン・ヨンロク（정영록）、イチャンギュ（이장규）

2008 「한국 화교 사회의 위상변화（韓国華僑社会の位相変化）」『신아세아（新アジ
ア）』15-2。

パク・ウンギョン（박은경）

1981 『화교의 정착과 이동：한국의 경우（華僑の定着と移動──韓国の場合）』이화
여자대학교 박사학위논문。

1986 『韓国華僑の種族性（한국 화교의 종족성）』한국연구원。

パク・ギョンテ（박경태）

2008 『少数者と韓国社会（소수자와 한국사회）』후마니타스。

パク・ミラ（박미라）

2016 「제주，여의도 8 배 면적 토지 외국인에 넘어가 – 중국인 소유 6 배 폭증（済州、
汝矣島 8 倍の面積の土地を外国人に渡す──中国人所有 6 倍急騰）」『경향신문
（京郷新聞）』2016.10.23.

パク・ヨンソク（박영석）

1985 『만보산사건연구（万宝山事件研究）』아세아문화사。

ハン・ホング（한홍구）

2001 「호떡집에 불지른 수치의 역사 – 일제 계략에 빠져 화교 학살한 만보산 폭동
（ホットク店に火をつけた恥の歴史──日帝の計略にはまり華僑を虐殺した万宝
山暴動）」『한겨레 21（ハンギョレ 21）』350 号、한겨레신문사。

パン・リョンナム（방룡남）

2009 「텍스트 읽기와 해석의 정치 – 이태준의 ＜농군＞에 대한 김철의 비판을 중심으
로（テキストの読みと解釈の政治──李泰俊の〈農軍〉に対する金哲の批判を

中心に）」『한국문학이론과 비평（韓国文学理論と批評）』13-1、한국문학이론
과 비평학회。

ヒョン・ムナク（현문학）

　2005　「華商 상권엔 해가 지지 않는다（華商の商圏では日が沈まない）」『毎日経済（매
　　　　일경제）』、2005.9.25.

　2016　「해외에서 말썽꾸러기 된 중국 부자들（海外で厄介者となった中国の富者た
　　　　ち）」『매일경제（毎日経済）』韓国、2016.2.15.

ポク・ドッキュ（복덕규）

　2014　「말레이시아 , 부미푸트라 우대 관행 논쟁은 진행형（マレーシア、ブミプヘト
　　　　ラ優待に関する論争は進行形）」『kotra 해외시장뉴스（kotra 海外市場ニュース）』
　　　　대한무역투자진흥공사、2014.12.19.

ホン・ジェヒョン（홍재현）

　2008　「말레이시아 종족폭동과 화교와의 관계에 대한 고찰（マレーシアの種族暴動と
　　　　華僑との関係に関する考察）」『中国人文科学』40 集、중국인문학회。

　2011　「인도네시아 화교사회 형성과 반화교폭동에 대한 연구（インドネシア華僑社会
　　　　の形成と反華僑暴動に関する研究）」『中国人文科学』47 集、중국인문학회。

ホン・ソクジュン（홍석준）

　2014　「기로에 선 말레이시아 부미푸트라（岐路に立っているマレーシアのブミプト
　　　　ラ）」『한국일보（韓国日報）』2014.10.13。

ホン・ソクビン（홍석빈）

　2005　「화교의 힘 - 보유재산 3 조 달러（華僑の力——保有財産 3 兆ドル）」『top
　　　　class』10 月号、조선뉴스프레스。

ヤン・スンユン（양승윤）

　2003　『동남아 - 중국관계론（東南亜——中国関係論）』한국외국어대학교출판부。

ヤン・ピルスン、イ・ジョンヒ（양필승・이정희）

　2004　『차이나 타운 없는 나라 - 한국 화교 경제의 어제와 오늘（チャイナタウンのな
　　　　い国——韓国華僑経済の昨日と今日）』삼성경제연구소。

ユン・インジン、イ・ユソン（윤인진・이유선）

　2002　「인도네시아의 민족관계 : 화교를 중심으로（インドネシアの民族関係——華僑
　　　　を中心に）」『아세아연구（亜細亜研究）』45（2）고려대학교아세아문제연구소。

ユン・ハンビッ（유한빛）

　2015　「싱가포르 이민정책 완급 조절 중 - 입（Yip）웨이 키엣 주한 싱가포르 대사 인
　　　　터뷰（シンガポール移民政策　緩急調節中——Yip Wei Kiat 駐韓シンガポール大
　　　　使インタビュー）」『조선비즈（朝鮮ビズ）』2015.9.14.

リ・グォリャン（리궈량：李国梁）

　2013　「화교화인경제 연구의 몇 가지 문제점（再談華僑華人経済研究的幾個問題）」
　　　　『八桂僑刊』2013.3（リュウ・ホン 2012）

リュウ・ホン（류홍：劉宏）

　2012　「중국굴기시대의 동남아 화교화인사회 : 변화와 도전（中国崛起時代的東南亜

華僑華人社会——變遷與挑戰）」『東南亜研究』第 6 期（ソン・スンソク編訳 2014）

リッキ・チャン、ソ・ジョンヒョン（리키장・소정현）
2016 「그랜드 차이나 벨트 (17) – 세계속의 화교 ‘동남아시아’（グランドチャイナベルト（17）——世界の中の華僑〈東南アジア〉）」『（ハッピーウーマン）』월드비전 21, 2016.4.22.

ワン・フビン（왕푸빙：王付兵）
2001 「전후 동남아 화교화인의 정체성 변화（二戰後東南亜華僑人認同的變化）」『南洋問題研究』第 4 期（ソン・スンソク編訳 2014）

ワン・ワンボ（왕왕버：王望波）
2012 「차별을 넘어 부상하는 인도네시아의 화교（差別を越えて浮上するインドネシアの華僑）」『CHINDIA Plus』2012.6, 포스코경영연구원.

［韓国語小説・映画］

イ・テジュン（이태준：李泰俊）
1931(2015) 「농군（農軍）」『이태준전집 2- 돌다리 외（李泰俊全集 2 – 石橋 他）』尙虚学会（상허학회）、소명출판.

イ・オンヒ（이언희）監督
2016 映画『미싱：사라진 여자（ミッシング——消えた女）』100 分。

キム・ソンス（김성수）監督
2016 映画『아수라（阿修羅）』132 分。

チョン・ジェウン（정재은）監督
2001 映画『고양이를 부탁해（子猫をお願い）』110 分。

ナ・ホンジン（나홍진）監督
2010 映画『황해（黄海）』156 分。

パク・ジョンボム（박정범）監督
2008 映画「125 전승철（125 チョン・スンチョル）」20 分。

パク・フンジョン（박훈정）監督
2012 映画『신세계（新世界）』134 分。

［日本語文献］

岩崎育夫
1997 『華人資本の政治経済学——土着化とボーダーレスの間で』東洋経済新聞社。

岡田英樹
2011 「李輝英〈万宝山〉——事実と虚構のはざま」『立命館文学』620。

上東輝夫
2002 「日本軍政期の北ボルネオにおけるアピ事件について」『NUCB journal of economics and information science』47（1）。

姜　信子

1990 『ごく普通の在日韓国人』朝日文庫。

許　春花
2007 「〈満州事変〉以前の間島における朝鮮人の国籍問題の展開」一橋大学大学院博
士論文、（論文要旨 http://www.soc.hit-u.ac.jp/research/archives/doctor/?choic=summaer
y&thesisID=166）

五島文雄
2011 「インドシナ三国の華人・華僑社会の変容」『大阪大学中国文化フォーラム』
2011-6。

塩野七生
2002 『ローマ人の物語』1、新潮文庫。

高嶋　道
2015 「日本軍の侵略の傷跡を訪ねて──マレーシア・シンガポールでの掘り起し・交
流・和解」『東京の歴史教育』44 号、東京都歴史教育者協議会。

高田洋子
1991 「フランス植民地期ベトナムにおける華僑政策──コーチシナを中心に」『国際
教養学論集』1。
2004 「フランス領インドシナの植民地都市研究序説」『植民地都市の研究』国立民族
博物館地域研究企画交流センター。

玉置充子
2008 「欧州の華僑・華人」『華僑研究センターニューズレター』9 号、拓殖大学海外
事情研究所。

庄　国土
2009 「世界華僑華人数量的最新估算和分布」『華南地域社会の歴史的淵源と現在』
2007 年～ 2008 年度科学研究費補助金基盤研究（C）成果報告書（五島文雄
2011）。

陳　来幸
2006 「書評　安井三吉著『帝国日本と華僑──日本・台湾・朝鮮』」『現代中国研究』
19 号、中国現代史研究会。

崔　晨
2006 「ベトナムにおける華人資本の形成と変遷」『海外事情』54（11）、拓殖大学海外
事情研究所。

野澤知弘
2004 「カンボジアの華人社会」『アジア経済』XLV-8。

林　博史
2007 『シンガポール華僑粛清』高文研。

原不二夫
1987 「シンガポール日本軍政の実像を追って」『アジア経済』28、アジア経済研究所。

遊川和郎
2009 「中国的価値観の拡散と国際社会」ICCS 国際中国学研究センター。

吉原久二夫
1999 『東南アジアで良くなる国、悪くなる国』東洋経済新報社。(Kunio Yoshihara, 1988, *The Rise of Ersatz Capitalism in Southeast Asia,* OUP Australia and New Zealand)

李　炯才
1987 『南洋華人──国を求めて』花野敏彦訳、サイマル出版会。

廖　大珂
2014 「マレーシアにおける中国新移民」『現代アジアにおける華僑・華人ネットワークの新展開』風響社。

［中国語文献］
陳　翰生
1980 『華工出国史料匯編（华工出国史料汇编）』第 1 輯、中華書局。

陳　澤憲（陈泽宪）
1963 「十九世紀盛行的契約華工制（十九世纪盛行的契约华工制）」『歴史研究（历史研究）』1963 年第 1 期。

許　雲樵
1961 「柔仏的港主制度（柔怫的港主制度）」『南洋文摘』第 20 期、（チョ・ウォニル 2015）。

游　仲勛（郭梁・劉曉民訳）
1987 『東南亜華僑経済簡論（東南亞華僑經濟簡論）』廈門大学出版社。

［英語文献］
Caroline S. Hau（施蘊玲）
2012 "Becoming 'Chinese'—But What 'Chinese'? —in Southeast Asia（東南アジアでの「中国性」びいき──その「中国性」の意味合い）" *The Asia-Pacific Journal* (Japan Focus Vol.10), 2012.6.

Emma Helen Blair and James Alexander Robertson, eds.
2007 *The Philipine Islands, 1493-1898*（http://philhist.pbworks.com/w/page/16367055/ThePhilippineIslands）

Jennifer Pak
2011 "Will China's rise shape Malaysian Chinese Community?", *BBC NEWS,* 2011.12.30.（www.bbc.co.uk/news/world-asia-16284388）

Lynn Pan eds.
1999 *The Encyclopedia of Chinese Overseas,* Cambridge, MA: Harvard University Press.

Paul Tjon Sie Fat
2009 *Chinese New Migrants in Suriname: The Inevitability of Ethnic Performing,* Amsterdam: Amsterdam University Press.

2012 *The Sun,* 2012.9.28（www.recordchina.co.jp, 2012.10.1.）

［Web 資料］

2007 「인도네시아 정부의 화교유화정책（インドネシア政府の華僑宥和政策）」『정책브리핑（政策ブリーフィング）』문화체육관광부、2007.5.14

2015 『연합뉴스（聯合ニュース）』2015.3.6.~3.30. http://www.yonhapnews.co.kr/

法務部出入国・外国人政策本部（법무부 출입국 · 외국인 정책본부）2015『통계월보（統計月報）』2015.4. www.immigration.go.kr

済州特別自治道（제주특별자치도）「제주국제자유도시 투자환경（済州国際自由都市の投資環境）」http://freecity.jeju.go.kr/

韓国出入国外国人政策本部（한국 출입국 외국인정책본부）http://www.immigration.go.kr/

インドネシア教科書 2004「日本占領時代におけるインドネシアの社会生活」『インドネシア専科』http://www.geocities.jp/indo_ka/buku_pelajaran/bahasa_jepang.html

日本法務省 2014「在留外国人統計」2014.12.、http://www.moj.go.jp/housei/toukei/toukei_ichiran_touroku.html

日本外務省アジア大洋州局地域政策課 2016「目で見る ASEAN-ASEAN 経済統計基礎資料」2016.1.、http://www.mofa.go.jp/mofaj/files/000127169.pdf

日本外務省『日本外交文書デジタルアーカイブ――昭和期Ⅰ』第 1 部第 5 巻、https://ja.wikipedia.org/wiki/%E%B8%87%E5%AE%9D%E5%B1%E4%BA%8B%E4%BB%B6

1984『星洲日報』1984.7.6. http://www.sinchew.com.my/

1999「郭建義鼓励華人参政」『星洲日報（新加波）』1999.10.28. http://www.sinchew.com.my/

2002『聯合早報』2002.11.7. http://www.zaobao.com.sg/

2014『人民網』日本版、2014.1.29. http://j.people.com.cn/

中華民国行政院僑務委員会 2007『中華民国 95 年 僑務統計年報』http://www.ocac.gov.tw/

呉大地 2009「那些先来的人、請挙手」『聯合早報』2009.9.24. http://www.zaobao.com.sg/

中国新聞社世界華商発展報告課題組 2009『2008 年世界華商発展報告』中国新聞社、2009.2.2. http://www.chinanews.com/

斉立新インタビュー 2011「冷静面対 "新移民潮"（経済熱点）」『人民網』、2011.5.23（. http://finance.people.com.cn）

倪煕常 2011「新加坡與他者」『星報』2011.6.25（ジョウ・ミン、リュウ・ホン 2013）http://www.sengpou.com/

台湾内政府入出国及移民署 2012、www.immigration.gov.tw

中国国務院僑務弁公室 2014「華僑・華人研究報告（2013）」『中国青年報』2014.1.（『人民網』日本語版、2014.1.29.）

王耀輝 2014『国際人材藍皮書（簡体字）：中国国際移民報告（簡体字）（2014）』中国与全球化智庫、http://www.ccg.org.cn/Research/View.aspx?Id=512

中華民国僑務委員会 HP、http://www.ocac.gov.tw/

第3章　韓国の移住労働者政策とシティズンシップの再構成

盧恩明
<small>ノ ウンミョン</small>

1　はじめに

　過去30年余り、移住に関する韓国の位相は急激な変化を経験した。1980年代初頭までの韓国は労働力送出国家であり、韓国社会には外国人は存在しても移住労働者[1]はほとんどいなかった。九老工業団地にも仁川工業団地にも労働を認められた滞在資格を持つ移住労働者は見当たらず、1987年7月〜8月に行われた「労働者大闘争」の時期にも移住労働者という用語は登場しなかった。しかし、1980年代末から脱冷戦やグローバル化の影響、少子高齢化による移住労働者・結婚移民者の急増に伴い、韓国社会には多種多様な移住民が居住するようになった。まず、親戚訪問等の理由から入国した中国同胞は、中国との関係改善という政治的な変化を契機に韓国を訪問したが、次第に国内建設業界の深刻な労働力不足を背景に就業機会を得るようになった。このように建設業や中小製造業において相対的に賃金の低い移住労働者に対する需要が拡大したのは、1987年の労働者大闘争以降、国内労働者の賃金が急激に上昇したためである。また、1988年のソウルオリンピック効果により韓国が外国人にとって移住できる国に映ったということも影響を与えている。しかし、外国人労働力の流入に関する法制度が未整備であったこと、社会的な認識が不足していたことは、移住労働

---

[1]　1990年12月18日にUN（国連）で採択された「全ての移住労働者およびその家族の権利の保護に関する国際条約」では、移住労働者を「母国ではない他国において有給活動をする予定、または、している、また、してきた者」と定義している。韓国の外国人雇用法では「外国人勤労者」を、大韓民国の国籍を持たず、国内に所在する事業または事業場において賃金を目的に勤労を提供している、または提供しようとしている者と規定している。本稿では、多様な形態の外国人労働者を「移住労働者」と統一して記述した。ただし、条文等については「外国人勤労者」とそのまま引用している箇所もある。

図1　滞在外国人（就業資格）の推移

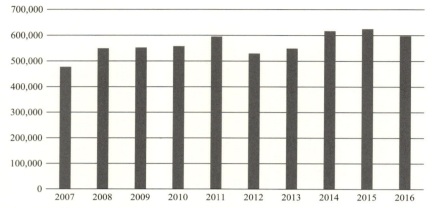

（資料：法務部出入国・外国人政策本部、『出入国・外国人政策統計年報』（2007年から2016年まで各年度12月）

者に対する人権侵害と非正規滞在者[2]の急速な増加という状況を招来した。これに伴い、韓国政府は社会的な議論を経て移住労働者政策を樹立し、制度を整備するようになる。

　産業技術研修制度と「外国人勤労者の雇用等に関する法律」(以下、外国人雇用法）によって韓国労働市場に流入した移住労働者たちは、製造業、建設業、農畜産業など韓国人労働者が忌避する3K業種において不可欠の存在となった。2017年6月末時点で韓国に滞在する外国人数は200万名を超えており（2,055,850名）[3]、上図1に見られるように、就業資格を持つ滞在外国人も増加し、2016年12月末時点では597,783名が就業している。これは「専門人力」および「単純技能人力」に分かれるが、次頁図2に見られるように、単純技能人力は、2016年12月末時

2　本稿では、韓国で主に使用される「滞留」という言葉の代わりに、日本でよく使用される「滞在」という言葉を用いる。ただし、他文献を引用する場合などは、原文のままの用語を選択する。また、「非正規滞在者」という概念については次の文章を参照した。「『非正規滞在者（irregular residents）』とは、合法的な滞在資格をもたずに主権国家の領土内に滞在する外国人を指す。行政やマスコミでは『不法滞在者（illegal residents）』と表現されることが一般的だが、『不法』というレッテルは、彼／彼女らがすべて『犯罪者』であるかのような印象を与えかねない」[渡戸・鈴木・A. P. F. S編 2007: 3]。

3　『出入国・外国人政策統計月報』2017年6月号。

図 2　年度別単純技能人力の推移　（単位：千名）

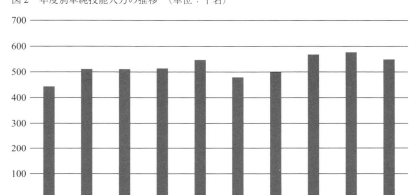

（資料：法務部出入国・外国人政策本部、『出入国・外国人政策統計年報』(2007 年から 2016 年まで各年度 12 月)

点では 549,449 名に至る。これらの単純技能人力の内訳は、非専門就業（E-9）が 279,187 名、訪問就業（H-2）が 254,950 名、船員就業（E-10）が 15,312 名となっている。

　このように、単一民族国家の神話[4]が根強い韓国においても、今日では滞在外国人[5]や移住労働者の増加は普遍的で避けられない現象となったため、今やかれらの存在を無視または拒否することはできなくなった。しかし、滞在外国人や移住労働者は、国民国家の内部で居住し生活する人格的個体ではあるものの、「国民の権利」を持つことはできない。この形式と実体の差異を解決するために注目されるようになった概念がシティズンシップ[6]である。近代国民国家の統合に

---

[4]　キムリッカは、世界において単一文化を維持する二つの国家として韓国とアイスランドに言及している［Kymlicka, W. 1995: 196、用語の翻訳等に際しては角田・石山・山崎監訳　1998 参照］。

[5]　ソイサルは、国民と外国人を、正規成員としての地位とそれに伴う権利と義務の有無という観点から単純に両分することが現在では不可能になったとしている。両者の間には、滞在外国人を対象とする様々な法的地位が設定されており、合法的地位のみならず、場合によっては非合法的な地位に対しても様々な権利と義務が与えられているためである［Soysal, Yasemin Nuhoglu 1994: 137-143］。

[6]　シティズンシップは、権利のみならず義務や責務も内包する概念であるため、「市民権」という訳語より「シティズンシップ」という語をそのまま用いるほうがその意味を正

重要な役割を果たしてきたシティズンシップは、これまで国籍の概念と同一視されてきたが、急増する移住の時代を迎え、その概念が変化しつつある。何よりも、「他者」としての移住民を包摂する方式によって、シティズンシップは様々に変容している。

　本稿では、まず韓国の移住労働者政策の変遷過程を探り、次いで雇用許可制の施行後、韓国においてシティズンシップがどのように変化しているのかについて考察する。また、現段階（2017 年）での問題点および限界を克服するためには、シティズンシップがどのように再構成されるべきか、その方向性についても模索してみたい。

2　韓国の移住労働者政策の変遷過程

1　産業技術研修制度の導入（1991 ～ 1994 年）

　1990 年代に入り、韓国社会では深刻な労働力不足を迎えた中小企業等を中心に外国人労働力への要求が強まった。政府は、単純技能の外国人労働力は原則として受け入れないという方針[7]に基づき、日本の外国人研修制度を参照して 1991 年 10 月に「海外投資企業産業技術研修制度」を導入した。産業技術研修制度は、海外に投資している企業を対象に、海外の子会社で雇用した労働者に限り、最大 12 か月まで国内滞在を許可する制度で、1992 年 9 月には海外投資をしていない中小企業も産業技術研修生を受け入れることができるように対象が拡大された。しかし、過度な送出手数料等の管理不備により非正規滞在労働者が増えると、1994 年 1 月から中小企業協同組合中央会等の経営団体を管理主体とする団体推薦産業技術研修制度が施行された。アジア 11 か国を対象に、27 の送出企業によって外国人労働力の導入が拡大された。これに伴い、1994 年 5 月から本格的に産業技術研修生資格を持つ移住労働者たちが国内へと入ってきた。

　産業技術研修生は労働者ではなく、そのために勤労基準法をはじめとする労働法上の一部条項の適用から排除されるなど、労働関係の法令の適切な保護を受けることができなかった。その結果、人権侵害と労働搾取に追い込まれた産業技術研修生たちは事業場を離脱し、それによって次第に非正規滞在労働者が増加し、2002 年末、その数は韓国で就業する外国人労働力の 80％近くに肉薄す

　　確に伝えることができると考えられる。
　7　チェ・ホンヨプ［2008: 186］

る 89,239 名となるに至った[8]。また、1995 年以降、非正規滞在労働者の賃金が内国人の市場賃金に近くなり、労働市場に混乱が訪れた[9]。さらに、1994 年、労働災害にあった移住労働者たちが政府の補償を要求した、「経済正義実践市民連合」講堂での座り込み、1995 年ネパール産業研修生らによる明洞聖堂での座り込み等を通して、移住労働者たちは韓国社会の陰に隠された恥部を露わにした。これらを受けて、1995 年 2 月、政府はついに「外国人産業技術研修生の保護及び管理に関する指針」を発表し、これに伴い、産業技術研修生に対しても暴行禁止等の勤労基準法の 8 条項および最低賃金制が適用されるようになった。

2 雇用許可制への転換（1995 〜 2003 年）

(1) 雇用許可制の立法過程

　雇用許可制の立法過程は大きく二つの時期に分けられる。まず、移住労働者政策の改善に向けて様々な活動が展開されたにもかかわらず、政策決定が失敗に終わった 1995 年から 2001 年までの時期を第 1 期と考えることができる。1995 年 10 月から外国人移住・労働運動協議会[10] が産業技術研修制度を廃止し、労働許可制を基本とする外国人労働者保護法の立法請願運動を展開したことにより、移住労働者受入制度が社会的議題として浮き彫りになった。1996 年、労働部は産業技術研修制の改善とは別途に、雇用許可制の導入を推進したが、採決には至らなかった。1997 年 6 月には 78 の非政府団体から構成された外国人労働者問題共同対策委員会が雇用許可制を要求したが、通貨危機による産業界の反発、関連政府部署の反対により立法推進が保留された。成長と分配の調和、資本の海外開放と労働市場の開放、人権重視・労働親和的政権を掲げた金大中政府は、外国人労働者の人権保護に関する国際的圧力が強まると、「外国人勤労者人権対策」(2000 年)を発表した[11]。そして汎政府レベルでの外国人労働者人権対策機構を構成し、政策の方向性を論じ雇用許可制の導入を推進したが、諸経済団体の組

8　コ・ジュンギ［2006: 295］

9　ハ・ガプレ［2002: 5］

10　外国人移住・労働運動協議会（外労協）は、1995 年に全国各地で移住労働者支援活動を行っていた 40 余りの団体が集結し結成された。当協議会は、移住労働者たちの実態に関する告発や政策提言等を通して移住労働者問題を社会的イシューとして広める役割を担ってきた（www.jcmk.org）。

11　従来の 2（2 年間の研修）＋ 1（1 年間の就業）研修就業制度を 1 ＋ 2 に変更した［イ・ヒョンジュ 2000: 86-87］。

127

織的反対により、その導入は再び無期延期となった。

　次に、制度改善をめぐる議論と活動が制度化に成功的に結びつく 2002 年から 2003 年までの時期を第 2 期と考えることができる。2002 年以降、移住労働者政策をめぐる議論が本格的に再開された。ここでは、産業技術研修制度の問題点については概ね認められたものの、改善方向については雇用許可制と労働許可制[12] の間で意見が分かれ、制限的労働許可制が提案されることもあった。2002 年末の大統領選挙では与党・野党の候補が共に雇用許可制の導入を選挙公約として掲げ、このことが諸関連部署による法律導入の協議を促す決定的要因として作用した[13]。2003 年から始まった盧武鉉政府は、東北アジア時代の拠点国家に向けたビジョンとマイノリティに対する差別の撤廃を国政課題の一つに掲げ、より開放的な外国人政策の必要性を提起した[14]。これに伴い、雇用許可制の導入をめぐる大統領と与党の積極的な仲裁、支援団体らの組織的な連帯、民主労総（全国民主労働組合総連盟、1995 設立。第二労働組合総連盟の性格）や韓国労総（韓国労働組合総連盟、1946 設立）による立法請願等に後押しされ、ついに 2003 年 7 月 31 日に外国人雇用法が国会で可決された。2004 年 8 月 17 日より本格的に雇用許可制が施行され、雇用許可制と並行して実施されていた産業技術研修制度は 2007 年 1 月 1 日に廃止された。

(2)　雇用許可制の特性

　外国人雇用法は「単純技能外国人勤労者を体系的に導入・管理することで円滑な人力の需要と供給及び国民経済の均衡ある発展を図る」一方、「外国人勤労者に対する人権侵害を防止し権利を保障する」ことを目的に制定された。この法律は、一般の移住労働者に対しては雇用許可制を適用し、外国籍同胞[15] に対しては特例雇用許可を認める構造となっている。順に見ていこう。

12　雇用許可制では使用者に雇用許可が与えられるため、移住労働者が自由に職場を変更することは困難である。反面、労働許可制では移住労働者に就業許可が与えられるため、移住労働者が職場を自由に変更することができる。

13　キム・ヨンジョン［2009: 134］

14　イ・ヘギョン［2008: 131］

15　韓国政府は中国との外交上の摩擦や 200 万の中国同胞（朝鮮族）が同時期に帰国する場合を憂慮し、在外同胞を活用する政策を忌避してきたが、通貨危機を経て、また中国の発展に華僑が寄与した役割を認め、その見方を変更した。その後、1999 年 9 月に在外同胞法、2002 年 12 月に就業管理制、2007 年 3 月に訪問就業制等が施行された［イ・ヘギョン 2008: 120］。

128

3　韓国の移住労働者政策とシティズンシップの再構成

　まず、雇用許可制の特性は次のようなものである。第一に、労働関係法の適用などについては内国人労働者と同一に扱う。第二に、内国人を雇用できなかった事業場に対して移住労働者の雇用を許可する。第三に、移住労働者受入れ関連の不正、ブローカー遮断のために公共部門がこれを直接管理する。第四に、市場の需要に合致する移住労働者の選抜・導入を志向する。第五に、定住化を防止するために短期循環制を維持する。2012年2月1日に一部改定され、2012年7月2日から施行されている現行外国人雇用法第8条によると、「外国人勤労者」を雇用しようとする使用者は、職業安定機関に内国人の求人申請を行ったにもかかわらず労働力を採用できなかった場合に、職業安定機関の長に外国人勤労者の雇用許可を申請するものとしている。申請を受理した職業安定機関の長は、外国人勤労者を導入する業種や規模など、大統領令によって定める要件を備えた使用者に外国人求職者名簿に登録された者のなかから適格者を推薦する必要があり、使用者が適格者を選定した場合には滞りなく雇用許可書を発給しなければならない。一般雇用許可制の適用対象は、大韓民国の国籍を持たない外国人であり、外国籍同胞を除くため、非専門就業（E-9）の滞在資格を所持する移住労働者である。

　一方、外国人雇用法第12条では、「外国人勤労者雇用の特例」に関する規定を設けている[16]。これによれば、外国人力政策委員会が日雇い労働者の労働市場の現況や内国人労働者の雇用機会侵害の如何および事業場の規模等を考慮して定めた建設業の事業場、また同委員会が産業別特性を考慮して定めたサービス業・製造業・農業あるいは漁業の事業場の使用者は、内国人求人の努力を行ったにもかかわらず労働力を採用できなかった場合にのみ、職業安定機関の長から特例雇用可能確認を受け、外国籍同胞を雇用することができる。しかし、アメリカ、日本等に居住する同胞に比べ、中国、旧ソ連地域等に居住する同胞が相対的に疎外されているという批判が強まると、2007年からは中国、旧ソ連地域等に居住する満25歳以上の同胞に対しては、一定の要件を備えていれば、自由な出入国を許容し、就業許容業種を拡大して就業手続きを簡素化する「訪問就業制度」を施行している。これに伴い、次頁図3に見られるように、中国同胞の比率が就業資格滞在外国人のうちで最も多くなった。

16　日本の日系人受け入れ政策を参照して作られた。

図3 滞在外国人（就業資格）の国籍・地域別現況

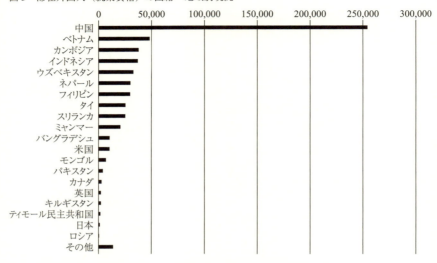

（資料：「統計月報」2016 年 12 月号、法務部出入国・外国人政策本部）
注：2016 年 12 月 31 日現在、単位：名

3　雇用許可制導入後の政策基調の変化

　2004 年の雇用許可制導入後、移住労働者政策の基調は大きく 4 つの方向へと変化してきた。以下では、それぞれの方向について詳しく見ていく。

(1)「多文化社会」宣言と包摂政策への転換

　この時期、韓国では移住者政策に関する国内外の環境が急速に変化した。第一に、国家間の活発な人的交流が急増した。第二に、急速な少子高齢化による移住労働者の需要が増大した。第三に、滞在外国人の類型の多様化および定住化[17]が進行した。これらに対処するため、2005 年 4 月に大統領は貧富格差・差別是正委員会に外国人の社会統合政策を準備するよう指示した。その結果、2006 年 4 月 26 日に「女性結婚移民者家族の社会統合支援対策」および「混血者及び移住者支援方案」が発表された。当日、盧武鉉大統領は会議において「韓国が多人種・多文化社会へと移行することはすでに変えられないことであり」、した

17　以前は一時的な滞在形態の外国人が主に入国していたが、2000 年代以降、国際結婚、移住労働者、在外同胞、留学生といった長期滞在の形態が増加してきた［キム・ナムイル　2007: 144-146］。

130

3 韓国の移住労働者政策とシティズンシップの再構成

がって「多文化政策を通して移住者を統合する努力を行うべき」だと宣言した。

これに伴い、2006 年 5 月 26 日、総合的・中長期的な外国人政策を議論するために招集された第 1 回外国人政策会議では、「外国人政策基本方向および推進体系」が発表された。この過程で教育人的資源部は、単一民族主義を強調する教科書を、多文化を強調し他人種に対する寛容を強調する内容に修正することにすると発表した。また、法務部は「移民政策：外国人と平和に共存する開かれた社会のために」という公聴会を開催した[18]。これは「移民政策」に関する公式的な議論の端緒を提供したという点において有意義である。

続いて「在韓外国人処遇基本法」[19] が 2007 年 7 月から施行され、「開放・統合・秩序」を基調とした第 1 次外国人政策基本計画案（2008 〜 2012 年）が樹立された。2008 年 3 月には結婚移民者とその子女を韓国社会に統合するための「多文化家族支援法」[20] が制定され（2011 年 4 月に一部改定）、現在 45 自治体が「多文化家族支援条例」を制定し、「多文化家族支援センター」を設けて運営している。第 1 次基本計画の特徴は、政策対象を外国人と国民の両方に設定したこと、移住労働者処遇の改善、非正規滞在者の人権保護および取締りの適法手続きの整備、移住者支援団体の意見反映がなされたことなどである。しかし、2008 年以降の李明博政権下では、滞在外国人に対する総合的・体系的管理システムの構築および国家安保次元の情報管理が大幅に強化され、民間が主導的に進めてきた移住者支援事業は国家主導的で持続的な事業となった。朴槿恵政権下より施行されている第 2 次基本計画（2013 〜 2017 年）も、基調としては「開放、統合、人権、安全、協力」を掲げており、実際、多文化家族の社会統合と定着のための政策コンテンツはより豊かになった。しかし、移住労働者に対する包摂政策は未整備のままであり、移住労働者の人権より韓国の経済的利益が強調され、移住者内部の格差が拡大した。

18　公聴会の開会辞において法務部長官は、多文化政策によって移住者を統合しない場合、深刻な社会不安を引き起こしかねないと警告した。また、法務部長官は、2005 年の出入国管理報告書の序文において「外国人は韓国社会に躍動性と多様性を提供する大切な人的資源だということを認識しなければ」ならないと述べている［キム・ヒジョン 2007: 65-66］。

19　同法の第 2 条（定義）によると、「『在韓外国人』とは、大韓民国の国籍を持たない者として、大韓民国に居住する目的を持ち、合法的に滞留している者を指す」。したがって、非正規滞在者は同法の適用から根本的に排除されている。

20　多文化家族とは、韓国人と結婚移住者（結婚移民者＋国籍取得者）の結婚により形成された家族を意味する。

(2) 事業主の便益を図り、移住労働者の従属性を強化

　事業主が雇用許可を取得するためには内国人の求人努力を尽くす必要があるが、2005 年 3 月の改定案ではその期間が 1 か月から 3 日～ 7 日に変更され、事業主の雇用許可要件が緩和された。さらに、2005 年 12 月の改定案では、事業主は労働力不足確認書を発給されなくても容易に雇用許可が取得できるようになり、事業主の勤労開始申告義務規定もまた削除された。

　次に、2009 年 10 月の改定案で勤労契約期間の範囲が 1 年から 3 年へと拡大され、移住労働者が 1 年後に他の事業場へ移動することが難しくなり、3 年間同じ事業主に従属する傾向が見られるようになった。また、以前は雇用センターが事業場変更許可を得た移住労働者に求人事業主名簿を提供し、移住労働者が自身の望む条件に合う事業主を選択できるようになっていたが、2012 年 8 月に「外国人勤労者事業場変更改善指針」が設けられ、求人事業主名簿の提供が中断された。移住労働者側からすれば、事業場（労働条件）の選択権を剥奪された[21]ようなものである。さらに、2012 年 2 月 1 日には、事業場の変更が、その事由が移住労働者の責任ではない場合にのみ許容されるように雇用労働部の告示が変更となったが、この告示は法律において提示された基準よりも要件が厳格なため、事業場の変更は更に困難になった。移住労働者にとっては、事業場を無断離脱すれば非正規滞在者へと転落し強制退去となるほかないため、事業主の責任の所在を究明することは非常に切迫した問題である。このように移住労働者の事業場変更が阻止されたことで、事業主への従属性が強化された[22]。

(3) 短期循環政策基調の変化

　熟練の移住労働者を必要とする企業の要求に応え、第一に、移住労働者の就業活動期間が延長され、再就業制限期間は短縮された。2005 年 5 月以降、再就業制限期間は 1 年から 6 か月に短縮され、3 年間の就業活動期間を満了した移住労働者に対して使用者が再雇用を要請する場合は 1 か月に短縮された。2009 年 9 月以降は、1 回に限り 2 年の範囲内で出国することなく就業活動期間を延長できるようになった。政府は毎年 1 万名の再入国者クオータ （quota）（受け入れ人数総

21　「이주노동자 사업장 선택권 박탈을 철회하라（移住労働者の事業場選択権剥奪を撤回せよ）」『대전뉴스（大田ニュース）』2012.7.24；「외국인 근로자 사업장 선택권 박탈 반대（外国人勤労者事業場選択権剥奪反対）」『영남일보（嶺南日報）』2012.7.25..

22　ユン・ジョン［2015: 82-84］

3　韓国の移住労働者政策とシティズンシップの再構成

量規制）を設定している。

第二に、2012 年 7 月から施行された「誠実勤労者再入国就業制度」は、最大
9 年 8 か月間の就業を許容することで長期滞在への道を開いた[23]。この制度を導入
した最大の理由は、熟練労働者の継続使用を保障し、移住労働者の誠実勤労を
促進するためである。しかし、条件が煩雑で、3 か月以上の帰国期間を置かなけ
ればならず、労働力に空白が生じるため、不満を抱える使用者が多い。移住労
働者にとっても、「経歴職での転職」が不可能である点が短所として挙げられる。

第三に、雇用許可制等に基づいて入国した移住労働者も、熟練生産技能外国
人労働力に転換すれば、居住（F-2）資格や特定活動（E-7）資格にビザを変更する
ことができる[24]。第 2 次外国人政策基本計画によると、政府は単純技能労働力を
熟練技能労働力に転換し雇用を持続する方向性を示している。具体的には、該
当分野の非専門移住労働者を対象に、社内外の訓練プログラムを運営すること
で熟練技能を身につけることができるようにし、韓国語および社会統合プログ
ラムの履修も支援している[25]ことが挙げられる。

第四に、誠実勤労者再入国制度の厳しい要件を満たすことができない場合、
特別韓国語試験に合格することで 6 か月後に再入国することができる[26]。この制
度は 2011 年 12 月よりタイとベトナムに対して試験的に実施され、2012 年から
他の国家に対しても拡大実施された。この制度の特徴は、誠実勤労者再入国と
は異なり、従来働いていた業種や事業場の規模にかかわらず、また事業場変更
の経歴があっても再入国することができることである。このとき、出国前の事
業場で 1 年以上働いた場合は、使用者と移住労働者の同意を得てその事業場に
優先的に斡旋する[27]。

第五に、法務部は 3D（日本の〈3K〉）業種の安定的な熟練技能労働力を確保す
るため、「外国人熟練技能点数制ビザ（E-7-4）」を、2017 年 8 月 1 日から試験的に

23　チェ・ホンヨプ［2013: 423-426］

24　「熟練生産技能外国人力に対する居住（F-2）資格への滞留資格変更および滞留管理業
　　務処理指針」（法務部訓令第 843 号、2011.12.15. 施行）。

25　法務部「第 2 次外国人政策基本計画および樹立指針」2013.1.30.

26　政府は 2014 年 12 月 23 日に、第 19 次「外国人力政策委員会」を開催し、2015 年度の
　　外国人労働力の導入・運用計画および雇用許可制の制度改善方案を確定した。ここで
　　2015 年の予想再入国者が 1 万名であるという点を勘案し、新規外国人労働力（E-9）
　　の導入規模は 4 万 5 千名とすること、再入国者を対象とする特別韓国語試験は職務関
　　連の項目を追加し、熟練水準も評価することを定めた（雇用労働部、2015.1.8.）。

27　チェ・ホンヨプ［2013: 429］

施行し、2018年から本格的に実施されている。新設された制度によれば、非専門就業（E-9）及び船員就業（E-10）、訪問就業（H-2）ビザを持ち、韓国で4年以上勤務した移住労働者は、2年毎の審査を経て、事実上韓国で永久的に滞在することが可能になる。審査対象は、鋳造、金型、溶接等の基礎産業及び農林畜産漁業分野における移住労働者であり、熟練度、年齢、経歴、韓国語能力、保有資産、関連職種の教育・研修経験、犯罪歴等を総合して点数を算定する[28]。訪問就業ビザを持つ外国同胞の場合、これまで5年毎に在外同胞（F-4）ビザに更新することで永久滞在が可能となっていたが、これは3D業種への就業が不可能であったのに対し、新設された熟練技能点数制ビザは業種の制限を設けておらず、選択の幅が広がったといえる。

(4) 移住労組の合法化

　雇用許可制は移住労働者を「労働者」として認める制度であるため、労働組合活動を許容しており、2009年10月の改定案では3年間の契約期間が保障されるため、現実的にもこれが可能になる。2005年4月、移住労働者91名がソウル・京畿・仁川移住労働者労組（以下、移住労組）を結成したが、ソウル地方労働庁は構成員の一部が「不法滞留者」であるとし、設立申告書を差し戻した。これに対して移住労組が提訴した訴訟において、第一審では労働庁が勝訴したが、2007年、高等法院は原告勝訴の判決を下す。そして訴訟を提起してから10年が経過した2015年6月25日、ついに大法院は「労働組合法の趣旨を考慮すれば、就業資格のない外国人も労組法において規定する勤労者の範囲に含まれるため、自由に労組結成及び加入をすることができる」という判決を下し、「出入国管理法によって強制退去・処罰することは、就業資格のない外国人を雇用する行為自体を禁止するものであるに過ぎず、就業資格のない外国人の勤労に伴う権利や労働関係法上の諸般の権利までをも禁止しようとする趣旨とは言い難い」とした[29]。これにもかかわらず、雇用労働部は移住労組の規約にある「雇用許可制の廃止、取締・追放の中断、未登録移住労働者の合法化」等の条項が、政治活動を禁止した労組法に反するという理由から、労組設立の申告証を発給しなかった[30]。これに対し移住労組は、ソウル地方雇用労働庁の前で抗議のための記者会

28　法務部出入国・外国人政策本部滞留管理課 2017.7.18.

29　「이주노동자 노조 10년만에 합법화（移住労働者労組10年目にして合法化）」『한겨레신문（ハンギョレ新聞）』2015.7.16.

30　「고용노동부는 이주노조 규약 시정 요구 철회하라（雇用労働部は移住労組への規約是

3　韓国の移住労働者政策とシティズンシップの再構成

写真1・2　九老区の加里峰（ガリボン）市場には中国食品店と食堂がずらりと並んでいる。

見を開き、25日間にわたる座り込みを展開したが[31]、最終的には雇用部が問題視した表現を「移住労働者の労働条件を向上させ、政治的・経済的・社会的・文化的地位の向上を図る」と変更し、ついに8月20日に労組設立申告証が発給された[32]。

　雇用許可制は移住労働者の「労働者性」を認め、人権及び社会権を向上させた点が高く評価され、2011年5月に公共行政腐敗防止及び剔抉分野においてUN公共行政賞大賞を受賞した。しかし、これは一方で社会的妥協を経て形成された制度であったため、完全な人権保障を達成することはできず、非正規滞在労働者らの合法化要求を制限的にしか包容できなかったという限界を含んでいた[33]。施行過程において事業主の便益が図られ、移住労働者の従属性が強化されたことも解決すべき課題として残されている。とはいえ、長期就業等により短期循環政策の基調が揺らいだこと、非正規滞在労働者を含むすべての移住労働者の労組活動が保障されるようになったことは注目に値する。移住労組の過去

　　　正要求を撤回せよ）」『노동자연대（労働者連帯）』2015.7.16.
31　パク・ジンウ［2015］：「이주노조 설립신고필증 발급지연에 대한 항의 기자회견（移住労組設立申告証発給遅延に関する抗議記者会見）」『이주민방송（移住民放送）』2015.7.14.
32　「설립신고증 받은 이주노조（設立申告証を発給された移住労組）」『한겨레신문（ハンギョレ新聞）』2015.8.21.
33　雇用許可制の定着のため、政府は非正規滞在期間に基づく「選別合法化措置」をとった。これにより、韓国での滞在が4年未満である227,757名のうちの80.9％である184,199名が登録手続きを行い、正規の滞在資格（非専門就業「E-9」資格）を得た。しかし、対象者のなかで登録しそびれた43,558名と、滞在期間が4年以上の51,237名（2003年12月1日現在）が非正規滞在労働者として残った［イ・ヒェジン　2010：215］。

135

10年間は完全な労働三権を勝ち取るための抵抗の過程であり、韓国社会における労働権をより深く、豊かにしてきた前人未踏の道のりであった。雇用許可制の導入後、韓国政府は移住者政策のパラダイムを、「統制と管理」を中心としたものから「相互理解と共存」を土台に据えた包摂政策へと転換した。

3 韓国におけるシティズンシップの分解

1 近代的シティズンシップの形成と移住時代のシティズンシップ

キース・フォークスは、「グローバリゼーションは、現代においてシティズンシップを重要で意味あるものにしてきた物質的境界線と心理的境界線の双方の境界線をぼやけさせ曖昧にしてしまう」ことにより、「ソーシャル・メンバーシップについての伝統的な想定に一つの疑問符を記している」[34]とした。ソイサルは「EUの移住労働者たちが流入先の国家内で社会的・政治的・経済的行為者として相当の権利を付与され、また、保護されているという事実は、明らかにナショナル・シティズンシップの根本原理に背馳するもの」だと指摘した[35]。したがって、ソイサルはシティズンシップを国籍とは別のものと考え、国籍にかかわらず個別的な人間（personhood）であるという事実に基づいてすべての移住民にもシティズンシップを与えるべきだと主張している[36]。このように、急増する移住労働者の多様な地位と権利を説明するためには、法的・形式的概念ではなく実質的なシティズンシップの概念が必要であり、近代的なシティズンシップの再定義が求められている。

本章では、まず近代的なナショナル・シティズンシップの概念が移住の増大によってどのように再定義されているのかを探り、これに基づいて韓国におけるシティズンシップの分解について考察したい。

(1) 近代的シティズンシップの形成

シティズンシップの主体である市民の概念について、アリストテレスは『政治学』において「法を執行し官職を持つことに参与する者」と規定している[37]。ベンハビブは、近代の市民は「領土内で居留する成員資格の権利をもち、国家

---

34 フォークス、キース［2011: 198］（Faulks, Keith 2000 参照）。
35 Soysal［1994: 2］
36 Soysal［1994: 3］
37 アリストテレス［2003: 91-92］．

の行政的な命令に従い、そして理想的には、その名のもとで法が公表され、行政が実施される、そうした民主的な主権者の成員としての個人である」と述べている[38]。近代的シティズンシップの典型とみなされているフランス革命期の「人間および市民の権利の宣言（Declaration of the Rights of Man and the Citizen in 1789）」では、「権利はもはや特権階級集団には与えられず、代わって人民の意志を代表する――国民という文脈において――個々の市民に存する」ことを宣言することで、普遍的かつ平等主義的な地位の潜在可能性を強調している。「その上、少なくとも、フランス革命の初期段階では政治的権利は外国人にも広げられた」[39]。しかし、フランス革命の後期においては、革命戦争と暴力の経験が国民と国家を融合させ、このことはシティズンシップ概念を文化化し、シティズンシップとナショナリティとの間の境界を混乱させ、国民国家に縛られたシティズンシップへと変質させた[40]。以来、シティズンシップは近代国家の建設と国民統合[41]の土台となった。

　近代資本主義社会のシティズンシップについては、Ｔ・Ｈ・マーシャルが『シティズンシップの社会的階級』において、シティズンシップの歴史的発展過程をたどりながらその意味を究明した。マーシャルは、シティズンシップを「社会の完全な構成員としての地位（full membership of a society）」と定義し、このようなシティズンシップは具体的に市民的権利、政治的権利、社会的権利という三大要素から構成されると述べている[42]。第一に、市民的権利は個人の自由に必須の権利であり、人身の自由、言論・思想・信条の自由、財産権、契約締結権、裁判訴訟権等を含む。第二に、政治的権利は政治権力の行使に参加する権利であり、議会および地方議会への出馬および選挙の権利、そして政治的および非政治的団体の結成権を意味する。第三に、社会的権利は経済的福祉と安全を請求する権利、社会的財産を共有する権利、その社会の標準的基準に照らして文明

38　Benhabib, Seyla[2004: 144]（用語の翻訳等に際してはセイラ・ベンハビブ［2006］参照）。

39　フォークス ［2011: 45-48］

40　フォークス ［2011: 51］

41　ベンハビブは国民について、「エトノスであり、共有された運命、記憶、道徳的共感の共同体でありながら、その一方では、デモスであり、同じエトノスに帰属しているかどうかにかかわりなく、民主的に参政権を与えられたあらゆる市民の総体」と定義している。また、「国民性（peoplehood）は、この両者が妥協する政治的過程を通じて構成されるものであるため、動態的であって、静態的な現実ではない」としている［Benhabib 2004: 211-212]。

42　Marshall, T. H.［1992: 8-9］（用語の翻訳等に際しては岩崎信彦・中村健吾訳［2010］参照）。

市民として生活する権利と定義した。マーシャルは、主に18世紀には市民的権利、19世紀には政治的権利、そして20世紀に入り社会的権利が発展してきたとし、シティズンシップが労働階級に対して「文明市民としての生活」に必要な物質的条件への接近を許容することで、資本主義的不平等が生み出した屈辱感を治癒し、矯正したと見ている。しかし、シティズンシップの地位のこのような補償効果は、根本的にシティズンシップを認められない外部者たち、すなわち外国人労働者の存在に依っていることを見逃したという批判も寄せられている[43]。

　一方、シティズンシップの概念を範囲、内容、深さの3側面に分けてより深く検討したのはキース・フォークスである。まず、シティズンシップの範囲については、市民として誰が包摂されるのか、社会構成員の資格（ソーシャル・メンバーシップ）から誰が排除されるのか、その基準は正当かについて検討している。フォークスによると「シティズンシップの範囲は、公式あるいは非公式にシティズンシップから排除されかねない国家のなかの集団に関わる問題から移民や政治亡命者保護の問題に至るまで幅広い」[44]。移民の統制と居住要件は国家主権の重要な部分としてみなされるため、「範囲」の問題は排他的共同体としての国家と普遍的地位としてのシティズンシップ間の緊張を示すものである。次に、シティズンシップの内容については、権利と責任の緊張関係、社会的権利と市民的権利との緊張関係、「市場原理」とシティズンシップとの関係について検討し、自由主義的価値と共和主義的価値が対立する二分法を越えて、相互補完的な、つまり「全体論的な視点からシティズンシップを捉える必要性」[45]があると主張している。最後に、シティズンシップの深さを評価する基準として、政治共同体と個人の関係、民主主義とシティズンシップの関係、市民の相互連関、責務と参加の程度等を提示している。

　フォークスは、以上の議論をもとに、シティズンシップは「一連の権利、義務および責務をそのなかに包み込み、そして平等、正義（公正）および自治を含意するメンバーシップのステータスである」[46]としている。また、シティズンシップは平等主義的・能動的・相互的で社会的な概念であるため、いかなる社会的・政治的装置のもとでシティズンシップ実行の文脈が形成されるかによって、国

　43　Benhabib［2004: 172-173］.
　44　フォークス［2011: 10-12］
　45　フォークス［2011: 107］
　46　フォークス［2011: 20］

家や時代ごとにその概念が異なりうるとした。

(2) 移住をめぐるシティズンシップの再定義

1990 年代以降、グローバル化と移住民の飛躍的な増大は、特にシティズンシップの範囲に関する議論を深化させてきたが、移住＝越境をめぐるシティズンシップの議論に思想的な基礎を提供したのは、イマニュエル・カントとハンナ・アーレントであった。21 世紀の現代と時代的な脈絡は異なるものの、シティズンシップ概念を再定義するためには、かれらの提案から検討する必要がある。

① カントの「世界市民権」とアーレントの「諸権利を持つ権利」

カントは『永久平和論』において、国籍を持たない異邦人という理由によって敵対視されてはならないという道徳的次元での「世界市民権」(weltbürgerrecht)を主張した。人間は「地球を共同で所有するのだから、互いの存在を認めなければ」ならず、「世界市民権は普遍的な歓待の条件に制限されなければならない」と主張している[47]。カントは、このような歓待の権利は互いを友好的に訪問することができる権利だとし、異邦人が永続的な滞在を要求する権利はないが、万一それが求められる場合は「特別に善意に基づいた契約」が必要になるとし、「永住権」と「臨時滞在権」を区分した。カントの普遍的歓待権は、たとえ不完全な道徳的義務ではあっても、このような歓待が人類を世界市民的体系に近づけると信じていたという点において[48]、移住者の地位に関して大きな意味を持つといえる。

一方、世界大戦を通じてユダヤ人虐殺や無国籍者の苦しみを目撃したアーレントは、1951 年に出版された『全体主義の起源』において、国籍問題と少数民族問題を分析し、「諸権利を持つ権利 (right to have rights)」[49] に言及した。アーレントは、権利を喪失した人々の災難は、かれらが生命、自由そして幸福の追求または法の下での平等と意見の自由を奪われたということではなく、あらゆる共同体に属さないということだ[50]とし、諸権利を持つ権利とは結局のところ「共同体に属する権利」であり、シティズンシップがひとりの人間の人権を保護するために最優先される方策であると見た。

47　カント、イマヌエル［2008: 38-39］
48　カント［2008: 40］
49　アーレント、ハンナ［2006: 533］
50　アーレント［2006: 531］

② ベンハビブによるシティズンシップの分解（disaggregation）論

ベンハビブは、カントの「世界市民権」を高く評価しながらも、カントが臨時滞在権から永住権へ進む論拠を提示しなかったことに対し批判を寄せている。また、アーレントは「諸権利を持つ権利」を共同体に属する権利、つまりナショナル・シティズンシップであると規定することで共和主義的平等の次元に留まっていると批判している。共和的主権は結局のところ外部者を排除するほかないため、ベンハビブは「諸権利を持つ権利をナショナル・シティズンシップの地位から切り離す」[51] ことを主張している。

まず、ベンハビブは、「民主的正統性の逆説」という概念に依拠し、民主的主権と普遍的人権の緊張関係について説明する[52]。民主国家においてデモス（法の該当者であると同時に作成者）と非成員（他者）を区別する境界は、普遍主義的観点からみれば正当化され得ないものである。なぜならば、排除と包摂の規則（境界）によって成員から排除された人々は、その境界を画定する討議の当事者になることができないからである。このように、どのような共同体の境界も完全には正当化され得ないため、国民国家をはじめとするすべての共同体の境界は絶えず検証されなければならない。したがって、ベンハビブは既存の秩序を固定的なものとして受け入れない。そして、グローバル化と国際人権体制の発展によってこのような秩序に根源的な変化が引き起こされていると指摘している。

ベンハビブによると、シティズンシップとは、「国民国家、多民族国家、あるいは国家連合体の構造をもった、境界づけられた政治共同体の成員資格」[53] として政治共同体によって定義され、制限され、統制されるものである。しかし、グローバル化や EU の登場により、国家の 4 つの機能、すなわち「領土性、行政法令、民主的正統性、文化的アイデンティティ」が綻びを見せ、シティズンシップの理論と慣行（実践）にも大きな変化が生じた。シティズンシップの慣行と制度は「集合的アイデンティティ、政治的メンバーシップ[54] の特権、社会的権利お

---

51 Benhabib［2004: 67-68］
52 Benhabib［2004: 44-46］
53 Benhabib［2004: 144］
54 ベンハビブによると、政治的メンバーシップとは「外国人や異邦人、移民者やニューカマー、難民や庇護申請者を現存する政治体制に編入するための原則と慣行（実践）」であり、「近代国民国家体制はメンバーシップを公民権（national citizenship）の観点から管理してきた」とする［Benhabib 2004: 1］。

3　韓国の移住労働者政策とシティズンシップの再構成

および請願権」という三つの構成要素へと分解されるが、ベンハビブは、EU の権利体制に関する分析から、この三つの構成要素でなされた「一元的な（unitary）モデル」が解体されたという結果を明らかにしている[55]。

　以上、見てきたように、シティズンシップの分解とは、「文化的アイデンティティではなく居留資格によって諸権利が個人へと拡張されること」[56]であり、滞在外国人の「地位拡充」[57]が多様化する方向へとシティズンシップが変容（transformation）することである。

2　韓国におけるシティズンシップの分解

　韓国は 1945 年の解放後にも冷戦と分断のために国民国家の建設とシティズンシップの定立が留保された。1948 年に樹立された大韓民国政府においてもまた、自由権と政治権は相当に制約され、社会権はほとんど完全に無視された。その後、1960 年の 4・19 革命により民主的で自由主義的な憲法が制定されたが、直後の 5・16 クーデターによって長期執権となった開発独裁政権は第 3 共和国憲法を公布して三権分立を弱体化させ、市民の自由権と政治権を大きく制約した。韓国のシティズンシップに決定的な変化をもたらしたのは 1987 年 6 月の民主化運動とその後の民主化であり、これを通して市民的権利、政治的権利が強化された。しかし、社会的権利は未だ不十分なまま 1997 年の通貨危機を迎えることになる。そのため公的な連帯意識を十分に育むことができず、また依然として分断の克服、南北統一という課題もシティズンシップの定立に重要な変数として作用している[58]。このように、韓国はナショナル・シティズンシップを定立していく過程のさなかで急増する移住民を迎えるに至ったため、移住民の地位と権利を設定するに当たり多くの試行錯誤を経験するほかなかった。

　現在、韓国の憲法は「国民」に基本権を保障し、法律によってこれを具体化している。一方、「外国人」については国際法と条約にしたがってその法的地位を決定しており（憲法第 6 条第 2 項）、憲法裁判所は 2001 年、外国人に「人間の権利」

55　Benhabib［2004: 144-146］

56　ベンハビブによると、一個人がどのような場所にいるのかということがその人の権利の枠（frame）を規定する。その位置によって、食生活、基本財、経済的機会、健康保障、安全、財産、労働、政治参加等の生活の様々な領域においてどのような権利を持つかが異なるからである［Benhabib 2004: 177; Seyla Benhabib & Judith Resnik 2009: 1］。

57　寺田晋［2011: 87］

58　チェ・ヒョン［2006: 180-187］

に該当するものを保障することはできるが、「国民の権利」に該当するものまでは保障できないという判決を下した[59]。しかし、脱冷戦やグローバル化の影響および少子高齢化のために移住労働者や結婚移民者が急増すると、政府は一方では管理するために、他方では包摂するために法律や制度を整備してきた。果たして韓国社会のシティズンシップはどのように変化しているのか、移住労働者の権利体制を中心に考察してみたい。

(1) 雇用許可制施行後の移住労働者の権利体制分析

　ここでは、雇用許可制施行後の移住労働者の権利体制 (regimes) を分析するため UN の「全ての移住労働者及びその家族の権利の保護に関する国際条約」(以下「移住労働者の権利条約」) における権利類型をもとに、ベンハビブが EU における権利体制を分析する際に用いた権利類型および近藤敦が外国人の地位を分類する際に用いた権利類型を参照し、韓国に滞在する移住労働者の権利を5つに分類した[60]。市民政治権、居住権、経済権、社会権、家族再結合権がこれに当たる。

① 市民政治権

　市民政治権は、選挙権・被選挙権、労働組合等の団体を設立する結社の権利、身分証明書は正式に法によって許可された公務員以外の者には没収されない権利、刑事法院および法廷の前に市民と同等の待遇および保護を受ける権利を指す。参政権の場合、一定の要件を備えた外国人は地方自治団体の選挙に参加することができ、「在外同胞の出入国と法的地位に関する法律」第5条、第6条により、特例雇用許可を得た訪問就業 (H-2) 移住労働者は一定の要件を備えた場合、永住権を申請することができるため、地方参政権を持つこともできる。しかし、一般雇用許可によって入国した非専門就業 (E-9) 移住労働者は根本的に不可能である。

　労働組合に関しては、既存の労働組合に加入し活動することもできれば、独

59　憲法裁判所 2001.11.29.

60　ベンハビブは、EU における権利体制の分析にあたり、これを大きく人権、市民的権利、政治的権利、社会的権利、軍役に分けて分析した [Benhabib 2004: 158-161]。また、近藤敦は、市民的権利のほとんどは外国人にとっても制約がないものと考え、外国人の地位を分類するための新しい枠組みとして、居住権 (居住の自由)、社会権、経済的権利 (職業選択の自由)、政治的権利 (政治的表現の自由) を提示した [近藤　2001: 13]。

自の労働組合を設立することもできる。さらに、2015 年 8 月に移住労組が合法
化されたことにより、正規滞在者のみならず非正規滞在者の労組活動も保障さ
れるようになった。移住労組は賃金団体協約にも積極的に携わっている。出入
国管理法の第 33 条には、事業主が外国人登録証を押収したり提出を強要したり
してはならないと明示されている。しかし、実際には雇用主が移住労働者（H-2、
E-9）からパスポートを押収し、かれらの生活と行動を統制しようとしたり、ビ
ザ問題を巧妙に利用してかれらが職場から離脱することができないよう統制し
たりしているのが実状である。

② 居住権

　居住権において最も重要なことは、居住状態の安定性と居住期間である。居
住状態の安定性とは任意で強制追放されないことを意味する。雇用許可制は限
定的な許可のみを提供するため、職場を失うと同時に居住権も消滅する。2008
年、長期間にわたって非正規滞在していた移住労組活動家たちを強制追放した
事案に関する憲法訴願では棄却決定が下されたが[61]、裁判官ソン・ドゥファンの
反対意見では、「未登録移住労働者」であっても韓国で長期間にわたる居住・生
活を営んだのであれば居住権を認めるべきだという意見が提示された。一方、
出入国管理法ではその第 60 条において、法を違反した外国人に対する保護措置
及び強制退去が行われた場合、それぞれに対し異議申請の手続きを提供してい
るが、とりわけ強制退去の場合は異議申請の期間が 7 日間と短く、審査決定の
最終権限者が法務部長官であることから、裁判を通じた司法的な手続きを開始
することは困難である。
　居住期間は永住権および国籍取得に関連する。出入国管理法施行令別表 1–28
の 3 によると、韓国人の配偶者ではない外国人の場合、5 年以上韓国に滞在し、
一定の要件を備えれば永住資格が与えられる。また、在外同胞（F-4）滞在資格、
訪問就業（H-2）滞在資格を持つ外国籍保有者は一定の要件を備えれば永住権を
申請することができるが、非専門就業（E-9）滞在資格を持つ移住労働者の場合、
現時点では永住や帰化という選択は不可能である。雇用許可制下において、一
般移住労働者の滞在期間は、現行法上、初入国後最大 4 年 10 か月までのみ可能
なためである[62]。しかし、前述のように移住労働者の就業活動期間が延長され、

61　憲法裁判所 2012.8.23［緊急保護及び保護命令執行行為等の違憲確認］
62　国籍法第 5 条 1 項では、一般帰化の要件の一つとして「5 年以上引き続き大韓民国に
　　住所を持つこと」を要求している。

再就業制限期間は短縮されており、誠実勤労者の再入国就業制度を活用すれば、合計 9 年 8 か月まで滞在が可能である。また、熟練生産技能の外国人労働力に転換したのちに 5 年以上国内に滞在する場合、永住（F-5）資格に変更することもでき、直系家族を呼び寄せることもできる。さらに、「外国人熟練技能人力点数制ビザ（E-7-4）」の施行により、2 年毎の審査を経て永久的な滞在の延長が可能になった。

③　経済権（職業権）

　経済権は職場を自由に選択する権利であり、労組加入の権利、同一賃金、平等な雇用条件、雇用救済等に関する権利である。経済権に関連して、一般雇用許可制と特例雇用許可制の間にはいくつかの違いが存在する。まず、一般雇用許可制においては、「事業場変更」はその事由と回数に関する要件が厳しく、手続きが複雑なため[63]、実質的に移住労働者が変更申請をおこなうまでは使用者の不当行為を甘受せざるを得ないというリスクが大きい。そのため、劣悪な勤労条件から抜け出そうと職場を離脱し、非正規滞在状態となるケースが発生する。2016 年 6 月現在、登録外国人のうち非正規滞在者の滞在資格別現況は次頁図 4 の通りである。

　反面、特例雇用許可制の場合、申告するだけで自由な職場の変更が可能である[64]。また、一般雇用許可制では職種の転換が禁止されるが、特例雇用許可制では業種別クォータの制限なく多様な業種での就業が許容されている。さらに、一般雇用許可制では 3 ～ 6 か月の再就業制限期間を設けているのに対し、特例雇用許可制は自由な出国と再入国および就業活動を保障している。このような背景から、職場の移動制限を移住労働者の基本権の侵害とみなして憲法訴願が提起されたが、2011 年に憲法裁判所は、依然として雇用許可制に対して合憲判決を下した[65]。しかし、反対意見では、外国人であっても相当な期間「大韓民国

63　事業場変更の禁止は「内国人雇用の保護という表面的な名分とは本質的に異なる社会的効果を狙ったもの、つまり移住労働者の低賃金を強制し、事業主の超過利潤を制度的に保障」するものと批判されている［チョン・ジョンフン　2009: 24］。

64　ただし、建設労働者の場合は職場移動があまりに頻繁なため実態の把握が困難であり、外国人力政策委員会は 2009 年 5 月から「訪問就業同胞建設業就業登録制」を実施している。

65　憲法裁判所 2011.9.29［外国人勤労者の雇用等に関する法律第 25 条第 4 項等の違憲確認等］

3　韓国の移住労働者政策とシティズンシップの再構成

図4　非正規滞在者の滞在資格別現況

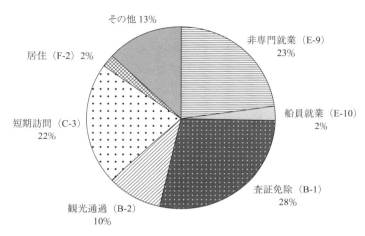

（資料：「統計月報」2016年6月号、法務部出入国・外国人政策本部）
注：2016年6月30日現在、単位：名

内で居住し一定の生活関係を形成、維持して暮らしてきているのであれば」職場選択の自由が認められるという意見が提示されることもあった。

　一方、移住労働者たちは4大保険（国民年金、健康・雇用・労災保険）に加入することができ、雇用契約期間が守られなかった場合、補償を受けることができる。国民年金法の適用対象は原則として国民だが、第126条において、一定の要件を備えた移住労働者は当然加入者になるとしている[66]。しかし、施行令第111条は、非正規滞在者を当然のことながら適用対象の外国人から明確に排除している。一方、労働災害補償保険は内国人と外国人がほぼ同等の待遇を受けられる唯一の社会保障領域であり、非正規滞在者も保険料を納付すれば適用されうるので[67]、4大保険のなかで移住労働者の活用度が最も高く、比較的早くから定着し

66　返還一時金の問題については、人道主義的次元の考慮、国家イメージの向上を理由に、2007年5月の法令一部改定により移住労働者が帰国時にそれまで納付した国民年金を返還してもらうことができるようにし、返還一時金を支給しない国家の移住労働者であっても、帰国時に納付した保険料の全額を返還してもらうことができるようにした（「외국인근로자 귀국시 국민연금 반환（外国人勤労者帰国時国民年金返還）」『머니투데이（マネートゥデイ）』2007.4.19）。
67　最高裁判所が非正規滞在労働者にも労働災害保険法上の療養申請に関する不承認処分

た制度である。しかし、療養申請をする過程において滞在資格が露出すること
に対する心配から、強制退去を恐れる移住労働者本人、そして労働災害補償に
伴う費用負担および非正規滞在者雇用による罰金を回避するための事業主の利
害関係が一致し、労働災害を申請せず合意という形で隠蔽されるケースが多い。
また、移住労働者は障害給与を障害補償一時金として受け取ることができる。

④　社会権

　社会権は、失業給付、公共退職年金、公共教育機関と教育サービス、公共支
援住宅を含む公共住宅、公共医療サービスの提供に関する権利である。まず、
正規滞在の労働者は、国民健康保険の当然の加入対象であるが、雇用主の無関
心と加入忌避、保険料の負担による忌避、雇用不安定性等の理由から加入率が
なお低い（2011 年基準 55%）[68]。移住労働者の権利を保護するために外国人雇用法上
で加入が強制となる外国人専用の保険は次の 4 種類である。①退職金の機能を
果たす出国満期保険、②賃金滞納に備える保証保険、③帰国費用保険[69]、④傷害
保険がこれに当たるが、加入現況を見ると、出国満期保険の加入率が最も高く、
最も低いのは帰国費用保険である。移住労働者の解雇は移住労働者の権利を制
限する重要な要素であり、移住労働者を雇用した企業がやむを得ぬ理由なしに
勤労契約を解約した場合、その後 3 年間、移住労働者を雇用することができな
くなる。

　問題は事業主による悪意を伴った解雇である。現行の雇用許可制においては
雇用変動等に関する事項を事業主が申告するようになっており、就業から 1 年
経つと発生する退職金を支給しないようにするため、解雇後に合意退社だった
と主張するケースが多く、移住労働者たちが困難に直面している。さらに、「不
法滞在」を減少させるという名目のもとで韓国政府が 2014 年から改定・施行し
ている「出国後の退職金受領制度」（外国人雇用法第 13 条）は、移住労働者の権利
を深刻に侵害している。変更後の法律によれば、移住労働者は自身の退職金を
勤労基準法に基づいた「退職後 14 日以内」ではなく、出国満期保険金の形式で
出国後 14 日以内に受け取るようになっているため、出国後に本国で支給に問題

　　　　を取り消すよう判決を下したことで、労働災害保険は滞在資格にかかわらず、すべて
　　　　の移住労働者に拡大された（最高裁判所 1995.9.15 宣告）。
68　　ノ・ジェチョル、コ・ジュンギ［2013: 127］
69　　外国人雇用法第 15 条（帰国費用保険信託）①　外国人勤労者は帰国時に必要な費用に
　　　　充てるために保険または信託に加入しなければならない。

3　韓国の移住労働者政策とシティズンシップの再構成

が生じたとしても異議申し立てはほとんど不可能である[70]。

　雇用許可制下の移住労働者にとって雇用保険は任意加入対象である（施行令第3条第2項第1号）。「雇用保険法」第37条には失業給付の要件と内容が規定されているが、移住労働者の場合、職場を即座に見つけてすぐに仕事を始めなければ法的な体裁にも問題が生じ、経済的にも困窮するため、失業給付申請をすることもできず、しないというのが現実である。また、社会保障基本法第8条は、滞在外国人に対する社会保障は相互主義の原則に従うと規定している[71]。公共住宅については、工場の寮等で生活するようになると、同じ国家の出身や同じ文化圏出身の労働者たちが共に暮らすことで情緒的側面に寄与するというメリットがあるが、コストがかかるという問題がある。また、非住居用の建物で生活している大多数の移住労働者たちは、過密収容、衛生、安全、作業場の騒音、他文化圏の入居者との葛藤など、様々な人権侵害の状況に常にさらされている。一方、応急医療権は滞在資格にかかわらず与えられているが、非正規滞在の移住労働者の場合、身分が露出することで強制退去になる恐れから、この制度を積極的に活用するというよりは[72]、主に外国人のための無料診療所を利用しているというのが実状である。

　⑤　家族結合権

　移住労働者の権利条約第44条第1項は、（正規滞在）移住労働者の家族再結合について規定しているが、同条項は勧告としての性格を持つに過ぎず、実際には当事国の裁量に委ねられている。韓国では2004年「在外同胞法」の改定により、結婚した海外同胞が韓国で就業し定着する場合、自身の家族を呼び寄せて家族再結合を行うことができる。朝鮮族（中国籍）の場合、特例雇用許可制によって夫婦が韓国に入国すると、その子女は国籍にかかわらず父母との家族再結合が可能であり、韓国で教育を受けることができる。しかし、一般雇用許可制は

70　公益人権法財団「共感」と「民主社会のための弁護士の会」は、これは明白な違憲であり差別に該当するとして憲法裁判所に憲法訴願と効力停止仮処分申請を出している［シン・ソヨン　2014.5.8］。

71　しかし、移住労働者は「人間として生存権と快適な生活権の主体」としてみなされるべきであり、特に韓国に流入する移住労働者の大多数が開発途上国出身ということを考慮すれば、相互主義はあまりにも便宜的である［ノ・ジェチョル、コ・ジュンギ　2013: 137］。

72　チェ・ホンヨプ［2002: 17］

写真3　ソウル市九老区の「地球村学校」は、外国にルーツを持つ子ども達のための特性化小学校である。2011年から政府と企業の支援を受けて運営されている。

移住労働者たちが家族を韓国に呼び寄せることを許容していない。韓国で生まれた移住労働者夫婦の子女は、現時点では法の保護外に置かれている。非正規滞在者もまた、韓国で子女を出産しても、滞在資格のために出入国事務所に子女の出生申告をせず、その子女は韓国において医療、教育、福祉を受けることができなくなってしまう[73]。ただし、現行の初中等教育法施行令第19条により、学校長は外国人児童の小学校入学時に外国人登録の事実を証明する「外国人事実証明」の内容を確認する必要があるが、父母が同意しない場合、賃貸契約書、居住事実を確認できる証明を添付すれば入学を許容することができる。また、近年の出入国管理法の改定を通して法の違反に関する公務員の通報義務の例外が認められたことで、非正規滞在の移住児童の教育権と健康権保護のための措置が多少改善された。一方、本国に容易に帰ることのできない父母の事情から、本国での出生申告が難しく、現在無国籍状態に置かれている児童が相当数存在する[74]。

(2)　韓国におけるシティズンシップ分解の特徴

以上のように、移住労働者には滞在資格によってそれぞれ様々な地位および権利が与えられる。「国民」の権利と一致していた「市民」の権利の一部が移住

73　シン・オクジュ［2012: 86］．

74　法務部統計によると、2013年2月基準で、合法滞在期間が満了した19歳未満の児童数は6千名余りだが、統計に含まれない数値も含めれば約1〜2万名と推算されるという（「이주민 150만 시대의 그늘：방치되는 이주아동（移住民150万時代の陰──放置される移住児童）」『연합뉴스（連合ニュース）』2014.12.18）。

3　韓国の移住労働者政策とシティズンシップの再構成

労働者にも許容されることで、シティズンシップの一元的なモデルが分解しつつある。このことから、韓国でのシティズンシップの分解[75]が、次のようないくつかの軸を中心になされていることがわかる。

1）韓国内で権利を持つ資格は、もはや国籍や文化的背景に拘束されない。経済的・社会的権利が政治的権利とは別途に実在しており[76]、地方参政権が与えられる永住権者のケースは、政治的権利と国籍の分離を示している。ただし、滞在ビザの種類によって居住期間および永住・帰化の資格に制限を置くことで、滞在外国人を「専門人力」等の外国優秀人材、先進国出身の「在外同胞」、結婚移住民、中国および旧ソ連同胞、「単純技能人力」の移住労働者の順で区分し、各々の権利に差を設けて保障している。

2）「単純技能人力」については、本来であれば定住化を防止するための短期循環雇用が原則だが、最近では長期就業、すなわち長期滞在を許容しているために、「短期循環制」の原則が揺らいでいる。特に、「外国人熟練技能人力点数制ビザ（E-7-4）」制度は、移住労働者が事実上韓国に永久的に滞在し働くことができる道を開いたという点において大きな意味を持つ。この制度が定着すれば、移住労働者らの永住権取得も可能になるだろう[77]。

3）移住労働者の団結権に非正規滞在者の団結権も含まれるようになった。過去数年間にわたり法廷において非正規滞在者の居住権および労働組合活動をめぐる論争が続いたが、ついに最高裁判所によって非正規滞在者の労組活動が認められた。これは UN の「移住労働者の権利条約」において団結権を正規滞在労働者に対してのみ保障したことよりも一歩進んだ判決であり、今後非正規滞在者の権利拡張の足がかりとしての役割を果たしていくだろう。

4）血統主義の特性が色濃く反映されたことにより、結婚移民者と混血児童の権利と福祉を保障する政策が優先的に推進され、結婚移民者の永住権の獲得や

75　韓国におけるシティズンシップの分解について考察するためには結婚移民者に関する分析も必要となるが、結婚移民者は一定期間が過ぎてからは永住または帰化する比率が高いため、本稿では扱わなかった。

76　デレック・ヒーターは、EU 内で「多数の移民が社会的・経済的な市民社会の一員として扱われている」ことを、「一種の疑似シティズンシップ」と説明している［ヒーター、デレック　2012: 256］（Heater, Derek ［1999］ 参照）。

77　点数制ビザが取得可能な移住労働者は、非専門就業及び訪問就業ビザを持つ約 50 万名と在外同胞ビザから切り替える者を合わせて最大 60 万名になると推算される（「3D 업종 외국인 숙련공 , 영구체류 가능해진다（3K 業種外国人熟練工、永久滞留が可能に）」『한국경제신문（韓国経済新聞）』2017.7.19）。

写真4　安山市の「国境なき村」は、文化多様性についての理解を高め、平和な社会形成に向けて韓国政府が2006年6月に設立した社団法人である。多文化社会のための政策研究と教育事業を行っている。

帰化が積極的に支援されている。また、在外同胞の地位や便宜を保障し、特例雇用許可制には労働許可制的要素が多くとり入れられた[78]。しかし、一般雇用許可制によって滞在する移住労働者の場合は、長期滞在といえども永住および帰化への道がほとんど塞がれている。

5)「多人種・多文化社会」宣言や急速な多文化政策の展開は、韓国社会が移住民を同じ共同体の一員として包摂しようとする意志を積極的に表明し、移住労働者たちが韓国社会に適応できるような社会文化的環境を醸成してきた。シティズンシップの分解は、韓国社会に単一民族国家イデオロギーを相対化する契機をもたらし、より包括的なアイデンティティを形成する土台となった。しかし、「官主導型多文化主義」では家父長的な純血主義や同化主義から自由になることはできず[79]、イベント性の展示行政に偏っているという批判も寄せられている。特に移住労働者政策は政権の性格に大きく左右されるため、人権重視の政策と管理統制の政策の間で一貫性を維持できないという限界を露わにしている。

4　移住労働者政策の方向性とシティズンシップの再構成

韓国において雇用許可制が導入された過程は、持続的で多重的な民主的実践

78　ただし、一般雇用許可制においても職場の変更や長期滞在が例外的に許容されるという点では労働許可制的要素が加味されたと見ることができる［ユン・ジョン　2015: 87-88］。

79　キム・ヒジョン［2007: 66-76］

3 韓国の移住労働者政策とシティズンシップの再構成

の過程であった。しかし、韓国政府が「多人種・多文化社会」を宣言してから
の移住民政策の推進過程はそれまでとは異なり、官主導の政策という特性と限
界を持つようになった。政策決定過程において当事者である移住民の参加の道
が塞がれ、多文化家族に対する支援が中心に据えられることで、血統主義に基
づいた同化主義が浮き彫りになった。何よりも、移住労働者の地位拡充に関す
る議論が周辺化された。最近の移住労働者政策は、職場の移動や職場選択権の
制限によって移住労働者の従属性を強化し、「差別なき労働権」という本来の立
法趣旨から大きく外れたものになった。そのため、国際アムネスティは2014年、
韓国大統領に雇用許可制をより柔軟な制度に改善すること[80]を要請し、雇用許可
制の導入12周年を迎えた2016年8月17日には、100余りの移住・人権・市民
社会・労働者団体が参加した共同記者会見において、雇用許可制の廃止と移住
労働者の権利を充足させうる新たな制度の導入が要求されるに至った[81]。以下で
は、移住労働者政策がこのような限界を克服し、より包容的なシティズンシッ
プを形成していく土台となるための方向性について模索してみたい。

1 移住労働者政策の改善方向

韓国政府は中小零細企業の労働力不足を解決するために単純技能の移住労働
者を受け入れているが、一方では外国籍同胞を対象とする特例雇用許可制（訪問
就業制）でこれを補完し、他方では一般雇用許可制によって移住労働者の流入を
増やしながらも職場変更および職業選択の権利を制限する方向に法律を改定し
てきた。こうした内側に差を設けた制度を改善するためには、特例雇用許可制
にのみ許容された「特例」を一般雇用許可制の適用対象である移住労働者にも
段階的に拡大適用する必要がある。

特に、再入国就業制限の緩和に関連しては、長期滞在移住労働者の「定住権」
を認めようという見解もある[82]。これは、最大9年8か月の期間にわたって国内
で就業活動を行った移住労働者は、韓国社会にある程度適応し、長い間国民経
済に寄与したため、「長期誠実勤労」に対する補償と非正規滞在要因の減少のた
めに選別的な定住化を許容する必要性があるという見解である。実際、技術を
習得した移住労働者の長期滞在を求める使用者も多数見られる。一般外国人の

80　国際アムネスティ 2014.2.24.
81　「8.17 고용허가제 도입 12년 공동기자회견 열려（8・17 雇用許可制導入12周年の共同
　　記者会見が開かれる）」『이주노동자의 방송 MWTV（移住労働者の放送）』2016.8.17.
82　ハ・ガプレ［2011: 375］

151

場合、5 年以上韓国に滞在すれば永住権や帰化を申請できるが、一般雇用許可制の対象である移住労働者にのみ永住や帰化への接近が根本的に禁止されていることは、普遍的人権概念にも反するものである。UN の移住労働者の権利条約をはじめとする国際的な人権規範においても、5 年以上就業した場合は移住労働者の権利をより手厚く保護するように要請している[83]。政府が短期循環政策に固執しているのは、企業の外国人労働力への依存度が高まると、産業構造調整を阻害し、内国人の労働市場に否定的な影響を与えることになりかねず、定住化に伴う社会的費用が増加するからだとしている。しかし、実際に内国人労働者が就業する業種と一般雇用許可制の移住労働者が就業する業種はほとんど分離しているため、内国人の雇用を脅かすものではない。むしろ雇用許可制が安い労働力の提供に偏ることで、移住労働者の人権を侵害することはもちろん、全体の労働者の賃金および労働条件に悪影響を及ぼしている。さらに、外国人のなかで特別に移住労働者だけが社会統合にとって負担になるという論理は偏見にすぎない[84]。

次に、非正規滞在労働者のアムネスティ（赦免／正規滞在化）は、民主的主権としての実定法と普遍的人権との葛藤が最も如実に表れる事案の一つであり、雇用許可制導入の議論が始まったときから大きな争点であった。「世界人権宣言」（UN、1948）は、国境移動の権利と亡命権を認めながらも、移民者の入国許可や亡命客の受入れ、そして外国籍の居留民や帰化人に対するシティズンシップの許容等については各国家の主権を認めている。韓国では、出入国管理法の第 18 条第 2 項において就業可能な滞在資格を制限し、これに反して就業活動を行っている非正規滞在労働者は取り締まり強制退去させる。しかし、無理な取り締まりと強制退去を強行する政策は、30 名以上の非正規滞在者らの自殺、麗水出入国保護所の火災惨事のような悲劇を産み落とした[85]。

---

83 「移住労働者の権利条約」第 53 条第 3 項（b）が代表的であり、ILO の 97 号条約第 8 条もこのような趣旨を含意している。

84 長期滞在の如何は、滞在資格を問わず個別の外国人の韓国社会における自立可能性、社会的融和の可能性等をもって考慮すべきものであるため、移住労働者に対してのみ特別に長期滞在を制限する理由はないという意見もある［ユン・ジョン　2015: 91］。

85 2007 年 2 月 11 日、麗水出入国管理事務所内の保護所において火災惨事が発生した。二重になっていた鉄格子の中に移住労働者らが閉じ込められていたが、外国人保護所の職員らは一斉に扉を開けず、順に移動させたことから、10 名の移住労働者が炎やガスによって命を落とし、17 名が重傷となった。2017 年 2 月 6 日、惨事の 10 周年を迎え、当時の共同対策委および移住民支援団体、移住労組等がソウル出入国管理所・世宗路

3　韓国の移住労働者政策とシティズンシップの再構成

　ベンハビブは、正しいメンバーシップとは、難民や亡命者たちの最初の入国への道徳的要求を認め、「多孔的（porous）な、つまり、かなり緩やかな国境の管理体制」を備え、すべての人間に「諸権利を持つ権利」を保障するものでなければならないと主張している[86]。韓国の最高裁判所でもすでに、1995 年 9 月、非正規滞在労働者であっても労働を提供する限りは労働者として認めなければならないという判決を下しており[87]、2015 年 6 月には非正規滞在労働者の労組活動を許容する判決を下している。したがって、移住民支援団体らは、長期滞在している非正規滞在者らのアムネスティに関する議論を活性化させ、対策を模索する必要があるだろう。また、移住労働者の人権を保護し、増加する「外国人嫌悪」に対処するため、人種差別禁止法あるいは包括的差別禁止法の制定[88]を政府に求める必要がある。

2　移住労働者運動の活性化

　ベンハビブは、移住者に対して「メンバーシップへの人権（the human right to membership）」を保障しなければならないが、具体的な「諸権利の一覧表」は国や立法府によって異なりうるとしている[89]。その「諸権利の一覧表」は、公共の複合的討論過程、熟慮、意見交換、修正と撤回を民主的に反復する過程において生成されるものであり、ベンハビブはこれを「民主的反復（democratic iteration）」と

　　出張所前において記者会見を行い、10 日には麗水出入国管理事務所正門前において 10 周忌追悼式および記者会見を行った。また、11 日には朴槿恵大統領「弾劾のための 15 次汎国民行動の日」が開かれた光化門広場において追悼集会を開いた［パク・ジンウ 2017.2.18］。

86　Benhabib［2004: 3, 221］、寺田晋［2011: 86］

87　パク・キチョン、イ・ユボン［2012: 54］

88　包括的な差別禁止法とは、女性・性的マイノリティ・障がい者・移住民といったマイノリティに対する差別を禁止する法であり、2007 年に盧武鉉政権下においてはじめて立法化が推進されたが、保守的なキリスト教団体の反対にあい、霧散した。その後 10 年間、「民主社会のための弁護士の会」を中心に差別禁止法制定が推進され、2017 年 2 月 23 日には「差別禁止法制定を支持する市民・社会団体」が制定運動を宣布する記者会見が行われた（「차별철폐 없이 민주주의 없다（差別撤廃なしに民主主義はない）」『뉴스앤조이（ニュースエンジョイ）』2017.02.23）。

89　しかし、「主権的偏差も国際協約等によって最低限の基準は規制されなければならず、最初の入国を許容した後にはメンバーシップ取得の手続きが制限されてはならない」としている［Benhabib 2004: 140-142, 167］。

いう概念で説明する[90]。つまり、民主的反復を通じて市民と外国人、我々と他者の間の区分（境界）を流動的で交渉可能なものにできるということである。

　雇用許可制の導入過程において、当事者である移住労働者たちや諸支援団体による持続的な制度改善要求運動が大きな役割を果たしたことはすでに検討した通りである。雇用許可制は、ただ与えられたものではなく、「民主的反復」の過程を経て獲得したものである。しかし、その導入過程において積極的に参加していた移住労働者活動家の多くが長期非正規滞在者であったために、「4年未満の選別合法化措置」によって雇用許可制の施行直前に強制退去となった。辛うじて移住労組活動を維持してきた幹部らも李明博政権下において非正規滞在者という理由で強制退去になると[91]、移住労働者運動は長い間停滞状態に留まることになった。さらに、2008年に多文化家族支援法が施行されてからは、多文化関連の政府予算が拡大し、移住労働者支援団体の多くが政府の多文化支援プログラムや移住労働者のための文化行事等に力を注ぐようになった[92]。これにより、移住労働者は急速に客体化され、普遍的権利の拡張を要求する移住労働者運動は「脱政治化」された[93]という批判も寄せられている。

　このような問題点を克服するために、移住労組の合法化を契機に当事者である移住労働者たちは組織的な力量を強化し、諸移住労働支援団体は地方自治団体の移住民政策決定過程に積極的に介入すべきである。ソウル市が2015年に「外国人住民代表者会議」を発足させ、移住民たちが関連政策に直接参加できるガバナンス体系を構築したことは良い事例である。ひいては、移住労働者の自治共同体と移住民の出身国家別コミュニティおよび他の諸市民団体、送出国の移住労働関連団体、他の流入国の移住労働関連団体との連帯活動が幅広く推進されるべきである。

3　シティズンシップの再構成

　韓国では、雇用許可制および多文化政策の施行後、移住民の権利体制が多様

90　Benhabib［2004: 179-180］

91　「미셀 전 이주노조위원장 입국 거부당해（ミシェル元移住労組委員長、入国拒否される）」『한겨레신문（ハンギョレ新聞）』2012.5.3；「인권위 , 이주노조 지도부 강제추방 법무부에 '유감'（人権委、移住労組指導部を強制追放した法務部に「遺憾」）」『참세상（チャムセサン）』2008.5.16.

92　イ・ソンオク［2007: 97-100］

93　キム・ジョンソン［2011: 222-223］

3 韓国の移住労働者政策とシティズンシップの再構成

化し、徐々にシティズンシップの分解が進行しているが、今後はより自由な労働権をめぐる議論と競合がシティズンシップの分解をより一層促進させると考えられる。しかし、労働の自由な移動を保障する労働許可制の導入と非正規滞在者のアムネスティは、一国内の制度改善によって保障されうるものではなく、シティズンシップの制度的多元性によってはじめて実現可能なものである。

　グローバル時代のシティズンシップの再構成を模索するに当たり、デレック・ヒーターの多重シティズンシップ論[94]は、多くの示唆を与えてくれる。ヒーターは多重シティズンシップについて、水平に併存する「並列的シティズンシップ（parallel citizenship）」と、階層状に積み重なって機能している「階層型シティズンシップ（layered citizenship）」とに区別して説明している。まず、並列的シティズンシップには二つの形態がある。一つは二重国籍あるいは二重シティズンシップを同時に保有している状態であり、もう一つは「一国家の一員であると同時に、その国家の市民社会の一員であるという場合」である。

　次に、階層型シティズンシップには次のような三つの概念が想定されている。第一に、連邦国家において個人が国家と州のシティズンシップを同時に持つ「二重レベルでのシティズンシップ」がある。ここには「疑似連邦組織」のような、より不完全な形のものも含まれる。例えば中央国家シティズンシップと中央政府から自律的な地域分権（devolution）による新しいシティズンシップ、また EU のような超国家的なリージョナル・シティズンシップが含まれる。第二に、国家や州のさらに下位レベルの町や都市における「自治体シティズンシップ（municipal citizenship）」の概念があり、第三に、超国家レベルにおける「世界シティズンシップ（world citizenship）」の概念がある。このような二重、連邦、EU といった階層的に存在するシティズンシップを考察することによって、「一元的なシティズンシップ概念の硬い境界を破る必要が明らかになる」のである。ヒーターは、個人が多様な市民的アイデンティティを持つことができ、多様な忠誠心を持つことができると見た。したがって、多重的シティズンシップの概念は、ナショナル・シティズンシップを無力化したり代替したりせずとも、移住民を包括する柔軟なシティズンシップとして再構成されうるのではないだろうか。

　フォークスは、多重的（複合的）シティズンシップに関するヒーターの見解こそが、現代社会の多元性はもちろん、シティズンシップが行使されうる多くの

94　ヒーター［2012: 196-226］

様々な形態の社会・政治制度のすべてに最も適した枠組みだと評価している[95]。実際、シティズンシップの分解という趨勢は、EU のようなリージョナル・シティズンシップ、中央アメリカや東南アジアにおいて見られる柔軟なシティズンシップ、都市シティズンシップ、二重国籍などにおいて確認できる。韓国においても、グローバル都市ソウルの移住民政策に関連して都市シティズンシップの可能性が議論されている[96]。国家単位ではまだ許容されていない移住民の地位拡充が、都市単位でどこまで可能かについて、実験と議論が進められているのである。

　韓国の移住労働者政策は、経済環境のみならず政治環境にも大きく左右されてきた。法務部で練っている「第 3 次外国人政策基本計画（2018 ～ 2022）」は、一方ではアメリカの反移民政策や Brexit、韓国内における「外国人嫌悪」の増加等の影響を受けるだろう。しかし他方で、2017 年 5 月の大統領選挙において人権と統合を重視する政権に替わったことにも少なくない影響を受けるものと予想される。実際に、移住労働者の長期滞在に対して保守的であった法務部が「外国人熟練技能人力点数制ビザ」制度を新設・施行することとなった背景には、根深い労働力不足に苛まれている 3D 業種からの要求だけでなく、文在寅政府の政策基調に合わせた方向転換という側面もあるものと考えられる。しかし、差別禁止法を制定し、移住労働者の権利と社会参加を幅広く許容する方向へとシティズンシップが再構成されるためには、移住労働者政策を政府にのみ委ねていてはならない。何よりも、移住労働者と移住民支援団体が連帯し、民主的討論に基づいた具体的な政策と説得力ある論理を提示し、組織的かつ多角的実践を反復する場合にのみ、社会的合意を導き出すことができるだろう。

（翻訳：申恵媛）

参考文献

［日本語文献］

キムリッカ、ウィル、角田猛之・石山文彦・山崎康仕監訳
　　　1998　『多文化時代の市民権――マイノリティの権利と自由主義』晃洋書房。

近藤　敦
　　　2001　『外国人の人権と外国人の市民権』明石書店。

寺田　晋
　　　2011　「〈市民〉と〈外国人〉――コミュニティの境界とシティズンシップ」『変容するシティズンシップ』白澤社。

95　フォークス［2011: 148-149］

96　ヤン・ヘウ［2016: 524-529］

３　韓国の移住労働者政策とシティズンシップの再構成

ヒーター、デレック、田中俊郎・関根政美訳
    2012　『市民権とは何か』岩波書店。
フォークス、キース、中川雄一郎訳
    2011　『シチズンシップ──自治・権利・責任・参加』日本経済評論社。
ベンハビブ、セイラ、向山恭一訳
    2006　『他者の権利──外国人・居留民・市民』法政大学出版局。
マーシャル、T. H.、岩崎信彦・中村健吾訳
    1993 (2010)　『シティズンシップと社会的階級──近現代を総括するマニフェスト』法
        律文化社。
渡戸一郎・鈴木江理子・A. P. F. S 編
    2007　『在留特別許可と日本の移民政策──「移民選別」時代の到来』明石書店。

［韓国語文献］
アーレント、ハンナ（아렌트 , 한나）イ・ジンウ、パク・ミエ（이진우・박미애）訳
    2006　『전체주의의 기원 1（全体主義の起源１）』한길사。
アリストテレス（아리스토텔레스）ラ・ジョンイル、チョン・ビョンヒ（나정일・정병희）
訳
    2003　『정치학（政治学）』박연사。
イ・ソンオク（이선옥）
    2007　「한국에서의 이주노동운동과 다문화주의（韓国における移住労働運動と多文化
        主義）」オ・ギョンソク（오경석）他『한국에서의 다문화주의 현실과 쟁점（韓
        国における多文化主義の現実と争点）』한울아카데미。
イ・ヒェジン（이혜진）
    2010　「韓国における非正規滞留者と『合法化』をめぐる現状」『非正規滞在者と在留
        特別許可──移住者たちの過去、現在、未来』日本評論社。
イ・ヒョンジュ（이현주）
    2000　「외국인노동자 정책 결정 및 전개과정에 관한 비교연구 - 한국과 대만의 노
        조·기업·정부의 관계를 중심으로（外国人労働者政策決定および展開過程に
        関する比較研究──韓国と台湾の労組・企業・政府の関係を中心に）」서울대
        학교 대학원 정치학과 석사학위논문。
イ・ヘギョン（이혜경）
    2008　「한국 이민정책의 수렴현상（韓国移民政策の収斂現象）」『한국사회학（韓国社
        会学）』제 42 집 2 호。
カント、イマヌエル（칸트 , 임마뉴엘）イ・ハング（이한구）訳
    2008　『영구평화론 - 하나의 철학적 기회（永久平和論──ひとつの哲学的機会）』서
        광사。
キム・ジョンソン（김정선）
    2011　「시민권 없는 복지정책으로서 '한국식' 다문화주의에 대한 비판적 고찰（市民
        権のない福祉政策としての『韓国式』多文化主義に関する批判的考察）」『경제

와 사회 (経済と社会)』.

キム・ナムイル (김남일)

2007 「열린 사회 구현을 위한 외국인정책 방향 (開かれた社会の具現のための外国人政策の方向)」한국사회학회편 (韓国社会学会編)『한국적 다문화주의의 이론화 (韓国的多文化主義の理論化)』동북아시아대위원회.

キム・ヒジョン (김희정)

2007 「한국의 관주도형 다문화주의 – 다문화주의 이론과 한국적 적용 (韓国の官主導型多文化主義——多文化主義理論と韓国的適用)」『한국에서의 다문화주의 : 현실과 쟁점 (韓国における多文化主義——現実と争点)』한울아카데미.

キム・ヨンジョン (김영종)

2009 「고용정책형성과정의 동태성 분석 – 외국인 고용허가제의 정책네트워크와 정책옹호연합모형을 중심으로 (雇用政策形成過程の動態的分析——外国人雇用許可制の政策ネットワークと政策擁護連合模型を中心に)」『한국정책과학학회보 (韓国政策科学学会報)』제 13 권 제 2 호.

コ・ジュンギ (고준기)

2006 「외국인고용허가제의 문제점과 개선방안 (外国人雇用許可制の問題点と改善方案)」『노동법논총 (労働法論総)』제 9 집, 한국비교노동법학회.

シン・オクジュ (신옥주)

2012 「인권 NAP 에 대한 평가 및 이행점검——비정규직 근로자, 이주민, 난민, 근로의 권리, 노동 3 권, 기업과 인권 (人権 NAP に対する評価および履行点検——非正規職勤労者、移住民、難民、勤労の権利、労働三権、企業と人権)」、인권 NAP 평가 및 이행점검 토론회, 국가인권위원회.

シン・ソヨン (신소영)

2014 「"이주노동자 출국 후 퇴직금 지급은 위헌" 가처분신청 (「移住労働者出国後の退職金支給は違憲」可処分申請)」『법률신문뉴스 (法律新聞ニュース)』、2014.5.8.

チェ・ヒョン (최현)

2006 「한국 시티즌쉽 -1987 년 이후 시민권 제도의 변화와 시민의식 (韓国のシティズンシップ—— 1987 年以降の市民権制度の変化と市民意識)」『민주주의와 인권 (民主主義と人権)』제 6 권 1 호, 전남대학교 5.18 연구소.

チェ・ホンヨプ (최홍엽)

2002 「외국인근로자의 사회보장 (外国人勤労者の社会保障)」『민주법학 (民主法学)』.

2008 「외국인 고용의 현황과 쟁점 (外国人雇用の現況と争点)」『노동법연구 (労働法研究)』제 25 호, 서울대학교 노동법연구회.

2013 「외국인근로자의 장기간 고용과 법적쟁점 (外国人勤労者の長期間雇用と法的争点)」『노동법학 (労働法学)』48, 한국노동법학회.

ノ・ジェチョル、コ・ジュンギ (노재철・고준기)

2013 「외국인근로자에 대한 사회보험법상의 문제점과 개선방안 (外国人勤労者に対する社会保険法上の問題点と改善方案)」『한양법학 (漢陽法学)』제 24 권 제 3 집.

ハ・ガプレ（하갑래）

2002 「외국인 근로자 활용제도에 관한 입법론적 연구（外国人勤労者活用制度に関する立法論的研究）」동국대학교대학원 법학과 박사학위논문。

2011 「외국인고용허가제의 변천과 과제（外国人雇用許可制の変遷と課題）」『노동법논총（労働法論叢）』제 22 집、한국 비교노동법학회。

パク・キチョン、イ・ユボン（박귀천・이유봉）

2012 『출입국관리법과 국적법 개선에 관한 연구 – 외국인노동자，이주여성 및 이주아동 문제를 중심으로 -（出入国管理法と国籍法改善に関する研究――外国人労働者、移住女性および移住児童問題を中心に）』한국법제연구원。

パク・ジンウ（박진우）

2015 「십년 기다렸는데 노동청은 휴가갔다（10 年以上待ったのに労働庁は休暇へ）」『오피니언（オピニオン）』、2015.8.2.

2017 「제 2 의 여수화재참사 막기 위해 기억해야 할 것들（第 2 の麗水火災惨事を防ぐために覚えておくべきこと）」『Mediaus』、2017.2.18.

ヤン・ヘウ（양혜우）

2016 「이주자의 시민권을 민주화하기 – 법적 권리와 시민적 권리 사이의 간극을 넘어（移住者の市民権を民主化する――法的権利と市民的権利間の間隙を越えて）」『창작과 비평（創作と批評）』2016 년 여름호。

ユン・ジヨン（윤지영）

2015 「현행 이주노동정책의 문제점과 대안 – 고용허가제를 중심으로（現行移住労働政策の問題点と代案――雇用許可制を中心に）」『法學論叢』제 22 권 제 1 호。

［英語文献］

Benhabib, Seyla

2004 *The Rights of Others: Aliens, Residents, and Citizens.* Cambridge Univ. Press.

& Resnik, Judith

2009 "Introduction: Citizenship and Migration Theory Engendered" *Migrations and Mobilities: Citizenship, Borders and Genders,* New York University Press.

Faulks, Keith

2000 *Citizenship.* Routledge.

Heater, Derek

1999 *What is Citizenship?* Polity.

Kymlicka, W.

1995 *Multicultural Citizenship: A Liberal Theory of Minority Rights.* Oxford Univ. Press.

Marshall, T. H.

1950 (1992) *Citizenship and social class.* Pluto Press.

Soysal, Yasemin Nuhoglu

1994 *Limits of Citizenship—Migrants and Postnational Membership in Europe.* The University of Chicago.

［Web 資料］

外国人移住・労働運動協議会（외국인 이주·노동운동협의회）（http://jcmkoffice01.tistory.com）

国際アムネスティ（韓国語版）2014.2.24.（http://amnesty.or.kr/8356）

法務部（법무부）2013「제 2 차 외국인정책기본계획 및 수립지침（第 2 次外国人政策基本計画および樹立指針）」、2013.1.30（http://www.moj.go.kr）

法務部出入国・外国人政策本部（법무부 출입국·외국인정책본부）『出入国・外国人政策統計年報』『出入国・外国人政策統計月報』（http://www.immigration.go.kr）

法務部出入国・外国人政策本部滞留管理課（법무부 출입국·외국인정책본부 체류관리과）2017「『외국인숙련기능 점수제 비자』시행（「外国人熟練技能点数制ビザ」施行）」、2017.7.18.（https://www.gov.kr/portal/ntnadmNews/1147848）

160

第4章　韓国のネパールコミュニティと帰還後の活動[1]

李蘭珠
（イ ランジュ）

　韓国では1980年代後半から移住労働者が増え始めたが、この時期に流入した
人々は、1986年のアジア競技大会、1988年のソウル・オリンピックをきっかけ
にやってきたといっても過言ではない。アジア地域の予備移住労働者たちは、
メディアで紹介されたこの二つの国際行事を通して韓国と出会い、移住労働の
目的地リストに韓国を含めた。当時、韓国経済は急成長中で、零細企業は慢性
労働力不足に陥っていたため、移住労働者たちは歓迎された。

　韓国に行けば仕事に就きやすいという情報を得、次第に多くの移住労働者た
ちが韓国へと移動してきた。韓国政府は本格的に企業に外国人労働力を提供す
るため、1991年10月に海外投資企業産業技術研修制度を導入し、1993年12月
には中小企業のために産業技術研修生制度を導入した。制度導入前の1989年
には約1万5千名程度であった移住労働者の数は、1993年には約6万7千名、
1995年には約13万名へと大幅に増加した。

表1　流入初期の移住労働者数

年度	1987	1989	1991	1993	1995
名	6,409	14,610	44,850	66,919	128,906

［イ・ソンオク　2005］

1　本稿は以下の方々の協力により作成された。　ナバラズ・バンダ、ニラズ・タパ、デ
　イビッドライ、ミノドモクタン、バクタラムミチャネ、ソモルタパ、シュディチャン
　ドラバラル、アシクシレスター、チョゴンニョッオリ、フラモドスパ。韓国内のネパー
　ル共同体の初・中期活動についての記録はほとんど残っていない。そのため、個別あ
　るいは集団インタビューを通して彼らの心のなかに保存された記憶を掘り起こした。
　インタビューは2014年11月〜12月の間におこなわれた。インタビューで確認した内
　容は（インタビュー、○○○）と表記した。

1992 年、ポカラの若者たちは韓国へ行くことを望んでいた。家の近くの
電話部屋で、韓国にいる親戚たちと通話するために長い列をなしている人
たちを見た。その人たちが会話中に言ったこと、韓国で 1 ヶ月に 2 ～ 3 万
ルピー[2] を稼ぐという話を聞いて、私は悩んだ。
　私は当時、私立学校を共同運営していたが、学校を共同運営者に任せて
韓国へ行く夢を見始めた。その当時は、韓国へ行くために韓国語能力試験
（KLPT）を受ける必要もなく[編者注1]、今のように長い列をなして待つ必要もな
かった。政府の許可なしに 75,000 ルピー程度の金をエージェントに渡せば
行くことができた（ニラズ・タパ、「心の火鉢から現れた社会活動の熱気」[3]）。

　後先を考えず韓国へと移動してきた移住労働者たちと、なんら制度的準備も
なく移住労働者を雇用した韓国社会は大きな浮き沈みを経験する。移住労働者
たちは法と制度の枠組の外に置かれていた零細事業場で働きながら、賃金滞納
や暴行、産業災害に頻繁にさらされた。しかし、韓国政府はこのような問題に
通じていないだけでなく、関心も持たなかった。その実情は移住労働者と韓国
の民間団体の協力によって世間に知られたのである。
　移住労働者がまだ社会的な声を上げられずにいた 90 年代初葉、移住労働者
を支援しつつ使用者と政府を相手に問題の調停や闘争を行う民間団体がつく
られ始めた[4]。また、これらの団体に影響を受け「移住労働者共同体」もひとつ
ふたつ結成され、活動を始めた。ネパール人たちの組織 NCC（Nepalic Consulting
Committee、在韓ネパール人共同体）もまた、この時期に発足した。

1　ネパール人共同体が始まる

　NCC は、1993 年に「天主教ソウル大教区外国人労働者相談所」が主催した新
年行事で出会ったネパール人たちによって始められた。その行事にはナバラズ・
パンタ[5] も参加していた。彼は当時、労働災害に遭ったものの治療と補償を受け

2　約 40 ～ 60 万ウォン（4 ～ 6 万円）。

3　Asian Human Rights and Culture Development Forum, 2014.

4　1992 年 5 月南営洞に「外国人労働者人権のための集まり」、92 年 8 月明洞聖堂に「天
　主教ソウル大教区外国人労働者相談所」、92 年 11 月九老洞に「ガリリ教会外国人労働
　者相談所」、92 年 11 月九老洞に「外国人労働者避難所」［ソル・ドンフン　2003］。

5　ナバラズは、金浦にあるプラスチック会社で働いていたが、止まった機械を直す際に

4 韓国のネパールコミュニティと帰還後の活動

られず苦しんでいた。ネパール人たちは、彼が治療費の募金を要請すると、これをきっかけに団体を結成し互いに助け合おうと意気投合した。

1993 年 1 月 22 日から 24 日にかけて、明洞聖堂で Welcome party for foreign workers（外国人労働者歓迎パーティ）という行事を準備した。そこにバングラデシュ、スリランカ、フィリピン、ネパールの友人たちが一緒に参加した。我々ネパール人は 22 名であった。そこにはポカラの義父であるコイララ、クリスナーオディカリ、ナレンドラタパ、そしてブペンドラギリらが一緒にいた。とても嬉しかった。そのとき、ナバラズ・パンタが機械で手を怪我したのを知った。工場ではいかなる措置も取っていないとのことであった。当時私は団体をつくろうと提案した。5 名（私と、上記 4 名）でネパール NCC を設立し、ブトゥウルのマドップ・ネオパネを代表者として立てた。私は運営委員として参加した。毎週日曜日の休日に我々は明洞聖堂で会った。ネパールの友人たちに会うと元気が出た。4 月 14 日のネパール新年に新年行事を行い、互いに祝い合う時間を過ごした。その行事には色々な地域にいるネパールの友人たちが 500 名ほど集まった。(ニラズ・タパ[6]、「心の火鉢に現れた社会活動の熱気」より)

ナバラズ・パンタをはじめ、労働災害に遭いながらも治療と補償を受けられ

腕がプレス機械に押しつぶされる災害に遭った。その後、小さい整形外科を転々とし、災害後 20 時間経ってから骨の移植手術等が可能な総合病院へと移送され応急処置を受けたが、手術後、会社側は治療費を負担することはできないとして強制的に退職させ、その後、治療を放置した。会社側ではナバラズに対する責任から逃れるためにナバラズをひそかにネパールへ送る準備をしていたが、これに気づいたナバラズが工場から逃げ出し、相談団体に助けを要請した。彼は適切な治療を受けるために警察署の外事課も訪問し、時事週刊誌のインタビューに応じたり公衆波放送の時事番組に出演して工場取材をしたりと様々な方法を動員して会社を圧迫する世論化作業を試みた。しかし、あまりに零細な事業主は、すでにナバラズの病院費として 2 千万ウォンにのぼる金額を支払っており、今後、更にいくらになるかわからない治療費を負担する余力のない状態であった。結局、ナバラズは国家レベルでの制度的な問題解決のために座り込みに参加し始めた［ヤン・ヘウ　2011]。

6　NCC 設立において主導的な役割を果たしたニラズ・タパは、1997 年 1 月に日本へ渡り、日本国内ネパール人の団体「ネパリ世話サミッティ」の活性化に協力し、ポカラ出身ネパール人の団体「ヘラロ」を設立・運営した（インタビュー、ニラズ・タパ）。

163

表 2　移住労働者の国家別現況

	中国（朝鮮族）	フィリピン	バングラデシュ	ネパール	パキスタン	タイ	ベトナム	インドネシア	その他	合計
未登録	64,232 (26,905)	8,184	9,783	648	3,806	5,249	4,666	1,777	27,708	126,043
中期研修生	8,906 (5,355)	3,910	2,559	744	882	1,076	5,836	10,780	3,456	38,146
海外投資企業研修生	13,942	1,101	263	33	70	146	870	2,040	2,436	20,901

（出典：法務部「外国人産業技術研修生人権白書」'99 国政監査から再引用

ずにいるネパールおよびバングラデシュ出身の未登録労働者 14 名が、「外国人労働者避難所」と協力し、1994 年 1 月 10 日から 2 月 7 日まで、経済正義実践市民連合講堂で座り込みを行って産災保険の適用を要求する意思表示をした。この結果、政府は 1994 年 3 月から未登録移住労働者にも労災保険の適用を始めた。次いで 1994 年 9 月には、すでに出国した労災被害者にも過去 3 年まで遡及して補償金を支給するように方針を定めた［外国人労働者対策協議会　2000］。

　1995 年 1 月 9 日から 17 日にかけては、賃金を適切に受け取ることができず暴言・暴行に苛まれていたネパール人研修生 13 名が、やはり「外国人労働者避難所」と協力し、明洞聖堂前の入り口でテントを張って座り込みを行った。これをきっかけに移住労働者支援団体、市民社会団体、労働団体など 38 の団体が「外国人産業技術研修生の人権保障のための共同対策委員会」を結成して政府を圧迫し、その結果、政府は労働部例規として「外国人産業技術研修生の保護および管理に関する指針」を発表した。この指針には、産業研修生に対し、最低賃金および健康保険、暴行禁止など勤労基準法の 8 条項を適用するという内容が含まれていた。

　この二つの闘争は、後に続く移住労働運動を牽引したという重要な意味を持つのだが、ネパール人労働者がこの二つの闘争の主役であるというのはやや意外な点でもある。表 2 の国家別現況を見ると、当時、ネパール出身労働者は他国出身の労働者に比べてその数が極めて少なかったことがわかる。だとすると、人員も少ないネパール出身労働者たちはいかにして強度の高い闘争に二度も参加し、有意義な結果を導くことができたのだろうか。

4　韓国のネパールコミュニティと帰還後の活動

　それは当時のネパールの政治・社会状況[7]と関連があるとみられる。ネパールはイギリスからの独立後、立憲君主制を実施し、1959年の総選挙を経て民主的な議会が設立された。しかし、1960年には再び国王が議会と政党を解散した。その後ネパールの市民たちは30年余りにわたって絶えず反政府民主化闘争を進めてきた。その結果、1990年、ビレンドラ国王は西欧型立憲君主制とともに多党制民主主義を受け入れた。これに伴い実施された総選挙においてNC（ネパール議会党）が過半数の議席を、CPN-UML（穏健ネパール共産党）が次いで多くの議席を占め、第一野党となった。その後1994年には、国会解散後の早期総選挙においてCPN-UMLが多数党となったが、1995年の国会解散後の総選挙では再びNCが多数党となった。このような複雑な政治動向は、韓国内のネパール人社会およびネパール人共同体にも直接的な影響を与えた。1990年のネパール民主化以降[8]、それまで非合法的な地下運動や合法政党など多様な政治グループで活動し

7　ネパールは9世紀〜14世紀の間インドの支配下に置かれていたが、1769年にグルカ（Gurka）王朝がカトマンズ渓谷を征服し統一王国を建設した。その後、1814年にイギリスの支配下に置かれるまで独立を維持してきた。1846年以降の100年間はイギリスの支援を受けたラナ家の独裁政治が敷かれていたが、1951年2月18日の王政復古に伴い立憲君主制が確立し、独立を成し遂げた。議会は1960年12月に国王によって解散させられ、村落の長老が中心となる国家パンチャヤット（Rastriya Panchayat）が1962年に立法機関として設置されると、政党は排除された。1967年に第一次憲法改正が行われ、1972年1月、ビレンドラ国王が即位した。しかし、1979年、各段階のガイドライン下においてのみ活動を許可するパンチャヤット制は国家的な抵抗運動を呼び起こした。結局、1980年にはパンチャヤット政治体制の存続と政党政治の復活という二者択一の国民投票が実施され、投票者の54.8%がパンチャヤット制の存続を支持したことで第三次憲法改正がなされた。その後、継続的な武装テロにもかかわらず、1986年4月の選挙の結果、国王に対する支持率が1981年よりも高くなると、諸政治集団は地下活動を始め、結局「ネパール連合マルクス左翼主義者」という共産党の形で姿を現した。持続的な国内の反対とデモ隊に対するネパール当局の過剰鎮圧は国際社会の関心を引き起こし、ビレンドラ国王は1990年4月6日、汎民主主義運動に屈服し、憲法改正委員会の発足に同意し、複数政党制の復活を約束する。こうしてパンチャヤット制は複数分野の圧力により崩壊した。1990年11月9日、ビレンドラ国王は、主権在民、西欧型立憲君主制、基本的人権保障、多党制民主主義を公布した。そして1991年5月2日、政党参加による32年ぶりの総選挙においてネパール議会党（NC）が過半数以上を獲得し、ネパール共産党（CPN-UML）が次に多い議席を占め、行政部を牽制する第一野党となった（出典：韓国民族文化大百科）。

8　ただし、直後の1996年にネパール共産党（マオイスト）が人民戦争という名のもとに武装闘争を始め、本格的な内戦へと発展する。そして2005年、ギャネンドラ国王が権

165

ていた人々が移住労働の列に加わり韓国へと渡ってきた。そしてこれに伴い、初期には出身地域と民族を中心に連合する傾向[9]を見せていた会員たちが、次第に政治的性向によってグループを形成し始めた[10]。各グループはNCC指導部に参加し、影響力を行使するために善意の競争を繰り広げた。彼らの優れた、組織的な活動力が韓国内の移住運動にも投与されたものと解釈できる。

　その一方、ネパールの政治組織が韓国内のネパール労働者たちの組織と活動に直接的な影響を与えることもあった。穏健ネパール共産党（CPN-UML）傘下の労働組合ジフォント（GEFONT）[11]は、1990年代半ばに香港で活動していた組織運動家スジタ・サキョ[12]を韓国に派遣し、ネパール共同体会員等のネパール労働者の教育を行い、組織化を支援した（インタビュー、ジョゴンノットオーリ）。ネパール人労働者たちはこの応援に大いに勇気づけられた。このようなネパール人政党の努力はその後も続く。CPN-UMLは、韓国に組織した「プラバシ・ネパーリ聖コリア」をはじめとして、ネパール労働者が進出した世界各国に同じ名前の支持組織を準備している。これは他の政党も同様で、ネパール議会党（Nepali Congress）は「ザナ・サンパルッカ・サミッティ・コリア」を、急進ネパール共産党（United Maoist）は「プロコティシル・モルツァ」[13]を組織・運営している。こ

　　　力を掌握し、再び議会を強制解散するなど、ネパールは歴史の渦に飲み込まれていく。ネパールは2006年11月に内戦を終え、2007年の王政終了とともにネパール共和国を宣布する。

9　当時は民族別に分かれました。ブラマン、チェトリ、ネワールが一方で、残りがもう片方となりました。私たちはニラズと同じブラマン、チェトリ、ネワールでした。でも、数ではグルン、ライ、リンブのほうがずっと多かったです。（インタビュー、アシック・シレスター）

10　「1996年に、私の代表職期間が終わり、その年に私は選挙委員長として富川の仏教寺院で選挙を行った。ゴンビル・グルンとキスマット・マニー、シレ・スターが代表として出馬した。1253名が投票に参加し、結局ゴンビル・グルンが代表となった。ネパールの政治の風が韓国にも吹いてきたのである。ゴンビル・グルンはUMLの支持者であった。この間に、NCCの役割と活動の幅が広がったことを感じた。」（ニラズ・タパ、「2014年間報告書」Asian Human Rights and Culture Development Forum, 2014）

11　General Federation of Nepalese Trade Union（GEFONT）http://www.,gefont.org/

12　現 All nepal women's association 総長。

13　「韓国ブラカシル・モルツァは、私が提案して2007年6月に設立しました。アカルタマンが会長を、モノホルが事務局長を務めてしばらく活発に活動していましたが、今は私たち全員がネパールに来ているためほとんど活動できていません。」（インタビュー、バクターラムラミチャネ）

4　韓国のネパールコミュニティと帰還後の活動

れらの組織は地域と時期によって活性化することもあり、また名前だけが残っていることもある。

2　ネパール人共同体の主要活動

　1995 年から富川所在の「富川外国人労働者の家」が NCC に事務所を提供するようになり、各種会議や集まり、日々の活動がここで運営されている。当初 NCC はネパール人たちが経験する労働問題にともに対処しようと努力した。そのうち最も基本的なことは相談団体への連絡と通訳であった。労働者たちが度々経験する賃金滞納と労働災害、事業場内の暴行等は、労働者個人あるいは共同体の力だけでは解決しがたいものであったため、相談団体との協力は欠かせなかった。共同体は困っているネパール人がいると手を差し伸べて相談団体に連絡し、通訳を引き受けて手続きの進行を助けた。ネパール人が大なり小なりなんらかの災害に遭ったり深刻な疾病に見舞われた場合、自ら進んで看病し、募金活動を通じて診療費を工面した。死亡者がいた場合、家族と連絡して手続きについて話し合い、直接葬儀を進行した。共同体の指導部は、いかなる金銭的対価や支援も受け取らず、交通費や通信費等の経費をすべて個人で負担した。ときには警察署や法院、病院などへ急遽通訳に行ったり、地方出張に行ったりする必要がある場合もあり、その度に仕事を休まなければならず、収入が減り困難に陥ることもあった。NCC 指導部は非常に献身的な活動を通じてネパール人のみならず諸相談団体とも深い信頼関係を築いた。

　相談団体はこのように至難かつ危急な状況を共同体と協力しながらともに経験し、この過程を通じて収集した情報をもとに制度的改善点を導き出して法制度の改善運動へとつなげた。1995 年以降の研修制度撤廃運動、未登録労働者合法化運動、労働組合運動は、いくつもの移住共同体や相談団体の献身と信頼に基づいた現場情報や分析力、企画力、結集力がすべて結集したものであった。もちろん、その中心には常に NCC があった。

　当時 NCC は、韓国滞留ネパール人のパスポート更新業務も支援していた。ネパール政府は韓国に大使館を設置することができず、日本駐在大使館が韓国滞留国民もあわせて支援していた。韓国にいるネパール人はパスポートの延長や更新といった基本的な申請もすべて日本に送って解決しなければならず、非常に不便な状況に置かれていた。NCC は日本駐在大使館と協議し、パスポート更新書類の受付と発送業務を支援した（インタビュー、アシクシレスター）。

167

写真1　「富川外国人労働者の家」による活動の一部は、最近「アジア人権文化連帯」による活動に変わり、移住民を含む「村共同体(マウル)」活動などを展開している（写真は京畿道富川の「江南市場の祭り」の風景）。

　また、NCCはコミュニティペーパー「ネパリーサンデス」を継続的に発刊し、ネパール人たちに情報を提供した。当時は、場所を問わず同僚たちの近況や韓国の移住労働関連政策、ネパール本国の状況について知ることが困難であった。そのため、ネパール人たちの間でこのコミュニティペーパーは大きな人気を得た。手書きしたものをコピーして作成したコミュニティペーパーは、5百ウォンから1千ウォンで販売されたが、毎回売り切れた。

　　1993年からネパリーサンデスが刊行されました。94年から2年半ほど私が編集長を務めましたが、内容はネパールのニュース、怪我や病気をして支援が必要な人の情報や、行事のお知らせ、韓国の（移住労働関連）政策、会員たちが寄せてくれた詩や随筆などでした。私たちネパール人はどうやって互いに支え合い生きていくべきか……そういう内容が多かったです。これを毎週一回つくったのですが、3ヶ月に一度は重要なものをピックアップして本にしました。今思い出されるのは……その本に挿絵をひとつ入れたのですが、(移住)労働者が病気になって寝込んでいる。そして、韓国政府は点滴を施しながら、一方では労働者の血を吸う。そんな絵だったんです……印刷し終えたところで、相談所の韓国人同僚が「これは大変なことになる、君は捕まるよ」と騒ぐものだから、全部除いてしまいました。ハハ……また、私たちは労災に遭った友人たちの写真と詩を入れてカレンダーをつくったりもしました。（インタビュー、フラモド・スバ）

一方、1996 ～ 7 年頃からは、出身地域別、民族別、宗教別の様々な集まりが形成され、活性化することで、それぞれの故郷を支援するようになった。ネパール東部のダラン出身者たちが形成した「ダラン共同体」では、募金をして故郷の村に救急車を買って送った。ネパール仏教者の会（Nepal Buddhist Family）は、経済正義実践仏教連合が運営する「慈悲の家」を拠点として活動しながら、韓国社会に向けて「仏陀がお生まれになったルンビニはネパールの土地」であるという広報に力を入れ、ネパール人たちの誇りを呼び起こしたりもした。文化グループもいくつも形成され活動するようになり、彼らは様々な行事で民族舞踊や歌謡公演を行いネパール人たちを励ました。とくに、デュオグループ「カンライとミヌ」は、良心囚（政治・宗教・思想的信念によって投獄されている人）のための市民歌謡祭と KBS 外国人歌謡競演大会で大賞を受賞した。後に彼らが主軸となって結成した移住労働者バンド・ストップクラックダウンは、パク・ノヘ（朴労解）詩人の『労働の夜明け』20 周年の献呈レコードおよび公演にも参加した。文化グループの一部は活動を続け、ネパール人のみならず他国の移住労働者たちや韓国人からも人気を得た。

在韓ネパール人たちのメディア活動も注目に値する。インターネットの発達、スマートフォンの普及に伴い、いくつもの小規模インターネットメディア[14]が活動し、在韓ネパール人たちにネパールと韓国に関する情報を伝えている。

一方、NCC は想定外の事件により危機に直面することもあった。1998 年、会長を務めていた者が、ネパールに帰還する際に持っていった共同体基金 30 万ルピーを個人的に使用するという事件が起きた。しばらく経ってから返金され、共同体基金として積み立てた[15]が、このとき失った信頼を再び回復することは困難であった。これは NCC に対する期待と信頼を崩壊させ、民族別・出身地別共同体が更に増える原因にもなった（インタビュー、アシクシレスター）。

3 移住労働運動の中心に

1995 年、NCC は相談支援団体、バングラデシュやスリランカなど他国の移住

---

14 http://www.nepalkoreanews.com
http://www.nepalikorea.com
http://www.hellonepalkorea.com

15 この基金の件はその後も厄介な出来事として残り、許されないままであったが、2015 年のネパール地震惨事当時、地震被害復旧基金としてネパール政府に伝達された。

労働者共同体とともに「外国人労働者対策協議会（後に外国人移住労働・運動協議会に改称。以下、外労協）」を結成する。これは同年1月に行われた産業技術研修生座り込み闘争を進めるなかで日常的な連帯の必要性を痛感した諸団体が相互に同意したもので、移住労働者当事者が移住労働運動の主体であるべきだという当事者性を念頭に置いた構成であった。しかし、仕事を手放すことのできない共同体の指導部が平日の外労協の各種会議や決定に参加することは困難であった。そのため、共同体と事務室を共用する団体、また支援団体が共同体の意見を収斂し決定事項を伝えるという間接的な方法で意思を反映した。外労協は、1995年10月に「外国人労働者保護法（案）」を作成し、立法請願および法制定運動に突入した[16]。この法案には、研修制度の廃止とともに、労働許可を得た移住労働者が雇用許可を持つ事業場で働けるようにする内容、そして未登録労働者合法化方案が含まれていた。外労協が法制定を求める署名運動およびキャンペーンを展開すると、法務部はこれを止めるために署名運動現場や相談団体近隣で「不法滞留者の取り締まり」を実施し、これに抗議した韓国人活動家二名を公務執行妨害で拘束した（ヤン・ヘウ、2011）。外労協は「拘束者釈放と外国人労働者保護法の制定」を要求し、明洞聖堂前で座り込み闘争を展開した。

このとき、NCCは組織的にこの座り込み闘争に参加するとともに、移住運動に本格的に足を踏み入れるようになる。この闘争は拘束者が釈放されることで収束したが、研修制度の撤廃と法制定に関する運動は2003年に雇用許可制が導入されるまで続き、その後、未登録労働者合法化闘争、移住労組運動へと進化していった。

NCCを含む移住労働者グループと諸相談団体は、それぞれ異なる運動目的と方法を持つ。そのため、ときには協力・闘争し、ときには葛藤しながら運動を続けている。

各団体は移住労働者を組織し指導部を養成するために、リーダーシップ、労

16　「外国人労働者対策協議会」は、1995年10月「外国人労働者保護法」試案を用意した。1996年および1997年には「外国人労働者保護法」の制定を求め、支援団体と外国人労働者がともに座り込みを行うこともあった。また、1996年末には「外国人労働者保護法」の国会への立法請願をおこなった。このとき立法請願した保護法案は「労働許可と雇用許可の並行」を骨子としていた。この立法請願案はしばらく国会で眠っていたが、2000年5月29日、第15代国会終了により自動廃棄となった。保護方案の代わりに、既存の産業研修制度を小幅に改善することを内容とする研修就業制度が1998年4月1日より実施されることになった［ソル・ドンフン　2003］。

働法、人権教育等の多様な教育を実施している。とくに 2000 年 11 月には聖公会大学 NGO 学科アジア NGO 情報センターが「外国人労働者指導者課程」を設けた[17]。外国人労働運動家を養成するという目的で毎週日曜に 4 時間ずつ、10 週課程で運営されたこの教育課程では、韓国内の外国人労働者運動の歴史、韓国社会と文化、韓国の民主化と労働運動、労働者国際連帯等を扱った。バングラデシュ、ネパール、フィリピン、スリランカなどアジア 6 か国 26 名が参加し、実際に彼らの多くがその後推進された移住運動に積極的に参加した。

4　葛藤と分化

外労協が 1996 年に立法請願を行った「外国人労働者保護法（案）」は、2000 年 5 月末の第 15 代国会終了とともに自動廃棄となった。そこで外労協は再び「外国人労働者の雇用及び人権保障に関する法律（案）」を作成し立法請願および法制定に関する運動を展開した。労働部は「外国人勤労者の雇用及び管理に関する法律（案）」を提示し、法制定の意志を明らかにしたが、使用者団体「中小企業中央会」の強力な反対にあい失敗に終わる。この過程で外労協は、労働部の法案が外労協の法案に比べて移住労働者の権利という側面では不足しているものの、研修制度撤廃という当面の課題は実現できるという判断から支持の意向を明示した。しかし、これに同意しなかった外労協内部グループの一部は外労協を脱退し、別途に団体を構成してより積極的な闘争へと進む。

後にこの団体は「移住労働者の労働権の完全獲得及び移住就業の自由実現のための闘争本部（移労闘本）」として具体化し、さらに民主労総平等労組移住労働者支部（以下、移住支部）[18]へと発展する。

外労協と移住労組は競争と葛藤のなかで運動を続ける。そして、これは 2002

17　http://h21.hani.co.kr/arti/society/society_general/1076.html

18　2001 年 5 月には非正規雇用および外国人労働者を取りまとめる平等労働組合を掲げる「ソウル京仁地域平等労働組合移住労働者支部」（支部長：イ・ユンジュ）が設立された［ソル・ドンフン　2003］。移住労働者支部はその後、2003 年から 2004 年にわたって 380 日間の「強制追放阻止未登録移住労働者全面合法化」を要求する座り込みを経て、2005 年 4 月「ソウル京畿仁川移住労働者労働組合」を設立した。しかし、労働部は組合員のなかに未登録労働者が含まれているという理由で設立告告に反対し、労組は労働組合設立申告書反対処分取消請求訴訟を提起した。一審敗訴、二審勝訴を経て、訴訟提起 10 年後の 2015 年 6 月 25 日に大法院で最終勝訴判決を勝ち取った（http://www.lawissue.co.kr/news/articleView.html?idxno=22251）。

年のワールドカップを前に政府が「不法滞留者自主申告」を通して一時的な合法化を実施したことに関する意見の対立、また 2003 年に政府が推進した雇用許可制に対する賛否の葛藤[19] へとつながる。この間、NCC 構成員をはじめとするネパール労働者たちの間でも激しい意見の対立が起こり、結局、組織的な葛藤に至ることもあった。当時、移住支部の支部長であったサマル・タパ[20] は、NCC を批判し、直接 7 つの共同体を集め、UMMA（United Nepali Migrant Association、「ウンマ」）を結成する。

　　2002 年 12 月に組織をつくった理由は、NCC の当時の状況が、なんというか、ネパールの諸団体が地域別・民族別団体をたくさんつくるようになりました。NCC は代表的な団体ですが、以前の NCC のリーダーシップと当時のリーダーシップには違いがありました。移住労働者の状況、政府の政策にも変化がありました。NCC は代表なのに、代表性を持つことが難しくなり、他の諸団体が NCC を代表と思わなくなりました。アップグレードが必要だと思って NCC 指導部に何度も話したのですが、NCC はプログラムも事業もありません。2002 年 12 月 1 日、安養の全真常福祉館（国際カトリック兄弟会 AFI 運営）でウンマをつくったとき、7 団体の代表者がウンマの S 運営委員会に入る形でつくりました。2002 年のワールドカップ、そこか

19　政府が立法した雇用許可制は「移住労働者の事業場移動権」を制限しているため、移住労働者の権利を大きく侵害するだろうという点が最も大きな毒素条項として指摘された。また、附則に含まれた未登録労働者の合法化範囲が 4 年未満滞留者に制限されており、4 年以上の長期滞留者はすべて退去を要求されるようになった。実際に政府は 2004 年の雇用許可制実施を前に 2003 年 11 月 17 日から強硬な取り締まりを行い、4 年以上の滞留者を追い出した。このような問題は、雇用許可制立法過程においても十分に予見することができた。しかし、外労協は政府案に賛成し助力したために批判機能を失い、移住支部は外労協のほうに矛先を向けて猛批判し、「雇用許可制反対、労働許可制実施」という原則的な要求にのみ集中した。このため、結果的にどちらも「未登録労働者合法化闘争」には十分に力を添えることができなかったといえる。

20　サマル・タパは、民主労総平等労組移住労働者支部長であり、2003 年 11 月の取り締まりに抗議して「雇用許可制の廃止及び事業場移動の自由、労働三権の獲得を要求」し、明洞聖堂座り込み団を率いた。2004 年 2 月 15 日、自ら進んで出国拒否署名を受け取りに恵化洞フィリピン共同体カサマコを訪問したとき、出入局の標的取り締まりによって連行された。麗水出入国管理事務所に拘禁されていた間も移住労働者差別政策に反対して 31 日間にわたる命懸けの断食闘争をおこなったが、4 月 1 日、強制出国となった。

172

4 韓国のネパールコミュニティと帰還後の活動

ら始まりました。外労協の立場（登録の如何は労働者個々人が決定せよという）、移住支部の立場（追放政策の布石であるため登録してはならない）がありました。NCCはどのような立場だったのか？　そのときは、時間があるから自由に自分でなんとかしようということでした……私たちは平等労組移住支部とともに活動しました。NCCとの違いも、このためです。NCCが代表団体としてあるのならば、この状況で、どのような方法でやっていくのかという立場（を）明らかにするべきだったのです。代表だと口で言うだけではなく、活動するべきでした。ウンマは後でどうなったのか……2003年の取り締まりのとき、移住支部が座り込みを行うべきだ、外労協もまた座り込みを行うべきだと決定したじゃありませんか。ウンマはネパール闘争団（Nepali Struggle Committee）に変更しました。（インタビュー、サマル・タパ）

　そのとき、サマルやNCC指導部の先輩たちと東大門エベレスト食堂で会議をしました。会議内容は、ウンマとNCCはどのような関係にあるのか、これからどうするのか、NCCを変化させれば良いのになぜウンマをつくったのか、役割は何か。サマルはウンマ側だから、ウンマの事務局長をやめてNCCの代表として活動すればいいんだ、という意見もありました。大方がこの意見に同意しました。（インタビュー、シュディ・バラル）

これについてネパール人たちは、「NCCとウンマの性格や運動の方向性は異なるため、別途活動するのが当然」という意見から「ネパール人は単一組織を望んでいるのに、韓国の諸団体間の葛藤と主導権争いが分裂を導いた」という意見まで、様々な意見を披瀝する[21]。表面的な解釈は色々ありうるが、実際は様々なネパール人活動家たちと韓国人活動家たち（団体に加え様々な政派まで組み合わさって）が互いに影響を与え合いながらこの複雑な状況を織りなしていたため、その前後を区分し解釈することは不可能だといえよう。サマル・タパの回顧通り、ウンマは1年後、ネパール闘争団に転換し、「移住労働者強制追放阻止及び全面合法化のための明洞聖堂闘争団」の主力として活動することになる。

2003年11月15日、雇用許可制実施を前に行われた取り締まりに立ち向かい、

21　このような摩擦にもかかわらず、ウンマとNCCは協力活動を展開することもあった。2003年10月の台風セミにより大水害が発生したとき、NCCとウンマは協力して募金活動を行って支援金を集め、共同でボランティア団を組織し、大邱地域の水害復旧作業を支援した。（インタビュー、シュディバラル）

173

首都圏地域5箇所（聖公会聖堂、京畿道磨石、明洞聖堂、京畿道安山、キリスト教連合会館）の座り込み闘争団が「強制追放阻止・未登録移住労働者全面合法化」を要求しながら座り込みを行い、キリスト教100周年記念館［京畿道龍仁市］座り込み団は「在外同胞法の改正と不法在留赦免」を要求しながら座り込み闘争を展開した。翌年1月17日、政府は1月末まで自主出国期間を延長し、この期間に出国する移住労働者については雇用許可制による再入国を保障するという交渉案を出した。各座り込み団は内部論議を経て座り込み解散の如何を決定した。一例として、外労協が主導した聖公会座り込み団は「移住労働者の出身国は少なくても30〜40か国であるのに比べ、雇用許可制でMOUを締結した国は6か国に過ぎず、政府提案は虚構」だと判断した。しかし内部の力量上、これ以上座り込みを続けることは不可能という判断のもとで座り込み解散を決定し、2月4日、座り込みを解散した。大半の座り込み団がほぼ同じ時期に座り込みを解いた。

　しかし、明洞座り込み団は「出国を拒否し、合法化要求を続ける」と決定し、2004年11月28日まで380日間座り込みを続けた。明洞座り込み団は、はじめに望んでいた要求事項は実現できなかったが、この座り込みの結果、移住労働者労働組合を結成した［イ・ソンオク　2005］。

5　指導部の大挙帰還とNCCの弱体化

　2003年の座り込みは韓国の移住労働運動史に一線を画する出来事として残った。また、その過程で多くの移住運動家を育てた。彼らの一部は政府の標的取り締まりによって強制退去となり、一部は様々な方法でその後の運動を引き継いでいった。

　2005年、NCCは新しい挑戦を試みる。韓国の政策の変化によりなんら準備もできずに急遽帰還することになる移住労働者たちの状況を見て、移住労働運動の方案の一つとして帰還プログラムを本格的に考えるに至ったのである。

　帰還プログラムとは、「自発的に帰還しようとする移住労働者たちが帰還に備えて生活設計するのを助けることである。具体的には、移住労働者が必要とする多様な教育を通して韓国在留期間中に健康な生活を営み、帰還後、安定的に自国に再定着できるように支援することである。これは、帰還移住労働者の定着を通してアジアの社会開発への協力と貧困克服の方法を模索するためであり、際限のない移住の循環の輪に陥りやすい移住労働者が具体的な目的なしに長期滞留することを予防し、また流入国の社会で習得した技術、文化、社会的経験

を用いて、移住労働者たちが本国社会の開発に肯定的に寄与できるように支援することである」[韓国移住労働者健康協会　2005]。

　帰還プログラムは、外労協所属の諸団体がコンソーシアムを構成してともに準備し、ネパール、フィリピン、バングラデシュ、ベトナム、インドネシア、パキスタンの6か国出身の移住経験者12名が議論・教育過程に参加した。帰還プログラムは移住労働者が自国を出発する前の教育および準備段階からアプローチする必要があるため、送出国社会の役割が非常に重要である。この点を重要と捉えたNCCは「アジア人権文化連帯」とともにネパールに事務所を開き、帰還プログラムを本格的に運営することに合意し、円滑な事業進行のために当時NCCの代表であったシュディ・バラルを責任者として送ることにした。また、事業費はNCCとアジア人権文化連帯が共同で負担することとした。しかし、シュディ・バラルがネパールに帰還した後、NCCの新しい指導部はこの取り決めを破棄した。その後NCCはこの活動に参加せず、事業はネパールに設立されたAHRCDF（Asian Human Rights and Culture Development Forum）とアジア人権文化連帯による協力活動としてなされることになった。

　その後、状況は大きく変化し、NCCは急激に弱体化する。まず、NCCを率いていた移住労働者先輩グループが大挙帰還したことで指導部に大きな空白が生じた。これが最も大きい原因として挙げられる。また、韓国政府が2004年にはじめて雇用許可制MOUを締結する際に締結国からネパールを除外し、その後2007年10月末にMOUを締結したために、この間、新しい労働者が入ってこられず、韓国滞留のネパール人が急激に減少したということもある。さらに、2007年にはネパール政府が韓国に大使館を設置し自国民の保護に配慮し始めた。これがかえってNCCの役割を縮小させる要因として作用することになった。また、2003年には全世界に定着して暮らしているネパール人たちがNRN（Non Resident Nepali Association）を組織してネパール内の不動産取得や投資等についてネパール政府と協議を始めた。韓国内のネパール人たちも急いでNRNに会員として加入したため、相対的にNCCへの関心や参加が減少した。

　このような状況の変化は韓国の雇用許可制の実施とも関係している。この法制により移住労働者たちは極端な人権侵害と不平等からある程度抜け出ることができた。同時に、かつて労働に関して集中的な支援および闘争をおこなってきたNCCの必要性は次第に低減したのである。その反面、民族別・地域別の集まりは引き続き増加した。2005年には28団体ほどであった韓国内のネパール人団体は、2014年末現在、74団体に増えた。

6 帰還移住労働者たちの新たな挑戦

　自発的であれ非自発的であれ、十数年ぶりに自国に戻った彼らは、故郷の地で再び戸惑いを覚える。多くの人が「再び外国に来たような」気持ちになったという。帰還者たちはこの戸惑いを克服し、再度地盤を固めるために長い時間と高い費用をかけなければならない。また、多くの人が再定着を諦め、再び海外労働に出たりする。そのため、「帰還移住労働者の本国社会再定着」は個人の問題ではなく、家族・社会・送出国および流入国がともに深く考えるべき問題なのである。

　ネパールに帰還した人々は、それぞれの資源と力量によって農業、自営業、就業、韓国語学院あるいは私立学校の運営、信用協同組合、社会運動など様々な活動をおこなっている。もちろん、再び移住労働に出る者も多い。

　韓国で働いた経験を持つネパール帰還者のなかには、社会団体を直接組織したり、参加する者がとくに多い。彼らは、幼い頃に参加した民主化運動の経験と、韓国で参加した共同体活動、労働運動等の経験と理想、社会的ネットワークを駆使して社会の変化・発展のために努力している。

　以下に紹介する4団体のうち3団体が「帰還移住労働者の再定着」に取り組んでいたり、これから取り組む計画を持っている。これは、最近、海外移住労働が急激に増え、社会的イシューとして登場しているネパールの状況が反映されたものと考えられる。

　多くの帰還移住労働者団体のなかで、活動が活発なもの、また活動に特徴のあるものとして、AHRCDF（アジア人権文化開発フォーラム）、シンミゴ、スカウォティ・ファンデーション、アンクルの4団体を紹介する。AHRCDFは、シュディ・バラルとニラズ・タパなどNCC指導部出身者が「帰還プログラム」を運営するために設立したもので、移住労働・人権・貧困・教育・健康などの様々なテーマで活動している。シンミゴはサマル・タパ、サンジプライなど明洞聖堂籠城参加者が中心となって韓国の民主労総、ネパール労総ジフォントと深い関連を持ち活動している。スカウォティ・ファンデーションは韓国で文化運動に参加していたミノド・モクタンが「美しい店」^{編者注2}を参考にして設立した環境団体である。多様な人的構成を持つアンクルは、韓国政府が雇用許可制を運営するためにネパールに設置したEPSセンターと協力する団体である。

176

４　韓国のネパールコミュニティと帰還後の活動

　以下の団体紹介は、各団体のぬくもりと悩みをより深く共有するため、当事者の声を直接伝える形で叙述する。

AHRCDFF（アジア人権文化開発フォーラム：Asian Human Rights and Culture Development Forum）

　　設　　　立：2005 年
　　代 表 者：ニラズ・タパ
　　所 在 地：ネパール・カトマンズ
　　主要事業：移住労働者教育、貧民自活、教育、医療など

　予備移住労働者教育：私たちの団体が行う活動のなかで最も重要なものは予備移住労働者教育です。海外へ働きに出るためにパスポートの発給を申請する旅券部の前や労働許可を申請する労働庁で、出国する空港で、移住労働者とその家族に会い、書類の準備、送金方法、保険加入の有無とその内容、送出費用等に関する案内と相談を行います。海外労働中に発生する様々な問題、送出会社の契約違反、メディカル協会の虚偽健康検診証明書などをモニタリングし、労働者とともに共同対応します。

　帰還労働者再統合事業：帰還者に再定着の成功・失敗の事例を紹介し、自分で計画を立てられるよう支援します。また、帰還労働者の再定着に政府が関心を持つことを要求します。最近では、帰還者集中居住地域をホームステイ村として開発し、外国人観光客を誘致して収益を創出する事業を企画しています。

　請願および制度改善運動：海外移住労働者が投票権を行使することで参政権を保障されるよう、投票権保障を要求しています。私たちの主張を少数政党のラストリア・ジャナモルツァ党が受け入れ、今はともに取り組んでいます。また、海外移住労働者を保護できるように海外雇用法（Foreign Employment Act.）改正を政府に要求し、改正案を準備中です。この法には、政府および送出会社の役割、送出会社登録に関する規定、ブローカーの資格証に関する規定、送出費用および健康検診に関する規定等が含まれており、改正されれば良い効果を得ることができると考えています。

　教育：貧しい子どもたちに学びの機会を与えるために努力しています。貧民集中居住地域に学校を設立・運営しており、海外に出て死亡または大怪我をした移住労働者の子女に奨学金を支給し、均等な教育機会を持つことができるよう努力しています。青年および女性がオートバイの修理、裁縫といった技術を

177

写真2　ネパール帰還移住労働者団体 AHRCDF が支援活動を行っている「ソロソティ学校」

学び、経済的に自立できるように支援しています。

　その他にも、病院のない地域で村の住民たちとともにヘルスポスト（保健所）を運営しています。今は外部の支援で運営されていますが、今後は住民たちが募金を行ったり、地方政府の支援を受けることで持続的に運営できるでしょう（シュディ・バラル、AHRCDF 前代表）。

SCENEMIGWO（Solidarity Center of Nepalese Migrant Workers：「シンミゴ」と読む）
　設　　　立：2012 年 11 月
　代　表　者：デイビッド・ライ
　所　在　地：ネパール・カトマンズ・バクバザル
　主要事業：教育など

　モランとポカラにある二つの小学校の建物の増築および教師の人件費の支援を行っています。モランにあるザナタ小学校の建物を新築しました。韓国の団体「移住労働希望センター」が後援しました。ポカラ学校は周辺の貧民家庭の子どもたちを教育するためのものですが、川向こうに子どもたちが多いものの、川を渡ることができず、学校に来ることができません。来年、政府が橋を架けるというので、その後は学生が大幅に増えると思います。私たちはジフォントと協力関係にあり、私たちが直接できないことはその地域のジフォント活動家が役割を果たしています。支援が必要な学校を紹介し、事業がうまくいくように橋渡しをするのです。前回、モランで学校増築記念式を行い、私たちの団体、モラン村委員会、ジフォント地域委員会、韓国の移住労働希望センターという4

178

4　韓国のネパールコミュニティと帰還後の活動

団体が学校運営について役割を分担し、MOU を締結しました。今、モランに三校目の学校を準備しています。

　私たちは、やりたいことは多いものの、資金（事業費）がないので、まだ計画段階です。EPS（雇用許可制）で韓国に行く労働者たちに、韓国の労働法と韓国語を教えてあげたいです。また、農業面の仕事もしたいと考えています。できれば韓国のイチゴ農業などの農業技術を学び、普及させたいです。今、色々と考えているところです。貧しい家にヤギを分けるバクラバンク（ヤギ銀行）も運営しています。一家庭にヤギを 2 頭ずつ分け、子が生まれるとまた他の家に分けてあげるのです。1 ヶ月前に始めたばかりなのでこれからですね（デイビッド・ライ、シンミゴ代表）。

スカウォティ・ファンデーション
　設　　　立：2014 年 11 月
　所　在　地：カトマンズ・バスンダラ
　代　表　者：ミノド・モクタン
　主要事業：環境、資源リサイクル

　スカウォティというのはパーリ語で、「祝福の地、ブッダのおられるところ」という意味があります。私たちの団体の活動は、簡単に言うと「美しい店」をベンチマーキングしたものです。リサイクル用品を収集・販売して収益を得、その収益を社会に還元します。まだ事務室がないため、会員の家の倉庫に寄贈物品を保管しておき、そこで物品を整理したり会議を行ったりもします。

　ネパールには寄付文化があまりありません。寄付はどことなく恩着せがましいところがあります。私たちは寄付文化をもう少し温かいものにしたいと考えています。私たちの社会はひどく貧しい。けれども、互いを抱き抱えられる社会を作りたいというか。ネパールの人たちは社会的な問題にあまり関心がなくて、その隙間を外国人が全部占めています。あなたたちのところの子どもたちは皆裸足だね、学校でもないこんなところで勉強するんだねといいながら外国人たちが支援する。それがくやしかったです。スカウォティがこうした点を変化させる良いモデルになれればと思います。

　ネパールも環境問題が深刻です。ですが、ネパールの人たちは気づいていません。とても簡単でたいしたことではないけれど、リサイクルを促進して資源を循環させること、ゴミを減らすこと、ビニールの使用を減らすこと、こういっ

179

たことをまずやろうと思っています。先週、環境について考えるエコハイキングに行ってきました。今は捨てられる新聞を集めて紙バッグを作っています。ビニールの使用を減らそうというキャンペーンなのですが、この間、ある商店で私たちの紙バッグを買ってくれるというので、ほんとうに嬉しかったですね。

　私たちの会員のほとんどは「おばちゃん」たちです。シンガポールで20～30年暮らしていた方々です。夫がシンガポールの警察に就職したので一緒に行ってきたんです。この方々と一緒に物品を集め、バザーを開いて収益を得、その収益で困っている人たちと分け合うという活動をしたいと考えています。この前は、会員の方々と孤児院を訪ねて誕生パーティーを開きました。会員の皆さんが、子どもたちにごはんを食べさせるところまではうまくいったのですが、皿洗いはやろうとしません。そんな雑務までやらなくちゃならないとは考えもしなかったのです。でも、その後、皿洗いに掃除まで全部やってきましたよ。

　ネパールのアジュンマたちはこんなことをしたことがほとんどありません。子どもを育てたり家事をすること以外に、自分が役に立つ人間だと考える機会もありません。こうした活動をすることで、自負心を持ち、肯定的に考えるようになれば、他のアジュンマたちにとって良いモデルになると思います。社会に役立つことをするようになるでしょう。私たちの会員の皆さんが、グリヒニ（主婦）パワーをつくるのです。（ミノド・モクタン、スカウォティ代表）

アンクル
　設　　　立：2012 年
　代 表 者：コンビル・グルン
　所 在 地：事務所なし
　主要事業：予備移住労働者教育、帰還労働者再定着支援など

　私たちの団体は、韓国に行って戻ってから事業を行う人々を中心に集まりました。EPS（雇用許可制）で行ってきた帰還者たちがネパールに戻って自立できる環境をつくろうというのが大きな目的です。まだ事務所はありませんが、EPS センターで事務所を提供するといってるので、今は準備中です。現在、会員は 200名程度で、生涯会員は 30 名です。年会費 100 ルピー、生涯会員は 1 回 6,000 ルピーです。以前、ネパール韓国関係増進委員会（Nepal-Korea Relationship development committee）がありましたが、会員が皆、韓国や他の国々へ再び渡ったため活動が下火になりました。そして 2012 年にアンクルとして新しくスタートしました。

ダラン、センザ、ポカラ、ブトウォルから韓国へ渡る労働者たちに韓国文化を教え、できれば未登録滞留をしないようにしようという教育を行いました。

EPS に無条件に反対するのではなく、良い方向へ導く役割が必要だと思います。問題があるなら、問題を減らす方向に向かうべきです。（海外へ行く労働者たちが）負担なく準備し、より良い環境で働くことができるようにするべきです。以前は EPS の申請書を出して試験を受けるために田舎の人たちが皆カトマンズに来なければなりませんでした。お金もかかり、とても大変でした。私たちが EPS センターに提案したことで、今回はダラン、ポカラ、西側地区を含め、全部で 4 箇所で申請書を受け取りました。今のところ、まだ試験はカトマンズでのみ行いますが、何度も話し合いをして変えていくべきだとおもっています（ナバラズ・バンダリ、アンクル運営委員）。

7　結び

ネパールは本格的な海外移住労働の時代を迎えている。毎日 1,500 ～ 2,000 名が韓国をはじめ、サウジアラビア、クウェート、アラブ首長国連邦等へ就職のために旅立つ。現在、海外で働く労働者は、政府が公開した公式統計だけでも 300 万名にのぼる。民間団体では、とくに就業ビザの必要がないインドで働く人々を合わせると 700 万名に達するだろうとみている。これはネパールの人口 3 千万名の約 23% に当たる、とてつもない数である。また、ネパール政府は、海外就業者が世界各国で稼いでネパールへ送る送金額が、ネパールの GDP の 25%（2013 年基準）に達すると発表しており、民間団体は非公式送金を含めると 33% になると推算している。ネパールでは今後ますます海外移住者への関心が高まり、関連政策が増えることと予想される。

2014 年 11 月現在、韓国には 26,134 名のネパール人が滞留しており、このうち 22,513 名が労働者である。移住労働者たちは韓国社会に単純に労働力を提供しているだけではない。様々な関係と立場のなかで相互に影響を与え合い、韓国をともに構成しながら時空間を共有している。共同体はその共有をより深く広くするための主体であり媒介でもある。残念なことに NCC が弱体化したことで共有の力は弱まったが、74 にものぼる小規模共同体が醸し出す量と規模もまた無視できないであろう。

これから帰還者団体はさらに増え、様々な活動を行うようになることと考えられる。以前のような、緩やかに親睦を深める、相互に助け合うという形から

181

発展し、今では明確な目的意識と計画的な活動を通じて社会変化を図っている。その姿は非常に鼓舞的である。

　韓国とネパールの社会が、移住労働者や帰還者、とりわけ社会団体を構成し活動している人々は両国の共同の資産だという認識を持つことを願う。そのような認識に基づいて相互の協力・連帯がなされるならば、これは、両社会はもちろんアジア地域の平和や共存をなす軸の一つとして明確に位置づけられるであろう。

（翻訳：申惠媛）

編者注

1　2003 年に新しく制定された［外国人勤労者の雇用等に関する法律］にしたがい、2007 年 7 月、韓国─ネパール間の雇用許可制方式によるネパール人力送出導入のための了解覚書（MOU）が締結された。これを受け、2008 年 3 月よりネパールからの移住労働者は韓国語能力試験を受験し合法的に韓国で働くことになった。2008 年には 3 万余名が、2016 年には 6 万余名がそれぞれ韓国語能力試験を受験し、うち 6 千余名が就業ビザを取得した。

2　「美しい店」とは、韓国で 2002 年に始められた非営利機構であり、社会的企業である。古くなったものの寄贈を受け、これを再生して市場へ再び送り出す。この方式を通じて、自然の循環と分かち合い（sharing）を実現する市民運動を展開している。2017 年現在、韓国内 16 の都市に 120 軒余りの再使用・分かち合い店舗に加え、18,000 余名の資源活動家の活動と分かち合い教育、分かち合い市場、リサイクリング事業および社会的企業センター運営等の活動を行っている。

参考文献

移住労働者帰還定着支援プログラム開発コンソーシアム（이주노동자 귀환정착지원프로그램 개발 컨소시엄）

　　2005　『이주노동자 자발적 귀환 및 재통합을 위한 현황과 과제（移住労働者の自発的帰還及び再統合のための現況と課題）』

イ・ソンオク（이선옥）

　　2005　「한국 이주노동자운동의 형성과 성격변화 - 고용허가제 도입시기 명동성당 농성단 사례를 중심으로（韓国移住労働者運動の形成と性格変化──雇用許可制導入時期の明洞聖堂座り込み団事例を中心に）」聖公会大学校社会学科修士学位論文

外国人労働者対策協議会（외국인노동자대책협의회）

　　2000　『외국인산업기술연수생인권백서 - 인권침해의 현장보고（外国人産業技術研修生人権白書──人権侵害の現場報告）』

韓国移住労働者健康協会（한국이주노동자건강협회）

4 韓国のネパールコミュニティと帰還後の活動

2005 『귀환프로그램 시행을 위한 국내이주노동자 및 현지 실태조사（帰還プログラム施行のための国内移住労働者及び現地実態調査）』

ソク・ヒョンホ、チョン・キソン、イ・ジョンファン、イ・ヒェギョン、カン・スドル（석현호・정기선・이정환・이혜경・강수돌）

2003 『외국인노동자의 일터와 삶（外国人労働者の働き場と生）』지식마당

ソル・ドンフン（설동훈）

2003 「한국의 외국인노동자 운동 1992-2002 년（韓国の外国人労働者運動 1992-2002年）」김진균편『저항 , 연대 , 기억의 정치 2: 한국사회운동의 흐름과 지형（抵抗、連帯、記憶の政治 2：韓国社会運動の流れと地形）』문화과학사

ニラズ・タパ（니러즈 타파）

2014 『2014 연간보고서（2014 年間報告書）』Asian Human Rights and Culture Development Forum

ヤン・ヒェウ（양혜우）

2011 「귀환 이주활동가의 사회운동과 초국적 사회자본에 관한 연구 – 방글라데시 네팔노동자를 중심으로（帰還移住活動家の社会運動と超国的社会資本に関する研究——バングラデシュ・ネパール労働者を中心に」）聖公会大学校社会学科修士学位論文

183

第5章　ベトナム人母娘３代の結婚と韓国
――ベトナム戦争から多文化まで、市民権獲得を中心に

許呉英淑

1　はじめに

　本稿では「ベトナム人女性＋韓国人男性」の国際結婚を通した韓国市民権獲得の変化とそれに伴う矛盾を論じる。このため、スミンという結婚移住女性のライフヒストリーを分析する。スミンはベトナム語で「ライタイハン（Lai tay han）[1]」とよばれる二世たちの一人である。これまで、血統を中心とした属人主義を採る韓国の国籍付与方式はベトナム戦争中に生まれたライタイハンには適用されなかった。ライタイハンは「多文化家族」になってはじめて積極的に受け入れられる。韓国では、血統を重視する国籍体系が、実際には歴史的脈絡と経済的状況によって包摂や排除をおこないながら、必要に応じて韓国人であるか否かを規定する。このことを、スミンのライフヒストリーを通して述べようとおもう。

　スミンはベトナム戦に参戦した韓国軍人とベトナム人女性の間で生まれた。自身が韓国系であることを知らずに育ったスミンは、偶然父が韓国人であることを知り、韓国にいこうと思い立って努力し、ついには韓国人男性と結婚して韓国国籍を取得する。しかし家庭内暴力と経済的虐待に苛まれ、スミンは、娘のハンナを連れて離婚して暮らすようになる。そして、そうこうするうちに南アフリカ共和国出身の男性と韓国で再婚する。

　スミンのライフヒストリーについては、人権運動舎廊房辺境ストーリー・プ

1　「ライタイハン」とはベトナム戦争当時、韓国人男性とベトナム女性の間で生まれた二世を指すベトナム語である。韓国移住女性人権センターの対ベトナム活動家によると、ベトナム語で「ライ」とは混血、雑種の意味があり、「タイ」は外国人、「ハン」は韓国を意味するという。「ライタイ」は西欧国家や富強国家の外国人との混血に主に用いられ、軽蔑的な語感を持つ表現だとされる。

185

ロジェクトチーム（以下プロジェクトチーム）² においてインタビューをおこなった。その内容は 2013 年に刊行された『受信確認、差別が私のもとにやってきた』[人権運動舎廊房　2013] に「母さんの居場所——スミンの物語」として収録されている。プロジェクトチームは、韓国社会に存在する多様な差別を明らかにする作業として 10 名のライフヒストリーを記録した。そのひとつがスミンのライフヒストリーである。プロジェクトチームの記録は、面接参加者たちの口述をプロジェクトチームの側で構成したものである。従って本稿で使用するスミンのライフヒストリーは、娘ハンナに宛てた手紙形式となっているが、スミンが直接叙述したものではない。この点において、これはプロジェクトチームの視角から構成されたものという限界を持つ。私は、スミンのライフヒストリーについての「人権解説的なレベルでの案内あるいは解説、批評」を書いてほしいというプロジェクトチームの要請によりスミンの話にはじめて接した。スミンのライフヒストリーに関する私の文章は、同書に「すべての移住者はひとつの世界を丸ごと持ち歩く」という題目で掲載されている。本稿は、同じテキストを扱ってはいるが、当時本のなかでは述べなかった市民権獲得を中心に論じたものである。

　結婚移住女性は「低出産高齢化」の危機を迎えた韓国社会に、韓国の血統をつなぐ対象として、また韓国の伝統の新しい伝承者として迎え入れられた。彼女たちは韓国より出産率の高い国からきている。そして、出産について肯定的な考えを持ち、このことが韓国の出産率を向上させると信じられている（キム・ギョンウォン、2010：134）。政府は、子女を出産した場合、国籍取得前であっても原則的には韓国人にのみ該当する各種の恩恵を受けられるようにし、実際に出産したときは、そうでないときより数多くの「多文化主義の恩恵」が受けられるようにした [キム・ヒジョン　2007: 68]。また、本人は韓国人の配偶者であるため、

　2　人権運動舎廊房の辺境ストーリー・プロジェクトチームは、反差別運動を基盤とする。2007 年の政府主導の差別禁止法制定の試みは、出身国家、言語、家族形態または家族状況、犯罪および保護処分の経歴、性的志向、学歴、病歴等の 7 項目を差別禁止事由から削除した。ところがこれにより、かえって差別の現実が露わになった。国際社会の圧力により宣言という意味でも差別禁止法を制定しなければならない政府と、「反差別共同行動（2008 年結成、以後差別禁止法制定連帯に変更）」へと結集した市民社会は、差別禁止法の内容をめぐって葛藤してきた。差別禁止法制定運動に参加していた人々は、法制定運動だけでは差別をなくすことは困難だと判断した。そして、人権運動舎廊房は辺境ストーリー・プロジェクトチームを構成し、差別の具体的な内容を明らかにする作業を試みるようになった。

186

相対的に韓国国籍取得が容易でもある[3]。後述するが、外国人配偶者に対する市民権付与方式は様々な変化を遂げてきた。ここでは、市民権の付与が基本的には血統と男性中心性を基盤とするものの、必要に応じて血統を認定または排除するという矛盾的な変化を遂げてきたことを、スミンのライフヒストリーによって分析する。

2　2005年に建立されたベトナム参戦記念塔の意味

　「われらが国祖の檀君が国を創られて以来、最も大規模な海外派兵であるベトナム参戦は、わが民族史における輝く偉業として記録されなければならない。わが国軍の勇士たちは異域万里、烈夏の国、ベトナムの地に参戦し、人類の普遍的価値である自由と民主主義の守護のために尊貴な鮮血を惜しまずに流して、わが民族の勇敢さと優秀さを世界万方へ轟かせ、祖国の経済発展にも大きな灯りをともした。」(記念塔の建立にあたって。ベトナム参戦記念塔、2005年4月建立。忠清南道牙山)。

　ベトナム派兵50年を迎え、2014年から韓国社会の至るところでこれを記念する行事が続いている。1964年9月、韓国軍移動病院およびテコンドー教官がベトナムに到着したのを皮切りに、1973年3月に撤収するまでの9年間、ベトナム戦争には延べ32万5千名の韓国軍人が派兵された[チェ・ヨンホ　2007]。ベトナム戦派兵は韓国軍にとって初の海外派兵であり、その規模が非常に大きかった。そして、派兵当時とは異なるベトナムとの現在の関係が、韓国社会でベトナム派兵50年に注目する理由として考えられる。派兵50年を記念するメディアの企画報道も相次いでいるが、その内容の多くは派兵韓国軍人の回顧談、派兵規模、韓国の経済成長の礎となったベトナム戦特需、現在のベトナムとの関係等によって構成されている。関連行事やメディアの報道のなかで耳目を集めたのは平和博物館の招聘により来韓したベトナム戦民間人虐殺の被害関係者であった。彼らの初の訪韓がより注目を集めたのは、「大韓民国枯葉剤戦友会」の

3　外国人が韓国国籍を取得する方法は一般帰化と簡易帰化に大別される。一般帰化の要件は韓国での合法的かつ持続的な5年間の居住であるのに対し、婚姻による簡易帰化の要件は婚姻後の韓国滞留が2年あること、または婚姻後3年が過ぎたのち婚姻状態で1年以上韓国に居住することである（国籍法第5条、第6条）。しかし婚姻による帰化は韓国人配偶者の助力を必要とするという点においてまた別の困難が伴う。

187

写真1　忠清南道牙山に建てられているベトナム参戦記念塔（2005.4.）

300名余りの会員が軍服を着て強硬集会を開いたためであった。ベトナム戦争において韓国軍が犯した良民虐殺、強姦等の戦争犯罪は周知の事実である。それは理念的対立のなかで「公式的に認めることのできない」熱い論点だといえる。

　ベトナム戦争についての記憶は韓国社会の時空間的特殊性のなかで奇妙に現れる。ベトナム参戦記念塔が代表的である。記念塔に記された内容もさることながら、象徴されたものはさらに複雑な思いにさせる。この記念塔は何を伝えたいのか。それが理解しにくい。塔の上部ではベトナム人女性が平和の鳥である鳩を手にし、空に向かって腕を広げている。塔の下段には戦闘で勝利したような韓国軍の姿が表現されている。このベトナム人女性は何を象徴しているのだろうか。女性はベトナム戦争から解放されたということを意味したかったのだろうか。しかし、現実のベトナム戦争では民間人が無数に虐殺された［コ・ギョンテ　2015、キム・ヒョンア　2002、キム・ヒョンア　2004］。ベトナム戦争は別名「強姦戦」とも呼ばれる。それほど多くの強姦が恣行された戦争である。韓国軍人・軍属も例外ではなく、その強姦事例も数多く報告されてきた［キム・ヒョンア　2002］。

　この記念塔は2005年に建立された。2005年は韓国で国際結婚が最も多くおこなわれた年でもある。そのうちベトナムは相手国2位の国であり、約58,000名のベトナム人女性が結婚移住して韓国で暮らしている［行政自治部　2015］。1980

188

5　ベトナム人母娘3代の結婚と韓国

表1　韓国人と外国人婚姻の推移
（単位：件）

年度	1993	1994	1995	1996	1997	1998	1999	2000	2001	2002	2003
韓国男性 +外国女性	3,109	3,072	10,365	12,647	9,276	7,744	5,370	6,945	9,684	10,698	18,750
韓国女性 +外国男性	3,436	3,544	3,128	3,300	3,197	3,848	4,453	4,660	4,839	4,504	6,025
年度	2004	2005	2006	2007	2008	2009	2010	2011	2012	2013	2014
韓国男性 +外国女性	25,105	30,719	29,665	28,580	28,163	25,142	26,274	22,265	20,637	18,307	16,152
韓国女性 +外国男性	9,535	11,637	9,094	8,980	8,041	8,158	7,961	7,497	7,688	7,656	7,164

出典：KOSIS 国家統計ポータル（http://www.kosis.kr）「外国人との婚姻」より再構成

表2　ベトナム出身主要移住民の現況
（単位：名）

区分	男	女	合計
外国人勤労者	49,939	5,153	55,092
結婚移住民（結婚移民ビザ、婚姻帰化）	604	57,041	57,645
留学生	2,376	2,342	4,718

出典：行政自治部『2015年外国人住民現況調査結果（'15.1.1.基準)』より再構成

年代後半からはじまった統一教主導の国際結婚、1992年の韓・中国交開始以降、中国の韓国系（朝鮮族）女性と韓国の農村男性間の国際結婚がみられるようになり、次にこれが韓国人男性とアジア系女性間の結婚へと拡大した。国際結婚増加の勢いは2005年にピークを迎え40,000件を超えた。同年の韓国人男性と外国女性の結婚もやはり30,719件とピークを迎えたが、その後は次第に減少の傾向を示している。国際結婚の増加と共にベトナム人女性の国内定着が増えつつあった時期にベトナム戦争記念塔が上記のようなメッセージと共に建立された。これは偶然なのだろうか。

3　ベトナム人女性の移住結婚と韓国

　近代のベトナムにおける移住と外国との交流は植民地経験と深い関連を持つ。19世紀末から1940年代までのフランス植民地支配期間には、植民地支配国フランスとの交流が主であった。そして、そののちのアメリカとの戦争（Vietnam War）、中国との戦争（Sino-Vietnamese War）は「ボートピープル（boat people)」すなわちベトナム難民の背景となった。1975年、ベトナム戦争直後、サイゴンを中心とした南ベトナムから130,000名のベトナム人がアメリカへ向かい、難民として定着した。1978〜79年の中国-ベトナム戦争以後は、インドシナ半島の緊張状

189

態の高潮により 160 万名がベトナムを去った。その多くは、粗悪なボートにあ
ふれるほどの人を乗せて敢行された危険な脱出であった。UNHCR [4] は、Orderly
Departure Program（ODP）を通して 1997 年に至るまで 60 万名のベトナム人がア
メリカ等の西欧に定着できるように支援したが、海で命を落とした人も 40 万名
にのぼる（MPI, 2015）。ベトナム戦争終結の直後から 2014 年に至るまで、ベトナ
ム出身の国際ディアスポラ人口は 4 百万名程度であり、その半分程度に当たる 2
百万名がアメリカに居住していることが知られている（MPI、2015）。

　ベトナムは 1986 年、改革開放政策であるドイモイ（Đổi mới）[5] を標榜し、社会
主義的市場経済へと転換した。ドイモイはベトナム人と外国人との結婚の増加
に影響を及ぼすようになる。ベトナムにおいて国際結婚は 1990 年代以降徐々
に増加していたが、2000 年代以降は社会現象となり、ベトナム社会の日常から
切り離せない現象となった［ドティー・メイ・ハン　2013］。1995 年から 2010 年ま
での間、ベトナム人と外国人間の結婚あるいは外国籍を持つベトナム人との結
婚は約 30 万件で、そのうち 80％が女性であった。その結婚相手の内訳は 30％
が台湾、14％がアメリカ、13％が韓国、11％が中国である［ドティー・メイ・ハン
2013］。ベトナム人女性の国際結婚は、台湾、韓国、中国を除くと、アメリカ、
カナダ、オーストラリア、ドイツ等の西欧国家への移住が顕著である。ただし、
この場合は「ボートピープル」として西欧に定着していたベトナム系男性と結
婚するケースが多かった［ドティー・メイ・ハン　2013］。国籍の異なる男女の結婚
を意味していた国際結婚が、ここでは国籍（nationality）と人種（ethnicity）が重なり
民族の言説と緊密な関係を結んでいることが知られる。このケースは移住地に
おいて孤立した人口集団の再生産危機を解決するために取られた方策で、いわ
ゆる族内婚とみられる［ソ・ホチョル　011］。結婚という制度的枠組を通して個々
の男性と男性中心的な社会を安定化させることができるという家父長的視点に
よるこうした試みは、韓国系の海外移住初期の歴史においてもみられた。写真
花嫁（Picture Bride）[6] がそれに当たる。彼女たちはハワイやアメリカ本土へ労働移

4　United Nations High Commissioner for Refugees

5　ドイ（Đổi）は変える、モイ（mới）は新しいという意味である。

6　韓国労働者 102 名が 1902 年 12 月 22 日にアメリカ商船ゲーリック（Gaelic）号に乗っ
　　て済物浦（現仁川）を出発した。以来、1905 年 7 月までに成人男性 6,048 名、成人女
　　性 637 名、541 名の子どもを含め、総計 7,226 名がハワイへと移住した（ソン・ソクジェ
　　他、2007）。当時の性比構成からわかるように、韓人移住者の絶対多数は独身の単独男
　　性移住者であった。彼ら韓人男性労働者たちと写真交換を通して結婚し移住した写真

5 ベトナム人母娘3代の結婚と韓国

表3 韓国の男性とベトナム人女性の婚姻の推移

年度	2000	2001	2002	2003	2004	2005	2006	2007	2008	2009	2010	2011	2012	2013	2014
件数	77	134	474	1,402	2,461	5,822	10,128	6,610	8,282	7,249	9,623	7,636	6,586	5,770	4,743

出典：統計庁、年度別婚姻離婚統計より再構成

表4 結婚移住民（結婚移民ビザ、婚姻帰化）主要出身国現況　　　　　　　（単位：名）

順位	出身国	男	女	合計
1	中国	5,753	55,293	61,046
	韓国系中国	9,381	49,336	58,717
2	ベトナム	604	57,041	57,645
3	フィリピン	345	16,299	16,644
4	日本	1,425	11,814	13,239
5	カンボジア	18	6,352	6,370

出典：行政自治部『2015年外国人住民現況調査結果（2015.1.1.現在）』より再構成

　住した韓人男性と写真のやり取りだけで結婚しアメリカへと渡った。アメリカ韓人史の根幹となったこの結婚は、存立の危機にさらされた人口集団が本国から新婦（花嫁）を迎え、「純血」を保存する方式でもあった［ソ・ホチョル 2011］。

　台湾と韓国はベトナム人女性が最も多く結婚移住している国家である。1990年代には台湾へ結婚移住したベトナム人女性たちが多く、2000年代以降は韓国により多く移住する傾向がみられる。これは2008年に、台湾政府が財団法人および非営利社団法人だけが国際結婚事業をおこなうことができるようにし、営利目的の商業的国際結婚の仲介を規制したことが影響しているとみられている。

　韓国における結婚移住ベトナム人女性の増加は、上掲表で確認できるように、2003年以降に顕著になる。2000年には77件であった韓国人男性とベトナム人女性の結婚は、2003年には1,000件を超えはじめ、3年後の2006年には10,000件を超えピークに達した。2011年以降次第に減少傾向を示してはいるが、依然として毎年5,000件前後の結婚がなされている。こうしたベトナム人女性と韓国人男性の結婚の増加により、ベトナムは中国につづいて韓国との結婚相手国2位の座を占めている。一方、ベトナム人女性は国際結婚に伴う暗い一面を示す象徴でもある。家庭内暴力をはじめとする移住女性暴力被害の最大の犠牲者がまさにベトナム人女性であるからだ。韓国移住女性人権センターが集計した、家庭内暴力によって殺害された移住女性は2014年までに計17名であったが、そ

　　　花嫁（花嫁婚）の事例は、1910年から1924年5月15日に「東洋人排斥法」が可決されるまでの間に、ハワイ951件、アメリカ本土115件等、総（計）1,066件あった［カン・ジング　2011: 214］。

のうちベトナム人女性は 11 名であった[7]。

4 韓国とベトナム双方で隠された血統、ライタイハン

　本稿で用いるテキストの主人公スミンは韓国系ベトナム人「ライタイハン」である。韓国人男性と結婚して娘ハンナを出産した後、離婚する。スミンが二度目の結婚相手に選んだ男性は韓国に住む南アフリカ共和国出身の黒人男性である。韓国系でありながら韓国人と結婚することでようやく韓国人となったスミンが、外国人である南アフリカ共和国出身の男性と結婚し、より一層ダイナミックな関係図が形成された。

　ベトナム戦争の間、軍人のみならず建設会社の技術者をはじめとする数多くの韓国人が「ベトナム特需」を夢見てベトナムへと向かった。その過程で韓国の若い男性がベトナム人女性と結婚あるいは同居することもあった。強姦のような暴力的な関係のみならず、ベトナム現地で結婚式を挙げ、婚姻届を提出したケースに至るまで多様なケースが存在し、その結果「ライタイハン」が誕生することとなった。

　　1966 年に韓国人のおじいちゃんが軍人としてベトナムにきたとき、おばあちゃんに会ったの。戦争中だったけど結婚もして、この母さんが生まれたんだって。

　アメリカがベトナム戦争に敗れ、ベトナムが社会主義国家として統一されると、韓国人男性たちはベトナムの妻と自身の子どもを残して撤収した。韓国とベトナムが国交を結ぶ 1992 年まで、彼らは互いに連絡する術を持たなかった。国交正常化以降、ライタイハンのうちのごく一部が韓国人の父を探して実子訴

7　24 時間運営の「多文化家族総合情報電話センター」多文化ネットワーク・コールセンター 1577-1366 の 2015 年 1 月から 6 月までの相談統計をみると、計 54,930 件の相談のうち、ベトナムが 21,529 件と 39.2% を占め、圧倒的に高い比率を示す。次に中国が 8,031 件で 14.6%、フィリピンが 5,735 件で 10.4%、カンボジアが 4,624 件で 8.4% の順である（http://www.liveinkorea.kr）。結婚移住女性の出身国順位は、中国、ベトナム、フィリピンの順であり、相対的にベトナム出身の移住女性が高い相談比率を示していることが確認される。これは、ベトナム出身の移住女性たちがより弱い立場にあるのではないかという問題につながるが、まだ関連研究はなく、別途の分析が必要である。

192

5　ベトナム人母娘 3 代の結婚と韓国

図 1　スミン母娘 3 代の関係図

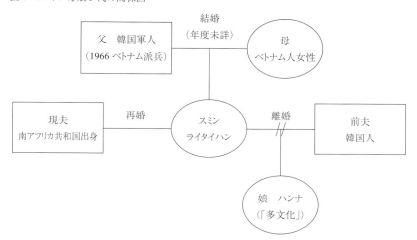

訟を起こすこともあった[8]。ベトナムとの国交正常化以降、急激に増加しはじめた韓国企業のベトナム進出は、いわば「新ライタイハン」が登場する背景にもなった[9]。韓国において、国際結婚が「アジア系女性＋韓国人男性」の結婚を象徴する「多文化ブーム」が形成されるとともに、ベトナム人女性は再び迎え入れられた。

　韓国の「ベトナム戦勇士」たちは、戦士として忠実であったことを記憶するために、ベトナムで形成した家族を消し去らなければならなかった。一方、ベトナムにおいても同様に韓国人との関係を消し去らなければならないという状況があった。その状況のもとで、ライタイハンたちはベトナムと韓国の双方において隠されるべき存在だったのである。

　　外国人と結婚した人はみんな殺されるというこわい噂が立って、おばあちゃんはおじいちゃんの写真も全部燃やしちゃったんだって。おばあちゃ

8　「〈ライタイハン〉訴訟続出の予告」『京郷新聞』、2002.7.26.（18: 32: 30）、http://news.khan.co.kr/kh_news/khan_art_view.html?artid=200207261832301&code=940301

9　メディアは、1992 年の韓国・ベトナム国交正常化以降に出生した「新ライタイハン」が 1 万名程度にのぼると推算している。「コピノ・新ライタイハンこれ以上放置するな」『国民日報』2014.6.24.（02: 30）、http://news.kmib.co.kr/article/view.asp?arcid=0922716717&code=11171111&cp=nv

193

んはそのとき鬱病にもなったし、それから長い間おじいちゃんについての話をしてくれなかったの。オンマは自分のお父さんが誰なのかとても知りたかったけれど、韓国人だったとは全然知らなかったよ。

　死んだとばかりおもっていた父が韓国人だったことを偶然知ったスミンは、父を探すため、韓国人が設立した学校に他のライタイハンたちとともに通い、韓国語を学び、韓国系貿易会社に就職する。そして通訳として韓国にくる機会を手に入れると、父を探すために手を尽くした。彼女の出身国家であるベトナムも、父の国家である韓国も彼女の出生背景を認めなかったが、彼女は一人、韓国人の血統を誇りにおもい、自分のルーツを探すべく努力した。スミンにとって父の国は「隠すべき国であると同時に探しだすべき国」であった。

　韓国の国籍法は属人主義の原則を採択しているため、韓国籍の父を持つスミンは出生時から韓国籍の取得が可能なはずであった。しかし他のライタイハンたちがそうであったように、彼女の父はベトナム戦以降、「韓国に戻ってカセットを送ってくれた」だけであった。彼は、ベトナム人の妻と娘スミンを自身の家族とするための韓国内での具体的な法的措置を取ることができなかった。あるいは取らなかった。それはスミンの父個人の問題というより、ベトナム戦争に参加した韓国が社会主義との戦争に敗れたことで、韓国においてはベトナムの家族を語ることができなかったという時代的性格に起因する問題でもある。

　スミンは現在、韓国社会に氾濫する「多文化家族」政策の対象である「韓国人男性＋アジア系外国女性」の結合から生まれた韓国系父系血統の持ち主である。にもかかわらず、それは認定されなかった。これはベトナム戦争のような社会主義と資本主義の戦争という理念的衝突の結果、韓国ではなくベトナムで生まれたためである。民族主義の歴史において認められないものだったのである。彼女はライタイハンとして韓国の血統を持つが、ベトナム人女性として生きなければならなかった。反面、スミンの娘、ハンナは韓国において韓国人男性と「ベトナム人女性と呼ばれる」スミンの間に生まれたため、それと同時に韓国人となった。スミンとその娘ハンナは同じような形で生まれたが、いつ、どのような過程を経たかによって、韓国人になることも、なれないこともあったのである。父系血統主義を標榜する民族主義は、必要によって誰が韓国人であるかを規定する。このように血統を強調する韓国の民族主義は歴史的脈絡と経済的状況次第で人を包摂し、また排除する。

5 「ライタイハン」スミンの母娘3代と韓国市民権

　父系血統の観点からみるとスミンは「韓民族の血筋」だが、ベトナム戦争という理念的な要素のために彼女は一ベトナム人女性とされた。スミンが韓国人男性と結婚し娘を生んだとき、彼女の娘は彼女と同様に「ベトナム人女性＋韓国人男性」間の子女であったが、韓国人となった。一方、スミンの母は、ベトナムに派兵された韓国軍人を夫として持ったが、いま韓国で「不法」に暮らしている。スミンの母は、ベトナム戦争の最中ではなく「多文化ブーム時代」に韓国人男性と出会っていたら、韓国市民として生きることができたはずである。スミンが韓国人男性と結婚して「たった一週間で」韓国国籍を得たのとは明らかに異なる。

　スミンの母もスミンも、ともに韓国人男性と結婚したが、一人は「不法」、一人は韓国人となった。これは韓国市民権をめぐる環境と密接な関連を持つ。一般的に国民国家内における市民権付与の原則は大きく属人主義と属地主義に分かれる。属人主義は出生時の父母の国籍によって国籍を与えられるものであり、属地主義は主権領土で出生した場合に国籍が与えられる。韓国の場合、血統に基盤を置いた属人主義原則によって国籍を付与するため、父母のうちどちらか一方が韓国人である場合にのみ国籍を取得することができる。韓国の国籍法は1948年に制定されて以来、属人主義と父系血統主義、単一国籍主義の骨組みを維持してきた［キム・ヒョンソン　2006］。1997年、出生による国籍取得において男女差別および混血差別の原因となっていた父系血統主義は父母両系主義へと改正され、2010年には限定的に複数国籍が許容されるようになった。

　次頁の表からもわかるように、国籍法が改正される前の1997年までは、韓国人男性と結婚した外国人女性は結婚と同時に韓国国籍取得が可能であった。しかし、韓国人女性と結婚した外国人男性には韓国国籍が許容されず、父系血統主義がそのまま維持されていた。戸主制が温存されていた当時、韓国人男性と結婚した外国人女性は、結婚によって戸籍に登載されると同時に住民登録謄本に記載され、国家の市民権者であることを象徴する住民登録証がすぐに発給された。しかし、韓国人女性と結婚した外国人男性は女性戸主の配偶者となったからといって市民権者になることはできなかった。それだけでなく、その滞留資格の認定さえなかなか得られなかった［チョン・ヘシル　2007: 169］。1997年に父系血統主義は削除されたが、韓国人との結婚による国籍取得は一層複雑に変化

表5　結婚移住者在留身分関連法改正内容

年度	改正内容
1948 制定当時	①外国人が大韓民国国民になる場合、結婚、認知、帰化による。 ②父系血統主義：結婚による国籍取得の場合、韓国人男性と結婚した女性にのみ国籍を与える。 ③国籍唯一原則
1997 年改正	・父系血統主義 → 父母両系血統主義に改正 ②削除・改正
1998 年改正	・外国人が大韓民国国民になる場合、認知と帰化に制限 ①の結婚を削除・改正：「国籍取得を目的とする偽装婚姻防止（国籍法、1997：改正理由）のため、大韓民国国民と婚姻した外国人が韓国籍を取得するためには、国内に 2 年以上居住または一定要件を満たし、法務部長官の帰化許可を得るよう規定
2004 年改正	・婚姻による簡易帰化要件緩和：国籍法第 6 条第 2 項第 3 号、第 4 号を新設し、韓国人配偶者と婚姻した状態で大韓民国に住所を置いていたが、配偶者の死亡あるいは失踪、その他帰責事由なく正常な婚姻生活を営むことができないか、その配偶者との婚姻により出生した未成年の子を養育している、または養育しなければならない者の場合にも国籍取得の機会を与えることとする。
2010 年改正	限定的に複数国籍を許容 ③の単一国籍原則を廃止：結婚移民者も複数国籍の許容対象となる。

［ユ・ウンジュ　2011: 39］

する。いわゆる韓国籍取得のための偽装結婚を防ぐためであり、国籍を取得するためには最低 2 年以上韓国での結婚生活を維持することが基本前提として設定されたのである。これは韓国での結婚生活を通した「正常家族」を前提としている。それは、その頃増加しはじめた国際結婚、なかでも「韓国人男性＋外国人女性」の結婚を念頭に置いた帰化政策とみることができる。その点において、依然として父系血統を勘案した政策なのではないかといわざるをえない。細かくみると、外国人配偶者の滞留延長や韓国籍取得のすべての手続きが韓国人配偶者の手助けなしにはできないように設計されている。それゆえ、結婚移住女性が韓国に住めるか否かはひとえに韓国人配偶者にかかっているというのが現実である［ユ・ウンジュ　2011: 39］。

　スミンのライフヒストリーにおいて、韓国人男性と結婚して入国した時期についての明白な言及はないが、「一週間もしないうちに韓国人になったの。そのときオンマは観光ビザできたにもかかわらず、すぐに住民登録証をつくったの。しかも、すぐに韓国の国籍が出たんだ！」という表現から察するに、彼女は1997 年の国籍法改正以前に結婚移住したものと類推できる。一方、スミンの母は、ベトナム人女性として軍人身分の韓国人男性と結婚し子を産んだ。韓国の当時の国籍法に基づけば、彼女は結婚とともに韓国籍を取得することができた。しかし、彼女は韓国ではなく戦争中の「敵国」ベトナムで結婚したため、韓国

5　ベトナム人母娘3代の結婚と韓国

籍の取得ができなかった。ベトナム戦当時、韓国軍人、軍属と結婚した多くの
ベトナム人女性たちは、戦争中の社会主義国家ベトナムで結婚したという理由
で、韓国人の夫との関係を韓国国内法に依拠して認められなかった。スミンの
母が結婚した時期である1960年代末、韓国人男性と結婚した外国人女性は、韓
国人男性と結婚したという理由だけで韓国籍を取得することができた。その時
期、その空間（ベトナム）でなければ、韓国籍所有者であっただろうスミンの母は、
過去の夫の国である韓国で、韓国人男性と結婚していたライタイハンの娘スミ
ンと、韓国人男性と自身の娘の間で生まれた韓国籍の孫娘とともに暮らしてい
るが、「不法[10]」なのである[11]。

　　おばあちゃんはビザが切れて出入国管理事務所にいってビザを延長しよ
　　うとしたけど断られたの。おじいちゃん（ベトナム戦参戦韓国軍人：筆者）の話
　　もして、うちの事情を全部話しても、その職員たちはまるで感情がない人
　　たちみたいだった。とにかくおばあちゃんは帰らなきゃいけないっていう
　　話だけを繰り返しながら、ずっと住むのは不法だっていっていた。でなけ
　　れば、他の韓国人と結婚しなきゃいけないって。(中略) 韓国の人たちはおば
　　あちゃんを不法だとおもうかもしれないけど、オンマはおばあちゃんが私
　　たちと一緒にここで暮らす資格が十分あるとおもっている。

　スミンは韓国人と結婚して自身を産んだ母が韓国で合法的に居住できないと
いう事実を認めることができない。さらに、過去に韓国人男性と結婚した母が
再び韓国人と結婚しなければ合法的な滞留が不可能だということを受け入れる
ことができない。スミンは、自分と母は「韓国に住む資格」があると考える。
ベトナム戦当時のスミンの母と韓国軍人であった父との結婚は韓国政府から認
められないものであった。その二人の出会いは今、韓国社会にあって「不法滞
留」という形で返ってきている。

10　合法の滞留資格がない移住民を「不法滞留者」と呼ぶことについては異論がある。韓
　　国政府は公式用語として不法滞留者を使用しているが、接頭語として加えられている
　　「不法」という表現は、まるで彼らが犯罪を犯したかのような誤解を与える余地があり、
　　学界や市民団体では未登録という用語を用いている［パク・ギョンテ　2009: 73］。
11　結婚移住民の実家の父母や家族は呼び寄せによる国内滞留が可能であり、養育支援を
　　目的とする場合にのみ特定期間までの長期滞留が可能である。実家の父母が家族結合
　　権により合法的に滞留する、または韓国市民権を取得することは不可能である。

一方、ベトナム出身韓国籍のスミンの再婚相手である南アフリカ共和国出身の夫は、韓国市民権獲得が可能なのだろうか？　改正国籍法により、スミンが韓国人として自身の外国人夫と結婚生活を2年間続ける場合、可能性はある。しかし、夫は収監中である。通常、犯罪を犯した外国人は、刑期を終えると同時に追放される。彼は韓国人と結婚し、韓国人の妻を持ったが、受刑生活が終わると同時に追放される可能性が高い。「新しいパパともうすぐ再会したあと、ハンナとは良い友だちに」なってほしいというスミンの願いよりも、「出てきてすぐに追放になってしまうのではないか」という心配のほうが現実となる可能性が高い。つまりスミンの再婚とともに新たに形成された家族構成員全員が韓国で韓国市民権を持って暮らせる可能性はないことになる。

　収監中でないとしても、スミンの夫の韓国市民権獲得は容易ではないだろう。2014年4月1日より法務部は出入国管理法施行規則を改正し「結婚ビザ発給審査強化」政策を施行した。改正された結婚同居目的の査証発給基準には、「呼び寄せ人が「国籍法」第6条第2項第1号あるいは第2号によって国籍を取得、または永住（F-5）のナ項目によって永住資格を取得してから3年が経過したかどうか」が含まれるようになった。外国人出身で韓国人との結婚を通して韓国籍または永住権を取得した場合、3年経過後にようやく外国人の配偶者にビザの発給が可能となるように制限したのである。実際には国際結婚は主にアジア系女性と韓国人男性間でなされていて、婚姻帰化により韓国籍を取得する対象もやはり主にアジア系女性である。これを踏まえると、上記の制限は、韓国人男性との国際結婚を通して韓国籍を取得したアジア系女性が韓国人男性と離婚し、他の外国人男性と結婚することをビザ政策によって牽制する意味を持つ。スミンの場合、韓国籍を取得してから相当の期間が過ぎたとみえ、この政策の直接的な対象とはならないだろう。しかし、根深い父系血統を中心とした国籍制度の伝統とビザ政策によって統制する状況をみると、アジア系出身韓国籍女性の外国人配偶者が市民権を獲得することは容易ではないと考えられる。

6　国民だが、国民ではない

　スミンが韓国人になることを可能にした韓国人夫との結婚関係は離婚という破局を迎えた。20歳年上の夫は、家父長的であり暴力的だった。ファン・ジョンミ（2009）は、結婚移住女性の家庭内暴力経験の分析において、移住女性が経験した家庭内暴力の多様な様態を提示した。情緒的暴力、性的暴力、身体的暴

力、経済的暴力、文化的偏見による軽蔑と抑圧、家族内部において外国人という理由で無視し抑圧する行動、妻に対する性的執着あるいは無関心と遺棄など、暴力の類型と加害者の行動類型は実に多様である。ファンによれば、安全な移住を保障する制度的環境が、移住女性の家庭内暴力問題においては重要な意味を持つ。ただ現実には、韓国の状況をよく知らない移住女性が安定的な滞留資格を獲得するためには夫に依存するほかなく、これによる支配と統制の可能性が移住女性の発言権を萎縮させているという。国際結婚の離婚率が高くなるのは、ある意味で予定された現象であった。さらにいえば、韓国人男性の家父長的思考だけでなく、再生産労働を女性だけに担わせるという点において破局は予定されていた。スミンもやはり同じような経験をしている。

　　（別れた韓国人男性は）自分が稼いだ金は全くくれないで、家事もしなかった。オンマが忙しくて、ごはんをつくってほしいっていったら、女がごはんをつくるものだといって、ハンナを少しの間みていてっていうと、自分は男なのにどうして子守をするんだっていったの。

　家父長的な夫との結婚生活がどのようなものだったかは経済的な側面にもよく表れている。夫は家計に責任を負わず、むしろ浪費する。それでいてベトナムの実家への物質的支援を認めなかった。そのお金が自身の収入ではなくベトナム出身の妻の収入であってもベトナムへの支援を非難したのである。

　　オンマも職について月に100万ウォンずつ稼いだ。そのお金を生活費にも使って、家賃も出し、ハンナの保育園も登録して、ベトナムのおばあちゃんにも少しずつ送金したの。でもハンナのパパはオンマよりもお金を稼いだのに、少しも生活費に使わなかったし、貯金もしなかった。全部パチンコで使っちゃったの。それでいて、おばあちゃんに10万ウォンずつ送るといってオンマを叱るのよ。

　スミンにとって、ベトナムで一人で暮らす、「敵国」男性の子である自身を苦労して育てた母は、当然、彼女が面倒をみるべき対象である。しかし彼女の夫はそのような境遇を認めなかっただけでなく非難し、ベトナムの母と夫のうち「どちらかを選べ」と強要した。そしてスミンに「すでに韓国籍を取得したのだから『ベトナムにいったら不法滞留者』」だといって傷つけた。結局、家庭内暴

力に加え経済的虐待、夫の家父長的な態度も重なり、二人は離婚という結末を迎えた。

　離婚を選択した後、スミンは「韓国人でも、南アフリカ共和国の人でも、ベトナムの人でも、国よりはその人が重要だということを、最初の結婚を通して知った」という。いまスミンにとって重要なのは、父の国の男性ではなく、人そのものである。彼女が選択した二人目の夫は、韓国でともに働いていた南アフリカ共和国出身の黒人男性であった。

　　　自分は黒人だけど大丈夫かって聞くの。でもオンマは全然関係なかった。それに、外見で無視されるのはオンマもたくさん経験したことだから、何も言う必要なんてなかった。

　スミンの選択は、「貧しい国からくると、もっと無視」する韓国社会の人種差別、外国人差別が、かえって移住民同士の仲間意識を形成し、それが親密感として形成されていく姿を示してくれる。スミンは差別を共有した。そのため現在の夫は外国人身分で「刑務所に入っているけど」、出所後一緒になるために待っている。刑務所にいる間に切れてしまったビザのために夫が追放となってしまうのではないかと心配しながら。

　スミンの現在の家族は韓国に住んでいる。彼らは多様な形で韓国人との関係を結ぶことでつながっている。そして、3つの国籍を持つ。スミンの母はベトナム人女性としてベトナム戦で韓国人男性と結婚しスミンが生まれ、スミンはライタイハンとして韓国人男性と結婚して韓国籍を取得し、彼女の娘ハンナは韓国人男性とベトナム出身韓国籍の母の間で生まれた韓国人であり、スミンの現在の夫は南アフリカ共和国出身で、韓国籍のベトナム出身女性を妻に持つ。スミンの家族構成員は、結婚と出生という似通った関係で韓国人とつながっているが、韓国の市民権付与方式の前でそれぞれ異なる国籍を持つ。これは韓国政府が国籍付与方式を通して、父系血統を中心に時代的、理念的状況によって包摂と排除を繰り返すからである。

7　結論

　韓国の現行制度は、法的レベルで「移民」を認めていない。にもかかわらず、

5　ベトナム人母娘３代の結婚と韓国

結婚移住に限ってそのビザを結婚移民（F6 ビザ）[12] という [13]。これは韓国人男性との結婚を通して入国したアジア人女性を想定して作り出されたという意味合いが強い。スミンは韓国籍を容易に入手したが、1997 年に改正された国籍法の適用を受ける多くの結婚移住民は滞留資格が不安定な状況にある。現行制度において、韓国に入国した結婚移住民は F6 ビザにより３年以内の滞留資格を得る。合法の滞留資格を維持するためには滞留期間が満了する前に毎回滞留延長申請をしなければならない。配偶者との仲が悪くなったり、韓国人配偶者が一方的に結婚を続ける意思がなくなった場合、外国人配偶者の滞留資格はたちまち不安定な状態となる。離婚する場合、裁判を通して配偶者の過ちを立証するか、韓国籍の子女を養育している場合においてのみ滞留が許容される。こうした滞留の不安定さに苦しまないためには、永住権や韓国籍を取得して安定的な滞留権を確保するほかない。現在の政策は、ビザを通して「正常家族」の維持、統制を図ったものといえる。

　ビザによる統制によって「正常家族」を維持しなければならない状況の基底には、父系血統の継承という目的が横たわっている。「正常家族」の維持に失敗した外国人女性に対しては、滞留権を剥奪することで出身国への帰還を懲遇する。しかし、離婚の原因が何であれ、多くの移住女性たちは離婚後、本国に帰ることを望まない [14]。韓国において自身が持ちうる生活与件や機会に比べ、帰国後には生活基盤を立て直すことが困難であるだけでなく、未来の展望も不透明だからだ。長い外国暮らしのため、故国に戻ってから再び適応しなければならないという問題、離婚して帰国した女性たちに対する故国での差別的視線もまた帰国を恐れる要因である［キム・イソン他　2010］。本国へ戻った場合でも、韓国との関係は切れていない。それは、「終わることのない、持続する人生の過程」なのであり、結婚移住女性と韓国社会が結ぶ関係、すなわち韓国社会の責任はどこまでなのかについて問いを投げかけている［キム・ヒョンミ　2012］。結婚移住

12　「国民の配偶者」（F21 ビザ）であった結婚移住民に対するビザは、2011 年に「結婚移民」（F6 ビザ）に変更された。

13　ピョ・ミョンファン［2009］は、法的レベルでの移民を認めていないこと、結婚形式で流入した外国籍女性に婚姻と同時に韓国籍が与えられないことを理由に、結婚「移民」という用語が適切ではないとみている。

14　2014 年 12 月基準、結婚移民（F6 ビザ）所持者は 117,007 名であり、このうち「不法滞留者」は 3,482 名である（法務部出入国外国人政策本部、「2014 年 12 月統計月報」）。滞留資格が剥奪されたものの本国に戻らない（者の）数が少なくないことが窺い知れる。

後に本国へ戻るケースや、韓国の労働市場に移住労働者として留まったのちに帰国する事例が増えている。しかし、韓国社会は彼らの帰還と帰還以後の生活には関心を向けない。韓国の移住民関連政策と制度が「in Korea」状況にのみ集中することで、アジア地域的支援あるいはグローバルレベルでの同時代的市民としての移住民に対する視角が排除されている。これは韓国人2世とその母としての外国人女性への家族中心的アプローチにも表れている。「多文化家族構成員としての移住女性」が政策対象となるとき、それは韓国社会の男性中心的家族と血統の重視につながり、同時に結婚移住女性の実家とのネットワークを不可視化する効果を発揮する。結婚移住女性は韓国人男性と家族を形成しつつ、子女養育において実家の援助を受ける。また、家族の呼び寄せ、送金を通じた経済的支援等の多様なやり方で出身国と韓国をまたぐ超国家的ネットワークを形成している。しかし、これらが移住女性政策のもとでは看過されてしまう［許呉英淑　2013］。

　過去に「混血児」は韓国社会において異質な存在とみなされていた。これに比べると、2000年代以降、国際結婚を「多文化」と呼んだことは、その2世たちを過去の「混血」とは区分し、民族構成員として受容するための努力であったといえる。スミンの娘ハンナが「混血児」ではなく「多文化」とされるのはこのためである。低出産高齢化の危機を迎え、外国人女性を通じた血統の継承が現れたのである。しかし、同族血統だからといってすべての人が民族の構成員として認められたわけではない。朝鮮族、高麗人に代表される社会主義圏同胞は、彼らの理念性とともに「貧しい国」出身であるという点から、同族としての認定が留保されている。韓国人男性の血筋についても、歴史的、理念的脈絡によって認定と排除が作動する。現在の「多文化家族」は包摂の対象である。しかし、ベトナム戦において韓国人男性とベトナム人女性の間で生まれたライタイハンたちは排除された。スミンのライフヒストリーはそのことをよく物語っている。スミンが現在構成している家族の「3つの国籍」は、韓国人と関係を結ぶことで韓国社会において形成されたものである。にもかかわらず、それは、市民権政策の隙間で選択的に受容されたものだということ、現実の姿は多様なものとなるということを示している。結果的に、わたしたちは、韓国の滞留権と市民権の体系が、歴史的脈絡や社会経済的状況によって包摂あるいは排除をおこないながら、必要に応じて誰が韓国人であるのかを規定しているということを確認することができる。

（翻訳：申恵媛）

参考文献

安全行政部（안전행정부）

2014 「2014 년 지방자치단체 외국인 주민 현황（2014年地方自治団体外国人住民現況）」

人権運動舍廊房（인권운동사랑방）

2013 『수신 확인 : 차별이 내게로 왔다（受信確認——差別がわたしのもとへやってきた）』오월의 봄

カン・ジング（강진구）

2011 「국제결혼담론의 계보학적 연구 : ‘사진결혼’ 을 중심으로（国際結婚言説の系譜学的研究——「写真結婚」を中心に）」『아시아여성연구（アジア女性研究）』50 (2)

キム・イソン（김이선）他

2010 『다문화 가족의 해체 문제와 정책과제（多文化家族の解体問題と政策課題）』여성가족부

キム・キョンウォン（김경원）

2010 「다문화 가정 이주여성의 임신과 출산 경험（多文化家庭移住女性の妊娠と出産経験）」『한국모자보건학회지（韓国母子保健学会誌）』14 (2)

キム・ヒジョン（김희정）

2007 「한국의 관주도형 다문화주의（韓国の官主導型多文化主義）」オ・キョンソク（오경석）他『한국에서의 다문화주의 현실과 쟁점（韓国における多文化主義の現実と争点）』한울 아카데미

キム・ヒョンア（김현아）

2002 『기억의 전쟁 , 전쟁의 기억（記憶の戦争、戦争の記憶）』책갈피

2002 『전쟁과 여성（戦争と女性）』여름언덕

キム・ヒョンソン（김현선）

2006 「국민 , 반국민 , 비국민 : 한국 국민형성의 원리와 과정（国民、半国民、非国民——韓国国民形成の原理と過程）」『사회연구（社会研究）』12 (2)

キム・ヒョンミ（김현미）

2012 「결혼이주여성들의 귀환결정과 귀환경험（結婚移住女性たちの帰還決定と帰還経験）」『젠더와 문화（ジェンダーと文化）』5 (2)、계명대학교 여성학연구소

コ・キョンテ（고경태）

2015 『1968 년 2 월 12 일베트남 퐁니・퐁넛 학살 그리고 세계（1968 年 2 月 12 日、ベトナム、フォンニ・フォンノット虐殺と世界）』한겨레출판사

ソ・ホチョル（서호철）

2011 「국제결혼 중개장치의 형성 : 몇 가지 역사적 계기들（国際結婚仲介装置の形成：いくつかの歴史的契機）」『사회와 역사（社会と歴史）』通巻 91 号、한국사회사학회

ソ・ラミ（소라미）

2013 「합법과 불법의 경계에 선 이주여성（合法と不法の境界に立つ移住女性）」이주여성인권포럼（移住女性人権フォーラム）『우리 모두 조금 낯선 사람들（わた

したち皆少し見慣れない人たち）』オ월의 봄

ソン・ソクジェ（성석제）他
　　2007　『미주 한인 이민사 100 년의 사진 기록 : 100 년을 울린 겔릭호의 고동소리（米州
　　　　　韓人移民史 100 年の写真記録――100 年鳴り響いたゲーリック号の汽笛）』현
　　　　　실문화연구

パク・キョンテ（박경태）
　　2009　『인종주의（人種主義）』책세상

ファン・ジョンミ（황정미）
　　2009　「결혼 이주 여성의 가정폭력 경험 : 성별 위계와 문화적 편견（結婚移住女性の家
　　　　　庭内暴力経験――性別位階と文化的偏見）」김영옥他『국경을 넘는 아시아 여
　　　　　성들 다문화 사회를 만들다（国境を越えるアジア女性たち、多文化社会をつく
　　　　　る）』이화여자대학교출판부

ピョ・ミョンファン（표명환）
　　2009　「재한 결혼이주여성의 국가적 보호에 관한 법적 고찰（在韓結婚移住女性の国家
　　　　　的保護に関する法的考察）」『공법학연구（公法学研究）』10 (3)、한국비교공법
　　　　　학회

許呉英淑（허오영숙）
　　2013　『결혼이주여성의 본국 가족 지원（結婚移住女性の本国家族支援）』한울아카데
　　　　　미

チェ・ヨンホ（최용호）
　　2007　『통계로 본 베트남 전쟁과 한국군（統計からみたベトナム戦争と韓国軍）』국방
　　　　　부 군사편찬연구소

チョン・ヒェシル（정혜실）
　　2007　「파키스탄 이주노동자와 결혼한 여성들의 이야기（パキスタン移住労働者と結
　　　　　婚した女性たちの物語）」오경석他『한국에서의 다문화주의 현실과 쟁점（韓
　　　　　国における多文化主義の現実と争点）』한울 아카데미

統計庁（통계청）
　　　　　各年度「혼인이혼통계（婚姻離婚統計）」

ドティー・メイ・ハン（도띠메이한）
　　2013　「베트남에서의 국제결혼과 관련된 몇 가지 법적 쟁점들 : 해결방안의 모색（ベ
　　　　　トナムにおける国際結婚に関するいくつかの法的争点――解決法案の模索）」
　　　　　チョ・ヨンヒ（조영희）編『아시아 내 국제결혼 관련법과 제도 : 한국, 대만, 일본,
　　　　　필리핀, 베트남, 캄보디아（アジア内の国際結婚関連法と制度――韓国、台湾、
　　　　　日本、フィリピン、ベトナム、カンボジア）』IOM 이민정책연구원

ユ・ウンジュ（유은주）
　　2011　「결혼이주여성의 이주경험을 통해 본 다문화정책 : 당사자의 관점을 중심으로
　　　　　（結婚移住女性の移住経験からみた多文化政策――当事者の観点を中心に）」한
　　　　　림대학교（翰林大学校）社会福祉学博士学位請求論文

Hoang Ba Thinh

5　ベトナム人母娘3代の結婚と韓国

2013　Vietnamese Women Marrying Korean Men and Societal Impacts. Vol 2 No. 8 October.

2013　*Academic Journal of Interdisciplinary Studies,* MCSER Publishing, Rome-Italy.

MPI.

2015　From Humanitarian to Economic: The Changing Face of Vietnamese Migration The Online Journal. www.migrationpolicy.org

第6章 「地球人の停留場」と農業移住労働者
── 農業、とくに女性労働者を中心に

金二瓚
<small>キム イ チャン</small>

1 地球人の停留場──農業労働者たちの話が集まる場所

　今日、韓国の農業生産の現場では2万〜3万名余りのカンボジア、ベトナム、ネパール、タイ、ビルマ出身の労働者が農業労働をしながら暮らしている。普通、3年〜9年の合法的な就業期間の間、毎週65時間（毎月平均28日）、働きつつ20代の年月を送っている。そのうち女性労働者の数は約8千名余りになる。未登録（非正規滞在）労働者まで含めると、もっとずっと多くなるだろう。

　移住民5万名が常住する安山 元 谷洞に2009年設立された「地球人の停留場」は、移住労働者生活相談室・「舎廊房」（居間兼客間─訳者註）だ。初めは小さなビデオ教室を開いたのだが、ビデオを学ぼうという労働者は少なく、生活の苦しい事情を相談しにくる労働者たちが多かったので、4年前からは憩いの場も用意して労働相談をしている。わたしは毎日、全国各地の見知らぬ労働者たちから労働、滞留、人権問題について20通余りの相談電話を受け、週のうち3回は陳述代理人もしくは通訳者として移住労働者たちと共に彼らの職場、労働庁、病院、勤労福祉公団などを訪問しながら過ごしている。失職したカンボジア出身の労働者40〜70名余りが常時わたしたちの憩いの場に泊まっているが、そのうち80％は農業労働者であり、半分は女性労働者である。

　地球人の停留場ではこの6年間、千名以上の移住労働者（90％以上がカンボジア人）と彼らの勤労条件に関して対話をし、そのうち200名ほどの労働者とは友人のような関係になった。わたしは、最初は対話のために、カンボジア語をほんの少し学んだ（韓国にはカンボジア語に関連した公的教育機関がなく、民間教育もない）。カンボジア労働者たちとの相談が多くなるにつれ、新しい単語に少しずつ慣れ、以前よりは多少、聞き取れるようになった。結局、この間に出会った多くの労働者たちが先生であり学校となった。おかげで生活会話は弱いが、法律用語は強いカンボジア語駆使者になった。こうした理由のために地球人の停留場が（カ

207

写真1 「地球人の停留場」

写真2 「地球人の停留場」代表・・金二瓚

写真3 2015年の正月。「地球人の停留場」
©MEDIACT

ンボジア）労働者たちの間でかなり知られるようになり、（問題解決者として）過度の期待と注文を受けるようになったようだ。言い換えると、カンボジア出身の移住労働者たちの間では、わたしが母国語で短い会話もすることができる稀な韓国人として噂になったため、彼らから丁重なもてなしを受けている。

　地球人の停留場の相談活動家と事務局長は、独立ドキュメンタリーの製作者たちでもある。そこで彼らは、この4年間、人権相談・教育活動など以外に移住労働者たちを対象にカメラ、携帯電話、コンピューター、SNSなどを活用する視聴覚表現教室を運営してきた。韓国語と韓国の生活情報に疎い短期滞在移住労働者たちにとって、デジタルメディアは自身を保護し、表現し、意思疎通するのに大変重要なものだからだ。地球人の停留場にやってくる労働者たちは自分が出くわした事件とそれに対する見解を韓国人相談者と韓国人の公共機関に説明しなければならない。その時、写真、ビデオ、録音された声は、複雑な

6 「地球人の停留所」と農業移住労働者

状況を説明するのにすぐれた手段となる。そこで、多くの労働者たちがこれを利用して自身の境遇を記録するようになった。こうした経験が積み重なり、一部の労働者たちは韓国生活ビデオ日記を撮るに至り、異国生活の悔恨を盛り込んだ母語のミュージックビデオを自ら作り、SNS を通して広めてもいる。

2 「多文化」という風船に隠されてきた外国人たち

1960 年代以後、韓国をはじめさまざまな国の若者たちがドイツに労働移民にいった。それから 50 年余りが流れた 2010 年代、移住背景を持つドイツ国籍者はドイツ全体人口の 20％以上となる。ところで、その社会で移住背景を持つメディアとジャーナリストは 2％に過ぎない。これと関連してドイツ社会では少数者である移住背景住民の社会的発言及び疎通の機会は、そこに元から住んでいた人びとに比べひどく不足しているという内部批判がある。

今日、韓国の製造業、建設業、農畜産業、漁業、非正規サービス業の現場は、100 万名に迫る外国人労働者及び移住背景国民の存在なくして維持するのは難しい。今後も特段の産業構造変更がない限り、韓国人あるいは韓国籍の労働者たちの老齢化が加速されるため、農業を始めとした基礎産業現場はなお一層、移住背景をもつ若い労働者たちによって埋められていくほかはないだろう。もちろん、政府次元で産業としての農業を放棄するとか、FTA を通して韓国の農業が破産するような状況になれば、農業労働者の需要がなくなっていくこともありうる。韓国社会は今後、主にアジア地域で成長した若い労働移民、結婚移民をより多く受け入れるほかはないだろう。韓国各地の農村では 9,000 名余り（女性3,000, 男性6,000）のカンボジア出身の労働者たちが働いている。にもかかわらず、韓国政府には労働移民政策がない。

結婚移住のためのいわゆる「多文化」政策はあるが、これはかつて欧米にあった「多文化主義 multi-culturalism」とは全く関係がない。欧米の多文化主義は単に人種的偏見を乗り越えようという啓蒙的キャンペーンに留まるのではなく、一つの社会内に多様な少数者グループ、弱者グループの生活の方式が共存し尊重（認定）されるという「文化的多様性」に近いものだが、今日の韓国政府が標榜する多文化政策は文化的多様性の発現とは政策方向が正反対である。今日の政府の政策中の多文化は「家族のうちの一人が違う人種」「国際結婚を通して構成され、純血韓国家族ではない」「純血家族ではないので、政府の配慮のもとで早く〈ふつう〉の韓国人として教育を受けなければならない」といった意味で

209

使用される。

　国内滞留外国人の大多数は短期滞留の外国人勤労者（主に E-9, 約 30 万名）だが、韓国政府には彼らの生活を考慮した政策が皆無である。ただ彼らは韓国産業の人力需給政策のなかで生産要素（政府の表現では〈外国人力〉）としてのみ扱われる。彼らは韓国の基礎産業がどうしても必要となって導入した人力（生産要素）であり、「3 〜 5 年間休みなく基礎産業現場で働くようにし、5 年が過ぎる前に必ず故郷に送り返すこと」が韓国政府の政策である。これが「雇用許可制」の大筋である。すなわち、外国人勤労者は外国人力短期循環政策の取り扱い対象に過ぎない。主としてアジア地域からきた 30 万名の 20 〜 30 代の移住労働者が 4 年 10 か月間契約変更の自由なく韓国で仕事をする。ところで、その人びとは 5 年間、仕事だけをするのだろうか。移住労働者たちもまた、他のすべての命あるものがそうであるように「生きて行く！— 5 年間！—自分の人生の青春期の 5 年間を！」。ところが、30 万名にもなる人びとが自分の人生の青春期（5 年間！）にどのように働くかだけでなく、どのように生きるのかということについて、韓国人社会は考えようともしていない。

3　農業女性移住労働者

　女性労働者、農業労働者の大部分は先に述べた奴隷制のような雇用許可制で入国し、農村の孤立した地域で働きながら生きていく。彼らの勤労条件について調べてみると次のようである。

1　勤労基準法 63 条

　勤労基準法 63 条はこの法が規定した「勤労時間、休日、休憩時間」の適用が除外される事業を定めている。その第 1 号は土地の耕作、開墾、植物の栽植・栽培・採取事業、その他の農林事業である。これにより農業地域の勤労者たちは、より奴隷的状況に置かれることになる。つまり、農業事業者は夜通し仕事をさせても、3 年間休日を定めずに勤労をさせても、一日に 15 時間働かせても、全く制裁を受けない。農業（として分類、認可された）作業場は、不法地帯ではなく、無法地帯なのである。法的な制裁装置が全くないということだが、これに対する韓国労働部の立場は、「法の根拠がないのでいかなる判断もしない」というものである。

210

6 「地球人の停留所」と農業移住労働者

写真4 ビニールハウスの奥にある農業移住労働者の部屋。雨が降ったら雨水が溢れる。©BAKKUM

2 幽霊が現れるコンテナ宿所

　農業労働者たちは、無法地帯で仕事をしているだけでなく、物理的に孤立した地域で大部分の時間を過ごしている。そして、宿所は大部分、作業場に付属するビニールハウスの資材倉庫の隅に置かれたコンテナボックスもしくはサンドイッチパネル（製の建物）だ。

　若い女性労働者は、夜、幻覚を見ることもある。また施錠装置もお粗末だ。酒を飲んだ男性社長が夜しきりに戸を叩いて話をしようという。社長が合い鍵を持っているので、夜通し取っ手を握っていて眠れないという場合もある。ある60代の男性社長は「5千ドルやるから愛人として暮らさないか」といってきた。40代後半の男性社長は20代はじめの女性労働者Sに夜11時に電話をかけ扇情的な（あるいはしつこい）声で（英語で！）「アイ・ラブ・ユー！　一緒にカンボジアにいこう。マリッジ、マリッジ（結婚）！　僕はSをすごく愛してる、Sも僕を愛してる？　そうだろ！」と話し、驚いたSが「私、仕事、ここがいい。社長さん、いい人。でも私、恋人がいる。私、ボーイフレンドいる。私カンボジアの人と結婚」と拒否しても、続けて電話をしたり、昼に仕事ができないように嫌がらせしたり、といったやり方で苦しめ、結局、女性労働者は逃げ出した[1]。

1　Sが上記のような社長の電話を録音できなければ、そして自身の厳しい状況を立証することができなければ、彼女は十中八九、逃げて未登録滞在者となるか、手に余る法廷闘争を始めなければならない。

211

3 農業移住労働者の過度な勤労時間

OECD 加盟国の年平均勤労時間は 1,749 時間であり、韓国の労働者の年平均勤労時間は 2,193 時間である。製造業の週 5 日制労働者はふつうひと月に 160 〜 180 時間（8 時間× 19 〜 22 日）働き、追加勤労に対して 50％、休日勤労に対して 50％の割増賃金を支給される。つまり、使用者の賃金支給に対する負担の面からも、労働者の過度の労働に対してはある程度の制限装置があるといえる。

しかし、農業労働者については勤労時間、休憩、休日規定が適用されないため、彼らは 100 時間以上、超過して働いている。農業移住労働者は休日についてもひと月に 0 またはせいぜいが 2 日しか休むことができない。月平均の勤労時間は 284 〜 320 時間であり、年平均の勤労時間は 3,000 〜 3,500 時間と推定される。にもかかわらず、賃金は製造業労働者の 50 〜 70％にすぎない（駐車手当 4 日分＋超過勤務手当割増は 50％削減）。そして農業労働者の大部分は最低賃金法に違反した事業場で勤務している。韓国労働部の監督官たちは最低賃金法を知らないか、適用できないでいる。彼らは農業労働者の勤労時間を調査することができない。従って農業労働者たちの平均時給が該当年度の最低賃金に違反しているか否か知ることができない。

農業移住労働者は紛れもなく韓国で「暮らして」いるのだが、大多数の労働者は韓国社会と接触できずに暮らす。「空間だけ韓国」というわけである。2014 年、2015 年現在も、「3 年間休日が一日もなかった！」「1 年の間、若い韓国人に会っていない！」「2 年間電車に一度も乗ったことがない」「交通カードをどうやって手に入れるのかわからない」「パスポートと外国人登録証を社長が持っていて返してくれないので外に出ることができない」とか、「3 万頭の豚を育てる飼育場に 30 名余りの労働者が働いているが、口蹄疫のため外出禁止となり、結婚の日取りを決めて結婚しようとして 1 週間の休暇を要請したら、社長が虚偽の〈離脱申告〉をしたため、不法滞留者に転落した」などの事例がいくつも出てくる。韓国領内に住んではいるが、韓国社会と何らの関係も結べないでいる。

4 雇用許可制の限界

このように隔離収容された生活とそれに伴う頻繁な人権侵害が現実に起こっている。これは現行の雇用許可制（外国人勤労者雇用などに関する法律）に根本的な限界があること、とくにその毒素条項のためである。

6　「地球人の停留所」と農業移住労働者

写真 5　「1 日 10 時間以上働いて、休日は 1 ヶ月に 1 日か 2 日、そうして働いてもらう月給は 10 万〜 12 万円程度。最低賃金にも達しない。」©BAKKUM

　第一に、E9 労働者たちは必ず韓国労働部が紹介する事業場に登録され、それによってのみ滞在権をもつ。つまり、韓国労働部の各雇用センター外国人関連チームが唯一の紹介者なのである。韓国労働部が 30 万の労働者に対する唯一の合法的なブローカーなのだ。労働者には選択権がない。使用者と勤労者が互いに自由意思で契約をしても、それが韓国労働部による紹介でない時は不法化され、労働者は滞在資格を失ってしまい、出入国取り締まり班の追跡を受け追い出されたり隠れて過ごしたりしなければならない。職場のない期間が 3 か月を越えただけで、不法となる。

　第二に、E9 雇用許可を受けた使用者は、自身が雇用した勤労者に対して（法務部長官や大統領も行使できない）「滞在資格剥奪権」及び「滞在資格赦免許可権」を持つ。実際、社長が自ら雇用した勤労者に対して「虚偽の離脱申告」をしさえすれば、勤労者は不法化される。使用者たちは、このような「滞在権剥奪権」を武器にあらゆる不当な行為をすることができる。賃金を削り、勤労時間をごまかし、理由なく停職させたり解雇したり、強盗（身分証押収）や暴力、性暴力、暴言を日常的におこなっても労働者たちは抗議することができないようになっている。社長が虚偽の離脱申告をしても特段の救済措置がないため、労働者は不法扱いになってしまう。

　第三に、労働権救済手続きがない、もしくは手続きが複雑なことも問題だ。外国人労働者の担当の主務部署である「労働部雇用センター外国人力チーム」

213

は司法権を持たない。結局、使用者たちの秘書のような役割にとどまっている。外国人勤労者が使用者たちの不法、不当な処遇から抜け出そうとすれば、労働部勤労改善指導官や警察、検察、裁判所など司法機関の刑事的判断を得なければならない。韓国労働部の勤労改善指導者や勤労監督官らは韓国の農業労働について全く知らず、農業での勤労時間についても知らない。データもなく、事例を収集する意思もない。つまり事実に全く接近することができない[2]。

　この結果、移住労働者は「労働庁に陳情、告訴」の手続きをとるのだが、その勤労時間の立証が極度に難しく、労働部の監督官たちは法律規制の根拠がないことを口実に勤労時間についての調査さえ回避する。事実関係は不明となり、使用者の勤労基準法違反の有無は確定されず引き延ばされる（2～10か月間）。使用者はこれを悪用し、いわゆる離脱申告をする。労働者は滞在自体が不法状態となり、極度の失望と恐怖にとらわれてしまう。幾人かの労働者は陳情を諦め、そのまま未登録労働を選択した。次のように想像してみれば、こうした状況がいかに途方もないことかわかるだろう。

　　私は20代の韓国の青年だ。私は家族の期待を背負って家族を扶養するために見知らぬ国にお金を稼ぎにやってきた。ここは全く馴染みのない国だ（ここはアメリカや日本やヨーロッパやカナダのような国ではない）。私がこの国について知っていることといえば、人口と国土の大きさ、有名な歌手、その程度だ。ここは英語や聞きなれた言葉を使うところではない。ところで、私はここに到着してまだ間もないのだが、知らない言葉で馴染みのない国の司法当局に私の社長を告訴し法廷で争って勝たねばならない。この国の公務員たちに正義の判断を期待することができるだろうか？　また、裁判はどれくらい長くかかるだろうか？　この裁判が終わる時まで、私は所得を得ることができない。その間、どこで寝て、生活費はどうすればいいのだろう？　もしこの裁判で負けたら、私は警察と移民局の取り締まりを避けてさまよう不法滞留者になってしまうのだろうか。私はお金を稼ぎにこの

2　全北地域に登録された農業労働者関連「勤労契約書」は、他の地域に比べて非常に独特だ。この勤労契約書には勤労時間が「午前6時から夕方6時（12時間！）」とあり、「休憩時間が240分（4時間！）、休日は月2回」と書いてある。だが、相談をする労働者は大部分「実際の休憩時間は2時間未満」だという。これに対し全北地域の勤労監督官たちは「毎日毎日の証拠を持ってこなければ社長の主張を信じるほかない」とオウムのように繰り返すだけである。

214

6 「地球人の停留所」と農業移住労働者

国にきただけなのに。今、不法滞留失業者になったらどうするのだ？　他人の国の法廷で他人の国の言葉で……。

不法滞留者になりたい人間はいない。不法滞留者を作る主犯は雇用許可制自体だ。雇用許可制は労働者をして使用者の不法不当な処遇に黙々と順応するように圧迫し、その救済条件と手続きを極度に難しくしている（甚だしくは、労働部の職員さえもその救済手続きを知らない）。この法制こそが労働者たちの抗弁を極度に難しくし（労働部には勤労者たちの事業場変更申請を受ける制度がない）、不法化させているのである。

5　「セルフ セミ バイオグラフィー」の企画

地球人の停留場を訪問してきた移住労働者たちのなかには、自分の事情を写真、ビデオ、録音で記録し、これを利用して韓国の労働庁に自身の考えと立場を説明するのに活用する人びともいた。彼らは紆余曲折の末に問題を解決し、今は別のところに散らばって仕事をし生活している。普段は Facebook とカカオトークなどの SNS を通して消息を伝えあい、休日には時間を作って「地球人の停留場」を訪問し移住労働者共同体行事に参加している。彼らは 2015 年 4 月、カンボジアの正月に「地球人の停留場」に集まり、各自の経験を盛り込んだ韓国農村生活記を自伝的オムニバスドキュメンタリーとして作ることにした。以下のエピソードの主人公たちは皆カンボジアからきた若い移住労働者たちだ。ふだん仕事場では「外国 A」「カンボジア」あるいは「3 番」「4 番」と呼ばれている。それぞれの名前は「ビン・タリ」「ポン・スルン」「トン・ソプン」「ポール・ソファ」「スレイ・ナビ」だ。

(1)　「水の上の少女」：B. T（女・22 歳、韓国生活 3 年）

トンレサップ湖の水上家屋で育った。海のような湖の外の広い世界にいつもあこがれていた。

(2)　「土手の少年」：P. S（男・24 歳、韓国生活 4 年）

勉強をまともにすることができなかった。人があまりいない田舎で牛に草を食べさせながらノートに英単語を書いて一人で学んだ。韓国にきた主な目的は韓国語を学ぶことだが、時間がなくて残念だ。いつかは教師をしてみたい。

(3)　「地方の女」：T. S（女・32 歳、韓国生活 3 年）

19 歳で結婚し、かわいい娘がいる。都市に出て金を稼いでいた夫とは 3 年後、

215

別れた。自分で稼がなければと考え、固く決心して娘を父母に預けて韓国にきた。

(4) 「若い家長」：K. S（男・27 歳、韓国生活 2 年）

5 人兄弟の 2 番目。韓国にきて、実質的な家長の役目をする。弟たちの学費を出すために自転車修理をしていたが、韓国にきた。

(5) 「産業戦士」：S. N（女・24 歳、韓国生活 5 年）

10 人兄弟姉妹の 6 番目。兄妹が多いので、自分の生活は家族にあまり注目されなかった。16 歳の時、一人で都市（プノンペン）に出て職員が 1,000 人の中国系衣類工場で客地生活を始めた。

(1) エピソード 1：B. T（女・22 歳）——「広い世界にきたが、とても寒かった」

A：私は両親がいる我が家の住所をいうことができません。15 歳までトンレサップ湖（長さ 100km、幅 30km）の上の家で過ごしたからです。雨季と乾季に合わせて湖の水位も変わり、家も数十 km 以上動きます。小学校も湖の上にありましたが、中学校にいこうとおもって最も近い陸地の親戚の家で「留学」生活をしました。（小学校から併せて）9 年、勉強しました。都会に出たかったです。小さい時に TV をほとんどみられなかったのですが、たまにみた時に「タイ、中国、ベトナム、韓国」などのドラマをやっていました。韓国で暮らしてみたいなと思いました。両親にせがみました。韓国にいかせてほしいと。3 か月、私設韓国語寄宿学校にいきました。韓国にくるのに、年端もいかない私にとってはものすごいお金（3 千ドル）がかかりました。プノンペンという都市に出てから 5 か月で（19 歳のとき）韓国にくることができました。

B：最初にいったところは忠北の陰城付近のサンチュのビニールハウス耕作地でした。見知らぬ土地、山に囲まれた風景は見慣れないものでしたが、よかったです。でも、1 年のあいだ休日が殆どなかったです。2 週に一度 3km 離れた町に出て生活必需品を買ってきて、カンボジアからきた同僚 2 名と同じ宿所で過ごしました。サンチュを収穫するのは簡単でしたが、鉄筋資材を運んでビニールハウスを新しく作るのは大変でした。そこに勤務した 1 年 2 か月間、日課はいつも同じでした。その頃、いちばん楽しかったのは、チョコパイというお菓子と蠟燭、山形帽子、カップラーメンを買ってきて、3 人がコンテナの寄宿舎に集まって誕生パーティーをしたことです。最初の年の冬を思い出します。そこは山の中なので気温も低く、雪もたくさん降るところみたいです。冬になると、日が短く寒くて雨が凍って雪が降るということを、言葉では聞いていましたが、見たことはありませんでした。雪がたくさん降って周

りが白くなった時、とても興奮しました。触ってみたくて、夜中に同僚たちと飛び出して、その町の子たちと一緒に雪の上に転がって写真を撮りました。

C：韓国生活が 1 年経ったとき、初めてソウルというところにいきました。都市がこんなにも大きいとは知りませんでした。その時、電車、こうしたものに初めて乗りましたが、乗る時、吐き気がしました。故郷の船の上で過ごした時は全然酔わないのに、韓国ではバスに乗っても吐き気がすごいです。どうしてでしょうか？

(2) エピソード 2：P. S（男・24 歳）──「韓国の牛は誰が育てますかって？私はカンボジアでちょっとやりましたよ」

A：私の家族はとても貧しかったです。中学校、高校には 5km を自転車で通学しました。家の近所に 1 年のうち 4 か月は田んぼ、残りの 4 か月は湖、残りの 4 か月は牧草地に変わる湿地があります。学校から帰ってきては両親の農作業を手伝いました。牛に草を食べさせるのが好きでした。牛を放して好きに草を食べさせて日が暮れる頃に帰ってくるんです。ある日、英語のポケット辞書を一つ買い、牛たちが草を食べている間、木陰に寝そべって鉛筆でノートに英単語をぎっしり書き込んで口に出しながら覚えました。韓国の工場で仕事をしようと決心しました。それで、入国前に韓国語試験で優秀な成績を取りました。でも、運が悪かったことに、その頃は「工場の選抜定員」がなかったようなんです。人力送出を担当する官吏が「韓国の工場の仕事は殆どないが、農場にはたくさんの求人があるからそこにでもいけ。そうでなければどれくらい待つかわからない」といいました。それで韓国の農村にくることになりました。農村では月に 2 日しか休めないので勉強することができないのが悔しいですが、仕方ないですね。

B：最初の職場は、（京畿道）楊平のタマネギ畑でした。ところが、社長さんが、仕事が終わった夕方に酒に酔ったまま労働者たちのコンテナ宿所にきてわけのわからない韓国語を言いながら怒鳴って、時には労働者たちの髪をつかんで殴ったりしました。私はすごく恐ろしかったのですが、それを誰に説明しなければならないかさえわかりませんでした。後で、写真と録音でそうした内容を労働庁に訴えると、その人はアルコール中毒で精神科の治療中だということがわかりました。私たち外国人勤労者が韓国の職場に就業するためには勉強して試験に合格しなければならないのと同じように、外国人を雇用する社長さんたちにも免許試験のようなものがあるべきではないでしょうか？

C：豚の農場にしばらくいました。作業場の臭いがひどかったですが、豚の糞を片づけたり飼料をやったりするのは故郷でしていたことなので簡単にできました。でも、病気で死んだ豚を糞尿と一緒に混ぜて捨てるのは我慢できませんでした。別の農場では、その豚を食べたりするといいます。契約が終わる前に逃げ出しました。

D：今は、京畿道の安城地域にある大型産卵養鶏場で仕事をしています。ものすごい数の雌鶏がA4紙の大きさのアパート型の畜舎に閉じ込められていて、4万5千個の卵を産みます。私はその設備がきちんと運営できるように点検、保守し、鶏卵がコンベアのベルトでちゃんと供給されているかを点検し包装する仕事をします。休日はひと月に3日ですが、冬は外出禁止です。鳥インフルエンザの感染を防ぐためにそうしなければならないそうです。それにもかかわらず、おととしにはシャベルカーで土を掘って数千羽の鶏を埋めることをしなければなりませんでした。豚の死体を処理するときよりはましでしたが、命あるものを育てるのではなく生き埋めにしなくてはならない時、胸が詰まりました。

(3) エピソード3：T. S（女・32歳）——32歳シングルマザーの挑戦

A：私には12歳になるかわいい娘がいます。その子が3歳の時、夫がタイに出稼ぎにいったのですが、ある日から送金も途絶えて帰ってきませんでした。今は赤の他人です。都会に出て一人で子どもを育てながら衣類修繕の仕事をしました。家族を養うためにはお金を稼がなければと決心しました。そして、韓国にくることになりました。

B：最初の職場は（全羅南道）潭陽のイチゴ畑でした。この農場は7～8月の酷暑の時期だけ暇です。ビニールハウスで越冬イチゴを栽培するからです。冬の間ずっと午前4時頃から夜9時頃までひと月に2日休んで仕事をします。昼間、3～4時間、休憩がありますが、昼夜仕事をしなければならないので、きつかったです。

C：勤労時間が長すぎると労働庁に訴えました。でも、労働庁の調査期間はとても長く満足する答えが得られないことがわかりました。逆に社長は私が仕事場から逃げた不法滞留者だと申告しました。農村では勤労時間がどうであれ、賃金がどうなっていても、労働法の制裁は受けないのだそうです。勤労基準法63条というもののためだそうです。とにかく、私は合法的に別の職場にいくまで5か月間失業しなければなりませんでした。私は一人で子どもを育て

6 「地球人の停留所」と農業移住労働者

なければならない身なので、他国で不法滞留者になって追い出されるわけには
いきません。だから、何もわからないのですが、何度も労働庁に通い、韓国の国会の国政監査の席にもいって自分の状況を説明することまでしました。

(4) エピソード4：K. S（男・27歳）

A：私は百姓です。仕事には自信があります。農業でも自転車を直すことでも
……。故郷でもそうでした。

B：韓国の養豚農場で働きました。一年間、休日がなかったです。でも、そうしなければならないと思いました。働くことにはもともと慣れていますから。そして、お金を稼ごうと他所の国にきたんですから。高速バスというものに乗ってみたのは、韓国にきて1年半経ってからでした。後で知ったのですが、そうやって働いて受け取った賃金は韓国の最低賃金の50%程度だということです。それで陳情をしました。勤労契約書にある業務は豚の飼育でしたが、社長の妹のタマネギ畑でタマネギを収穫すること、社長の友人のサツマイモ畑を開墾すること、社長の祖先のお墓をきれいにすること、社長のお兄さんの畑でニンニクを収穫して干すこと、森にいってタケノコを掘って社長にあげることなどもしました。

C：後で、同僚たちは私に馬鹿だといいました。勤労契約書の内容にないことを休みもなくするというなら、どうして社長に抗議しないのかというんです。恥ずかしいことですが、後になってようやくわかりました。韓国には労働法があり、ある程度の権利を保護してくれるということを。これからはもう少ししっかりして人間らしく暮らしてみたいです。ここは相変わらず私には見知らぬ土地なので、理解するのは難しいですが。とにかく私は最近外出する時、すごく長い時間をかけてお風呂に入ります。しっかり洗います。先生！私、今、豚の臭いしないでしょう？

(5) エピソード5：S. N（女・23歳）――「それで、その幽霊は韓国の幽霊なの？カンボジアの幽霊なの？」

A：10人兄妹の7番目、中学校を終え、17歳でお金を稼ごうとプノンペンの衣類工場に就職しました。私は田舎で育ったのですが、ごちゃごちゃしていて慣れない都会の生活はそんなに難しくはありませんでした。とにかく最近カンボジアには外国の社長が運営する衣類、靴の工場が数百もあって、私と同じ年頃の女性40万名が工場労働をしているといいます。その時、私の月給は

219

60〜110ドルでした。工場の寄宿舎では、一部屋に8名が昼夜交代で泊まりました。それで、生活費が少なくすむんです。とにかく、私は早くから工場生活をした経験があったし、小さな部屋に大勢一緒に暮らしていたので、他国暮らしもそんなに難しくはなかったです。韓国にくることになった時、すごく嬉しかったです。

B：少し前までの2年6か月、仕事をしていた最初の職場は、ビニールハウスがいっぱいある広い論山平野（忠清南道）の真ん中の作物耕作地でした。いちばん近い民家までは1km、市場は3km歩かないといけないような所でした。街灯のようなものはないので、夜になると真っ暗です。月の光が明るい夜には数千個のビニールハウスが海みたいにみえるのですが、暗くて寂しかったです。私は作物を栽培することは難しくなかったですが、仕事の時間がすごく長かったです。これに耐えられず、他の労働者たちはたくさん職場を離れていきました。結局、私一人が残りました。私はそこに住んでいた子たちと遊びました。カボチャやトウモロコシの種を買って空いている丘に植えて育てて一人で食べたりもしました。ある日、すごく具合が悪くなりました。そこは上水道がないので、地下水を飲料水として使っていました。夜すごく熱が出て具合が悪かったのですが、周囲に誰もいないんです。そこで、社長にお願いして、どうかこの寄宿舎の近くに住むことができる他の労働者を採用してほしい、言葉が通じない国の人でもいいから一人で仕事をさせないでほしい、と頼みましたが、かないませんでした。室内にトイレがないのでスコップを持って野外に出て用便をし、ネギで覆います。これは別に大変ではありませんが、6か月ずっと話す人がなく過ごすこと、夜、私が病気にでもなって急に死んだら誰が私を片づけてくれるのかなどと考えると、これ以上こうやって過ごすことはできないと思い、社長に職場を変えてくれと言いましたが断られました。

C：私と同年輩のカンボジアの女性労働者は、3km離れたビニールハウスの寄宿舎に住んでいました。彼女は夜ごと幽霊を見ながら暮らすのがつらいと言いました。私は本当？　と聞きました。その子は「7年前に韓国にお嫁にきた別の労働者が幽霊になっている」という話を聞いたそうです。私が「その幽霊は韓国語で話すのか、カンボジア語で話すのか」と聞くと、幽霊の顔はわかるけれど国籍はわからないといいます。その後、その子は労働庁にいって生活環境があまりに劣悪なことを訴え、違う職場にいくことができました。

6 「地球人の停留所」と農業移住労働者

6 終わりに

30万名のE9労働者（50万名の外国人労働者）たちは韓国で「生きていく人びと」だ。人は、さまざまな青年期を生きていく。青年期には成人としての覚醒あるいは青春猶予─勉強─社会生活に馴染む─孤立─自己隔離─冒険─病気─不意の事故─愛─裏切り─妊娠─出産─社会的実践─実験─失敗─再挑戦などが繰り広げられる。ところで、その外国人労働者が人として生きることについて、韓国主流社会は知ろうともせず、また言及しようとする試みもない。

毎年職場の宿所で不審死を遂げる移住労働者は数十名にのぼる。この死者たちは労災認定を受けることができないばかりか、韓国政府にはその統計すらない。農業労働者たちの勤労時間を規定し把握する手段が韓国政府にはない。農業移住労働者たちの大部分の年間勤労時間は3千時間だが、韓国政府は全く知らず知ろうともしない。それでも移住労働者たちは生きていく。彼らに韓国社会と接触する機会は殆どない。住んでいる地域もしくは社会との接点がない生活は、その地域社会にも、暮らしている移住労働者にも決していい状況であるはずがない。この宿題をどう解いていけばいいのだろうか？　まず、農業移住労働者たちの劣悪な勤労条件と雇用許可制の欠点を韓国社会にきちんと知らせ、社会世論を喚起させ、法制度の改善を導き出さねばならない。現在、地球人の停留所が農業移住労働者たちに実施している視聴覚表現教育と、カンボジア移住労働者たちと共に企画している「オムニバスドキュメンタリー」が、その解決の糸口になってくれることを期待している。

（翻訳：浦川登久恵）

参考文献

イ・ジェドク（이재덕）
　2017　「농촌 이주노동자 잇단 사망 … 노동권 침해・성폭력 만연 '현대판 노예'（農村移住労働者相次いで死亡…労働権侵害・性暴力蔓延「現代版の奴隷」）」『경향신문（京郷新聞）』2017.6.28.

イム・ミナ（임미나）
　2014　「농업 이주노동자에게 인권을① : 2 만명 농촌 잔혹사（農業移住労働者に人権を①──2万名の農村残酷史）」『연합뉴스（聯合ニュース）』2014.3.24.
　2014　「농업 이주노동자에게 인권을② : 보호 장치가 없다（農業移住労働者に人権を②──保護装置がない）」『연합뉴스（聯合ニュース）』2014.3.25

2014 「농업 이주노동자에게 인권을③ : 정부가 나서야 (農業移住労働者に人権を③——政府が対策を)」『연합뉴스 (聯合ニュース)』2014.3.26.

イ・ムンヨン (이문영)

2014 「선택할 수 없는 선택지에서 : 캄보디아 출신 4명의 농업 이주노동자들이 겪는 초과노동·미등록 선택 여부 둘러싼 이중의 딜레마 (選択することができない選択地で——カンボジア出身4名の農業移住労働者が経験した超過労働・未登録選択の可否を取り巻く二重のジレンマ)」『한겨레21 (ハンギョレ21)』(1037호) 2014.11.18.

オム・ジウォン (엄지원)

2012 「'노예시장' 내몰리는 이주노동자들 (「奴隷市場」に追い立てられる移住労働者たち)」『한겨레신문 (ハンギョレ新聞)』2012.7.17.

コ・ヒョンシル (고현실)

2014 「"농·축산업 이주노동자 권리 보호" 공동선언 발표 (『農・畜産業移住労働者の権利保護』共同宣言発表)」『연합뉴스 (聯合ニュース)』2014.12.18.

キム・ナムギュン (김남균)

2017 「폭염에 비닐하우스 숙식 , '값 싸고 싱싱한 채소'의 비밀 : 농업 이주노동자 인권유린 실태 '심각'… 항의하면 "불법체류자 만든다" 협박도 (酷暑にビニールハウスでの寝泊まり、＜安くて新鮮な野菜＞の秘密——農業移住労働者の人権蹂躙実態＜深刻＞…抗議すれば〈不法滞留者になるぞ〉と脅迫も)」『오마이뉴스 (オーマイニュース)』2017.8.5.

ソン・トヒョン (성도현)

2016 「이주노동자단체 '지구인의 정류장'에 제22회 시민인권상 : 서울변호사협회 (移住労働者団体「地球人の停留場」に第22回市民人権賞——ソウル弁護士協会)」『뉴스1 (ニュース1)』2016.9.23.

パク・ミンシク (박민식)

2010 「"이주노동자를 영화제작자로... 그들의 소리 담게 했죠" (『移住労働者を映画製作者に… 彼らの声を盛り込みます』)」『한국일보 (韓国日報)』2010.9.5.

ファン・ボヨン (황보연)

2016 「농업종사 이주여성 12% "농장에서 성폭력 피해" (農業従事移住女性の12%『農場で性暴力被害』)」『한겨레신문 (ハンギョレ新聞)』2016.12.14.

第7章　公正貿易（フェアトレード）と
　　　　公正貿易タウン（Fairtrade Town）運動
　　──なぜアジアでなぜネットワークなのか？

李康伯

　なぜ公正貿易（フェアトレード）が必要なのでしょうか？　公正貿易は、私たちはどのように生きなければならないかについての生き方の態度と方法の問題です。現在、地球が直面している気候変動の問題、難民問題、貧困問題、飢餓問題、テロの問題、内戦問題……　こうした問題はそれぞれ別の問題のように見えますが、実はひとつの問題です。低開発国の農民の問題です。こうしたグローバルな危機の根っこはどこでしょうか？　農業の問題です。

1　気候変動の主犯は誰でしょうか？

　大規模企業農は、すなわち産業化した農業である単作です。温室ガスの40％が、全世界の産業化した農業から発生しています。単作は地球温暖化の主犯です。パームオイル農場などの単作により、アマゾンやインドネシア、マレーシアなどの人類の密林が燃やされています。故意に山火事をおこしパームオイル農場を作った企業の中には、韓国のポスコ大宇もあります。多国籍企業の大規模な海外農業投資と食糧基地建設により、低開発国家の農地と山林は無慈悲に破壊されています。気候変動と地球温暖化は、無差別的なプランテーションの単作が作り出したおそろしい人災でもあります。

　「インドネシアが山火事で窒息しています。山火事は明白な企業犯罪です。インドネシアの5州で発生した山火事に439の会社が関わっています。このうちパームオイルプランテーションの会社が308です。パームオイルと製紙プランテーションを作るために、大企業は故意に山火事を起こします。2015年、6千万余りの人々が山火事の煙にさらされて被害を受けました。甚だしくは、国際銀

行の資金支援を受けつつ、こうした犯罪が行われています。山火事によって生じた経済的費用は 170 億ドルと推算されています。170 億ドルの被害を与えながら、企業は自分たちの私的利益を追求します。これに立ち向かって闘っているインドネシアの市民たちは、持続可能な地域共同体をつくり、政府を法廷に立たせました。ついに『山火事を防ぐため政府は土地許可を再検討せよ』という裁判所の歴史的な判決を得て勝利しました。今やこの闘いは国連の場に移して継続されなければなりません。国際的な闘争が必要です。企業犯罪を止めるため、法的拘束力のある国際条約を要求します」

　産業化された農業、いわゆる巨大穀物企業や大規模企業農は、一つの作物のみを栽培する単作の方式ですが、これは成長と過剰という標準に従って作られてきた世界経済体制下で、北半球の富める国が主導する産業化された農業方式です。産業化された農業は、4 つの問題を引き起こします。まず初めに、産業化された農業の唯一の方式である単作は、休みなく一つの作物を耕作する農業方式であるため、地球上の大部分の土地を荒廃させます。二番目に、産業化された農業の唯一の方式である単作は、深刻な水不足をもたらします。水の 75％が産業化した農業、すなわち単作によって消費されています。三番目に、産業化された農業の唯一の方式である単作は地球温暖化の主犯です。温室ガスの 40％が全世界の産業化した農業からのものです。最後に、産業化された農業は地球の生態系を壊しています。パームオイル農場などの単作によってアマゾンやインドネシア、マレーシアなどの人類の密林が焼かれています。

2　全世界の難民の数は 6 千 5 百万名を越えている

　私たちは難民を考えるとき内戦により生じた戦争難民のみを考えますが、実際はそうではありません。難民は戦争難民と環境難民に区分され、戦争難民の代表的な事例であるシリアの場合も内戦が難民発生の理由として知られていますが、実情は内戦以前に 5 年間持続した恐るべき旱魃が 150 万の難民を発生させ、それが内戦勃発の根本的な元凶になりました。難民とは誰でしょうか？まさに低開発国の農民たちです。難民の問題は低開発国の農業問題であり、低開発国の農民問題でもあります。難民問題の原因は何でしょうか？　シリアをはじめとするアフリカの国々の旱魃と水不足問題は、なぜそれほど深刻なのでしょうか？　花卉や綿花などの大規模農場が水を独占し、自分の土地があって

も水がないので農業を行うことができない小農たちが増加しています。例を挙げると、アフリカでランドグラビング（土地収奪）を通して花卉農場ができると、とてつもない規模の水を吸い上げ、アフリカ大陸の地下水は枯渇します。そのようにして栽培されたバラやユリ、チューリップが飛行機に乗って韓国までやってきます。企業農がこのように水を吸い上げると、豊富に水が出ていた地域でもそれ以上水が出なくなります。小農たちは土地があってもそれ以上農業を行えなくなります。彼らが難民にならない方法があるでしょうか？　低開発国の農民たちに迫っているもっとも大きな危機は水不足です。彼らは飲み水と農業用水が枯渇している状態に置かれているのです。

3　誰が絶対貧困に苦しめられているのでしょうか？

絶対貧困者 12 億人の大多数（3/4）は小農たちです。彼らは全世界の雇用人口の 42％を占めています。小規模生産者たちが直面しているもうひとつの危機は飢えの危機です。彼らは 1 年に 3 カ月からひどい時には 6 カ月以上、食料がない状態で耐えなければなりません。低開発国の小農たちが絶対貧困者たちの大部分を占めています。彼らはなぜ飢えているのでしょう？　巨大穀物企業と多国籍食品企業、企業農らは飢えの問題を解決するために食料の増産、農業の産業化を主張しています。本当に地球上で食料が不足して飢餓に苦しめられているのでしょうか？　現在、地球上で生産されている農産物で、どのくらいの人々が食べることができるでしょうか？　140 億人が充分に食べることができます。現在の人口の 2 倍近い人々が食べることができます。今日の食料問題の現実はどうでしょうか？　「10 億人が飢え、20 億人が栄養失調状態にある反面、生産されている食料の半分を廃棄する前代未聞の事件」が起こっています。穀物企業と成長主義者たちは「食料の不足、飢餓と飢えは食料の増産、農業の産業化、農業の企業化で解決できる」と主張しますが、現実は私たちがより多くの量の食料を収穫すれば収穫するほど、より多くの食料を廃棄しています。私たちがより多くの量の食料を収穫すれば、それが飢えている人々に与えられるのではありません。より多く廃棄されるのです。現在、全世界の農地の 4 分の 3 を占めている土地で栽培されているのは何でしょうか？　動物たちに食べさせるのに必要な飼料です。

4　誰が気候変動の被害をいちばん深刻に受けているのでしょうか？

　誰が水不足に苦しめられているのでしょうか？　誰が難民になって生存の脅威を受けているのでしょうか？　誰が内戦の苦痛にあえいでいるのでしょうか？　飢餓と貧困に苦しめられている人々は誰でしょうか？　まさに、低開発国の農民たちです。難民の問題は、低開発国の農業問題であり、農民問題でもあります。代案は何でしょうか？　答えは小農にあります。小農の生活と生産方式が維持されなければなりません。企業化された農業、産業化された農業は問題解決の代案ではなく、むしろこのすべての問題の元凶です。公正貿易はどうしたら可能になるでしょうか？　地球は南半球と北半球で構成されていますが、絶対貧困者たちの大多数は南半球に住んでいる小農たちです。北半球は工業製品を生産し、南半球は農産物を生産します。特異なことですが、北半球の農産物と南半球の農産物は綿花を除いて重なりません。南半球の農産物に公正な価格を支払えば、地球上の絶対貧困は大部分消え去ります。ところで、驚くべきことに南半球の農産物を掌握し加工し流通する主体は、すべて北半球の巨大企業です。北半球の種子会社、肥料会社、農薬会社、トレーディングカンパニー、食品加工企業、巨大流通企業（ビッグリテイラー）などは安い原材料によって多様な装置を作り彼らを貧困状態から抜け出させないようにしています。公正貿易はグローバル経済システムを正確に認識しようという運動です。グローバル的視野を持ち、ローカルにおいて実践する運動です。消費とキャンペーンという日常的な生活の中での実践を組織することは私たちの時代においてもっとも重要なことです。公正貿易は消費者の力で市場を民主化させる変化の道具です。

5　公正貿易の本質は社会連帯経済(Social Solidarity Economy)を創造すること

　公正貿易は、小農の自立のための運動でありビジネスです。公正貿易は小農をはじめとする小規模生産者を組織し、消費者を組織する運動です。公正貿易は生産者とその家族の社会費用と実際の生産費用をカバーすることができる価格で商品を提供する形態のマーケティングであり、貧しい人々を尊重する経済を作り出すことです。公正貿易は力のない個人を差別する経済に対する代案モデルを創造するビジネスです。公正貿易の根幹は民主的に組織され構成された小規模生産者団体にあります。公正貿易は貧困を激化させる貿易を、貧困を解

7　公正貿易（フェアトレード）と公正貿易タウン（Fairtrade Town）運動

決する貿易に変化させる社会連帯経済です。貧困を解決するために最も重要なことは連結（ネットワーキング）です。個別的な方式では、この構造を変化させることはできません。共同体に倫理的消費と選択の基準を提示することであり、村や都市に倫理的基準を提示し実践の方式を提案する運動です。公正貿易タウン運動、いわゆる公正貿易都市運動はグローバル経済システムがどのように変えられていくかについての認識を共有し市民意識をアップグレードする運動です。グローバル的な視野をもちローカルにおいて実践する運動です。

6　公正貿易タウン運動はグローバルかつローカルな運動

　公正貿易運動はグローバルな問題を解決するために地方政府、公正貿易団体、地域内の流通業界、多様なコミュニティーが集まり地域社会に公正貿易に対する認識を広め消費を拡大するローカル運動です。公正貿易タウン運動の始まりは、2000 年にイギリスの小さな村ガースタンで市長、学校の校長、事業家たちが集まって地域の農産物と公正貿易製品の使用を約束して始められました。この運動はとても速い速度でイギリスの都市に拡散し、ヨーロッパに広がっていきました。さらに欧州連合の執行委員会で公正貿易マウルのための基金を支援し、公正貿易の世界機構がともに参与することで、より広がりをみせました。2006 年 11 月に開かれたヨーロッパ公正貿易タウン会議において地域共同体と公共機関、営利組織の連結を強化する手続きを整理しました。2012 年にはポーランドのポズナニで開かれた公正貿易タウン国際会議で国際公正貿易タウン委員会の組織構成を決定しました。現在の公正貿易都市の現況をみると、30 カ国で約 200 の都市が参加しています。

　世界各国の国家別公正貿易タウン委員会は国際公正貿易タウン員会にコーディネーターを派遣して構成されます。国家別公正貿易タウン委員会（例を挙げると、韓国公正貿易タウン委員会）は、その国の内部の公正貿易都市に対する認定基準と手続きを整理します。国家内の地方政府と地域社会は地域構成貿易委員会を設置し、目標達成のため実行の主体となります。地域公正貿易委員会は 6 つの目標の達成のため、地方政府、公正貿易団体、企業、市民団体、学校、宗教機関、研究者などと協力し、韓国公正貿易タウン委員会に支援書を提出し公正貿易都市として認定を受けるようにします。韓国公正貿易タウン委員会が国際公正貿易タウン委員会に目標の達成を通知し、ウェブサイトに登載する手続き

227

を経て公正貿易都市として認定を受けます。

　これは共同体を変化させ個人を変化させる運動です。イギリスの経済社会研究協議会（ESRC）は研究報告書で公正貿易都市についてこう評価しています。「倫理的消費を促進する最も効果的なキャンペーンは個々人の行動変化を個人的次元で促すのではなく、公正貿易都市のような集合的な次元で促すことです。」貿易の正義を実現し、不公正な経済システムを変える世界的次元の変化は、自身が属する共同体において、地域的かつ日常的な次元で実践するタウン運動で可能なのです。公正貿易タウン運動は、世界の市民認識を涵養し、連帯意識を強化し、潜在的な参与者と活動家で構成された人的資源を発掘し、地域社会内のリーダシップを形成する運動です。公正貿易都市（村）は6つの目標を達成しなければなりません。

① Council：地方政府は公正貿易を支持し、公正貿易製品を使用することに同意する条例を制定する。
② Commerce（retail and catering）：公正貿易製品は地域の売り場やカフェ、食堂で容易に購入できなければならない。
③ Community：地域内の宗教機関、学校、大学、公共機関、市民団体など多様なコミュニティーが公正貿易に参加するようにする。
④ Common Consensus（media & events）：メディア広報やイベントなどで大衆の支持を得るようにする。
⑤ Captains（steering group, keep going）：公正貿易委員会を構成し、持続的に公正貿易タウン運動が発展することができる主体を形成する。
⑥ 6番目の目標は地域別に現実に合う目標を各々設定する。日本の場合、ローカルフード（地産地消）運動との連帯が多く、ヨーロッパの場合は社会的経済との連帯が多い。

7　なぜアジアなのか？

　71億8千万人！　2013年の世界の人口です。42億人！　アジアの人口です。全世界の人口の60.8％です。残りの別の大陸をすべて合わせても28億人です。残りの大陸のすべての人口をすべて合わせても40％になりません。アフリカの11億1千万人、ヨーロッパの7億4千万人、南米の4億人、北米の5億7千万人、

7　公正貿易（フェアトレード）と公正貿易タウン（Fairtrade Town）運動

オセアニアの 4 千万人です。

　一日に 1 ドル以下で暮らす絶対貧困層の数字について世界銀行は、『世界開発報告・貧困との闘い 2000/2001』という報告書（The World Bank, *World Development Report 2000/2001: Attacking Poverty,* Washington,D.C., The World Bank, 2002）で、12 億人に達すると発表しました。そのうち、3 分の 2 を超える 8 億の絶対貧困者がアジアに集中しています。

　全世界にある公正貿易都市は、実に 2,000 都市を超えます。それでは、アジアにはいくつの公正貿易都市があるでしょうか？　実は、日本では、熊本市、名古屋市、逗子市、浜松市が、韓国では、富川市と仁川市が、そして台湾の台北市が公正貿易市（フェアトレード・シティー）になりました。韓国では、2011 年、韓国公正貿易団体協議会が設立されることと共に、ようやく公正貿易運動が始まりました。これはアジアでどんなに公正貿易が不毛な状況であるかを示してくれる事例です。

　アフリカの貧困は、ヨーロッパがともに協力しなければならない。また南米の貧困は北米がともに努力しなければなりません。そしてアジアの貧困は、アジア自らが克服しなければなりません。その中でも韓国と日本の努力が重要です。アジアが動かなくては、公正貿易は成功しません。公正貿易は、アジアではまだ“眠れる龍”なのです。

　アジアはこの間、世界経済の土壌であり、そして最も重要な土台として犠牲となってきました。先進国と呼ばれる国に居住する 20％（11 億 9 千万人）の人々は低開発国に居住する 80％（48 億 7 千万人）の人々が耕作する低価格の農産物や低価格の労働力によって自分たちの豊かな生活を享受しています。しかし、このような関係は持続可能な生産や持続可能な生活を保障しはしません。アジアの犠牲の上で、先進国の豊かさが維持されているのです。

　また質問に戻りますが、なぜ公正貿易はアジアなのでしょうか？　最も多くの人々が住み、最も貧しい人々が多いというのも重要な理由です。では、アジアには他にどのような特徴があるでしょうか？　アジアには他の大陸と区分されるひとつの特徴があります。アジアは米を主食としています。米は小麦に比べて収穫量が多いのです。ですから生産性が高いのです。アジアに人口密度が高い理由は、このような生産性のためです。そして米は共同して行われる集約的な労働を必要とします。だからアジアは共同体意識が強いのです。

　農業や農耕文化は、「ともに生きる」という共同体意識を発展させました。西

229

欧の文化が人為的なものだとすれば、アジアの文化は自然親和的です。西欧の文化が個人を重要視するものだとすればアジアの文化は共同体を重要視します。このような精神や文化は、私たちの生活全般に染み付いています。食べて、着て、使う暮らしに、共同体的で自然親和的な精神や文化が身に付いています。公正貿易は、環境に優しく有機的な方式で生産された農産物や、人々の手で誕生するハンドメイド製品が消えてしまわないようにするという役割も担っています。公正貿易は、アジアの安価な労働力を搾取する不公正貿易を食い止め、アジアの多様な共同体が持っている文化的多様性と価値を守っていく運動とならなければいけません。

8　なぜネットワークなのか？

　垂直的関係とは自然な関係ではありません。水平と垂直は同じスという発音ではじまりますが、まったく異なる漢字を使います。水平の「すい」は水であり、垂直の「すい」はたれる垂であり、あの世にある険しい山のことです。自然界から発生した「水平」と、徹底した人為の所産である「垂直」とは異なります。
　言うなれば、水平は発見の領域であり、垂直は発明の所産です。発見と発明の間には、文明が存在します。自然の関係は、水平的な関係です。公正貿易は水平的なネットワーク関係網です。一方、垂直的関係は貪欲の関係です。水平的関係は共存の関係です。空虚な世界について語るのではなく、具体的な村での世界を見つめることです。公正貿易は、垂直的関係ではなく、水平的関係を追求しています。だからこそネットワークであり、連帯であり、協力であり、活動なのです。

9　むすび

　私たちは物に接する時、その形や機能を見ます。また物を買うときはその価格を見ます。私たちが物を選択する時、最も重要だと考えるのは、どのくらい安いかということです。ですが、私たちが取引する物は、ただの「物」という意味を持つだけではありません。その物の中に宿っている労働や精神や文化、そして「関係」という意味をすべて持っているのです。それゆえに私たちはひとつの物を購入する際に、単にその物を見るだけではなく、その物をどのような人が作り、どのような過程を経て来たのかを注視しなくてはなりません。過

7 公正貿易（フェアトレード）と公正貿易タウン（Fairtrade Town）運動

酷な児童奴隷労働はなかったのか、農薬や化学肥料で生産されたプランテーション商品なのか、正当な価格を支払っているのかについて、すべて問い質さなければなりません。そうすれば商品を買う時、それはただの商品ではなく、信頼や連帯や心が通い合う物となります。

単に物を見るだけでなく、それがどこから来て、誰がどのように耕作したのかという過程まで見なくてはなりません。物理的な距離を、関係の距離へと拡張しなければなりません。何よりも、私たちの物理的な豊かさは、低開発国家に借りを作っているということを忘れてはいけません。消費者は、食料供給連鎖から分節化した個人であると考えてはいけません。消費者の選択が、食料供給連鎖システムの全体システムを左右するのです。したがって消費者は「共同生産者」であると考えなければなりません。断片化した消費者は巨大資本や強大国が作った「グローバルフードシステム」の枠組みの中で無力化され、いかなる抵抗もできません。公正貿易は、このシステムに組織的に対応できる最も有効な運動です。私たちは、地球上の貧困問題に関心を持たなくてはなりません。不公正な貿易について批判し、改善するために公正貿易と手を取り合って行動しなければいけません。生活の変化や消費の変化なくしては、意識の変化も世界の変化もありません。

（翻訳：金良淑・浦川登久恵）

【付記：韓国公正貿易運動の現況と変化の推移】

1. 聖公会大のクーピー（coopy）共同組合と韓公協が2014年を基準として韓公協（KFTO）14 の団体を調査した結果、衣類、手工芸品、ワインなどを除外し、一年に 1000 トン程度の規模で輸入がなされている。

　1）製品別　輸入量（2014 年、単位トン）
　　・2014 年：砂糖（360）＞バナナ（313）＞コーヒー（148）＞チョコレート（70）
　2）生産地　支援金額（ソーシャルプレミアムなど）の変化 推移（2.1 倍に増加）
　　・2012 年 548,891,100 ウォン
　　　2016 年 1,127,928,523 ウォン
　3）取引国の数（1.6 倍に増加）
　　・2012 年 31 カ国
　　　2016 年 49 カ国

231

4) 取引生産者協同組合の数（2.3 倍に増加）
   ・2012 年 45 組合
     2016 年 49 組合
5) 取扱い製品数（1.5 倍に増加）
   ・2012 年 332 個
     2016 年 505 個
6) ソウル市の販売所拡大の推移（2.1 倍に増加）
   ・2012 年 107（推算）
     2016 年 233 カ所
7) 公正貿易の広報、キャンペーン実績の推移（参与者が 4.5 倍に増加）
   ・2012 年 93 回 /40,893 名
     2016 年 451 回 /185,245 名
8) 公正貿易教育の実績の推移（参与者が 2.6 倍に増加）
   ・2012 年 124 回 /5,697 人
     2016 年 495 回 /15,007 人
9) 公正貿易協力機関（学校、教会、企業など）の推移（22 倍に増加）
   ・2012 年 3 機関
     2016 年 66 機関
10) 自治区の公正貿易事業参与の推移（8 倍に増加）
   ・2013 年 1 自治区： 城北区
   ・2017 年 8 自治区： 城北区、道峰区、衿川区、恩平区、九老区、
                    西大門区、瑞草区、江西区
11) 全国自治体の公正貿易事業参与の推移（8 倍に増加）
   ・2012 年 2 自治体： ソウル市、仁川市
   ・2017 年 16 自治体：ソウル市、ソウル市内の 8 自治区、仁川市、
                    京畿道、華城市、始興市、安山市、富川市、
                    全羅北道（条例準備中）など
12) ソウル市庁地下 1 階にある「地球村」の一年の実績（2016 年）は次の通り。
   ・広報、キャンペーン：7 回 /31,90 人、教育：40 回 /15,459 人
   ・販売額：672,774,419 ウォン、一日の販売件数：250 件
   ・年間の公正貿易コーヒー、茶の杯数：149,689 杯
   ・年間の公正貿易食品類販売個数：53,933 個
   ・年間の公正貿易手工芸類販売個数：3,050 個

7 公正貿易（フェアトレード）と公正貿易タウン（Fairtrade Town）運動

2. 2016 年に実施されたトレンドモニターの公正貿易関連認識調査結果は次の通り。（全国 満 19 ～ 59 歳の成人男女　1000 名対象）

1）公正貿易製品購買経験率：69.9%
2）今後公正貿易製品購入の意向がある比率：53.2%
　・性別：女性 56.7%　＞　男性 48.9%
　・年齢代別：50 代 57.4%　＞　40 代 57%　＞　30 代 52.7%　＞　20 代 46.7%
3）公正貿易の内容が良いので参加したいと思う比率：73.2%
　・性別：女性 78.2%　＞　男性 67.1%
　・年齢代別：女性　50 代 79.1%　＞　20 代 73.3%
　　　　　　　男性　50 代 71.5%　＞　30 代 69.2%
4）公正貿易製品に関心を持つ気持ちの余裕がないという比率
　・年齢代別：30 代 51.5%　＞　20 代 48.5%　＞　50 代 40.9%　＞　40 代 32.8%
＝＞全体的に女性、40 ～ 50 代の年齢層で公正貿易選好度及び購入意志が高い。

編者注
　金良淑氏の訳文（小チャプター 7 ～ 9）は慶應義塾大学における李康伯氏の講演の際に作成したものを同氏の許可のもとに利用した。小チャプター 1 ～ 6 と「付記：韓国公正貿易運動の現況と変化の推移」は、浦川登久恵氏による翻訳。また付記の原文ではより詳細な図表があったが、紙幅の都合で割愛した。

233

第8章 ロシア沿海州の高麗人と社会的企業 バリの夢
——東北アジアコリアンとともに東アジア協同経済ネットワーク
を構築する社会的企業バリの夢

金鉉東
<ruby>金鉉東<rt>キムヒョンドン</rt></ruby>

1 はじめに

　2005 年、創立のバリの夢[1]は沿海州<ruby>高麗人<rt>コリョイン</rt></ruby>の再移住定着支援を目的にした社会
的企業[2]である。1999 年から社団法人「<ruby>わが民族相互扶助運動<rt>ウ リ</rt></ruby>」という団体によっ
て沿海州高麗人定着支援事業がはじめられた。そして、2001 年には韓国で東北
アジア平和連帯（以下、東平）が、ロシアでは沿海州東北アジア平和基金（以下、
基金）が作られ、本格的に支援事業がはじまった。

　ロシア高麗人はコリアンの一員である。彼らの移動は 150 年前、1864 年から
である。その後、日帝植民地期の下で本格的に朝鮮半島から沿海州に移住し、
以後、ロシア国籍を得てロシア少数民族の一員として存在している。1937 年、
沿海州居住の約 18 万の高麗人たちは全員中央アジアへ強制移住となり、中央ア
ジア域外への移住は禁止された。旧ソ連解体後、再び中央アジアからユーラシ
ア全域に離散中だが、そのうち、祖父たちの故郷である沿海州に約 4 万が再移
住し、60 年ぶりに定着を試みている。

1　バリの夢 Bari Drem は、コリアンの古代バリデギ王女<ruby>바리데기<rt></rt></ruby>の説話（巫歌、巫祖神話）
　から命名された。死に至る父を救うため、7 番目の娘であるバリデギ王女は西天西域
　を通り冥府の世界に入って生命水を手に入れて帰り、父の命を劇的に救ったという。
　つまり、バリデギ王女は生命の象徴である。苦難と激動の現代史の中、東北アジアの
　在外コリアンは飢饉と外勢の侵奪により故国から離れる他なく、それはまさに捨てら
　れた子バリデギにほかならなかった。とくにロシアのコリアン<ruby>高麗人<rt>コリョイン</rt></ruby>は 150 年前の移
　住— 1937 年の強制移住— 1990 年の再移住といった試練に耐え、ユーラシア流浪の試
　練を経てきた。そして今は、沿海州で自然有機農業を営み、それにより東北アジアの
　生命の新しい希望を綴っている。
2　韓国では 2007 年に社会的企業認証制度ができた。

235

高麗人移住 140 周年にあたる 2004 年、「基金」と「東平」を中心にして韓国の市民団体が作られ、6 つの農業生産者村を作る「高麗人農業移住定着事業」がはじめられた。そして 2005 年、この事業をともにおこなうために韓国で株式会社「バリの夢」が生まれた。現在、沿海州では沿海州東北アジア平和基金が、韓国ではバリの夢が中心になり本事業を進めており、バリの夢では基金に活動家を派遣し、二つの団体がともに同じ方向に進んでいくために努力している。

　2004 年から 2009 年までは韓国の非営利市民団体である東北アジア平和連帯と基金が中心となった非営利支援事業であったが、2010 年からはバリの夢と基金が中心となり、支援事業から協同組合的方式の自活、自立事業へ転換したといえる。それは経済的自立と人道的支援、健康な食べ物生産という公益的活動をともにおこなう社会的経済方式運動への転換であった。

　定着村とその近隣の高麗人生産者たちが生産する大豆と野菜は、すべて有機農生産を原則とし、有機農産品だけが販売及び交換の対象になる。韓国との交流ではとくに大豆が中心となる。沿海州の農地は今も有機農が可能な十分な条件が形成されており、政策も NON — GMO 農業[編者注1] を原則としている。それゆえ、ここは東アジア NON — GMO 有機農生産地としての条件を十分に備えている。

　沿海州内では実験的に「バリバリ生協」という名前を付け、定着村の高麗人生産者とウラジオストクの韓国僑民消費者の間で、生産物の包装配送が定期的におこなわれている。生産者たちは農業と定期配送を通して職場を確保し、消費者たちは現地では入手しにくい有機農の健康な食べ物を周期的に受け取っている。

　韓国では社会的企業「バリの夢」をはじめ 5 つの企業が「バリの夢協同組合」を作り、沿海州定着村と周辺で生産した大豆を輸入し、豆乳とコンククス（豆乳スープの冷麺）を生産販売している。大豆を中心に沿海州の基金とバリの夢協同組合の間で生産と消費の契約がなされている。2013 年からは毎年、一定量の大豆を契約し栽培している。

　それだけでなく、韓国の伝統醬^{ジャン}を作っている各企業は、現在、沿海州定着村で生産される有機農の大豆麹を中心にして「有機農伝統醬協同組合」を組織するために活動中である。

　農業だけでなく、定着村の教育及び文化活動もまた協同組合方式への転換を準備している。社会的協同組合「バリ教育ネットワーク準備委員会」がこの活動を担う予定である。その協同組合参加者は 1 人 1 票の協同組合的方式で組織

8　ロシア沿海州の高麗人と社会的企業 バリの夢

を構成する。

　バリの夢が究極的に目指すのは、東アジア民衆の連帯を通した共同体構築である。同時に時代的条件のために東北アジア各地に離散するほかなかったコリアンたちは、互いに助け合いながら困難を克服していく過程で共同体構築の端緒を作っていくことができる。そして、その核心となるのは協同組合運動だと考える。

　労働者協同組合、消費者協同組合、事業者協同組合、社会的協同組合など各地域で実情に合った多様な協同組合運動体を作り出し、互いにネットワークを形成していく方式で、共同体形成の基礎を作ることができると考える。韓国では、最近、経済危機を克服しようとする過程で「社会的企業認証制度」[2007 年以降]、2012 年「協同組合基本法」などが制定され、これを基盤に社会的経済 [3] が活発な動きを見せている。

2　高麗人の移住史と農業

　1860 年代初以降、朝鮮半島から豆満江を越えて沿海州に移住した高麗人たちは、農業を基盤にして定着していった。移住初期、飢餓と食糧難にあえぎながら、殆ど何も持たずに移住した高麗人は荒地開墾を通して、また社会主義以後は集団農場形成過程で抜群の成果をみせた。今もロシアで高麗人を語る時は、「農業を開拓した民族」というイメージを抜きにしては語れない。

　とくに高麗人たちは稲作開拓過程で大きな成果をあげた。1929 年、稲がなかった沿海州ですでに 1 万 7,855ha の農地を通して 4 万 5,765 トンのコメを収穫する成果を収めた [4]。沿海州の高麗人数も 1929 年にすでに 17 万名に増加した。その趨勢で稲作に従事する人口が増えたとしたら、1930 年代末には約 82 万名の高麗人が暮らしていただろうという推測も出されている [5]。こうした高麗人共同体が抗日闘争の物質的基礎となったのはいうまでもない。

　その当時、沿海州と同じ緯度に位置する中国の満州地域に移住した朝鮮族の

3　韓国では 1997 年のアジア通貨危機（IMF 事態）期に職場創出のために始められた政策が発展し、社会的企業、協同組合、マウル（村落）企業、自活企業などの制度に発展した。この分野は最近「社会的経済」関連法制定などを通して再整備されている。

4　1929 ～ 1930「目録 1：事件 20 章 69」『極東共和国少数民族及び現地住民の集団化』極東ロシア国立歴史文書保管所 書庫、2422 頁。

5　1927「極東の経済生活」『ハバロフスク』1 ～ 2 号、98 頁。

237

農業をみれば、高麗人の農業の過去と現在を類推してみることができる。吉林省延辺地域はいうまでもなく、同じ緯度上の黒竜江地域の東寧県三岔口朝鮮族鎮政府（東寧県三岔口朝鮮民族村）、渤海の城跡があった黒竜江省寧安市東京城鎮などは中国最高のコメが生産される朝鮮族農業地域である。朝鮮族社会はその頃から中国東北社会の開拓者であり、農業を通して民族共同体を維持してきた。

　1937年は高麗人移住史上最大の悲劇といえる18万名の強制移住があった年だ。当時高麗人社会は豊かではなかったが、沿海州を中心に400余の学校と劇場、ウスリースク高麗人師範大学、集団居住村など、当時日本の植民地状態であった朝鮮半島本国よりも堅固な民族共同体を作り、ロシアの少数民族として生活していた。だが、中央アジアへの強制移住により、高麗人たちはかろうじて持参しえた稲種と釜で持ちこたえつつ、再び初めから定着過程を経なければならなかった。しかし、ここでも高麗人は特有の農業開拓力によりわずか数年で農業を再び立ち上げた。彼らの農業は中央アジア農業の代名詞となった。

　ロシア社会で農業に従事する高麗人をコブンジャ、農事をコブンジル^{編者注2}、農業のシステムをコブンジという。これは高麗人だけが持つ独特な農業方式を指す。高麗人たちは沿海州に移住した初期からチームを作り地主や政府と契約する方式を取った。その方式は生産から流通まで担当する。すなわち「自ら生産と運営、分配まで完結させる組織」で、組織内では成果金制度を施行し、社会主義の官僚的病弊を予防するシステムであった。

　このおかげで、高麗人は社会主義終末以後、急速に押し寄せた市場経済に、より早く適応することができ、中央アジア移住初期にもこうしたコブンジ農業を通して迅速に定着できた。中央アジア時代、高麗人のコブンジ農業は季節移住農業と結合した。中央アジアやロシアの大規模農場に季節ごとに移動し、スイカ、タマネギなどを栽培して所得を上げた。そうしてソビエト時代の最も模範的な農場と呼ばれていた黄萬金農場、金平和［音訳］農場などを建設したりもした。

　高麗人は、ソ連崩壊とともにウズベキスタン、キルギスタンなどの現地で起こった民族主義的傾向と内戦を避けるため、また子孫の教育と未来のため、再び60年ぶりに再移住をはじめた。その数は、現在まで約20万名^{編者注3}以上と推定されている。そのうち祖父たちの故郷、歴史的祖国である沿海州へは約4万名が移住した。彼らは、貨幣の交換率も違う上に、不動産もまた現金に換えることが難しく、何とか家族の移住交通費程度だけ工面して沿海州に移ってきた。そして今、高麗人たちは再び農業を通して定着をはじめている。

3 2000 年代（2004 ～ 2010）高麗人農業定着支援事業
—— 「東北アジア平和連帯」と「NPO 沿海州東北アジア平和基金」を中心に

　2000 年代後半になると、ロシアでは計画経済（ソ連崩壊以後継続されていた）の
支援が完全に断ち切られた。コルホーズ、ソホーズなどの国営農場と集団農場
が急激に崩壊し、ロシア極東市場の農産物は中国の農産物に占められていった。
60 年ぶりに移住した高麗人は中央アジアの暖かい気候からシベリア型の沿海州
の気候に適応するのに時間が必要だった。しかし、中国の安い農産物はいち早
く農業改革を通して急激な農業生産性向上を記録していて、すでに沿海州の市
場を占領しはじめていた。さらに大部分の穀類や大豆生産はソ連式に大規模、
集団化、機械化された状況であった。そのため、無一文の高麗人たちは進出意
欲を持つのが大変なだけでなく、稲作は管理不足により殆ど全滅状態であった。
復旧のためには莫大な費用が必要だったが、彼らにはその復旧費の工面が難し
かった。
　こうした状況下、農業定着を試みていた高麗人たちに大きな試練が襲った。
1999 年からはじまった 3 年間の異常気象がそれである。必死に耐えて作物を育
てたが、すべて使い物にならなかった[6]。このため多くの高麗人たちは、市場にあ

6　1993 年ロシア連邦最高会議は高麗人強制移住関連の名誉回復に対する法的、行政的措
　置を取った。沿海州政府は 1997 年にこれについての後続措置として沿海州に入って来
　る高麗人に軍隊が撤収した地域を永久無償貸出する措置を取った。「沿海州高麗人再生
　基金」という団体を通して進められた政策プロジェクトであった。軍隊が撤収した農
　村地域約 30 ～ 50 か所を高麗人に払い下げ、高麗人定着村を作るよう許可するプログ
　ラムであった。東北アジア平和連帯で現在農業定着プログラムを進行しているクレモ
　バ地域も、その「定着村プロジェクト」の村の一つである。
　　この地域は韓国でいえば軍団や師団級相当の軍の居住地であった。普通、5 ～ 10ha
　に達する区域にアパートなどが入っていたが、ソ連崩壊後管理できずに放置されてい
　た。そのため、建物は急激に老化してしまい、暖房、上水道などが作動しなくなった
　ばかりか、税金もかなり滞っていた。高麗人たちがそのアパートを直して住むにはあ
　まりに費用が多くかかった。韓国のいくつかの市民団体が手助けをしようと努力した
　が、何分古いものなので費用も多くかかりザルに水を灌ぐような有様であった。国家
　次元の体系的な計画の下でなされる施設復旧と支援がなければ、正常化は難しい状況
　であった。加えて、1999 年から続いたこの地域一帯の旱魃、洪水、冷害による幕舎周
　辺の農家の凶作があり、困難はより加重された。結局、この時期になされた農業はす

ふれる安価な中国の農産物、沿海州の天気、自分たちの経済能力などを理由に、沿海州では農業ができないという考えを持つようになり、農業を放棄しはじめた。

　しかし、こうした困難にもかかわらず、スパースク、シビリズボ、ノボクラスキのようなところでは、農業定着に成功した事例が現れた。スパースクは中央アジアで体得したコブンジル農業を生かしたスイカ作りによって多くの収入をあげ、定着に成功した例といえる。スパースクはウスリースクから100km程度北方に位置する。夏の一時は集中的な輻射熱により気温が上がり、スイカ作りの適地といえる。スイカ作りでは、中国人たちは直接、進出できなかった。そのため先に根を下ろせたことも成功要因の一つといえるだろう。

　シビリズボ、ノボクラスキは全体1000戸中約30％が高麗人で構成されている。沿海州における高麗人構成比率が最も高い農村だ。ここでは約10年前の定着初期からビニールハウス農業を導入して出荷時期を調節することに成功した。多くの高麗人たちが経済的に定着に成功した例といえる。これは中国人たちが沿海州にビニールハウスを取り入れていた初期にその方法を学んで受容したために可能となった。その後、中国の低賃金、低価格のビニールハウス農業が増えていき、以前のように収入を上げていくことはできなくなったが、10余年間、ある程度の初期資本蓄積には成功し、これを活用した育苗農業などを通して経済的に定着することができた。

　中国の朝鮮族の農業と直接的に結合し、農場を整備して成功した事例もある。中国の東寧市に行く道の要所にあるパプロフカラという地域のアリラン農場が代表的である。これらはロシア高麗人が土地と一定の資本を持ち、中国の農業チームを受け入れてコブンジルのような方式で生産契約を結び農場を運営した

べて失敗に終わり、定着村は沿海州政府に返還されていった。

　失敗したプログラムではあったが、このプロジェクトでわかったことは、高麗人は依然として沿海州の農業開拓の重要な希望だという点であった。1860年代初期、高麗人たちが沿海州を開拓した時のように、再び沿海州の農業を復活させるためには、高麗人が不可欠だということを沿海州政府が認識するようになったのだ。このプロジェクトも沿海州政府移民局と農業局が共同で計画をたてたという。沿海州農業のための主体形成には人力が必要であり、そのためにはコリアン移民と結合させた計画が必要だったのである。今も沿海州政府は約2万名の高麗人がロシアの農業に本格的に取り組むなら、すべての問題が解決されるだろうと考えている。このため韓国と共に可能なプロジェクトを作りだすことを検討中である。

事例である。初期から中国のビニールハウス、育苗農業などを取り入れ、その地域の野菜市場で経済力を持つようになったのである。今も相当程度の資本を蓄積し、数百名の朝鮮族農業チームが入って仕事をしている。

先に定着に成功した高麗人たちは、中国の朝鮮族同胞たちの助けを借りて農業よりも中国農産物の輸入と流通に積極的に参与しつつ自分たちの場を確保した。農業定着に失敗した高麗人たちは、そこで形成された中国農産物市場の賃労働者や店員として生計を維持していった。定着に成功した高麗人たちは農産物市場だけでなく、中国の消費材商品の沿海州流通にも積極的に参与し、中国市場などを形成していった。一方、農業定着に失敗した高麗人たちも、やはりそこの賃労働者として生き残った。主に中国の農産物を沿海州に搬入する流通は、中国の黒竜江朝鮮族と沿海州高麗人の経済ネットワークを通してなされていった。とくに東寧地域の朝鮮族とウスリー地域の高麗人たちの農産物貿易は、この税関貿易の3分の1を占めるほど規模が大きい。この辺境地域には、現在大きな中ロ自由貿易地帯が建設されている。再移住した高麗人の定着への主要な道筋は農業から流通部門へ移っていったのである。

東北アジア平和連帯と沿海州東北アジア平和基金は沿海州農業定着事業について、その趣旨と目標を次のようにいう。すなわち「我々の当座の目標は簡単だ。高麗人が正常に農業に定着できるように力を貸すことである。高麗人が農業定着に成功すれば、当然、韓国の農業、農加工、農畜産業と結合することになるだろう。北朝鮮の食料支援も可能にし、効果的な支援のために北朝鮮の人力も沿海州で受け入れることができるようになるだろう。それによって、沿海州の農業活性化問題も解決できる。長い目でみれば、東北アジア農業によって食料の安定的供給をはたし、それにより平和実現の最も重要な糸口を確保することにもなる。2005年、東北アジア平和連帯と沿海州東北アジア平和基金は沿海州事業の目標を『沿海州での南北露三角協力と農業』と規定した。東平が沿海州農業に参与するのは高麗人の定着を助けるためである。これが最も重要な目的である。今後、韓国や北朝鮮とも農業協力をするようになること、究極的には沿海州の農業を生かし東北アジアの平和に寄与することを望んでいる」という。

こうした観察と模索を通して、当時、東北アジア平和連帯は次のように方向を整理するに至った。

1）高麗人の農業能力は沿海州という地域にあって諸々の条件のため、現在は潜在的なものとして留まるが、条件さえ整えば現実化するだろう。

2）農業定着を高麗人の立場で効果的に支援する必要がある。

3）東平が支援し、新しい農業定着モデル作りを試みる。

こうした考えで、次のように方法を模索していった。

1）先ずは農村に定着するべきであり、一旦、小規模な畑を活用した農畜複合営農を通して自立的に生活できる条件を作ること。

2）自立的農家の数が一定程度確保されたら、彼らの連帯を通して、規模の大きい穀物農業や大豆あるいは畜産などの農場を実現すること。

3）この時期の資本の援助は韓国から、技術は中国朝鮮族の同胞から、労働力は北朝鮮から得られるように努力してみること[7]。

ここで 2004 年から 2009 年までの農業定着支援事業を整理すると、次のようになる。

1　2000 年代　第 1 期（2004 年〜 2005 年）：模索及び始動
——ビニールハウスと自然農業

事業の初期といえる 2004 年、韓国の住宅建設協会が建設していた「友情の村」を高麗人農業センター内に作り農業定着事業をはじめた[8]。沿海州の大規模農業に対する順次的接近方法、そして高麗人の優先的定着モデル開発の必要性、中国の農産物の物量戦に備えるための方案などが優先課題として提起された。このため友情の村の 10 余戸と東北アジア平和基金の直営の畑などを中心に、営農時期調節と小規模実験が可能なビニールハウス施設農業をはじめた。在外同胞財団からの貸し出しを受け、事業を進めることができた。

世界的な趨勢がすでに持続可能な営農、生態的な営農時代に入っている。そこで、生産量だけを重視した慣行的な化学営農との差別化を図り、健康な食べ物を無農薬、無除草剤、無化学肥料で生産する自然農業を選択した。21 世紀、

7　金鉉東（2005）「沿海州における南北露三角協力と農業」『mir』

8　友情の村は、韓国の住宅建設協会が 1000 戸の村を目標に建設を進めた。1997 年アジア通貨危機（IMF 事態）で建設が中断し、正常化の必要性が提起されている状態だった。友情の村を一つの高麗人共同体の村として正常化、安定化させるための努力が 2004 年から東北アジア平和連帯により展開された。ソルビン文化センターと社宅を竣工し、25 のビニールハウスを整備して、清麹醤（納豆汁）工場（教育場）を作り製造方法を教育し、それぞれの家が高麗人清麹醤で収入が得られるようにした。各種の文化教育と農楽教育が持続的に進められ、多くの行事、祝祭などに招待された。初期からハングル教育に参加した学生たちはある程度の韓国語疎通が可能になり、大人たちは日常会話を韓国語ですることができるようになった［金鉉東　2007.11.30.］。

8 ロシア沿海州の高麗人と社会的企業 バリの夢

写真1 高麗人の「友情の村」

高麗人の沿海州再定着農業の象徴を「自然有機農業」と規定したのである。韓国では東平と自然農業協会などの市民団体が共に「高麗人農業希望本部」を結成し、この事業を支援しはじめた。一方、第二の高麗人定着村としてクレモバを選定し、高麗人の移住と住宅準備及び農業のための貸出しなどもはじめた。1500ドル相当の住宅購入のための「住宅結縁」と営農のための3000ドルの「営農結縁」をクレモバ村を中心にしてはじめたのである。

2 2000年代 第2期(2006〜2007年):建設期
　　——沿海州ハンカ湖を中心にみた沿海州高麗人定着村

　クレモバ村は既存の村の住宅を買って入居する従来方式とは別の新しい方式で造成された定着村である。高麗人の村はクレモバ村をはじめ、アシノブカ、スンヤセン、ノブルサノブカ、チカロブカなどの村にも、結縁事業方式の住宅購入(2009年まで50余軒)と貸出し(100余戸)などを通してマウル(村)事業を定着させていき、各村にセンターを作った。これにより6つの村に6つのセンターを作ることができた。その中のスンヤセン、ノボルササノブカ、チカロブカなどの村は既存の居住高麗人たちを支援する方式で事業がおこなわれた。こうした村では営農貸出しと自然農業教育がおこなわれた。

　高麗人たちが生産した大豆は清麹醤（チョングックチャン）(蒸し大豆を発酵させて煮込んだ料理)を作る原料になった。クレモバに作られた高麗合繊[編者注4](以下、「高合」)フリンコ農場では、2005年から有機農大豆で清麹醤の加工実験を実施した後、製造方法を世帯別に伝授し20余の世帯別清麹醤工場で清麹醤を生産した。これは韓国での後援者たちの支援を引き出す契機となったが、これを契機に清麹醤販売は画期的に増えていった。韓国ではこの農産物と加工物の販売のために「バリの夢」を

243

写真2　クレモバの高麗人移住農家3号（5年間、居住すると所有権を移転させてくれる）

設立し、韓国の人気インターネットサイト「コドウォンの朝の手紙」を通して清麹醬の販売をした。これは加工場を安定的に運営していくのに大きな力となった。2007年、バリの夢はフリンク農場を引き受けた[9]。

一方、ミハイロプカ、スンヤセン村の横には新しい高麗人定着村である「故郷(ふるさと)の村」[10]が造成されはじめた。この村は2007年、「70―70帰郷」という高麗人移住70周年記念プロジェクトを通して移住した人々を中心にして造成がはじめられた。

「高麗人は殆どが中央アジアとロシア内沿海州などに離散した。至るところで

9　韓・露合作のクレモバのフリンコ農場の持ち分引き受けを2007年10月に終えた（持ち分54.6%）。元来は4200ha規模の農場であったが、約10年間放置されていた。そこでは720haの土地だけ残し、残りの土地は返納または移転された状態だった。だが、10年以上除草剤、科学肥料などを全く施しておらず、大豆、麦、小麦、燕麦などを輪作で生産し、自然農業を営むのに適切な条件を持っているといえる。現在、この農場で生産した大豆で約50余戸の高麗人の家庭が清麹醬などを生産し、安全な食べ物を求める韓国の消費者に供給している。この農場は元来、飼料農場施設だったが、最近の沈滞状態を脱するため、今後は、豚、牛などの自然畜産に必要な有機農飼料を普及するための飼料作りを通して活気を取り戻そうと計画している。トウモロコシ生産と飼料加工施設が入れば、小さいが立派な実験モデルになるだろうと期待している［金鉉東　2007.11.30.］。

10　旧ソ連時代、約100haに達する養鶏農場があった「故郷の村」には、250haの湖と森、草地など100万余坪の敷地と、当時使用していた10余棟の古い建物があった。この農場は友情の村建設本部として使っていたが、大韓住宅建設協議会から高麗人村の敷地に寄贈された。

定着が思うようにいかず流民化した。高麗人移住 70 周年を迎え、十分ではないものの、象徴的に彼らの事情を知らせ事業の最初のボタンをかけるつもりで、70 名の離散家族再会移住を支援した。その結果、社会福祉共同募金会と SKC などの支援で 60 名の再会と 40 余名の移住を支援することができた。招待される家族は、最初に六か村に移住し、居住していた人びとを対象にした。このうちの希望者に限り申請を受けた。彼らは一人あたり 300 ドルずつの交通費支援、200 ドルの国籍回復支援、世帯あたり 2000 ドルの住宅費支援、1000 ドルの住宅準備貸出し、3000 ドルの農業用貸し出し、月 300 ドル以上の冬季の職場などの支援を受けている。これらのうち、4 家族はスンヤセンの「故郷の村」の新築の敷地に移住し、故郷の村建設現場と清麹醤工場で仕事をしている。この事業は、MBC の強制移住 70 周年特集 2 部作『帰郷』として放映され、多くの韓国人の支持を得た」[金鉉東　2007.11.30.]。

　その年、友情の村では 8 月 15 日、6 つの高麗人の村とミハイロプカ郡が共催して「多民族平和祝祭」をおこなった。ここには韓国の青年をはじめとする 500余名のターズ（Тазы：Taz）、ウデヘ（Удэгейцы：Udege）等の多民族青年たちが参加した。友情の村は立派な高麗人の村として生まれ変わったのである。これら友情の村と故郷の村には、韓国だけでなくヨーロッパなどからもたくさんの人が訪れはじめ、中央放送はこれらの村を高麗人移住村と紹介している。

3　2000 年代　第 3 期（2008 年～ 2009 年）：自立方案　模索期
——フリンコと共同作業場

　2008 年から世帯別に運営していた家内清麹醤工場は、効率性と衛生などを強化するための方案として多目的村落共同作業場に変化発展していった。友情の村（社会福祉共同募金会、国際ロータリー財団 3640 地区）、クレモバ、アシノブカ、ノボルサノブカに共同作業場を作り、清麹醤から味噌、麹などの醤類全般、タンポポ、ワラビなどの採取加工に続いてトウガラシ粉、キムチ生産などに次第に範囲を広げていった。

　これらのための生産地としてフリンコ農場を約 1600 余 ha（500 万坪）に拡大し、本格的な有機農敷地も確保した。養豚事業も個人農を協業農へ発展させるためにその出発点になる母豚舎を運営しはじめ、酪農畜産もまた乳製品の共同販売を模索するようになった。全体的に世帯別模索から協業的模索へと転化する時期になっていた。ソ連時代のような協業方式はだめだという認識があったが、それが再び協業が必要だという認識へ転化する時期であった。

流通と販売においても、この間の経験を総括し、先ず村センター、食堂など
の内部の食材から自給自足しようという趣旨で食料を供給しはじめ、「内部市場」
を運営した。週末にはウスリースク記念館の敷地内で週末市場を運営したりも
した。2009年の下半期には牛乳、豚肉、鶏卵、味噌、各種の野菜、キムチ、ワ
ラビ、ナムル、チーズなど村のセンターと食堂には大部分の食材を支給するこ
とができるようになった。

　しかし、生産世帯が100〜200余世帯になり、500万坪の農地で穫れた大豆な
どの穀類市場で生産される産品を処理するためには、新しい市場が必要であっ
た。さらに2009年の世界的な経済危機とともに韓国の経済事情も悪化し、約束
していた清麹醤購入の反古、また韓国の団体の支援の中でも放棄などが発生し
はじめた。いくつかの計画が難航し、販売目標はむしろ後退した。このために、
高麗人農業生産者たちは安定的に定着、発展ができる流通と販売組織について、
以前よりも深刻な苦悩を抱きはじめた。

4　2000年代（2004〜2009）高麗人農業定着支援事業の評価と今後の方向

1　個人から協同へ

　支援事業の初期には、ソ連の社会主義的協業方式は結局は破綻に至るものだ
という認識が強く、親戚までもが協業を渋り、生産から販売まで個人あるいは
世帯別に進めようという傾向が強かった。定着初期に貸出しを受けた3000ドル
で独自に世帯単位で自活を模索した高麗人たちは、実際の生産と流通過程で多
くの限界を感じ、協業への必要性を感じるようになった。そして、こうした経
験から自然に共同作業場と共同販売を模索することになった。協業的方式を自
然に受け入れるようになったのである。

2　基本生産の土台確保と生協への方向

　この支援事業では200余の農家と農場、加工場など一定の生産規模と生産品
目を確保した。大部分の食べ物は自給が可能になり、ウスリースクや韓国の会
員たちに供給する程度の生産量も可能になった。支援事業で構築された基盤が
生協運動に進んでいく物質的土台となった。これは韓国内でひとつの暮らし生
協が作られた事例と似たものといえるだろう。ハンサルリム生協^{編者注5}も水害を
助けるための海外援助用に作られた生産基盤と組織が共同組合運動へと発展し

246

たものである。

3　少数民族定着と人口増加の事例

　ロシア社会においても沿海州高麗人農業定着支援事業は少数民族が移動し定着に成功した例として積極的に評価されている。2009 年には故郷の村で「沿海州民族総会」が開かれた。ここで移住事業は評価され、地域の多民族平和祝祭を率いていく主役として登場した。一方、農村の活性化と人口増を如何に図るかという痼疾的な問題においても、これは模範的事例だと評価された。高麗人はロシアという多民族社会で経済的に文化的に模範的に生きていく少数民族として評価されている。

4　2000 年代の展望と計画

（1）　持続可能な自然有機農業へ

　時間の経過とともに、沿海州でも有機農と健康な食品への需要は次第に昂じているが、韓国でも沿海州の有機農大豆に対する関心は日に日に高まっている。長期的にみて、有機農は生産量が少ないという通念もビニールハウス農業における 5 年の経験、休耕、輪作を通して克服された。自然農は、生産費と生産量を総合すれば、従来の農業に較べて結果的に大差がないばかりか、持続可能な生態農業という点で、より肯定的な側面があることが確認された。

（2）　東北アジア生協方式へ

　それゆえ、次のような東北アジア生協建設の方法論を提案した[編者注6]。ここで、先ず強調した点は、安定した生産を計画し多様な物品を供給する基盤としての「東北アジア生協」の必要性であった（【資料 1】①参照）。「東北生アジア生協」を作っていくための方法論としては、高麗人文化センター記念館売り場[編者注7]を拠点に、沿海州各地域の売り場と各地域生産者会を連結する方式が提起された。合わせて、オンラインを通した韓国との連携も模索された（【資料 1】②参照）。また会員制の定着と韓国生協との連携、公正貿易の取引の原則、東アジア各国での関係拡散も検討された（【資料 1】③参照）。しかし、2009 年に提案された「東北アジア生協」は予定通り推進されず、思いがけない状況で遅れた。とはいえ、2012 年以後に改めて本格的に進めることができた。

表1　2000年代（2004〜2009）高麗人農業定着支援事業時期別主要内容

第1期	2004年〜2005年 ：模索並びに始動 ビニールハウスと 自然農法	・友情の村　ビニールハウス設置 ・友情の村　ソルピンセンター、社宅設置 ・クレモバ住宅結縁及び営農結縁　・清麹醤加工開始 ・高麗人農業希望運動本部出発　・自然農業採択 ・主要後援：在外同胞財団、大韓住宅建設本部、自然農業研究所　など
第2期	2006年〜2007年 ：建設期 沿海州高麗人 定着村	・切り株　住処（巣）　一抱え　コピオンセンター ・6つの村　住宅結縁50余軒、貸出し100余軒 ・清麹醤世帯別加工工場20余か所、50世帯が従事 ・帰郷と故郷村開始　・沿海州多民族平和祝祭 ・社会的企業「パリの夢」設立　・フリンコ農場確保 ・在外同胞財団、美しい店、社会連帯銀行、愛のリクエスト、KBS6時私の故郷
第3期	2008年〜2009年 ：自立方案模索期 フリンコと共同作業場	・フリンコ農場　・共同作業場5か所　新設及び拡充 ・故郷村本格建設（総18世帯） ・共にする団体:在外同胞財団、高麗学術文化財団、コドウォンの朝の手紙（花の村）、大韓住宅建設本部、　慶熙大学校、社会福祉共同募金会、国際ロータリー財団3640地区

5　2010年代前半期（2010〜2014）：高麗人事業方式の転換
――「農業定着事業」から「協同経済」方式へ

1　農業定着事業の危機と新しい模索

　2009年、高麗人移住140周年記念館（以下、記念館）竣工とともに記念館中心に沿海州生協を組織化しようとした計画は、韓国外交部の一方的な措置[11]により記念館の運営が高麗人民族文化自治会に移管されず、中断してしまった[12]。続いて「基金」の理事長と事務局長のロシア入国が5年間不可[13]とされたために、農業定着支援事業と新たに模索していた「沿海州生協」計画は深刻な打撃を被るほかなかった。この過程の財政的圧迫などでフリンコ農場も2013年に廃業を余

11　当初の計画では、記念館の運営は2014年まで「東北アジア平和基金」がおこない、運営が安定化すれば「沿海州高麗人民族文化自治会」に移管するようになっていた。しかし、外交部側はすぐに移管するのはよくないのでは、という意見を一方的に自治会側に伝達した。これにより、「東北アジア平和基金」が移譲を遅らせたような感じを与え、「基金」と「自治会」が葛藤関係に陥った。「基金」は時期を前倒しして「自治会」に記念館を早期移管することに決定し、記念館から撤収した。

12　これと合わせて「基金」は韓国政府が認定しない団体だという噂などが高麗人社会に広がりはじめた。

13　2010年10月から2015年までの5年間の入国不可。

儀なくされた。

　この事態の余波で、この間、支援交流事業の中心団体であった韓国のNPO団体「㈳東北アジア平和連帯」は記念館の農業定着支援事業からは手を引き、教育と文化を支援する事業に転換した。以後、農業定着支援は社会的経済領域の社会的企業「バリの夢」に任されることとなったが、これにより東北アジア平和連帯会員たちを中心に韓国に「東北アジア生協」を組織しようとした計画も結局、修正せざるを得なかった[14]。

　このように、初期の東北アジア次元の協同組合運動は、韓国「生協」の国外生産品に対する保守的立場[15]と、「東北アジア平和連帯」の市民団体役割論に伴う方向修正により、新しい方向を模索しなければならなかった。そこで「バリの夢」と「沿海州東北アジア平和基金」は、高麗人の農業定着事業から高麗人が自活できる新しい協同組合運動への転換を模索しはじめた。

　2011年「バリの夢」はソウルの事務所を江原道東海市に移転した。それは江原道東海市と沿海州の間では物流や旅客航路があるからである。小さな倉庫と作業場を作り、沿海州の生産物を販売するネットワークを多様な方式で組織しはじめた。有機農伝統醤協同組合準備委員会、バリの夢協同組合、SOY&HERB東海社会的企業共同売り場、社会的協同組合バリ教育ネットワークなどが推進された。これと共に「沿海州基金」側ではウラジオストク僑民たちの物品配送組織「バリバリ生協」と友情の村で「夏季有機農野菜売り場」を開設する事業を推進した。

2　有機農伝統醤協同組合の推進（2011～2014）

　沿海州の村の仕事を確保するためには、一定の物量を販売できる販売所が必要であった。そこで「バリの夢」は有機農麹による伝統醤工場の販売に注目した。後掲【資料2】は「有機農麹伝統醤協同組合」を推進するために伝統醤工場に送った提案文である。

　提案文では、2012年10月にバリの夢の大豆が韓国政府から有機農の認証を受けたのに続いて、沿海州故郷の村「麹加工場」が有機加工認証を受けたという点と、その麹がロシアと韓国二か所でNON─GMO検査も完了したという点を強調した。この麹を国内の伝統醤工場に直接供給し、直接契約すること及び

14　「東北アジア平和連帯」理事会は高麗人の自活や生協への転換のような経済的領域はNPOとしての領域を越えるものだという否定的な立場をとっていた。

15　韓国の大多数の生協は沿海州高麗人の有機農農産物を輸入品とみなし販売を拒否した。

既存の醬工場の「有機農伝統醬工場」への転換などを提案した。「(仮称) NON ―
GMO 有機農伝統醬協同組合」の目指すところは、①有機農原料（麹など）の安定
的供給、②有機農伝統醬工場の設立及び有機農への転換支援、③共同ブランド
と共同広報マーケティングを通した販売活性化、④伝統醬文化の復元及び拡散
などで、これらをとくに強調した。

　しかし、「伝統醬協同組合」は思ったほど早くは組織されなかった。既存の一
定規模の生産量を持つ伝統醬は大部分、有機農の大豆と麹の確保ができず、有
機農醬生産を放棄している状況であった。一方、バリの夢の麹を使用し、有機
農の醬を作ろうとすると、地方自治体から受けているいわゆる「伝統醬認証」[16]
を放棄しなければならない。伝統醬業者は有機農をするのか伝統醬を作るのか
という岐路に立たされた。その大半は「伝統醬認証」を前提に自治体から支援
を受けていたので、転換は容易ではなかった。そこで、新しくはじめる業者を
中心に、有機農伝統醬作りの方法を模索するほかはなかった。制度が改革され
ない限り、新しい組合の中心は伝統醬認証を放棄しなければならない。それゆ
え有機農伝統醬協同組合の構築には時間が必要となった。

3　「役立つネット」と「バリの夢協同組合」の活動

　2013 年、バリの夢はこの間推進してきた海外農業成果が認定され、沿海州で
自力収穫した穀物（大豆）に対する輸入が可能になった。これを契機に社会的企
業を支援、活性化しようという趣旨で設立された団体「㈱役立つネット」と共
同で豆乳を生産したところ、消費者から好反応が得られた。ようやくのことで、
沿海州の生産物が韓国の消費者に輸入品という障壁を越えて迎えられることに
なった。2014 年、豆乳に続いて同じネットワーク所属の「ハッピーブリッジ」
に有機農コンククス用の大豆汁を供給することになった。この経験を引き継ぎ、
5 つの[17]社会的経済企業が集まり「バリの夢協同組合」を設立した。この協同組
合は沿海州の高麗人との経済的交流を通して彼らの沿海州への定着実現を目標
にした。また、協同を通した沿海州大豆の加工と販売をその主な事業とした（【資
料 3】参照）。

16　地方自治体で付与する伝統醬認証制度は、いくつかの支援をする代わりに地域あるい
　　は国内の大豆だけを使うようになっており、大部分の伝統醬工場は伝統醬認証を受け
　　ている状況だった。
17　ハッピーブリッジ協同組合、国産麦給食、社会的企業役立つネット、クッキーショッ
　　ピング、社会的企業バリの夢。

4 沿海州バリバリ生協の活動開始

沿海州では 2010 年から 2012 年まで 2 年間の試練期を経たが、2013 年、ウラジオストクの僑民を対象に健康な有機農の食べ物を供給する「物品配送生協」を模索するに至った。韓人会と留学生会での説明会を通して、2013 年 6 月、最初の配送がなされた。2014 年末現在、全 40 回余り実施した。初めは 20 余の世帯に 16 種の品目ではじめたが、今は約 40 余の物品を 100 余の世帯会員に供給している。

ウラジオストクは韓国とたいへん近いところに位置しているが、食料品価格は高く、まだ有機農の概念もなく、健康な農産物との区別は容易ではない。高麗人村では有機農の農産物を生産するが、沿海州の販路が多くなく、農業の持続性の担保が難しかった。しかし、2014 年以後、状況は急変した。

2014 年の冬、僑民たちが中心となって、故郷の村の餅精米所施設を支援し、餅（カレトク、トッポッキの餅、白餅、雑煮の餅）を包装し、多くの好反応を呼び起こした。2014 年には在外同胞財団により支援されたシイタケ施設でシイタケが栽培され一般市場と生協で市販されはじめた。これは爆発的な人気を集めて完売するという成果を記録した（【資料 4】参照）。

5 社会的協同組合バリネットワーク準備委員会

2004 年、進行中の定着村でのハングル文化教育を持続、正常化させるための努力が再開された。二人の先生を固定配置し、子どもたちのための車を贈呈するなど、持続的なシステムを持つための努力がはじめられた。これを助けるための韓国の「バリの夢」教育支援活動も、より専門家された社会的協同組合方式で進めるべく準備中である。この協同組合は後援者と実務者が同等な権利で参与し、友情の村センターだけでなく沿海州 4 か所のハングル文化学校に対する持続的、安定的な運営のための支援事業を実施する。2015 年からは江原道の教育庁と協議して 1 人の教師が派遣された。また、江原道でのハングル研修も計画されている。バリ教育ネットワークは、この間進めてきた中国朝鮮族学校との交流、また日本の民族学校との交流関係をも築き、東北アジアコリアンのために平和教育をすることを準備している。

6 江原道東海市の「SOY&HERB」社会的経済共同売り場

2014 年東海市では「バリの夢」の提案で地域の社会的企業と協同組合が集ま

りカフェ型の社会的経済共同売り場を開設した。この空間では「バリの夢」の大豆製品展示コーナーが設けられた。即席豆腐と即席豆乳を生産し、豆腐シェイク、豆乳ティー、豆腐サラダなどの大豆製品料理が開発、準備されている。東海市はこれをはじめとして多様な大豆加工施設と食堂、展示場、体験醬など、大豆文化メッカ＝東海を構想している。

6　2010年前半期（2010 ～ 2014）高麗人事業の評価と課題

1　協同組合性格の発展方向

　社会的企業「バリの夢」は、東北アジア協同経済について、初期の「東北アジア生協」（沿海州生産者と韓国消費者間の直接的協同組合、沿海州生協）とは違い、多様な協同経済を実験してきた。「バリバリ生協」、「有機農伝統醬協同組合準備委員会」、「バリの夢協同組合」、「社会的協同組合バリ教育ネット準備委員会」がそれである。

　この多様な主体が今後どのような形で東北アジア協同組合運動を進めることができるか、その具体的な構想はまだ不足している。現在は「バリの夢東北アジア協同経済ネットワーク」といったものを構想している。この協同経済ネットワークは、スペインの「モンドラゴン協同組合グループ」[編者注8]や韓国で推進中の「食品協同組合グループ」[編者注9]の経験を参考にするつもりである。同時に、その最も核心的主体となる「沿海州東北アジア平和基金」の共同組合への転換も推進する計画である。このため、現在ロシアの協同組合制度についての研究を進めている。

2　高麗人村の自活・自立規模

　自活と雇用（職場）が到達目標のうちの一つであるとするとき、高麗人の村はどの程度目標を達成しただろうか？　売り上げ規模（韓国と沿海州を合わせ約10億ウォン程度）、また、それを通して経済問題が解決できる人の数、いずれもまだ多くはない。

　6つの村全体200余世帯のうち3つの村約30世帯だけが共同生産に参与中であり、残りの村と世帯はそれぞれ難しい経済のかじ取りを迫られている。需要拡大を通して村毎に生産施設などの新しい職場を本格的に作り出さなければならないという課題を抱えている。

3 沿海州有機農大豆農場の再構築

　既存の有機農大豆の需要（200 トン）に比べ、農場の規模と生産量（1200 トン）があまりに大きく、赤字経営を続けるしかなかったが、加えて、2010 年からはさまざまな状況が悪化し、2013 年度には運営していたフリンコ農場（約 1500ha）を放棄し、廃業手続きを踏んだ。現在は「基金」所有の農地と周辺の農場の有機農農地を確保し、委託営農をしている。一方、故郷の村付近においては有機農大豆需要規模に合う新しい農場を準備中である。

　ロシアでの自然有機農大豆作りは、農地を大豆、大麦 ―小麦 ―燕麦、休耕地に三等分してそれを交替して回していきながら耕作する「輪作」を実施している。従って、500 トンの大豆を生産しようとすればその 3 倍に該当する 1500ha の農地と ha あたり 1 トン以上の大豆生産能力がなければならず、800 トン程度の大麦―小麦―燕麦の需要がなければならない[18]。しかし 2015 年現在、有機農大豆の需要のみ約 130 トン程度が確保されている状態である。

7　おわりに

1 沿海州有機農市場、加工公団構築及び環東海大豆文化ベルト

　これまでの沿海州の大豆と有機農野菜市場はいわば可能性の実験であった。とすると、今後はこれをモデルにした本格的な「有機農生産」「加工施設」「有機農市場」などの建設が必要である。これは韓国と日本では絶対的に必要である。ここでは、原料問題で消えかけている「圧搾有機農大豆油」工場と、人類の代案食品となりうる「有機農大豆たんぱく（大豆肉）」工場などがとくに必要で、これらの工場はとくに大豆と関連して東北アジア次元の需要を絶えず生み出すだけでなく、良き職場もやはり持続的に作り出すことができるだろう。

　地域的には最近ロシアの人々に「大豆ソース」として身近になりはじめた醤油などの醤類と最近肉類と牛乳の代わりに健康食品として提起されている豆腐、豆乳、モヤシなどの需要も注視する必要がある。沿海州一帯ではこれら健康食品と韓国の餅、キムチなどの伝統食品をそろえた新しい食文化の形成と供給も可能であるとみられる。高麗人村の有機農野菜は 10 年間持続的に生産販売され

18　ロシアでの自然有機農大豆作りは、農地を大豆、大麦・小麦・燕麦、休耕地に三等分し、それを循環させながら耕作する「輪作」を実施している。

写真 3-1　友情の村の人々

写真 3-2　北朝鮮咸鏡北道茂山郡茂山付近の豆満江周辺（2005 年 5 月）。山の上まで畑作を行っている

ブランド化されている。それにより有機農野菜の需要は今なお変わらずに増え続けている。有機農野菜市場の拡大とともに、一定の規模のある有機農野菜ビニールハウス団地が現高麗人村（シベリア横断鉄道と道路の中間）にできれば、ユーラシア鉄道の名物になるだけでなく[19]、それはおのずとユーラシア有機農市場へと成長していくだろう。これとともに、東北アジアの大豆文化祝祭、博覧会などの文化行事開催を通して、高麗人の 3 世代にわたった農業[20] は「ユーラシアの自然有機農業」と評価されるであろう。それはまた韓国の東海地域とともに「環東海大豆文化ベルト」の中心になるとおもわれる。

2　高麗人の農業定着を通した南・北・露の農業協力

　高麗人の村を基盤に「農業生産センター」が整備される過程で、北朝鮮の農業人力についてもおのずと需要が生じた。地域周辺の農産物集荷と輸出もまた可能になったのである。これはまた北朝鮮の不足した食糧の供給源ともなる。それゆえ、周辺農場の生産性を上げるための方案として模索すべきものである。

　必要に応じてこのために別途に生産農場を運営することも可能だろう。この事業の最初の目標の一つであった高麗人の農業定着を通した南・北・露の農業協力のプロジェクトもまた多様に構想する必要がある。高麗人の村を通した北

19　友情の村はシベリア横断鉄道と国道の間に位置しているので、この道をいくときは必ず立ち寄るようになっている。すでに友情の村は象徴的な赤い瓦屋根の家と合わせて沿海州で高麗人の村といえば知らない人はいないほどで、高麗人村が 10 年間、有機農野菜を作っているという事実も広く知られている。

20　第 1 世代農業は 100 年前の沿海州移住とその後の沿海州の稲を中心にした開拓農業、第 2 世代農業は中央アジア移住後のコブンジル農業といえるだろう。

8　ロシア沿海州の高麗人と社会的企業 バリの夢

朝鮮人力の活用が見込まれる。そこにおける彼らの基本生活と管理は、経済的
にも文化的にも非常に効率的かつ生産的に運営されることとなるだろう。

【資料1】「東北アジア生協運動 討論の活性化のために」[21]
　① 韓国民の温かい支援の中で2004年から作られてきた高麗人の農業生産基
盤がある程度整備されました。6つの村の200余りの生産農家が500万坪の大豆
などの穀類農場、5つの加工場、300余棟のビニールハウスと路地での野菜作り、
100万坪の林産物産地などでの完全有機農自然農業と自然採取だけで生産をして
います。
　チャーガ[編者注10]、清麹醤、清麹醤クッキー、清麹醤酵母、麹と味噌はすでに韓
国へ輸出、流通しています。そして、大豆を韓国へ輸出し、豆腐、豆乳などを
韓国で生産・販売中です。また、自然採取タンポポでチャーガタンポポエキス、
野生のキキョウと自然蜂蜜で作る野生キキョウ蜜ジョン（煎。焼き物）、農場から
出るそれぞれ数百トンの小麦、燕麦、大麦で粉、パン、麺、麦茶、禅食類を作
ることも実験中です。
　天然の放牧地では牛を育てはじめ、新鮮な牛乳とチーズを試験生産中です。
豚舎では自然農の豚が飼われ、沿海州基金内の食肉となっています。2年以内に
稲作をおこしていく計画ですが、米さえ作ることができれば殆どすべての農産
物が生産できることになります。
　これらの食べ物を沿海州だけでなく、韓国の心ある後援者たちとともに分け
合うことができることを望みます。高麗人定着事業の側面では安定的な販路も
重要ですが、この質のいい食べ物をともに分け合うことも重要なことだと思わ
れます。安定した消費者が準備されれば、沿海州高麗人生産者たちは、より安
定した生産を計画し多様なものを供給する基盤を計画することができるように
なると思います。そうして考えられるのは「東北アジア生協」です。[22]
　② 沿海州ではこの間の生産者たちと事務局、200余の世帯、そして記念館の
売り場が中心となって生協作りを進めることができるでしょう。沿海州生協は
10月末に開場する記念館（高麗人文化センター）内に売り場を先ず設置し本格的に
はじめることができます。地域はミハイロプカとウスリースクを中心にし、ウ

21　「東北アジア生協運動討論の活性化のために──会員たちとともに東北アジア生協（東
　　平生協）を」『沿海州高麗人農業定着支援事業から東北アジア生協へ』高麗人移住記念
　　館竣工セミナー資料集、2009年。
22　金鉉東 2009（2009.10.31.）

255

ラジオストクの韓人会、ハバロフスク、サハリンなどまで拡大させることができました。沿海州ミハイロプカでは既存の生産者たちを大豆などの穀物生産班、野菜生産班、加工班、畜産班などの生産者会に再組織しました。韓国ではバリの夢の清麹醤販売と会員組織の経験を生かして、全国を対象にしたオンライン組織ができました。沿海州生協がまず活動をはじめるということなので、これを激励し、支援、賛同しながら動力を得ることができました。初期には生活財の種類が多くなかったので多品目の一般生協のように運営するのは難しいことでした。また当初は生活財を中心に定額の決まった品を供給する会員制が容易なようでした。これは毎月2万ウォンから5万ウォン程度の会費を出せばその金額に相当するその月の生活財を選定し送る方式です。[23]

　③　1000名程度の会員が集まるころに本格的な生協としての組織をはじめればいいだろうと考えました。そのときには韓国の生協も東北アジア的指向を持つことができるか否か判断が可能になるでしょう。トゥレ生協も2年ほどたてば、会員たちが沿海州の生活財をトゥレの売り場で販売できるかどうか決定できるとおもいます。東北アジア生協としてやっていくとしても韓国の生協とは積極的な交流、連帯をしなければならないでしょう。両国関係について当初は、沿海州は主に生産者機能、韓国は主に消費者機能を担当します。ただ早晩、韓国でも沿海州の1次原料を対象にした加工生産施設ができ、沿海州でも韓国の生活財が販売されるとおもいます。両国間の取引は公正貿易を原則にするはずです。この事例は同時に中国、日本、北朝鮮などとの関係に拡げられるでしょう。[24]

【資料2】「有機農麹・伝統醤協同組合」推進のため伝統醤工場に送った提案文
　バリの夢で「有機農麹」を事前契約直接契約方式で供給します。
　2012年10月、バリの夢の大豆の有機農認証に続き、沿海州「故郷の村の麹加工場」が韓国政府から有機加工認証を受けました。この麹はロシアと韓国2か所でのNON─GMO検査も完了しました。
　2013年1月から3月まで、この麹を国内の伝統醤工場に直接供給するつもりです。これに先立ち、2012年11月1日から2012年12月31日まで直接契約を受け付けます。流通費用を減らすために2013年1月末と2月末の2回、希望す

　23　同上
　24　同上

る時期に東海港から直接宅配します。

皆さんの伝統醤もすぐに「有機農伝統醤工場」に転換できます。

有機農麹を確保できるようになれば、有機農醤の認証を受ける手続きの80％以上を終えたのと同じことです。

お客様の麹熟成室と醤の甕置き場などの施設の認証によって有機農醤類を生産することができます。バリの夢は有機農認証団体とともに皆様の有機農への転換をお手伝いします。

新たにはじめる企業も有機農工場として出発することをお勧めします。

有機農麹を主原料として出発する伝統醤工場は、大豆を主原料として生産する従来の伝統醤工場よりかなり簡単な施設で製造業者認証を得ることができます。

製造業者認証とともに有機施設認証を受けることができるようにお手伝いします。

「(仮) NON — GMO 有機農伝統醤協同組合」を設立します。

2012年に作られた協同組合基本法により、5か所の有機農認証伝統醤工場が集まれば、有機農伝統醤協同組合を作ることができます。

2012年11月、準備委員会を発足させ、2013年1〜2月ころに開始しようと考えています。

「(仮) NON — GMO 有機農伝統醤協同組合」は次のような仕事をします。

有機農原料（麹など）を安定的に供給します。

有機農伝統醤工場の設立及び有機農への転換を支援します。

共同ブランドと共同広報マーケティングを通して販売を活性化させます。

伝統醤の文化を復元、広めます。

【資料3】高麗人自活支援フェアトレード組合「バリの夢」創立関連記事[25]

沿海州高麗人の自活を助けるフェアトレード組合バリの夢協同組合が15日創立総会を開いた（2014年7月。次頁写真4の左から4番目が「バリの夢」の金鉉東理事長）。

25　ペ・ソンミン『News1』2014.7.17.（http://news1.kr/articles/?1775182）

写真4　高麗人の自活支援協同組合「バリの夢」創立総会

　沿海州高麗人の自活を助けるフェアトレード大豆事業者協同組合が設立された。バリの夢協同組合は15日創立総会を開き、社会的企業バリの夢の金　鉉　東(キムヒョンドン)代表を理事長に選任したと17日明らかにした。組合員としては、社会的企業㈱バリの夢と㈱役立つネット、労働者協同組合ハッピーブリッジ、食品専門ソーシャルコマース、クッキーショッピングを運営する㈱クッキーシーエンシー、ウリミルサルリギ（国産麦を生かそう）運動から出発した㈱国産麦給食プルナイが参与した。

　バリの夢協同組合は、今後、大豆加工製品生産事業を拡大して沿海州の高麗人が生産する有機農大豆消費を促進する計画だ。また、豆乳製品の販路を拡張し、コンククス、豆腐など大豆を材料にした製品を開発する予定である。この日、理事長に選出された金鉉東バリの夢協同組合理事長は、「沿海州農場の有機農大豆がよく売れれば、その分、高麗人たちの自活基盤が確実になっていく」「加工流通など分野別食品専門業者で結成された事業者が協同すれば、販売基盤がより拡大するものと期待される」と述べた。キム理事長は「2005年から高麗人自活を支援してきたが、食品分野は高い専門性が要求され一人では難しい」「専門業者の参与で事業の効率と効果を高め、沿海州の生産土台を拡大していくつもりだ」と語った。

　ロシア沿海州の高麗人たちは1937年ソ連によりスパイの汚名を着せられ中央アジアに強制移住させられた。1990年代に復権し故郷を求めて沿海州に再移住したが、生活の基盤が崩壊した状態だった。社会的企業バリの夢は、彼らが自活する生活の基盤を作るために国内の市民団体東北アジア平和連帯と活動家たちを中心に2005年に設立された。この間、バリの夢は「役立つネット」、クッキーシーエンシーとともに「イロウンアッチム（有益な朝）有機農豆乳」を売り出し、

8 ロシア沿海州の高麗人と社会的企業 バリの夢

写真5 沿海州の生協の配達パッケージ

写真6 沿海州「故郷の村」。生協の生産者である高麗人おばさんたち

ハッピーブリッジとともに「ククスナム有機農コンククス」を開発し、沿海州有機農大豆の国内販売を推進した。

【資料4】沿海州クロミ（袋詰め）配送生協「配送案内文」[26]
こんにちは！
「バリバリ便」です。
配送日は29日の日曜日です。注文は26日まで受け付けます。遅くまで受け付けるので、26日までに注文してくださいね＾＾

豆腐1丁─120ルーブル（1RUBは、約18ウォン：約2円）、おから500g─60ルーブル
有精卵　夏特価　10個─150ルーブル
米100％の棒餅、チョルピョン（切り餅）、トッポッキの餅1kg─250ルーブル、米粉─80ルーブル
エゴマの葉30枚─80ルーブル、熟キュウリ（古いキュウリ）1kg─80ルーブル
キュウリ500g─50ルーブル、韓国子カボチャ（エホバク）1個─50ルーブル
ジャガイモ1kg─50ルーブル、ニラ200g─120ルーブル
ネギ300g─100ルーブル、ピーマン250g─50ルーブル
青陽（忠清南道）トウガラシ100g─60ルーブル、幼トウガラシ200g─70ルー

26　ウラジオストク韓国僑民を対象にした配達生協の「有機農包袋配達案内文」（2014.9.29）

ブル

アサギトウガラシ 200g ― 60 ルーブル、ミニトマト 500g ― 70 ルーブル

ニンニク 1 粒 ― 10 ルーブル

リンゴ酵素で漬けた味付けエゴマ葉キムチ（砂糖無添加）100g ― 150 ルーブル

熟キュウリ（古いキュウリ）の和え物 200g ― 150 ルーブル

ダイコン若菜の水キムチ 800g ― 230 ルーブル

味噌 500g ― 130 ルーブル、朝鮮醤油 500ml ― 120 ルーブル

清麹醤粉 400g ― 360 ルーブル／200g ― 200 ルーブル

＊有精卵夏期特価 150 ルーブル販売は、今回で最後になります。

＊米粉で焼き物、揚げ物などをしてもおいしいです。＾＾小麦粉にはグルテンが多く含まれていますが、このグルテンが合わない人はお腹にガスが多く溜まったり消化がうまくいかなかったりします。こうした方々は小麦粉の代わりに米粉でつくってみてもいいです。

＊まもなく気温が急に降下するので大部分の野菜配送は今回が最後になりそうです。

＊清麹醤粉（一匙）を ケフィア（Кефи́р：発酵した乳飲料で日本では「ヨーグルトきのこ」として知られる）のようなヨーグルトにバナナ 1 本と一緒に混ぜて召し上がると臭いも少なく味もいいです。醤を好まれない方にお勧めします。＾＾

または清麹醤一匙を召し上がった後、水一杯を飲む方法もいいです。清麹醤粉にあるいい酵素が体の中で活動するには十分な水分が必要なので、必ず水を 1 コップ程度飲まれると効果があります。わたしたちの清麹醤は十分に発酵させた食品なので、生きているいい酵素が豊富です。

（翻訳：浦川登久恵）

編者注

1　遺伝子組換え技術を用いた遺伝的性質の改変が行われていない農業（Non-Genetically Modified Organism 農業）。ロシア政府は、農産物の生産・消費・輸入・輸出・加工等すべて、遺伝子組替えを行わない政策を取っている。

2　コブンジルとは、「数人が共同で行う事業に各々が出す資金」という意味の「コブン（股本）」に「行為」という意味の「ジル」が結合した言葉で、「投資された資本を基礎とした共同労働組織、または投資された資本と労働を基礎として作られた労働組織と共同収入を配当する方式」をいう。

3　ソ連の最後の人口調査（1989 年）によれば、ソビエト連邦共和国全体の高麗人の総

8 ロシア沿海州の高麗人と社会的企業 バリの夢

数は 438,650 名だった。(『韓国民族文化大百科事典』http://100.daum.net/encyclopedia/
view/14XXE0072273)

4 高麗合織の会長である張致赫は、沿海州クレモバ農場を確保しウラジオストクにある
極東連邦大学に韓国語学部などを作った。彼の父、張道斌は歴史学者であり独立運動
家で、ロシアウラジオストクの新韓村で勧業新聞の論説を担ってもいた。

5 1972 年に南漢江一帯に大水害が発生したとき、池学淳カトリック司教がドイツから援
助金を受け取ったが、これを全部使わずに原州一帯の村々が共同組織を作る資金とし
て活用し、現在の「ハンサルリム生協」が定着することができた。

6 2009 年「高麗人移住記念館竣工セミナー」で東北アジア平和連帯が提案。

7 ウスリースクの「高麗人移住 140 周年記念館」は、「高麗人文化センター」とも呼ばれる。

8 モンドラゴン協同組合は、スペインバスク地域のモンドラゴン市で 1940 年代からホ
セ・マリア神父の主導ではじめられた労働者の生産協同組合である。1956 年にガスス
トーブなどを作る最初の協同組合ウルゴ(Ulgor)が設立され、2010 年現在は約 260 の
会社が金融、製造業、流通、知識など 4 部門を包括するひとつのグループを形成して
いる。企業全体の資産は約 54 億円、製造業と流通業部門の 1 年間の売り上げはおよそ
22 億円(2010 年)規模である。雇用総数は 8 万 4 千名、このうち約 3 万 5 千余名が出
資金を出す労働者組合員(株主)で、スペインの雇用創出 3 位、財界序列 7 位、売り
上げ順位 8 位の協同組合グループである。

9 2015 年 7 月、ソウル、京畿、大田、光州、釜山などの地域と業種を代表する 19 の環
境にやさしい食品関連会員組合の連帯組織である「美しい人々の食品協同組合連合会
(アラムクプ)」が結成された。

10 チャーガは、主に白樺の木に寄生し、樹液を栄養分として吸い取り 10 〜 15 年かけて
成長するため、白樺のがん、幻のきのこ、森のダイヤモンドと呼ばれる。抗がん効果、
抗ウイルス・アレルギー疾患抑制・難治性皮膚病等に対する効果があると知られている。

参考文献

1929 〜 1930「目録 1:事件 20 章 69」『極東共和国少数民族及び現地住民の集団化』極
東ロシア国立歴史文書保管所書庫(チェ・ドッキュ최덕규 2004『러시아 국립
극동역사문서 보관소 한인 관련 자료 해제집(ロシア国立極東歴史文書保管所
韓人関連資料解題集)』고려학술문화재단)

1927「극동의 경제생활(極東の経済生活)」『하바롭스크(ハバロフスク)』1 〜 2 号、
98 頁(http://cafe.daum.net/jangdalsoo/fSri/461)

金鉉東(김현동)

2005 「연해주에서의 남북러 삼각 협력과 농업(沿海州における南北露三角協力と農
業)」『미르(mir)』東北アジア平和連帯

2007 「연해주 고려인 농업정착 지원사업과 연해주 농업(沿海州の高麗人の農業定着
支援事業と沿海州農業)」第 6 回東北アジアコリアンネットワーク国際会議、
東北アジア平和連帯・コリア NGO センター(日本)・東北アジア平和基金(ロ

シア）・延辺東北アジア経済文化交流協会（中国）、於：オリンピックパークホテル、2007.11.30.

2009 「동북아 생협 운동 토론의 활성화를 위하여 – 회원들과 함께 동북아 생협〈동평 생협〉을（東北生協運動討論の活性化のために会員たちと共に東北アジア生協〈東平生協〉を）」『연해주 고려인 농업정착지원 사업에서 동북아 생협으로（沿海州高麗人農業定着支援事業で東北アジア生協へ）』高麗人移住記念館竣工セミナー、2009.10.31.

ベ・ソンミン（배성민）

2014 「고려인 자활지원 공정무역 조합 '바리의 꿈' 창립（高麗人自活支援フェアトレード組合〈バリの夢〉創立）」『News1』2014.7.17.（http://news1.kr/articles/?1775182）

第9章　韓国の社会的経済運動とアジア市民社会

李栄煥
イ ヨンファン

1　序論

　本研究の主題はアジア市民社会に向けた韓国の社会的経済運動の意義と課題を探ることである。すなわち、韓国の社会的経済運動が韓国を含むアジア市民社会の形成と発展にどのように寄与することができるか、その結果は何であるかを考察しようとするものである。さらに市民社会運動の目標の一つを「福祉国家」と設定し、社会的経済運動と福祉国家発展との関係も合わせて検討してみようと思う。とはいえ、こうした研究課題は先行研究を探すのが容易ではなく、ある程度試論的な性格をもつということをあらかじめ明らかにしておきたい。

　本研究で論議の範囲をアジアに拡張する主な背景は、アジア各国の市民社会の多文化的変化とアジア次元の地球化（グローバリゼーション）の進展である。早い速度で展開された超国家的な人口移動は国内的に多文化社会の形成をもたらしたが、アジアの国のうち韓国や日本のように単一民族国家性向の強い国にとって、それは独特な経験だといえるだろう。相対的に、他の多くのアジア国家の場合は伝統的に多人種社会の性格をもっており、長い植民地経験により多文化現象がかなりの程度根付いているといえる。長期滞留する外国人、あるいは外国出身市民の増加はさまざまな社会、経済、政治的問題を増加させた。移住民たちの経済的な苦境と文化適応の問題、二世たちの教育と適応の問題などと合わせて政治的市民権付与の問題もある。同時に、多文化社会での社会統合とアジア各国の均衡発展のための支援と相互協力などが課題として登場している。このような課題に対して、市民社会、とくに社会的経済運動がどのように対応しているかを考察することが本稿の主要な目的である。これもまた試論的な次元を越えるのが難しい状況である。

　ここでいう社会的経済とは、学者によってさまざまな方式で定義されている

263

が、その核心的な属性は、第一に主流の市場経済の弊害を克服しようとする代案経済、第二に社会的に不利な階層を中心とする連帯の経済、第三に利害当事者たちの民主的参与と平等の意思決定を基盤とする組織形成と経営の原則、と要約することができる。こうした属性をもつ社会的経済は、通常、協同組合と相互共済組合、民間団体、財団により構成されていると理解されている［シン・ミョンホ 2009］。韓国の場合、主要な社会的経済組織は具体的には協同組合と社会的企業、自活企業、マウル企業などだ。本研究では社会的経済の理想（ideal）を指向する市民社会の動きを注視する意味で、「社会的経済運動」という用語を用いる。

2 社会的経済と市民社会、そして福祉国家

まず、社会的経済の意味と性格を資本主義の発展と市民社会そして福祉国家発展の相互作用の中で原論的にみてみよう。そして西欧福祉国家の経験を考察し、それと照らし合わせてアジアの状況を点検してみることにしよう。

1 西欧社会的経済の歴史的展開
：資本主義、市民社会と社会的経済、福祉国家の動学（ダイスナミクス）

国家間の差があることは当然の前提としつつも、ヨーロッパの福祉国家の社会的経済の経験を大まかに一般化し概観してみよう。

18 世紀後半から始まった初期資本主義の段階で、自己調節的市場が急速に膨張した［カール・ポランニー 2009］。それにより生活の危機に直面した民衆は自救的対応として伝統的な相互補助の共同体を新しい環境で再建しようとした。こうした共同体は協同組合と共済組合、そして各種の民間団体で構成された。エバース＆ラヴィルによれば、協同組合は 19 世紀末に普遍化し、イギリスは消費者協同組合、ドイツとイギリス、スペインでは住宅協同組合、フランスとイタリアでは労働者協同組合が力をもった。相互共済組合は 19 世紀の初めから連帯の原理を基盤として疾病、労災、高齢問題などに対応する自生的な社会保険を発展させ、19 世紀末以後、国家社会保障体系に編入され、社会保障システムの管理機構を担当することにもなった［エバース＆ラヴィル 2007: 39 頁以下］。

このように自救的な相互補助共同体の努力は福祉国家建設の基礎となったといえる。すなわち、これらが創案した相互補助プログラムは福祉国家の社会保障プログラムに発展し、民間組織体の一部は社会保障制度の管理運営及び伝達

体系に役割を変化させた。そして、何よりもこの過程で福祉国家建設に必須的な社会連帯理念が形成されたのである。これと関連し、エバース＆ラヴィルは、ヨーロッパの第三セクターは公共サービス行為モデルの原則となったと評価しつつ、このような民間団体は自己調節市場に抵抗して社会が発展させた防御の第一線であったが、短所は社会問題解決の不十分性と関心の狭さ、温情主義、アマチュアリズムなどであると指摘した［エバース＆ラヴィル　2007: 27~36］。

　このように社会的経済運動は福祉国家建設の基礎となったが、福祉国家プログラムがそれぞれ定着し拡大する過程で、社会経済組織は疎外されるか社会サービスの供給役割を担当するなどいわゆるパートナーとして包摂され、その本来の革新的な性格を喪失し周辺化された。すなわち、19世紀後半になると、協同組合は市場経済の一部に編入され、相互共済組合は主に医療保険機能を担っていたが、国家主導の医療保障体系が拡大する中で補助機関として吸収され、民間団体は福祉国家拡大過程で国家の財政支援を受け社会サービスを供給する機関として編入され始めた。20世紀、福祉国家の時代になると社会的経済は大体において共同性と改革的性格が弱まり、政治的なビジョンを喪失したものと評価された。連帯の基盤であった市民経済が社会運動から遠ざかり、官僚的で中央集権的な国家主導の福祉プログラムに変質していったからである［シン・ミョンホ　2009］。

　だが、周辺部に潜伏するに至った社会的経済は福祉国家の危機の局面で再発見され復活した。福祉国家の危機は1970年代初めの中東戦争と石油危機、そしてそれによる西欧福祉国家の財政危機が契機となったが、これと合わせて当時の主要な社会状況、すなわち低出産と高齢化、移民の増加、失業と両極化などの新しい社会的な危険の増加に対して既存の福祉国家が無力であることが明らかになった現状もあった。福祉国家がこうした問題に対し無力だったのは、一方では福祉国家の膨張による官僚主義と福祉死角地帯の拡散、また一方では福祉受給者たちの依存性と誤用・濫用の増加に起因していたということが一般的な見方である。

　こうした状況で福祉国家の対応は、エスピン－アンデルセン［1990］が洞察したように、自由主義的福祉縮小主義的対応（アメリカ、イギリス）と、社会サービスの拡充を通した社会民主主義的福祉国家拡大戦略（スウェーデンなど）、そして家父長的、組合主義的保守主義の戦略（ドイツ、フランス）などに分かれた。一方、社会の底辺では民間主体の革新的な社会的経済運動が胎動する契機となった。彼らは自救的相互補助体系にとどまっていた伝統的な「社会的経済運動」を批

判しつつ、官僚的で中央集権的な国家主導の福祉プログラムに対する改革の意思を盛り込んだ連帯の経済を主張した。フランスでは1970年、相互共済組合、協同組合、民間団体が全国連絡委員会を結成し、自分たちの共通の正当性を「社会的経済憲章」として発表し、「連帯的経済の観点の復活」をうたった［オム・ヒョンシク　2008］。福祉国家はこうした社会的経済運動を福祉改革のための民間パートナーシップとして受容しながら国家的次元の支援体系を発展させもした。

　このように、ヨーロッパの社会的経済は国家による差異はあるものの、市民社会の力量を土台に市場経済及び福祉国家と不可分の力動的（ダイナミックな）関係を結んできた。要約すれば、社会的経済は資本主義の草創期に市場の失敗に対応して創出され、それは拡散しつつ結局、福祉国家形成に帰結したと説明できるだろう。そして福祉国家の発展及び全盛期には社会的経済が周辺化される状況にあったが、福祉国家の危機後において社会的経済の価値が再発見され、福祉国家の革新を牽引することになったとみることができる。

　こうした歴史的経験はポランニーの理論とも連結する。カール・ポランニー［2009］は人びとの生活の三つの経済的要素を、市場での分配・公共領域の再分配・民間次元の互恵の領域に区分した。そして資本主義の自己調節的市場の広がりにより、こうした均衡が破壊され、人びとの生活の危機を招来したというのである。こうした状況では、市場を牽制し均衡をとるのは再分配と互恵の役割だとみられるが、その互恵は主として社会的経済を通してなされたといえる。従って、福祉国家と社会的経済は領域を別にするとはいうものの、市場部門に対する牽制という共通の使命を媒介に肯定的に相互作用する可能性をもっている。

　このように社会的経済は資本主義市場経済と福祉国家、そして市民社会の力動性（ダイナミズム）と相互作用の中で発展するものといえるだろう。次の「図1」はそうした関係を表している。市民社会（第三セクター）は、市場・国家（福祉国家）・地域社会（コミュニティー）の三角構図の相互作用の中に存在するということで把握した。ここから、社会的経済は市民社会（第三セクター）の革新的構成要素であり、またその役割を担っていると理解することができる。すなわち、社会的経済は市民社会組織に根拠をおき、市民社会の活性化に比例して発展し、逆に市民社会の活性化に寄与するともいえる。

2　アジア市民社会と社会的経済

　西欧の福祉国家と比較するとき、アジアの大部分の国家（第三世界）の重要な特性は市民社会の底辺が虚弱だという点だ。これは韓国も例外ではない。西欧

9　韓国の社会的経済運動とアジア市民社会

図1　市民社会と三角構図

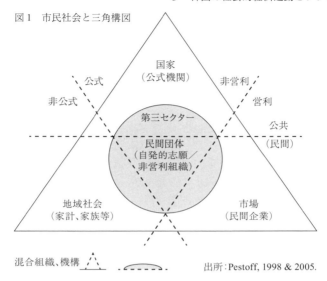

出所：Pestoff, 1998 & 2005.

の福祉国家は福祉国家危機以後、迅速に数万に達する新しい社会的経済組織（社会的企業や社会的協同組合など）を建設することができた。これは市民社会の底辺がそれだけ豊かでしっかりしていたということである。第三世界の場合はこの面で致命的な弱点を抱えている。だが、その原因の相当部分は第三世界自体にあるのではなく、市民社会の底辺を徹底して破壊した植民統治にあるとみなければならないだろう。

このように第三世界の国家群は「破壊され分裂した市民社会」という特徴を共有しており、こうした土台の上に「歪曲された資本主義」と「遅滞し虚弱な福祉国家——福祉政策」とが合わさり悪循環の輪を形成しているとみることができる。社会的経済は資本主義の弊害及びこれに対する国家政策の不実に対応する市民の自救的運動という意味をもつが、市民社会の底辺が虚弱であれば社会的経済も弱くならざるをえない。従って、アジアでの社会的経済運動の課題は、歪曲された市場経済に対応して民衆の生活を保護し、同時に市民社会の活性化と国家の福祉役割の拡大を指向することとなる。

267

3 韓国の市民社会と社会的経済運動、そして福祉国家
——社会的経済は韓国の市民社会の変化にいかなる寄与が可能か？

　韓国の市民社会は脱植民アジア市民社会の状況を共有しつつ、さらに冷戦体制による抑圧の効果も加わり、より劣悪な状況である。それにもかかわらず、韓国はその他のアジアの国家と異なり、かなりの程度、政治的民主化と経済成長に成功し、これを土台に福祉国家建設にも開発途上国の中ではあまり例をみない成功を収めている。1980 年代末に政治的民主化が進展した後、経済的成長が本軌道に乗り OECD にも加入するに至った。1997 年末、通貨危機に陥りもしたが、福祉政策は本格化し 2000 年度の初めには「韓国も福祉国家なのか」あるいは「少なくとも福祉国家に向かっている過程ならばいかなる性格の福祉国家をめざすのか」を論じる程度にもなった（社会福祉学会ではこれを韓国「福祉国家性格論争」という）。これに合わせて政治的民主化は市民社会の活性化を可能にし、数多くの NGO が創設され活動を展開するに至った。このように政治的民主化と市民社会の活性化、そして経済成長の進展と福祉政策の本格化などが同時的に進展したことを偶然の一致とみるのは難しい。

　それにもかかわらず、韓国社会は西欧と比較すると、市民社会の活性化という側面では質的にも量的にも比較にならないほど狭小で脆弱である。この脆弱性は先ずは政治的民主主義と経済的民主主義の虚弱性として現れる。そして、これに伴い社会的経済の発展もひどく脆弱な状況である。こうした市民社会の脆弱性は市場経済と福祉国家の発展にも相当程度否定的な影響を及ぼさざるをえない。とくに前節で西洋福祉国家の発展が社会的経済運動の伝統に相当程度負っていると言及したが、韓国社会は逆に社会的経済の発展という背景が欠如していた結果、福祉国家の発展がさまざまな問題と弱点を露呈している。韓国の福祉国家発展における問題と弱点のうち、いくつかの側面を要約すると、次のようになる。

　第一に、全体的にみると韓国社会の国家福祉発展が非常に滞り、立ち遅れているという点である。西欧の福祉国家の転生期が 1950 ～ 1960 年代であったのに比べ、我が国は 1980 年代後半以後になって重要な福祉政策がようやく導入された程度であった。最近は早い速度で福祉政策が発展してはいるが、GDP 対比公共社会支出（福祉比）の比重が 20％台を上回る OECD 国家の平均に比べて、2 分の 1 程度の水準（OECD 平均は 21％、韓国は 10.4％：2016 年）にすぎない。経済発展

268

9　韓国の社会的経済運動とアジア市民社会

水準に比べてかなり劣るというこうした落後性は、長期に及んだ独裁政権が追求してきた成長至上主義の議論と政策、そしてこうした政策が作り出した政治、経済秩序、それらと親和的な消極的な福祉政策の慣行などが、その要因である。だが究極的な問題はこうした抵抗を克服し、福祉国家を推進するだけの社会的な力と議論、理念の形成が不十分だという点だ。それは、究極的にはこうした力量の蓄積の上に成り立つ市民社会、とくに社会的経済運動の伝統が脆弱だということを反証している。

　第二の欠陥は社会サービスの市場化という問題である。我が国の福祉制度において公共扶助と社会保険に比べ、最も遅れて発展したのが社会サービス部門だ。社会サービスは脆弱階層の人間らしい生活を優先的に支援する政策であり、彼らの人権（移動権、学習権、相談権、労働権、参政権など）の向上と直結する。また中産層と市民たちの生活の質向上のための各種サービス（交通、住居、保健、生涯教育、文化、芸術、教養関連サービスなど）を提供する重要な領域でもある。社会サービスは最近は急速に発展しているが、問題はこうした過程でのサービスの市場化だ［キム・ヨンドゥク　2008、ヤン・ナンジュ　2011］。すなわち、政府がサービス供給者を多元化する過程で伝統的な福祉機関や非営利団体ではない営利機関が主導権を握るようになったのである。例えば老人長期療養保険や保育政策などで国公立の施設が絶対的に不足しているが、その代わりに市場供給者がこれを主導している。資本力と経営マインドで後れをとる非営利（福祉）機関は市場経済において勝つことが難しく廃業を考えざるをえない実情もある。市場経済が支配的になれば、対人的社会サービスの属性上、人件費の下方競争と合わせて多くの小規模業者の没落が不可避となる。そして独占寡占形成以後にはサービス価格の上昇と低所得層の疎外が生じ、再び国家が残余的福祉としてこれらを引き受けることになる。つまり福祉の二元化の恐れが大きい。言い換えると、国家の財政支援は公共性の拡大よりは営利部門の利益創出に寄与する結果となるのではないかということである。

　このように見るとき、有力な代案は公共性と経営能力を兼ね備えた第三の供給者、すなわち社会的企業のような供給者を育成することであり、既存の福祉機関もこうした方向に向けて変身する努力が必要だろう。問題は社会的供給者の役割を担当する潜在的な志願者たちがどの程度いるかという点だ。結局、市民の要求に適切に対応できる市民社会の底辺、すなわち社会的経済運動の伝統が欠如している状況が根本的な問題なのである。

　第三の欠陥は、福祉国家理念において社会連帯意識の形成が麻痺していると

いう点である。これに関しては年金制度を代表例として挙げることができる。先ず、福祉国家政策の中で最も重要な政策が高齢化社会に対する対応、とくに老後の所得保障である。その核心手段は年金制度だが、韓国社会は国民年金よりも民間保険を過度に信頼しているという点があげられる。2000 年代の初期、国民年金の財政危機が誇張されて流布し、国民年金に対する不信が高まる事件もあった。それだけでなく国家福祉の発達以前から民間保険に依存していた慣行が変わらず、今も民間保険の膨張が続いている。2013 年の場合、加入者 2000 万名の国民年金保険料の収入は 31.9 兆ウォンであったのに比べ、民間生命保険会社の保険料収入は 77 兆ウォンに達した（統計庁資料）。同年の年間所得税総額は 47.8 兆ウォンだった。最近、公務員の年金改革と連動して、国民年金給与の所得代替率を 10% 上げるという与野党合意があった（2015 年 5 月）。これに対しこの改革の恩恵を未来に享有する若い階層が否定的な反応を見せた。これは政界の一部で誇張した反対煽動もあり世論操作の結果なのだが、それにしても、この事例は福祉政策に対する理解不足と不信を物語っている。

　社会連帯意識の欠乏は国家の福祉政策を自国民中心体系に限定する結果を生んだ。これにより移住労働者や結婚移民者、一時的訪問者などの外国人に対する福祉の恵沢は非常にわずかしか与えられない。もしくは最初から適用対象から除外されるという閉鎖的な福祉国家の様相を見せている。これは多文化社会に対する積極的な対応とはいいがたい。

　我が国の福祉体制がもつ、この脆弱性は結局、福祉国家を進める主体勢力の微弱性に根本的な原因があるのだろう。労働運動の基盤だけなく、福祉政治の基盤となる市民社会の基盤も脆弱なためだ。その結果、社会連帯意識の形成も微弱で、多文化社会の展開に対する対応も微温的だ。こうした問題を克服する過程で、社会的経済は有力な代案となりうるだろう。なぜならば、社会的経済は草の根民主主義の発展のための市民参与と訓練の場になりうる。そして望ましい社会の姿を先取りして見せることで市民の行動変化を引き出す潜在力をもつからである。具体的に次のような役割が期待される。

　第一に、社会的経済は市民が多様な社会問題に対応し、直接行動することができる通路を広げることで、市民社会の活性化に寄与できる。

　第二に、脆弱階層の雇用や市民のための社会サービス供給は市民社会を活性化させる重要な要因となりうる。

　第三に、社会的経済組織は落後した地域社会や脆弱階層に必要にしてふさわしい適正経済モデル創出や適性技術の開発に寄与できる。

270

9 韓国の社会的経済運動とアジア市民社会

第四に、社会的経済は若い人が既成の体制に吸収されず代案的な生活を選択する可能性を広げてくれる。

第五に、弱肉強食の経済秩序下で社会的経済は弱者同士の連合を形成する新しい想像力を適用することで、より平等な代案的経済秩序樹立に寄与できる。既存の生活協同組合の事例もあるが、現在、巨大流通企業に対抗する代案的物流協同組合や代理運転手組合、キックサービス（バイク便）協同組合などの事例が次々に登場している。

第六に、「社会的」企業の理想が既存企業の変化を誘導する指針として作用する可能性がある。初歩的な変化ではあるが、今日の大企業は「企業の社会的責任（corporate social responsibility）」を公的に無視することができない環境にある。

第七に、社会的経済は草の根民主主義のための参与と訓練の場になりうる。

4　韓国社会的経済運動の歴史と性格

旧韓末以来の韓国社会の社会的経済運動の展開過程を簡略に振り返れば、次のように要約できるだろう。先ず、日帝植民地期の社会的経済運動は植民支配による民衆生活の疲弊に対応し、民族の自主性を培おうとする目的意識のもと、自生的運動の性格をもっていたといえる。1910年以来展開されたYMCAと興士団[編者注1]などの自発的市民運動、1920年代の農村啓蒙運動と新幹会の物産奨励運動[編者注2]、1920〜1930年代の農村地域の協同組合運動などが事例としてあげられる。とくに協同組合運動は相当な規模で展開されたが、結局、強圧的な植民統治により大部分が抑圧されてしまった［チャン・ジョンイク、キム・ギテ他　2011］。

解放後もアメリカ軍政と6・25（朝鮮）戦争、そして引き続いた冷戦と軍部独裁などで市民社会の発展は極度に抑圧され、社会的経済運動もまた同様であった。1960〜1970年代には信用協同組合運動が比較的活発に展開したが、1980年代以降、セマウル金庫導入とともに、それ以上の発展は抑圧された。1980年代、女性労働運動に基盤をおいて展開した地域社会保育運動のような動きがあったが、本格的な経済運動として見るのは難しいだろう。

反面、1990年代の初期以降に貧民地域を中心に展開された生産共同体運動は、本格的な社会的経済運動の萌芽と捉えることができる。当時紹介されていたスペインのモンドラゴン地域の労働者協同組合の事例を模範として、貧困地域の活動家たちは失業者を組織し、彼らの技術と経験を土台に建築、縫製、自然化粧品製造などの生産共同体運動を展開した。この運動は大部分失敗に終わった。

271

しかし、当時福祉国家の危機を経験した西欧社会の「労働連携福祉」政策が「生産的福祉」という理念で受容された。そして同時に、この理念は自活支援事業として発展することになった。自活支援事業は生活保護法体系に含まれ、2000年には国民基礎生活保障法が発効し積極的な支援事業として発展した。

1997年末のIMF経済危機は社会的経済の発展に決定的な契機を提供した。史上初めての大量失業と貧困事態の下で、政府は公共勤労を積極的に拡大し、民間でも国民献金を土台に失業克服運動を展開した。政府や民間がこうした事業を一時的な職場拡大にせず、より持続的な雇用創出が可能となる良質な職場育成に努力した。こうした過程で民間団体が多様な企画、アイデアで職場創出事業を委託運営する方式が発展した。既存の福祉団体はもちろん、労働団体と市民団体、女性団体、そして地域で活動する多様な団体がこうした委託公募事業に参与した。これは結果的に市民社会が「社会的経済」事業を集団的に経験するようになった最初の契機であったといえる。こうした団体の一部は2000年から拡大した政府の自活支援センター委託事業に参与し、他の一部は以後展開された社会的職場及び社会サービスの職場事業に参与した。

社会的職場事業は、2000年代初めの通貨危機克服以後、低出産、高齢化、そして新貧困、両極化現象が深化した社会的雰囲気を背景に、不十分な社会的サービスの提供と雇用創出を結合させるアイデアから生まれた。その事業は、国民の政府（金大中政権：1998〜2002）と参与政府（盧武鉉政権：2003〜2007）で積極的に推進され、2007年の社会的企業育成法制定の背景となった。

社会的企業育成法制定以後、政権は保守的な李明博政府に変わったが、社会的企業育成事業は持続された。社会的企業は雇用創出にも助けになり福祉政策の拡大を部分的に代替しうる潜在力をもつという点が肯定的に作用したのである。社会的企業が雇用労働部所管で進められると、別の部署においても類似の事業が推進された。こうして既存の自活企業（保健福祉部）と合わせてマウル企業（行政安全部）と農漁村共同体企業（農林水産部）育成事業などが展開された。

2014年の協同組合基本法実施は社会的経済運動にとって、もうひとつの重要な契機となったといえる。既存の社会的企業は大部分が株式会社など営利企業の形態で組織運営されたため、企業の精神的志向と会社運営が矛盾する関係にあった。この状況下、協同組合は企業活動と企業の民主的運営を結合しうる最適の法人格として注目された。ところで、従来は農協、水協など特別法により設立した協同組合以外は消費者協同組合だけが設立可能な状況であった。協同組合基本法は、こうした状況を打破しようとした市民社会と社会的経済運動陣

9　韓国の社会的経済運動とアジア市民社会

営の努力で制定された。法制定以後、協同組合の数は爆発的に増加している。
これは 2007 年の社会的企業育成法制定以後、社会的企業の数的増加が政府の支
援にもかかわらず政府目標に比べてかなり後れをとっていたことと対比される。
以上のことは、社会的経済運動に参与する市民社会の潜在力が相当に大きなも
のであったということを表している。それと同時に、運動と発展には法的装置
のような外的条件の変化が重要だということも示している。

　こうした発展過程を見せる韓国の社会的経済運動の性格に関しては多様な批
判がある。何よりも余りにも官主導であり、政府依存的である。これにより持
続可能性において脆弱だという点があげられる。実際、社会的企業の発展の初
期、育成法が制定され社会的企業振興院などの支援機関も設立され、脆弱階層
雇用のための人件費支援と各種事業費支援のための公募事業などが活発に進め
られた。こうした直接的支援の他に間接的支援もあった。すなわち社会的経済
組織に公共調達などに参与する権利とインセンティブを付与するなどの支援策
も部分的に進行した。このように社会的企業発展の初期から政府が積極的な役
割を担っていたものの、社会的企業の量的発展は期待に及ばなかった。そこで
地方自治団体はより緩和した基準で予備社会的企業を選定し支援する事業など
を展開した。

　それゆえ、社会的企業が官主導的であったという指摘は妥当な指摘である。
だが、そうではあっても社会的企業、さらには社会的経済運動全般が政府より
は市民社会の力量に依存しているという点は明らかである。実際、政府の積極
的な誘導にもかかわらず社会的企業の量的発展は期待に及ばなかったが、協同
組合の場合は、少数の「社会的組合」を除くと、明らかな政府支援は期待でき
ないにもかかわらず 1 ～ 2 年で数千個が設立されるなどの発展的様相をみせた。
これは社会的経済の発展にとって政府支援は決して決定的ではないということ
を示している。

　もちろん、政府の役割が重要でないということではない。政府の役割は経済
組織の生存に非常に重要である。だが、これを過度な政府依存として非難する
ことは妥当ではないだろう。社会的経済組織に対する政府の配慮自体は雇用創
出など政府の政策目標を達成しようとする意図をもっているからである。さら
に、社会的経済組織のための特別な配慮がなかったとしても福祉政策などの執
行過程に社会的経済組織が参与し、公共支援を獲得する機会はたいへん広く存
在している。何よりも社会的経済組織は決して市場での営業利益だけで生存し
競争する組織ではないことを認識する必要がある。脆弱階層の雇用や市場での

273

供給が難しい社会サービスなどを供給するなどの活動は結局、収益性の確保が難しい事業であり、これを保障するため政府支援を含む社会的支援を動員することは当然と見るべきである。そして社会的支援動員のために努力する過程で地域社会との疎通と協力関係を形成、強化することは社会的経済運動の重要な目的の一つである。

政府の支援内容も、もう少し具体的にみると、人件費支援の場合、大部分は脆弱階層の雇用を支援するもので過去からの公共勤労事業に代わる性格が大きい。また障碍者などのための労働統合企業の場合は、今後も継続的な人件費支援が必要なので、これもまた既存の福祉政策（障碍者雇用支援金など）の延長線上にあるといえよう。そして、事業費あるいは設備費支援は既存の中小企業のための支援体系と比較するとき、決して多すぎるということはない。問題は政府の支援過多ではなく、一貫性と体系性などで限界があり、一部は統制的性格によって自立の助長よりはむしろ依存性を深化させる副作用があるという点だ。

結論をいえば、現在の社会的経済組織に対する評価基準は市場での営業利益中心になっている。そのため社会的支援動員能力は看過される傾向がある。一方、政府支援の主導性は過大評価され、社会経済的組織の持続可能性は過少評価される傾向がある。つまり、均衡ある新しい評価基準が必要なのである。

全体的にみるとき、韓国の社会的経済の経験は政府の役割が大きく、短時間で量的に大きく発展したといえる。アジア各国の経験は多様であり、これにより互いに学び協力し連帯しなければならない。問題は韓国の経験がアジア各国にどのような意味があるのか、それを明らかなモデルとして定立させるのがまだ難しいと考えられる点である。

5　アジア連帯社会経済運動の類型ならびに進化
——韓国の経験と課題

韓国がアジアの社会経済運動で重要な比重を占めているのは事実である。ほとんど毎年、アジア次元の社会的経済関連の国際会議やシンポジウムなどが国内で開かれていることが、その証拠である。こうした役割の遂行が可能なのは、社会的経済を支援する国家機関（社会的企業振興院）とソウル市（ソウル社会的経済支援センター）が積極的で「共に仕事をする財団」のような公共性を帯びたそれなりの規模をもつ民間団体も存在するためだ。それにもかかわらず、韓国がアジアの社会的経済運動を先導もしくは積極的に支援していると即断することは

9 韓国の社会的経済運動とアジア市民社会

難しい。

アジアを繋ぐ韓国の社会的経済運動が本格化していると見るのは早計である。しかし、次のような三つの類型に区分してみることができる。それぞれの場合について事例研究など本格的な観察と研究が必要だということを前提に、問題提起の水準で整理してみよう。

1 韓国内のアジアコミュニティーを基盤とする社会経済運動

社会的経済運動が関心をもつ韓国内のアジアコミュニティーは結婚移民者、移住労働者、留学生などに分類できる。

先ずはベトナムやカンボジアの女性など結婚移住者の定着と適応を支援することを目ざす社会的経済運動がある。現在、㈱オヨリアシア（오요리아시아 OYORI ASIA）のような飲食産業、通訳翻訳業、多文化教育事業などの分野で社会的企業方式が取られている。社会的企業の他に多文化家庭支援センター、健康家庭支援センター、社会福祉館、自活センターなどが結婚移民者支援の事業を展開しているが、実態調査と合わせて多様な比較研究が必要だろう。

移住労働者たちの場合には、外国人労働者憩いの場のような民間支援機関があり、ネパールなど国家別移住労働者協会のような組織もある。ただし、彼らの指導力を育て、帰国後本国の市民社会での指導者、または社会的企業家などになれるように育成する、より体系的な教育事業などを構成する必要があるだろう。一方、彼らのための社会保障制度の拡大、部分的ではあっても長期滞留者に参政権などの市民権を付与する法案など、考慮すべき課題がある。

アジアの国々から韓国や日本に留学する学生は多いが、彼らが現地の指導者として成長できるようによく教育し、アジア次元の連帯を形成する基盤として発展させる努力も課題であろう。

2 韓国とアジア現地国家を連結する双方向の社会経済運動

韓国市民社会の力量を基盤に公正な取引の規則を確立することで、現地の生産活動を促進する方式の社会的経済運動がある。例えば公正貿易（コーヒー、衣類、手工芸品、砂糖など）と公正旅行などを挙げることができる。

公正貿易は国際貿易においてより公平で正当な関係を追求する。それは、とくに低開発国で経済発展の恵沢から疎外された生産者と労働者たちによりよい取引条件を提供し、彼らの権利を保護することで持続可能な発展に寄与しようとするものだ（韓国公正貿易団体協議会ホームページ参照）。ヨーロッパと北米では、

275

1950 ～ 1960 年代に公正貿易運動を始め、アジアでは日本が 1990 年代の初めに
公正貿易運動を始めた。一方、韓国では 2000 年から始まった。ただ合流は遅れ
たとしても、韓国の成長速度はヨーロッパ、北米、日本に比べかなり速いとい
う評価がある。しかしコーヒーなど少数品目以外はまだ脆弱で、とくに現地に
及ぼす影響についてはルポ水準を越えた本格的な研究がほとんどない状況であ
る。2012 年に設立された観光公正貿易団体協議会（KFTO）には飢餓対策（幸せな
分かち合い）、トゥレ APNet、美しいコーヒー、アジア公正貿易ネットワーク、ア
イコープ生協、フェアトレードコリアの根、韓国 YMCA ピースコーヒーなどが
会員団体として加入している。

　公正旅行は公正貿易の理念を旅行産業に適用したものとして、2007 年頃から
韓国社会に登場した。その頃本格化した社会的企業育成政策が公正旅行活性化
の重要な契機となった。社会的企業と公正旅行の理念的共感に立脚し、多くの
公正旅行社が社会的企業として設立された。2010 年、㈱トラベルロスマップの
社会的企業認証を始めとして、㈱やさしい旅行、㈱済州エコ観光、㈱公正旅行
プンドン、㈱共感万歳、㈱智異山トゥルレキルなどに拡散した。2010 年に結成
された「持続可能な観光社会的企業ネットワーク」には、2013 年現在、約 18 の
公正旅行社が参与している。

　公正貿易と公正旅行は開発途上国現地の生産者と労働者を保護するという目
的に共感する市民の間に倫理的消費運動を呼び起こす効果もあるが、先進国・
後進国間の格差と国際貿易及び為替の障壁、現地の生産構造の不合理性などの
障害要素のため、初期の成果を達成することが容易ではない状況にある。こう
した障害を克服し、現地の生産者と労働者に実質的な恵沢が還元され、さらに
は彼らの自立的力量を強化することが根本的な課題である。

3　アジア現地の社会的経済力量強化の努力

　第三の類型は現地の社会的経済発展のため開発途上国現地の力量を培養しよ
うという運動だ。これは既存の ODA（政府開発援助）事業や国際奉仕機関（NGOs）
の直接的支援事業と違い、現地の主体的力量を育てようという目的をもつ。最
近、コイカ（KOICA：韓国国際協力団）など政府次元の支援機関などはネパール、
インドネシア、ラオス、東チモールなどで現地の社会的企業を育成する事業を
支援するプログラムを発展させていて、青年社会的企業家を派遣し、現地の創
業を誘導してもいる。NGO などと連携し、現地の地域開発事業を支援すること
も同じ脈絡である。このように、社会的経済運動が第三世界支援事業の重要な

9　韓国の社会的経済運動とアジア市民社会

手段として浮上している状況だが、重要なことは現地でこれを担える力量を発掘し強化することだ。次のような事業の例を挙げることができる。これにみられるように、現在は、伝統的に民間団体が自力で遂行していた事業に公共資金を活用する機会が増える傾向にある。

事例1：2013年〜2014年、コイカは大学の力を活用し第三世界を支援する事業を展開した。その中の一部の事業は現地の社会的企業育成事業の性格をもっていた。例えば聖公会大学（社会的企業研究センター）は国内の社会的企業（公正貿易業のフェアトレードコリア、公正旅行業のトラベルロスマップ、飲食業のオヨリアジア）と共同でネパールのカトマンズに「社会的企業育成センター（SEAセンター：Social Enterprise Activation Center）」を設立し、公正旅行会社設立、公正貿易関連生産者育成事業、カフェ運営（バリスタ並びに製パン者教育事業）、新旧社会的企業家たちのための共同事務室運営などの事業を展開した。現在コイカの支援は終わったが、事業は韓国の社会的企業の主導で継続している。この事業には韓国での移住労働を終えて帰国した移住労働者の組織（AHRCDF：Asian Human Rights and Culture Development Forum）が協力団体として参与していて、より力強い。ここに参与している現地の公正旅行社、㈱マップネパールもまた2011年に企画されたASTR（Asian Sustainable Tourism Network for Returning migrant workers：帰国移住労働者のためのアジア持続可能な観光ネットワーク）を通して設立された現地の会社であり、これは韓国市民社会が開発途上国現地の主体的な社会的開発を応援する方式をよく見せてくれる。

事例2：韓国— UNDP MDGs（Millennium Development Goals）信託基金の東チモール支援事業：2013〜2015年、200万ドル規模で東チモール内の社会的企業活性化を通してMDGs（ミレニアム開発目標）達成に寄与することを目標にしている。具体的には、塩田造成協同組合、トウモロコシを利用した栄養粉乳と麺類生産事業、プラスチックペットボトルリサイクル事業、マイクロファイナンス（小規模金融）のための村落基金助成事業などを展開している。これは村の住民など現地の組織や事業体が主体となって進められている。そして東チモール政府に支援された現地UNDP事務所が特別チームを組織して事業を支援している。

以上の三類型と同時に関連する二つの流れを追加することができるだろう。
第一に、大企業の社会貢献（CSR）次元で展開する海外教育及び支援事業だ。主に現地体験と奉仕活動などを目的とした派遣事業[編者注3]が増えている。ここに

277

はアジアに対する理解と連帯形成に寄与しうる潜在力があるといえるだろう。企業と市民社会団体間の協力事業としても進行している。

第二に、大学などの教育機関が主導する学生交流事業である。韓国の大学がアジアの国家に学生を派遣するのは大体において語学研修を基本目的としているが、アジアの国家に対する理解の幅を広げ、連帯の基盤を形成する契機となりうる。日本の場合は学問的研究目的で大学院生などを長・短期的に派遣する事業を多く展開していて、研究者水準の交流も活発である。韓国はまだこうした水準には達していない。

6　結論

社会的経済運動がアジア市民社会の発展にいかに寄与できるのかが本稿の根本的な関心である。国内的には多文化社会の統合にいかに寄与できるか、さらにアジア市民社会の変化にいかに寄与できるのかということである。だが、本研究でこうした課題を本格的に扱うことはできなかった。その前段として、市民社会と社会的経済運動、そして福祉国家の関連性に関する歴史的展開過程を探りつつ、アジア市民社会の課題を考察した。そして、これを土台に韓国で社会的経済運動がどのような様相で発展しているか、どのような潜在力をもっているかを探究し、併せてその延長線上に韓国の社会的経済活動がアジア市民社会といかなる方式で関係を結ぼうとしているのかを三類型にまとめてみた。

三類型は、国内のアジアコミュニティーを支援する方式、公正貿易や公正旅行など韓国市民社会の力量に基盤を置き韓国とアジアを連結する双方向の社会経済運動、アジア各国の社会的経済運動の力量強化を支援する方式などに分けられる。ただ、その影響と成果及び限界については今後、より多様な事例研究と比較研究などが必要であろう。

こうした課題は後日に譲るが、ここで、資本主義市場経済がほとんど絶対的に支配する現実において、社会的経済運動がはたしていかなる意味をもちうるのかを検討する必要がある。一部の人が主張する通り、社会的経済は資本主義市場経済の代案になりうるのだろうか？　その可能性は大きくないと考える。人によっては、地域単位の社会的経済の成功モデルとしてモンドラゴン、ボローニャ、ケベックの場合を挙げるが、これらもやはり資本主義に対する根本的な代案ではない。

けれども、根本的な代案ではないとして社会的経済運動の意義を貶める必要

9　韓国の社会的経済運動とアジア市民社会

はない。カール・ポランニー［2009］が言及したように、資本主義市場経済の成立過程のような急激な社会変化の場合、変化の方向も問題だが、その速さが、より問題なのだという指摘を想起する必要がある。早過ぎる変化の速度は、民衆生活を破綻させる「悪魔の挽き臼」になるだろうとポランニーはいう。一方、その速度を少し緩めることができれば、民衆はその変化に適応しつつ、みずからの生活を守ることができるようになる。変化の速度を緩め、時には変化の方向も指定すること、その役割を担うものこそが国家の社会政策であり、また市民社会が主体となる社会的経済なのである。このように、社会的経済は民衆の生活を守る拠り所となり、社会全体の望ましい変化の可能性を見せることで、パラダイム変化の操舵手の役割をも遂行することができる。例えば最近、企業は外形的にだが社会貢献と持続可能経営を明らかにしている。これは、市場企業も社会的経済が先導するこうした変化の方向を公式的に拒否はできないことを示している事例といえる。そしてこうした役割のための最も頼もしい同盟は福祉国家である。

福祉国家は社会的経済運動と「社会的連帯」の理念を共有しつつ、社会的経済の発展のための多様な資源と機会を提供してもいる。逆に社会的経済は草の根民主主義と社会連帯意識の発展のための参与と訓練の場として福祉国家の発展を後押しし、時には先導する。結局、社会的経済と福祉国家の並行発展が社会を変化させる最も重要な変数だと考える。

（翻訳：浦川登久恵）

編者注

1　1913 年 5 月 13 日、安昌浩（アン・チャンホ、号は島山）が米国サンフランシスコで創立した民族運動団体。

2　1920 年代に入り、日本企業の朝鮮進出が広範囲になっていたことに対して「朝鮮物産奨励会」を中心に朝鮮人が作った物産を使用しようとした運動。これは 1927 年の植民地期左右合作団体である「新幹会」が作られる契機ともなった。

3　環境（E）、社会（S）、支配構造（G）の領域別に 12 の項目、139 の指標を活用して評価する社会的責任（CSR）指数が高いアジアの韓国大企業としては、サムスン電子、LG 電子、ポスコなどが選定されている。（2016 年）

参考文献

李栄煥（이영환）

2005　「사회보장의 위기와 대안전략의 모색（社会保障の危機と代案戦略の模索）」이

279

영환編『시민사회의 구성원리 전환과 사회정책의 대안적 프레임（市民社会の構成原理転換と社会政策の代案的フレーム）』함께읽는책

イ・テス（이태수）

　　2009　「한국의 복지국가 발전에 있어 사회적 기업의 의의와 한계（韓国の福祉国家発展における社会的企業の意義と限界）」『창조와 혁신（創造と革新）』第 2 巻第 2 号 p.255-293

エバース＆ラヴィル（Evers and Laville）eds.

　　2007　The Third Sector in Europe, 자활정보센타（自活情報センター訳）『세계화시대의 새로운 복지 - 사회적경제와 제 3 섹타（世界化時代の新しい福祉——社会的経済と第三セクター）』나눔의집

オム・ヒョンシク（엄형식）

　　2008　「한국의 사회적 경제와 사회적 기업 - 유럽 경험과의 비교와 시사점（韓国の社会的経済と社会的企業——ヨーロッパの経験との比較と示唆点）」실업극복국민재단（失業克服国民財団）

カール・ポランニー（칼 폴라니；Karl Polanyi）、ホン・ギビン（홍기빈）訳

　　2009　『거대한 전환（大転換）』도서출판 길（図書出版の道）

キム・シンヤン、キム・ミョンホ（김신양・김명호）他

　　2016　『한국 사회적경제의 역사（韓国の社会的経済の歴史）』한울아카데미

キム・ジヨン（김지영）

　　2015　「국제개발협력 레짐과 원조 : 한국의 수원경험을 중심으로（国際開発協力レジームと援助——韓国の受援経験を中心に）」『동서연구（東西研究）』27 (2)、261-280 頁

キム・ヨンドゥク（김용득）

　　2008　「사회서비스 정책의 동향과 대안 - 시장기제와 반시장기제의 통합 - （社会サービス政策の動向と代案——市場経済と反市場経済の統合）」『사회복지연구（社会福祉研究）』第三 6 号、pp.5-28

シン・ミョンホ（신명호）

　　2009　「한국의 '사회적경제' 개념 정립을 위한 시론（韓国の『社会的経済』概念定立のための試論）」『동향과전망（動向と展望）』75 号

ステパニー・ザマニ、ルイジーノ・ブルーニ（스테파노 자마니・루이지노 브루니；Stefano Zamagni, Luigino Bruni）、ジェ・ヒョンジュ（제현주）訳

　　2015　『21 세기 시민경제학의 탄생（21 世紀の市民経済学の誕生）』、북돋음

ソン・ヒョクサン（손혁상）

　　2013　「사회적 기업의 국제개발협력 참여연구（社会的企業の国際開発協力への参与研究）」『세계지역연구논총（世界地域研究論叢）』31 (1)、81-108 頁

チェ・ヒシン、李栄煥（최희신・이영환）

　　2015　「공정여행관련 홈스테이사업의 지역사회개발효과 - 네팔 산간마을의 사례를 중심으로（公正旅行関連のホームステイ事業の地域社会開発効果——ネパール山間の村の事例を中心に）」『비판사회정책（批判社会政策）』49 号

9　韓国の社会的経済運動とアジア市民社会

チャン・ウォンボン（장원봉）

 2011　「복지사회의 이행전략으로써 사회적 경제의 가능성에 관한 탐색（福祉社会の移行戦略としての社会的経済の可能性に関する探索）」생협평론（生協評論）

チャン・ジョンイク、キム・ギテ（장종익・김기태）他

 2011　「한국 협동조합 섹타의 발전방향과 사회적기업과의 연계 가능성（韓国協同組合セクターの発展方向と社会的企業の連携可能性）」（사）한국협동조합연구소（韓国協同組合研究所）

ナム・チャンソプ（남찬섭）

 2011　「한국 복지국가의 낙후성과 대안의 모색（韓国福祉国家の後進性と代案の模索）」한국사회복지학회（韓国社会福祉学会）2011 年秋期学術大会　企画主題発表文

ノ・デミョン（노대명）

 2009　「사회적기업을 강화해야 할 세가지 이유（社会的企業を強化しなければならない 3 つの理由）」『창작과 비평（創作と批評）』2009 年秋号

ヤン・ナンジュ（양난주）

 2011　「사회복지서비스를 둘러싼 정부 - 민간기관 - 이용자관계의 전근대적인 측면과대안적 서비스 체계의 모색 : 권리와 평등이라는 근대적 기초를 중심으로（社会福祉サービスを取り巻く政府―民間機関―利用者関係の前近代的な側面と代案的サービス体系の模索――権利と平等という近代的基礎を中心に）」한국사회복지학회（韓国社会福祉学会）2011 年秋季学術大会　企画主題発表文

Bridge, Murtagh, and O'Neill

 2009　*Understanding the social economy and the third sector,* Basingstoke; New York:Palgrave Macmillan.

Bode and Eyers

 2007　「제도적인 고찰화에서 기업가적인 유동성으로 ?- 독일의 제 3 섹타와 현황（制度的な考察化から企業家的な流動性へ？――ドイツの第三セクターと現況）」자활정보센타 역（自活情報センター訳）『 세계화시대의 새로운 복지 – 사회적경제와 제 3 섹타（世界化時代の新しい福祉―― 社会的経済と第三セクター）』나눔의집．（原著 Evers and Laville eds. 2007, *The Third Sector in Europe*）

エスピン‐アンデルセン（Esping-Andersen G.）

 1990　*The Three Worlds of Welfare Capitalism.* Cambridge: polity press.

Pestoff, Victor

 2007　「스웨덴 사회적 경제의 발전과 미래（スウェーデンの社会的経済の発展と未来）」자활정보센터 역 『세계화시대의 새로운 복지――社会的経済と第三セクター』나믐의 집 (原著 Evers and Laville eds. 2007, *The Third Sector in Europe*).

Stryian, Yohanan

 2007　「스웨덴의 사회서비스와 사회적기업（スウェーデンの社会サービスと社会的企業）」성공회대학교 사회적기업연구센타（聖公会大学　社会的企業研究センター），사회서비스와 사회적기업에 관한 국제심포지엄 자료집（社会サービスと社会的企業に関する国際シンポジウム資料集）

281

Taylor, Marilyn
2007 「영국의 복지혼합 (英国の福祉混合)」Evers and Laville eds. The Third Sector in Europe, 자활정보센타 (自活情報センター訳)『세계화시대의 새로운 복지 - 사회적경제와 제 3 섹타 (世界化時代の新しい福祉——社会的経済と第三セクター)』나눔의집

あとがき

　机の上に置かれた携帯電話とマグカップを眺めながら、これをつくった人たちは、きっと東アジア人だろう、と考えをめぐらせた。マグカップの裏には、やはりメイドインチャイナと書かれていた。昨夜食卓にのぼった野菜と魚は、もしかすると東アジアから日本へと移住してきた人たちの手を通りすぎたものかもしれない、と思う。先日ニュースで、長野産レタスと宮崎産カツオが、それぞれ中国吉林省とインドネシアからきた人たちの手を通りすぎたものだという話を聞いたからだ。考えてみると、朝目を覚ましてから夜眠りにつくまで、私たちは安い労働力を提供する東アジア人のおかげで暮らしている。

　「東アジア共生」とはこのように、特別ななにかではない。それは私たちの日常であり、国境のはるか彼方に存在するものではなく、私たちの手が届くすぐそこに存在している。だからこそ、「東アジア共生」とは政治家のスローガンや研究者の机上にある抽象的なアジェンダではなく、日常のなかで常に悩み、解決していくべき具体的な課題である。

　私は授業中、しばしば学生たちに、着ている服の内側にあるラベルに目を凝らして、その服がどこで、どんな人たちによってつくられたものか確認してみるよう促すことがある。メイドインジャパンと書かれたラベルは、ほとんどない。このような確認作業を学生たちとおこなう理由は、数年前、バングラデシュの首都ダッカで縫製工場が崩壊して数千名が命を落としたり怪我をしたというニュースを目にしたからである。崩れた工場の残骸のなかからは有名ファッションブランドの製品が数多く発見されたのだが、学生たちにこのような事実も伝えたうえで、事故の責任の所在を必ず尋ねることにしている。多くの学生たちは、バングラデシュにある工場の経営者と有名ファッションブランド企業にその責任があると答える。しかし、ニューヨーク・タイムズの記者が言及したように、その責任はこれらの製品を求め、消費しようとしている私たち全員にもあるということを見過ごしてはならないだろう。

283

7、8年ほど前からフェアトレード・コーヒーである東アジア共生コーヒーの事業を始めた理由もここにある。東アジア市民共生事業に向けた一歩は、私自身が毎日飲むコーヒー、私（たち）の日常、私たちの小さな消費のパターンを変えることから始めるべきだと考えたからである。もちろん、経済システムとはこのように簡単なものではない。このことを知るには、ダッカ縫製工場崩壊事故の直後に、アメリカとバングラデシュでそれぞれシャツ一枚をつくるのにかかる原価を比較分析したCNNの記事を読むだけでも十分である。シャツの価格は3、4倍の差があるにすぎないが、人件費については約900円対26円、つまり34倍もの差が開くのである。日本とバングラデシュの人件費もまたこれと大きく変わらないのだとすれば、東アジア共生を妨げる障壁の中心には「900対26」という、「傾いている競技場（unlevel playing field）」を維持させるシステム、すなわち「国境」が立ちはだかっているという事実は疑いようもない。

　自らの生まれた国家というのが選択の問題でない限り、900対26のシステムを強要することは、どう考えても不公正である。しかし、900対26を強要した側が究極的に利得のみを得ているのだろうか、というのも再考すべき問題である。国境を固持したまま、片方に26を強要してきた結果、今日ひとつになった地球は、温暖化と大気汚染、河川および海の汚染はもちろん、システム最下層に置かれた26の暴力的抵抗に伴うテロや戦争の脅威にも戦々恐々としている。これらの課題をすべて解決するためには、900をみな支払っても足りないほどである。「事実上の費用（the true cost）」は実のところ、26ではない。

　結局、900対26を無理に維持するこの「国境」を、私たちは民主化させ（E.Balibar）、柔軟化させる必要がある。どちらかの「国民」ではない、国境内外の「東アジア市民」を念頭に置いた「国境」を形作っていく必要があるのであり、そのために必要なのは、東アジア国境を越えた（トランスナショナルな）下からの連帯、つまり、国境を越えて環境問題を考える人々、フェアトレードを通じて南北問題を解決しようとする人々、移住労働問題を共に解決していこうとする人々が共に手を取り合うことではないだろうか。これを通じて、東アジアの国境は国民ではなく、東アジア市民たちを中心に「民主」化され、ようやく東アジア市民による共同体が私たちの前にその姿を現すのだろう。

　本書は、このようなことについて共に悩み続けてきた9人の記録だといえる。ここには一方で、国境を越えて韓国へとやってきた人たちの物語——ベトナム、ネパール、カンボジア、中国朝鮮族、そしてロシアあるいは中央アジアから来

あとがき

た高麗人に至るまで、国境を越えて韓国へと移住してきた東アジアの人たちの物語が詰め込まれている。また一方で、ここには、国境を越えた人びととのつながりに関する物語──移住労働を終えて本国へと帰還したネパール人、東アジアの華僑華人ネットワーク、あるいは東南アジアの社会的経済ネットワーク、コリアン社会的経済ネットワーク等を通じて、韓国の国境の向こうにある東アジア人との共生を模索し、これを実践に移してきた人々の物語も記されている。

　本書各章の著者は、いずれも韓国社会において「共に生きていく東アジア」を実現するために 20 ～ 30 年間、様々な努力を続けてきた人々である。実践の場は互いに異なれど、「東アジア市民共生社会」をつくっていこうとする情熱と夢は同じである。したがって本書は、行き先を失った時代において、東アジア共生という星が教えてくれる道を共にたどってきた者たちの記録であるといえる。道は始まったばかりであり、旅はまだ終わっていない。

　まず、金勝力代表は、東北亜平和連帯関連の仕事に携わり、中央アジアからロシア沿海州へと帰ってきた高麗人たちと共に、長い間多くの活動に取り組んできた。近年では、韓国で移住労働者たちが最も多く暮らしている京畿道安山で「ノモ」というコミュニティ支援団体を結成し、高麗人たちの手となり口となって活動している。

　盧恩明氏は、1980 年代の劣悪な労働環境下にあった九老工団で活動し、その後労働問題を研究し出版する仕事に携わってきた。現在は日本の熊本で教鞭をとり、「東アジア市民共生映画祭」のプログラマーとして活動している。また、ラオス南部のボラベン高原にある公正貿易コーヒー協同組合の農民たちが生産した東アジア共生コーヒーの倫理的消費のために奔走している。

　李蘭珠代表・許呉英淑代表は、90 年代初頭から韓国の移住労働者問題を解決すべく様々な努力を続けてきた。特に李蘭珠代表は、京畿道富川地域の韓国人労働者たちの賃金が 87 年以降急上昇するとともに押し寄せてきた移住労働者たちを支援するために「富川外国人労働者の家」を設立し、ネパール移住労働者コミュニティをはじめとする各国からの移住労働者らのコミュニティづくりに直接・間接的に関与してきた。今でも富川を中心に、帰還移住労働者たちと共に「アジア人権文化連帯」を結成して活動している。彼女がネパール移住女性労働者であるチャンドラについて書いた『話して チャンドラ』は、韓国のパク・チャヌク監督によって映画化された。許呉英淑代表は、「韓国移住女性人権センター」で豊かな経験を積んできた活動家である。彼女は、移住労働者問題につ

285

いて、特に女性人権の視座からアプローチした研究および活動を続けている。

　金二瓚氏は「地球人の停留場」の常任駅務員である。移住民たちは特定の国家の国民ではない「地球人」であり、彼が運営する移住民シェルターは彼らの「停留場」であり、彼自身はこの停留場の「常任駅務員」なのである。彼は特に、カンボジア出身の農村移住労働者問題と長い間向き合ってきた。農漁村の移住労働者たちは、韓国の労働基準法の適用を十分に受けることができずにいるからである。彼はドキュメンタリー映画の専門家でもあり、移住労働者たちと共に映像作品を製作・発表することもある。

　李康伯代表・李榮煥教授は、韓国における市民社会運動の草創期から活動してきた人々であり、韓国の代表的な市民運動団体である「参与連帯」(1994年9月～現在)において共に活動した。李康伯代表はその後、「美しい店」につづいて「美しいコーヒー」で活動を始め、積極的にフェアトレード活動を展開してきた。今は「アジアフェアトレードネットワーク」の代表であり、韓国のフェアトレード諸団体のすべての実務を総括する団体協議会の常任理事職も務めている。李榮煥教授は、「参与連帯」での活動以来、主に社会福祉事業の分野において研究と実践を続けてきたが、近年では特に韓国の「社会的経済」に大きな関心を寄せている。また、聖公会大学校「社会的起業研究センター」の所長職も務めている。

　金鉉東代表は、1980年代半ばから90年代半ばまで、韓国の京畿道富川地域の零細企業で働く労働者たちの友人としてあり続け、その後中国の延辺にて朝鮮族の韓国移住詐欺問題などの解決に向けて力を注いできた。90年代後半からはロシア沿海州へ渡り、中央アジアからきた高麗人たちの再定着問題を解決するために「沿海州東北アジア平和基金」および「㈱バリの夢」等を設立し、現在に至るまで活動を続けている。特に近年では、韓国の江原道東海市を中心に、東北アジア地域のコリアンの社会的経済ネットワークである「協同社会経済ネットワーク」を結成し、積極的に活動を展開している。

　最後に、本書の序文を寄せてくださった野村伸一先生に、心から感謝申し上げたい。野村先生の激励とご指導なしでは、本書は日の目を見ることができなかった。本書にかかわる著者の皆が東アジア共生社会をつくっていくための第一線で活動しているために、日本語版の出版作業は決して容易なものではなかった。にもかかわらず、野村先生がすべての原稿をひとつひとつ検討してくださり、日本語翻訳の監修も引き受けてくださったおかげで、ようやく本書が世に

あとがき

出ることができた。また、大変な編集をいとわず出版に応じてくださった風響社、多くの原稿をつぶさに翻訳してくださった浦川登久恵先生と申惠媛氏にも感謝の気持ちを伝えたい（本書は、韓国でのシンポジウム開催や日本語への翻訳などにJSPS 科研費 JP15K02464 の助成を受けたものである。）。

申明直

索　引

（一部を除き、日本語の漢字読みで配列した）

AHRCDFF（アジア人権文化開発フォーラム
　　176, 177
ASTR（帰国移住労働者のためのアジア持続可能
　　な観光ネットワーク）　*277*
E9 労働者　*213, 221*
F4（→在外同胞）ビザ　*39-42, 49, 549*
H2（→訪問就業）ビザ　*37-39, 41, 49*
NCC（在韓ネパール人共同体）　*162, 163, 166-
　　170, 172-176, 181*
NPO 沿海州東北アジア平和基金　*239*
NRN（Non Resident Nepali Association）　*175*
UMMA（United Nepali Migrant Association　*172*
WCBN（世界華商ネットワーク）　*90, 112*
YMCA　*271, 276*

あ

アジア
　　──金融危機（IMF 危機）　*77, 96, 102, 103*
　　──市民社会　*9-13, 16, 21, 22, 24-27, 32, 34,
　　263, 266, 268, 278*
　　──人権文化連帯　*175, 285*
　　──の貧困　*12, 229*
　　──フェアトレードネットワーク　*12, 286*
アヘン戦争　*63*
アリナ・ファンド　*47*
厦門（アモイ）　*88*
新しい「在日音楽」　*19*
新しい市民社会　*17*
安山市　*10, 20, 45, 53, 55, 232*
　　──元谷洞　*20, 207*
　　──市民円卓会議　*53*
　　──高麗人村　*43*
　　──テッコル村　*37*
　　──への移住　*45*
『安重根と東洋平和論』　*28, 29*
イスラム横町　*20*
イロンロン（余朗朗）華僑村虐殺事件　*68*
インドシナ華僑　*85*
「以夷制夷」　*72*

医療保険　*46-48, 265*
移住支部　*171-173*
移住時代のシティズンシップ　*136*
移住者支援　*130, 131*
　　──事業　*131*
移住女性
　　──政策　*202*
　　──暴力被害　*191*
移住民
　　──シェルター　*286*
　　──ディアスポラ・ネットワーク　*114*
移住労組　*134, 135, 143, 154, 170, 171*
移住労働運動　*164, 169, 170, 174*
移住労働者
　　──運動　*153, 154*
　　──活動家　*154*
　　──政　策　*123, 124, 126-128, 130, 150, 151,
　　156*
　　──政策の改善方向　*151*
移住労働の形態　*44, 46*
移民
　　──研究　*16*
　　──の増加　*265*
生野民族文化祭　*20*
一帯一路　*90, 91, 94, 112*
一般医療保険　*47, 48*
稲作開拓　*237*
仁川（インチョン）　*56, 80, 94, 97, 123, 134,
　　229, 232*
　　──工業団地　*123*
ウズベキスタン　*37, 38, 41, 43, 44, 57, 238*
美しいコーヒー　*276, 286*
美しい店　*176, 179, 182, 286*
元谷洞（ウォンゴクドン）　*10, 20, 45, 207*
エスニシティ　*16*
エスニック分業　*65*
永久平和論　*29, 139*
永住権　*54, 94, 98-104, 108, 139, 140, 142, 143,
　　149, 152, 198, 201*
　　──総量制導入　*99*

永住ビザ（F-5）　*98, 144, 198*
沿海州
　——高麗人　*235, 241, 243, 247, 255, 257, 258*
　——での南北露三角協力　*241*
　——東北アジア平和基金　*235, 236, 239, 241,*
　249, 252, 286
　——ハンカ湖　*243*
　——バリバリ生協　*251*
　——有機農市場　*253*
延辺大学校友会　*96*
オールドカマー　*60*
オヨリアシア　*275*
オランダ植民統治　*66*
大久保地域　*20*
欧州連合（EU）　*91, 136, 140-142, 155, 156, 227*
穏健ネパール共産党（CPN-UML）　*165, 166*

か

カザフスタン　*38, 41-44, 57*
カンボジア　*12, 85, 87, 107, 112, 113, 207-209, 211,*
　215-217, 219-221, 275, 284, 286
　——出身の労働者　*207, 209*
家族結合権　*147*
「家庭儀礼準則」　*81, 82*
華僑学校（Chinese vernacular schools）　*103,*
　104, 107, 108, 113
華僑狩り　*68, 69*
華僑迫害　*86*
華僑華人（→新華僑華人）
　——企業家　*90*
　——経済　*74, 76*
　——のネットワーク　*110, 113*
　——の変貌　*59, 111*
華工　*46, 63, 64, 71, 72*
華人化　*73*
貨幣改革　*81, 86, 112*
嘉里集団　*75*
階級独裁　*59, 60, 61, 73, 85, 87, 88, 91, 101, 104,*
　107, 109, 111, 112
開発独裁　*73-77, 79-81, 83-85, 87, 88, 91, 101, 103-*
　105, 108, 111, 112, 141
外国人（peregrinus）　*61*
　——嫌悪　*153, 156*
　——雇用法　*124, 128, 129, 146*
　——市民代表者会議　*17*
　——住民代表者会議　*154*

——熟練技能点数制ビザ（E-7-4）　*133, 144,*
　149, 156
　——政策基本計画　*131, 133, 156*
　——土地所有禁止法　*81*
　——保険料　*47*
　——力短期循環政策　*210*
外国人労働者　*17, 32, 38, 49, 102, 103, 127, 138,*
　162-164, 167, 170, 171, 209, 213, 221, 275, 285
　——指導者課程　*171*
　——対策協議会　*164, 170*
　——の家　*167, 285*
郭鶴年集団　*89*
革新的な社会的経済運動　*265*
官主導型多文化主義　*150*
間島　*70, 71*
漢文化圏　*14*
漢陽大エリカキャンパス　*45, 46*
環境難民　*224*
環東海大豆文化ベルト　*253, 254*
韓公協（KFTO）　*231, 276*
韓国
　——移住女性人権センター　*191, 285*
　——火薬グループ　*82, 83*
　——華僑の「類似市民」化　*73*
　——型開発独裁　*83*
　——系日本人　*18*
　——系ベトナム人　*192*
　——語教育　*51, 52*
　——語能力試験（KLPT）　*162, 182*
　——語夜学運営　*51*
　——公正貿易団体協議会（KFTO）　*229, 231,*
　275, 276
　——市民権　*185, 195, 198*
　——社会的経済運動　*271*
　——人男性＋アジア系外国女性　*194*
　——人男性の家父長的思考　*199*
　——生活ビデオ日記　*209*
　——内のアジアコミュニティー　*275*
　——の移住労働者政策　*123, 126, 156*
　——の華僑華人　*59, 80-85, 102, 112*
　——のシティズンシップ　*141*
　——の市民社会　*9, 268*
　——の社会的経済運動　*13, 263, 273, 275*
　——のネパールコミュニティ　*161*
　——の福祉国家発展　*268*
韓流の高潮　*20*
企業の社会的責任（corporate social responsibility）

290

271

気候変動　223, 226

　　——の主犯　223

　　——の被害　226

帰還

　　——移住労働者　174, 176, 285

　　——同胞福祉政策　48

　　——プログラム　174-176

　　——労働者再統合事業　177

帰国僑胞学生戸籍登記弁法　84

技術移住　91-96, 100, 112

義挙　27, 30, 31

北朝鮮の食料支援　241

9・30事件　73, 76

旧華僑華人　60, 62, 63, 88, 95, 96, 100, 102-104, 107-110, 112, 113

　　——資本　88

居住権　142, 143, 149

居住国

　　——原住民　101

　　——籍市民　108

　　——の国籍　80, 87, 108, 109, 110

　　——の資本　109

居住ビザ（F-2）　97, 98, 133

共生　11, 15-18, 20, 33, 105, 114, 283-286

　　——ネットワーク　33

　　——の政治　105

共同作業場　245, 246

共同体意識　229

共同体形成の基礎　237

協同組合　33, 126, 176, 232, 236, 237, 249-252, 256-258, 261, 264-267, 271-273, 277, 285

　　——運動　237, 249, 252, 271

　　——基本法　237, 257, 272

　　——的方式　236

「協同経済」方式　248

協同社会経済ネットワーク　286

強制移住　43, 44, 55, 56, 87, 235, 238, 245, 258

「教育勅語」　24

郷土舞踊　26

郷土防衛義勇軍（PETA）　67

近代的シティズンシップ　136, 137

金獅集団　89

金門島　10

「勤労基準法」　126, 127, 146, 164, 210, 214, 218

勤労契約書　219

クーピー（coopy）共同　231

クーリー（苦力）　63, 64

クェチア（Gwe Chia 桂家）　110

クオックグループ　75

クメール・ルージュ　87

クレオール性　16

クレモバ村　243

九老区加里峰洞　32

草の根民主主義　270, 271, 279

君子儒　22, 23, 24, 25, 31

経済権（職業権）　142, 144

経済特区　88

結婚移住　48, 149, 185, 186, 188, 191, 196, 198, 201, 202, 209, 275

　　——女性　185, 186, 196, 198, 201, 202

　　——女性の家庭内暴力経験　198

　　——ベトナム人女性　191

結婚移民（F5）　12, 27, 41, 49, 123, 130, 131, 142, 149, 201, 209, 270, 275

結婚移民（F6ビザ）　201

原儒（巫）　22, 23, 25, 26

　　——文化圏　23

コイカ（韓国国際協力団）　276, 277

コーチン・チャイナ　85

コブンジ農業　238

コリアタウン　84

コリアンディアスポラ・ネットワーク　114

コンテナ

　　——宿所　211, 217

　　——の寄宿舎　216

　　——ボックス　211

故郷の村　169, 244, 245, 247, 249, 251, 253, 256

雇用許可制（E9）　12, 41, 102, 126-130, 133-136, 142, 143, 144, 146, 147, 150-152, 154, 170, 172-176, 179, 180, 182, 210, 212, 215, 221

　　——（朝鮮族以外）　102

　　——の限界　212

　　——の特性　128, 129

5・13事件　73, 77

5・4運動　70

公正貿易（→フェアトレード）　12, 223, 226-233, 247, 256-258, 275-278, 284-286

　　——運動　227, 229, 231, 233, 276

　　——タウン運動　227, 228

　　——都市　227-229

孔子学院　110

抗日ゲリラ闘争　69

抗日闘争　237

高麗語　*43*
高麗人
　　——移住　*12, 37, 40, 53, 236, 238, 244, 245,*
　　248, 261
　　—— 140 周年記念館　*248, 261*
　　——移住 150 周年　*40, 53*
　　——移住労働　*12, 37*
　　——強制移住 80 周年　*55, 56*
　　——強制移住　*55, 56*
　　——支援　*53*
　　——事業　*248, 252*
　　——総合支援センター　*53, 54*
　　——同胞　*39-42, 44, 45, 48-51, 53-56*
　　——特別法　*41, 54-56*
　　——の移住史　*237*
　　——の農業定着　*249, 254*
　　——農業移住定着事業　*236*
　　——農業希望本部　*243*
　　——農業定着支援事業　*239, 246, 247*
　　——文化センター　*247, 255, 261*
　　——村　*43, 45, 46, 251-254*
　　——問題　*49, 51, 53, 55, 56*
興士団　*271*
国家技術資格証試験　*49*
国家主義　*13, 44*
国際結婚　*185, 188-191, 193, 196, 198, 199, 202,*
　　209
国際公正貿易タウン委員会　*227*
国内移住　*43*
国内滞留　*41, 42, 46, 49, 55, 210*
　　——高麗人　*41, 42, 51, 53, 55*
　　——状況　*46*
国民基礎生活保障法　*272*
国民健康保険　*146*
国民年金　*145, 270*
混血児　*149, 202*

さ

サムスングループ　*75*
再中国化　*101, 103-108, 110, 113*
祭祀芸能　*26*
済州→チェジュ
最低賃金法　*212*
在外同胞（F4）　*39-42, 49, 54-56, 134, 142, 143,*
　　147, 149, 150, 174, 242, 251
　　——法　*49, 55, 56, 147, 174*

在韓外国人処遇基本法　*131*
在韓朝鮮族留学生ネットワーク　*95*
在韓朝鮮族連合会　*95*
在日　*16-21, 41, 71, 96, 114*
　　——音楽　*19*
　　——韓国・朝鮮人　*16, 17*
財閥　*79, 83*
「殺身成仁」　*31*
3A 運動　*66*
3K 業種　*124*
三一独立運動　*32*
三語学校　*108*
三語疎通型　*88, 101, 108*
三刀業　*71*
三八六世代　*34*
三林集団　*89*
山東省　*59, 81, 84*
産業化された農業　*224, 226*
産業技術研修制度　*124, 126-128, 161*
産業研修生制度　*102*
参政権　*54, 103, 142, 149, 177, 269, 275*
シティズンシップ　*123, 125, 126, 136-142, 148-*
　　152, 154-156
　　——の概念　*136, 138, 155*
　　——の再構成　*123, 150, 154, 155*
　　——の再定義　*136, 139*
　　——の分解　*136, 140, 141, 149, 150, 155, 156*
シノクメール　*86*
シベリア横断鉄道　*254*
シンガポール　*62, 64, 66, 68, 90, 94, 105, 109,*
　　113, 180
　　——華僑粛清事件　*68*
ジフォント（GEFONT）　*166, 176, 178*
市民運動　*10, 11, 17, 34, 182, 271, 286*
　　——家　*10, 11*
市民権　*10, 12, 17, 53, 61, 62, 103, 105, 139, 140,*
　　185-187, 195, 198, 200, 202, 263, 275
　　——獲得　*185, 186, 198*
　　——の問題　*17*
　　——付与の原則　*195*
市民交流　*33*
市民社会（→第三セクター）　*9-13, 16, 17, 21,*
　　22, 24-27, 32, 34, 51, 151, 155, 164, 263, 264,
　　266-273, 275, 277-279, 286
　　——と社会的経済　*264, 266, 268, 272, 278*
　　——の活性化　*266-268, 270*
　　——の底辺　*266, 267, 269*

292

索引

市民政治権　*142*
市民と仁弱　*29*
市民にあらぬ市民　*104, 112*
自然栽培大豆　*12*
自然農業　*242, 243, 255*
自然有機農業　*243, 247, 254*
資本主義　*9, 10, 13, 14, 43, 44, 74, 75, 137, 138, 194, 264, 266, 267, 278, 279*
　――市場経済の代案　*278*
資本投資型　*60, 91, 92, 96, 112*
自活支援事業　*272*
自民族中心主義（ethnocentrism）　*81, 105*
児童福祉法　*48*
持続可能な観光社会的企業ネットワーク　*276*
失業　*77, 146, 147, 215, 218, 265, 271, 272*
　――と両極化　*265*
社会権　*135, 141, 142, 146*
社会サービスの市場化　*269*
社会的企業　*11, 13, 182, 235-237, 249-252, 258, 264, 267, 269, 272-277*
　――育成法　*272, 273*
　――育成センター（SEAセンター：Social Enterprise Activation Center）　*277*
　――研究センター　*11, 277*
　――振興院　*273, 274*
　――認証制度　*237*
　――バリの夢　*235, 258*
社会的規範（礼）　*22*
社会的協同組合バリネットワーク　*251*
社会的経済運動　*10, 13, 263-269, 271-276, 278, 279*
　――の意義　*263, 278*
　――の意義と課題　*263*
社会的職場事業　*272*
社会統合プログラム　*49, 133*
社会連帯
　――意識　*269, 270, 279*
　――意識の形成　*269, 270*
　――意識の欠乏　*270*
　――経済（Social Solidarity Economy）　*226, 227*
　――理念　*265*
珠海　*88*
儒教（孔教）　*14, 22-25, 30, 31, 105, 113*
　――文化共同体　*24*
就労外国人　*17*
「集中」ネットワーク　*110, 113*

住民登録番号　*85*
出国後の退職金受領制度　*146*
春節　*80, 105, 113*
諸権利を持つ権利（right to have rights）　*139, 140, 153*
小人儒　*22, 23*
小農の生活と生産方式　*226*
少数民族　*20, 43, 44, 139, 235, 238, 247*
　――定着　*247*
消費者　*226, 231, 236, 237, 250, 252, 255, 256, 264, 272*
　――の選択　*231*
食品協同組合グループ　*252*
食料供給連鎖　*231*
植民型　*61, 63, 111*
植民経営体制　*65*
植民国家　*61*
植民地
　――経験　*59, 86, 189, 263*
　――分割統治構造　*65*
　――分割統治方式　*62*
植民統治　*62, 64, 66, 67, 69, 70, 267, 271*
職場医療保険　*47*
新移住者　*16, 20*
新大久保からの挑戦　*20*
新華僑華人　*60, 62, 88, 91-104, 108-110, 112-114*
　――の海外移住　*88, 91*
　――の登場　*102*
　――の役割　*110*
新華会　*271, 279*
新幹会　*271, 279*
新経済政策　*78, 106*
新国籍法　*105, 113*
新ブミプトラ政策　*106*
新民族主義　*15*
新ライタイハン　*193*
仁厚　*31*
仁弱の韓国人　*30*
仁川→インチョン）
スミン
　――の母娘3代　*195*
　――の物語　*186*
水平的関係　*230*
水平的なネットワーク関係網　*230*
セルフ セミ バイオグラフィー　*215*
世界市民権　*139, 140*
世界華商大会　*90, 112*
生産共同体運動　*271*

293

生態農業　247
西欧社会的経済の歴史的展開　264
西欧植民期　62, 65, 111, 112
西部ボルネオ（ポンティアナック）虐殺　67
政治的市民権付与　263
聖公会座り込み団　174
聖公会大学（社会的企業研究センター）　11, 171,
　　277, 286
積極的な平和論　32
積極的平和主義　31
絶対貧困　32, 225, 226, 229
　　──層　229
専門人力　124, 149
戦争型「中間市民」　66
戦争難民　224
ソウル・京畿・仁川移住労働者労組　134
ソウル
　　──オリンピック効果　123
　　──社会的経済支援センター　274
　　──都心再開発事業　81, 82, 112
祖先祭祀　23
双方向の社会経済運動　275, 278
属人主義　185, 194, 195
属地主義　195

た

ダラン共同体　169
田植踊り　26
多重シティズンシップ論　155
多文化　9, 13-21, 24, 45, 48, 49, 55, 103, 105, 107, 130,
　　131, 150, 151, 154, 185, 186, 193-195, 202, 209, 263,
　　270, 275, 278
　　──「市民」民主主義　103
　　──・多民族・多宗教　107
　　──家庭　48, 275
　　──学校　14
　　──街　45
　　──共生　15-17, 20
　　──教育　15, 275
　　──結婚移住民　48
　　──政策　49, 131, 150, 154, 209
　　──であること　17, 18
　　──的豊饒性　16
　　──の承認　15
　　──ブーム　193, 195
　　──論　16

　　──を生きる　18, 19, 20
多文化家族　131, 151, 154, 185, 194, 202
　　──支援センター　131
　　──支援法　131, 154
多文化社会　13, 21, 130, 150, 151, 263, 270, 278
　　「──」宣言　130, 150
多文化主義（multi-culturalism）　16, 21, 150, 186, 209
多民族
　　──国家　105, 140
　　──平和祝祭　245, 247
台湾国籍者　59
退職金　146
滞在資格　103, 123, 129, 143, 144, 146-148, 152, 213
　　──赦免許可権　213
　　──剥奪権　213
大韓民国制憲憲法　32
大企業　17, 74, 83, 223, 226, 271, 277, 279
　　──の社会貢献（CSR）　277, 279
大規模企業農　223, 224
大豆文化　252-254
　　──メッカ　252
大東亜共栄圏　62, 66, 113
代案経済　12, 264
第 2 次アヘン戦争　63
第 3 次外国人政策基本計画　156
第三セクター（→市民社会）　265, 266
「脱集中型」ネットワーク　90
単一国籍主義　195
単一民族国家　125, 150, 263
　　──イデオロギー　150
　　──性向　263
　　──の神話　125
単純技能　124-126, 128, 133, 149, 151
　　──人力　124, 125, 149
単純労働移住　91-95, 112
短期居住型（→単純労働移住）　60, 91, 92, 94, 95,
　　102, 112, 114
短期訪問（C3）　41
地域（region）　88
地域児童センター　48
地球温暖化の主犯　223, 224
「地球人の停留場」　12, 207, 208, 215, 221, 286
地球村　232
地方参政権　142, 149
小さい中国　82
中華型　88, 91, 101, 110, 111, 113, 114
　　──ネットワーク　88, 91, 101, 113

——ネットワーク市民　*88, 91, 113*
「——」東アジア市民　*111*
中華主義　*113*
中間市民　*61, 62, 64-67, 69, 85, 109, 111, 112*
中国脅威論　*13, 14*
中国系永住市民　*108, 110*
中国系日本人　*18*
中国国籍者　*59*
中国朝鮮族　*12, 41, 93, 95, 102, 103, 114, 242, 251, 284*
中国同胞政策　*49*
中国の改革開放　*60, 61, 88, 91, 94, 96, 100, 101, 103-105, 108, 112*
済州（チェジュ）国際自由都市総合計画　*96*
——国際自由都市特別法　*96, 97*
——人一世　*26*
——島開発特別法　*96*
——特別自治道　*97, 99*
猪子貿易　*64*
超国家
——的ネットワーク　*202*
——ネットワーク市民　*110*
——的市民　*111*
朝貢体制　*14*
朝鮮族　*12, 41, 42, 49, 50, 57, 59, 93, 95, 96, 102, 103, 104, 108, 114, 147, 189, 202, 237, 238, 240-242, 251*
——同胞　*42, 49, 50, 241*
——農業地域　*238*
朝鮮物産奨励会　*279*
清麹醤（チョングゥクチャン）　*243-246, 255, 256, 260*
賃金未払い　*37, 46, 47*
青島（チンタオ）　*94, 96*
罪と罰　*31*
テッコル　*12, 37, 45, 46, 51*
——村　*37*
ディアスポラ　*114, 190*
——・ネットワーク　*114*
低開発国　*223-226, 229, 231, 275*
——の農民　*223-226*
天池クラブ　*95*
伝統醤協同組合　*236, 249, 250, 252, 256, 257*
トラベルロスマップ　*276, 277*
ドイツ系同胞　*53*
土地使用許可権（港契）　*65*
豆満江　*237*

都市シティズンシップ　*156*
投資移住　*61, 92, 94-100, 103, 112*
投資移民制　*97*
東海港　*257*
東海市　*249, 251, 252, 286*
東南アジア
——華僑華人　*62, 73, 81, 88, 89*
——市民　*88*
東方学友会　*95*
東北アジア
——コリアン　*235, 251*
——協同経済ネットワーク　*252*
——生協建設　*247*
——平和連帯　*235, 236, 239, 241, 249, 258, 261*
東洋劇場　*19*
東洋平和　*9, 27-32*
——会　*29*
——論　*9, 27-29, 31, 32*
——論の安重根　*27, 28, 31*
統合社会　*13*
同化　*17, 19, 73, 111, 112, 150, 151*
——型　*73, 111, 112*
——主義　*150, 151*
同胞政策　*42, 49, 51*
特定活動（E-7）資格　*133*
特別韓国語試験　*133*
毒素条項　*212*

な

「ナショナル」指向　*59*
浪江町請戸　*26*
南・北・露の農業協力　*254*
難民　*13, 43, 86, 153, 189, 223-226*
——問題の原因　*224*
ニューカマー　*60*
二級市民　*17*
日本
——植民期　*61, 66, 69*
——における多文化共生　*15*
——における多文化主義　*16*
——の過去清算　*14*
——の多文化　*16, 17*
ネットワーク市民　*88, 91, 101, 110, 113, 114*
ネパール　*12, 33, 114, 127, 161-169, 171-173, 175-182, 207, 275-277, 284, 285*

——人共同体　*162, 165, 167*
——人団体　*175*
——人労働者　*164, 166*
——闘争団　*173*
——仏教者の会（Nepal Buddhist Family）　*169*
——民主化　*165*
ノボクラスキ　*240*
ノモ相談所　*37, 39, 46-48, 51, 52, 56, 285*
盧武鉉（ノ・ムヒョン）政府　*128*
農業
——移住労働者　*12, 207, 212, 221*
——女性移住労働者　*210*
——定着事業　*241, 242, 248, 249*
——の問題　*223*
——労働者　*207, 209, 210-212, 221*
——を開拓した民族　*237*
農村啓蒙運動　*271*

は

ハングル夜学　*51*
ハンサルリム生協　*246, 261*
バリ教育ネットワーク　*236, 249, 251*
バリの夢　*235-237, 243, 244, 249-252, 256-258, 286*
——協同組合　*236, 249, 250, 252, 257, 258*
バリバリ生協　*236, 249, 251, 252*
パームオイル農場　*223, 224*
パックス・シニカ（Pax Sinica）　*90*
派遣企業　*46, 47*
派遣労働市場　*46*
排華事件　*64, 74*
排華政策　*86, 112*
「蜂の巣」　*32*
『話して チャンドラ』　*285*
半島ホテル　*83*
阪神・淡路大震災　*16*
ビザによる統制　*201*
ビジョン 2020　*107*
非正規滞在者　*124, 131, 132, 143-146, 148, 149, 152-155*
非専門就業（E-9）　*93, 125, 129, 134, 142, 143, 210*
被差別少数者協議会　*20*
東アジア共生　*11, 33, 114, 283-286*
——コーヒー　*284, 285*
——シンポジウム　*11*

——文化センター　*11, 33*
東アジア協同組合共生ネットワーク　*33*
東アジア協同経済ネットワーク　*235*
東アジア共同体　*13, 14, 21, 29*
——構想　*21, 29*
——の起源　*14*
東アジア市民　*9-16, 21, 22, 24-27, 32-34, 59, 61, 101, 103, 111, 113, 284, 285*
「——」の形成　*59*
——共生映画祭　*33, 285*
——共生社会　*285*
——社会　*9-13, 16, 21, 22, 24-27, 32, 34*
——社会からアジアの平和　*27*
——社会への道　*9, 21, 22, 27*
——による共同体　*284*
——の歴史　*14*
東アジアの基層文化　*23*
東アジアの伝統と挑戦　*33, 34*
東アジア文化共同体　*13-15, 19, 27*
東アジア連携　*22*
東日本大震災被害地　*26*
貧困との闘い　*229*
フェアトレード（→公正貿易）　*12, 223, 229, 257, 258, 276, 277, 284, 286*
——・コーヒー　*284*
——組合（→バリの夢協同組合）　*257*
——ネットワーク　*12, 286*
——コリア　*276, 277*
フリンコ農場　*243, 245, 248, 253*
ブミプトラ政策　*77-79, 106, 107*
プラバシ・ネパーリ聖コリア　*166*
「プリブミ」（非華僑華人）　*105*
不法滞留　*42, 134, 170, 172, 197, 199, 212, 214, 215, 218, 219*
父系血統　*103, 194-196, 198, 200, 201*
——主義　*103, 194, 195*
——の継承　*201*
父母両系主義　*195*
巫覡　*22, 23*
巫祭　*18, 25, 27*
富川外国人労働者の家　*167, 285*
福建省　*81*
福祉国家　*12, 13, 263-270, 272, 278, 279*
——建設　*264, 265, 268*
——性格論争　*268*
——の危機　*265, 266, 272*
——の動学　*264*

296

福島第一原発事故　26
物産奨励運動　271
分割統治　61, 62, 65, 69, 71-73, 111
「分散」ネットワーク　110, 113
分散型ネットワーク　114
文化伝統の視点からみた「東アジア」　22
文化同一性　14
文化覇権　24
ベトナム　12, 20, 63, 66, 73, 85-88, 107, 110, 112, 114, 133, 175, 185, 187-200, 202, 207, 216, 275, 284
　——参戦記念塔　187, 188
　——女性　12
　——人女性　185, 188-197, 200, 202
　——人母娘　185
　——戦争　185, 187-190, 192, 194, 195
　——戦民間人虐殺　187
　——難民　86, 189
ペナン　64, 65
平和博物館　187
米飯販売禁止令　81, 82
ボートピープル　86, 107, 112, 189, 190
ポカラの若者　162
ポスト「東アジア」　21
浦東地区　88
母国文化探訪　51
訪問許可制（中国朝鮮族）　102
訪問就業（H2）　37-42, 49, 93, 125, 129, 134, 142, 143, 151
鳳山タルチュム　26
北米自由貿易協定（NAFTA）　91

ま

マダン劇　20
マラヤ共産党（MCP）　68, 78
マラヤ人民抗日軍（MPAJA）　68, 69
万宝山事件　70-72, 80
満州　66, 69-72, 237
　——事変　72
　——統治　66
満蒙条約　70
未登録（不法）滞在外国人　103
見えない華僑国家　79
水不足　224, 225, 226
南相馬市小高区村上　26
南半球の農産物　226

明洞（ミョンドン）
　——座り込み団　174
　——聖堂　127, 163, 164, 170, 173, 174, 176
民主化　12, 14, 32, 40, 75, 101, 104, 105, 141, 165, 171, 176, 226, 268, 284
　——闘争　32, 165
民主的反復（democratic iteration）　153
民俗芸能　26
民族相互扶助運動　235
モダンボーイ　33
モンドラゴン協同組合　252, 261

や

山火事　223, 224
友情の村　242, 245, 249, 251
有機農　236, 243, 245, 247, 249-259
　——伝統醤協同組合　236, 249, 250, 252, 257
　——の認証　249
　——野菜ビニールハウス団地　254
予備移住労働者　161, 177, 180
　——者教育　177, 180
4大保険　145

ら・わ

ライタイハン（Lai tay han）　185, 192-195, 197, 200, 202
ラオス　85-87, 107, 112, 276, 285
離散　24, 25, 51, 59, 62, 235, 237, 244, 245
　——者　24, 25
　——者の文化　25
　——と越境　59
留学（D2）　41, 60, 79, 91-96, 101, 112, 216, 251, 275
　——移住型　92
　——永住型（→技術移住）　60, 91, 94, 95, 101, 112
類似市民　73, 79, 80, 85, 87, 88, 100-102, 104-110, 112, 113
類似資本（ersatz capital）　73, 75, 77, 79, 112
連帯　32, 128, 141, 154, 156, 170, 171, 175, 182, 226-228, 230, 231, 235-237, 239, 241, 242, 249, 256, 258, 261, 264-266, 269, 270, 274, 275, 278, 279, 284-286
　——の経済　264, 266
ローカルフード（地産地消）運動　228

労働移住　　*9, 91-96, 112, 190*	労働者大闘争　　*123*
労働移民政策　　*209*	
労働許可制　　*127, 128, 150, 155*	分かち合い（sharing）　　*182, 276*
労働権救済手続き　　*213*	矮小化した人文学　　*13*
労働災害補償保険　　*145*	

人名

アーレント、ハンナ　　*139, 140*
（安アン）
安重根　　*27-32*
安昌浩　　*279*
安夕影　　*33*
（李イ）
李栄煥　　*11, 13, 263*
李康伯　　*12, 34, 223, 233, 286*
李泰鎮　　*28, 29*
李蘭珠　　*12, 161, 285*
上野千鶴子　　*10, 17*

郭建義　　*75*
懸田弘訓　　*26*
（金キム）
金貴玉　　*14, 15*
金鉉東　　*13, 33, 235, 245, 257, 258, 286*
金秀男　　*25, 32*
金勝力　　*12, 34, 37, 285*
金二瓚　　*12, 286*
孔子　　*22-24, 30, 31, 110*

蔡建　　*14, 15, 22*
（申シン）
申惠媛　　*156, 182, 202, 287*
申明直　　*11, 12, 27, 32-34, 59, 287*
スミン　　*185-187, 192, 194-202*
（宋ソン）
宋安鍾　　*19, 20*
孫歌　　*21, 22*

竹沢泰子　　*16*

（崔チェ）
崔承喜　　*19*
崔勝久　　*17*
崔博憲　　*17*
陳光興　　*21, 22*

西川長夫　　*16, 17*
（盧ノ）
盧恩明　　*12, 123, 285*

（朴パク）
朴鐘碩　　*17*
ヒーター、デレック　　*155*
フォークス、キース　　*136, 138, 155*
（白ペク）
白永瑞　　*21, 22*
（ホオ）
許呉英淑　　*12, 185, 202, 285*
ポランニー、カール　　*264, 266, 279*

マハティール　　*79, 105, 106*
宮島喬　　*9, 17, 18*
森嶋通夫　　*24*

山室信一　　*29, 30*
（尹ユン）
尹健次　　*18*
米谷匡史　　*21*

リー・クアンユー（李光耀）　　*90*
梁啓超　　*29*
林紹良　　*89*

写真図表一覧

序論

写真1　金門島の小路　*11*
写真2　大林洞　*11*
写真3　安山市元谷洞にある多文化村のシンボル　*11*
写真4　陸前高田沿岸、震災後に残った一本松　*11*

1章

写真1　ウズベキスタンからきた高麗人たち　*38*
写真2　相談中のアリナアジュモニ—　*38*
写真3　ハン・ターニャ　*40*
写真4　むすめのミレナ　*40*
写真5　夜学で教える金勝力　*52*
表1　国内居住高麗人数（2013.8月現在）　*42*
表2　安山市滞留の高麗人　*45*
表3　朝鮮族同胞社会と高麗人同胞社会の差異　*50*

2章

写真1　LAコリアタウンの中にある華僑華人の店　*83*
写真2　青島で成功した朝鮮族の三口食品の工場　*93*
写真3　観光客が多くなった済州道宝建路　*97*
写真4　サンフランシスコのチャイナタウンの入口　*100*
写真5　仁川チャイナタウンで出合った東南アジア系の労働者たち　*104*

3章

写真1　九老区の加里峰市場　*135*
写真2　九老区の加里峰市場　*135*
写真3　ソウル市九老区の「地球村学校」　*148*
写真4　安山市の「国境なき村」　*150*
図1　滞在外国人（就業資格）の推移　*124*
図2　年度別単純技能人力の推移　*125*
図3　滞在外国人（就業資格）の国籍・地域別現況　*130*
図4　非正規滞在者の滞在資格別現況　*145*

4章

写真1　富川外国人労働者の家による活動「江南市場の祭り」　*168*

写真2　ネパール帰還移住労働者団体が支援する「ソロソティ学校」　*178*
表1　流入初期の移住労働者数　*161*
表2　移住労働者の国家別現況　*164*

5章

写真1　忠清南道牙山に建てられているベトナム参戦記念塔　*188*
図1　スミン母娘3代の関係図　*193*
表1　韓国人と外国人婚姻の推移　*189*
表2　ベトナム出身主要移住民の現況　*189*
表3　韓国の男性とベトナム人女性の婚姻の推移　*191*
表4　結婚移住民（結婚移民ビザ、婚姻帰化）主要出身国現況　*191*
表5　結婚移住者在留身分関連法改正内容　*196*

6章

写真1　「地球人の停留場」　*208*
写真2　「地球人の停留場」代表・金二瓚　*208*
写真3　2015年の正月　「地球人の停留場」　*208*
写真4　ビニールハウスの奥にある農業移住労働者の部屋　*211*
写真5　「1日10時間以上働いて……最低賃金にも達しない。」　*213*

8章

写真1　高麗人の「友情の村」　*243*
写真2　クレモバの高麗人移住農家3号（　*244*
写真3-1　友情の村の人々　*254*
写真3-2　北朝鮮咸鏡北道茂山郡茂山付近の豆満江周辺　*254*
写真4　高麗人の自活支援協同組合「バリの夢」創立総会　*258*
写真5　沿海州の生協の配達パッケージ　*259*
写真6　沿海州「故郷の村」　*259*
表1　高麗人農業定着支援事業時期別主要内容　*248*

9章

図1　市民社会と三角構図　*267*

執筆者・訳者紹介（掲載順、編者は＊印）

野村伸一（のむら しんいち）

1949年、東京生まれ。1981年、慶應義塾大学大学院文学研究科博士課程単位取得退学、博士（文学）。専攻は東アジア地域文化研究。現在、慶應義塾大学名誉教授。近年の著書、『東シナ海文化圏――東の〈地中海〉の民俗世界』（講談社、2012年）、編著『東アジア海域文化の生成と展開――〈東方地中海〉としての理解』（風響社、2015年）など。

金勝力（キム・スンニョク：김승력）

1968年ソウル生まれ。秋渓芸術大学文芸創作科卒業（1996）。沿海州の東北アジア平和連帯事務局長、㈱高麗人支援センター「ノモ（超えて：너머）代表などを経て、現在、高麗人センター「ミール（mir：平和・世界）」代表、㈱東北アジア平和連帯理事。中央アジアと沿海州の高麗人の現地および韓国内定着支援活動や韓国内市民社会と高麗人交流事業などをしている。慶應大学と韓国移民史博物館などで高麗人問題に関連した特講をおこなった。

申明直（シン・ミョンジク：신명직）＊

1959年ソウル生まれ。延世大学文学博士（2000）。東京外国語大学の客員教授を経て、現在、熊本学園大学教授（韓国文学・文化）。NPO法人東アジア共生文化センター代表。東アジア共生社会に向けた「東アジア市民共生映画祭」、東アジアフェアトレード活動、学生たちと共に共生ブックカフェ運営等の活動をしている。著書に『幻想と絶望』（2005：韓国語版『モダンボーイ京城を闊歩する〈모던뽀이 경성을 거닐다〉』（2003）、『在日コリアン3色の境界を越えて〈재일코리안3색 경계를 넘어〉』（2007）、『ガマラマジャイ――ネパールの幼い労働者〈거멀라마자이‐네팔의 어린 노동자〉』（2010）など。

盧恩明（ノ・ウンミョン：노은명）

1959年ソウル生まれ。延世大学英文学科卒業。九州大学大学院法学府（前、法学研究科）修士（2008）、同大学院法学博士後期課程退学（2016）。現在、熊本学園大学非常勤講師。「東アジア市民共生映画祭」実行委員、「話して見よう韓国語」熊本大会実行委員として活動し、フェアトレード活動等に参加。主要著作は「日本の出入国管理体制反対運動研究―― 1969～71年の日本人の反対運動を中心に」（2009）、「ベ平連

の反`入管体制'運動――その論理と運動の展開」（2010）など。

李蘭珠（イ・ランジュ：이란주）

大韓民国で生まれ育ち、1994年に移住労働者と出会い同行を始めた。韓国の「富川外国人労働者の家」で活動し、現在は「アジア人権文化連帯」の活動とともに移住民を含む「村共同体」活動を展開している。著書は『話して、チャンドラー〈말해요 찬드라〉』、『パパ、絶対捕まらないで〈아빠 제발잡히지마〉』、『アンニョン、アジアの友よ（共著）〈안녕 아시아친구야（공저）〉』など。

許呉英淑（ホオ・ヨンスク：허오영숙）

「韓国移住女性人権センター」代表、江陵原州大学多文化学科兼任教授。現場活動家としての女性運動とその社会的勢力化が主な関心事である。著書は『結婚移住女性の本国の家族支援（결혼이주여성의 본국 가족 지원）』（2013）、『受信確認――差別が私に来た（共著）（수신확인：차별이 내게로 왔다）』（2013）など。

金二瓚（キム・イチャン：김이찬）

ソウル大学法学部を卒業後、ケーブル放送局でプロデューサーとして50本を超える短幕劇を演出。京畿道安山「外国人勤労者支援センター」でビデオ教室を開いた後、独立ドキュメンタリーを作り始める。現在、安山の移住労働者シェルター「地球人の停留場」代表。韓国農畜産業の移住労働者の実情を初めて公開し、特にカンボジアからの農畜産業界の労働者の支援活動を行っている。監督した映画作品は韓国独立短編映画祭ドキュメンタリー部門最優秀賞受賞作「デモクラシー・イェダボン（데모크라시 예더봉）」（2000）、「全泰壹の記憶（전태일의 기억）」（2000）、「同行（동행）」（2003）、「この星で暮らします――地球人の停留場1（이 별에서 살으렵니다‐지구인의 정류장1）」（2010）など。

李康伯（イ・ガンベク：이강백）

慶尚南道居昌生まれ、成均館大学哲学科卒業。2001年から「参与連帯」代案社会局部長、「美しい店 아름다운 가게」事務処長、「美しいコーヒー 아름다운 커피」事務処長などを歴任。現在、「韓国公正貿易団体協議会」常務理事、「アジア公正貿易ネットワーク」代表。世界絶対貧困者の3分の2が存在するアジアの貧困問題をアジア人が自ら関心を持ち解決するため、フェアトレード活動に力を入れている。

金鉉東（キム・ヒョンドン：김현동）

1962年江原道原州生まれ。成均館大学社会学科入学（1981）・中退。富川地域金属労組委員長、ウリ民族分ち合い運動対外協力局長、沿海州東北アジア平和基金理事長を経て、現在、社会的企業㈱バリの夢（바리의꿈）代表、東海協同社会経済ネットワーク代表。1996年から中国東北3省とロシア沿海州に移住。韓国入国詐欺被害中国朝鮮族の救済、沿海州高麗人再移住定着の支援、北朝鮮食糧難民救済などの活動をしてきた。現在は、コリアンネットワークを基盤とした東北アジア社会的協同経済圏作りを推進中。著書は『企業別労組の壁を越えて（共著）（기업별노조의 벽을 넘어）』、『中国朝鮮族基礎資料集（編著）（중국조선족기초자료집）』、『南北ロ三角協力農業と高麗人農業（남북러삼각협력농업과 고려인 농업）』など。

李栄煥（イ・ヨンファン：이영환）

1957年慶尚南道密陽生まれ。ソウル大学文学博士（社会福祉学）。仁川YMCA幹事を経て、1990年から聖公会大学社会福祉学科在職中。「参与連帯」社会福祉委員会委員長、「批判と代案のための社会福祉学会」会長、聖公会大学副総長などを歴任。現在、聖公会大学社会的企業研究センター所長、非営利IT支援センター理事長。関心研究分野は社会福祉政策と住居福祉、社会福祉運動および社会的企業と社会的経済など。著書は『韓国社会と福祉政策──歴史とイシュー（한국사회와 복지정책－역사와 이슈）』（2004）、『韓国の社会福祉運動（編著）（한국의 사회복지운동）』（2005）、『フィリピンの社会福祉とNGO（필리핀 사회복지와 NGO）』（2007）など。

翻訳者

浦川登久恵（うらかわ とくえ）

1958年横浜生まれ。早稲田大学第一文学部日本史専攻卒業。高校教諭、予備校講師などを経て、社会人大学院生として熊本学園大学国際文化研究科に学ぶ（修士取得）。現在、熊本大学、熊本学園大学非常勤講師。著書、『評伝 羅蕙錫』（2017）、訳書に『韓国文学ノート（共訳）』（2009）など。

申恵媛（シン・ヒェウォン：신혜원）

1990年ソウル生まれ、2001年より日本在住。東京大学教養学部卒業、同大学大学院総合文化研究科修士課程修了（2015）。現在は同博士課程在籍、日本学術振興会特別研究員（DC1）。社会学を専攻し、主な研究分野は移民研究および都市社会学。主要著作は「『新大久保』の誕生──雑誌が見た地域の変容」『年報社会学論集』29号、2016年など。

金良淑（キム・ヤンスク）

1971年東京生まれ。立教大学文学部史学科卒業。東京大学人文社会系研究科韓国朝鮮文化研究専攻博士課程中退。現在、立教大学教育講師。論文「韓国の出稼ぎ巫者とトランスナショナルな信仰空間の生成」旅の文化研究所『研究報告』No.18（2009）、「済州島の龍王信仰──堂信仰とチャムスクッ（海女祭）を通して」野村伸一編『東アジア海域文化の生成と展開──〈東方地中海〉としての理解』（2015）など

東アジア市民社会を志向する韓国

2019 年 3 月 10 日　印刷
2019 年 3 月 20 日　発行

編　者　申　明　直

発行者　石　井　雅

発行所　株式会社　風響社

東京都北区田端 4-14-9（〒 114-0014）
℡ 03(3828)9249　振替 00110-0-553554
印刷　モリモト印刷

Printed in Japan 2019

ISBN978- 4-89489- 260-6 C3036